2022年职业教育国家在线精品课程
安徽省“十四五”职业教育规划教材
安徽省省级MOOC项目
高等职业教育财务会计类富媒体智能型·项目化系列教材

基础会计

JICHU KUAIJI（第四版）

丁增稳　主编

东北财经大学出版社
Dongbei University of Finance & Economics Press
大连

图书在版编目（CIP）数据

基础会计 / 丁增稳主编．—4版．—大连：东北财经大学出版社，2024.7．—（高等职业教育财务会计类富媒体智能型·项目化系列教材）．—ISBN 978-7-5654-5279-6

Ⅰ．F230

中国国家版本馆CIP数据核字第20246BG281号

东北财经大学出版社出版
（大连市黑石礁尖山街217号　邮政编码　116025）
网　　址：http://www.dufep.cn
读者信箱：dufep@dufe.edu.cn

大连日升彩色印刷有限公司印刷　　东北财经大学出版社发行

幅面尺寸：185mm×260mm　　字数：481千字　　印张：20.25
2024年7月第4版　　2024年7月第1次印刷

责任编辑：王天华　周　慧　　责任校对：赵　楠
封面设计：原　皓　　版式设计：原　皓

定价：49.00元

教学支持　售后服务　　联系电话：（0411）84710309

如有印装质量问题，请联系营销部：（0411）84710711

第四版前言

2016年12月，习近平总书记在全国高校思想政治工作会议上强调，“要坚持把立德树人作为中心环节，把思想政治工作贯穿教育教学全过程，实现全程育人、全方位育人”。同时也指出，“要用好课堂教学这个主渠道”，“使各类课程与思想政治理论课同向同行，形成协同效应”。2017年12月4日，中共教育部党组发布的《高校思想政治工作质量提升工程实施纲要》明确指出：深入推动习近平新时代中国特色社会主义思想进教材、进课堂、进头脑。2020年5月28日，教育部印发的《高等学校课程思政建设指导纲要》明确指出：专业课程是课程思政建设的基本载体。要深入梳理专业课教学内容，结合不同课程特点、思维方法和价值理念，深入挖掘课程思政元素，有机融入课程教学，达到润物无声的育人效果。

为改变当前职业院校基础会计课程思政内容单薄的现状，本次修订时我们对基础会计课程思政内容进行重新梳理与设计，在教材每个项目中增加“素养点”和“德技并修”专栏，力求找到与基础会计课程相关项目非常恰当的思政融入点，融入社会主义核心价值观、民族文化自信心、爱国主义情怀和会计职业道德，做到“守好一段渠，种好责任田”，并根据课程思政“春风化雨、润物无声”的总体要求，宣传、贯彻和落实党的二十大报告中关于守正创新、中国式现代化、创新驱动发展战略、建设现代化产业体系、推动绿色发展、促进人与自然和谐共生等内容。

此外，本次修订充分考虑职业院校学生学习特点，创新性地将主教材内容与习题融为一体，每个教学任务学习完成后，紧接着后面就是“同步习题与实训”，学生在学习一个任务后可以进行练习，充分体现“教学做一体”的教学理念，“知行合一”的职业思想。

第四版教材由安徽商贸职业技术学院丁增稳担任主编；安徽商贸职业技术学院张春想、姚琳、谢玲芳担任副主编。具体分工如下：丁增稳修订项目一、项目五和项目八，张春想修订项目二、项目三和项目四，姚琳修订项目六和项目七，上海理工大学丁锐修订项目九。在本次修订过程中，得到了安徽中电兴发与鑫龙科技股份有限公司副总经理、财务总监陶黎明的指导和帮助，特此感谢。

编　者

2024年7月

目　录

项目一

认知会计

【知识点】

1. 会计的定义
2. 会计目标和会计假设
3. 会计对象、会计要素和会计等式
4. 会计信息质量要求
5. 会计基础
6. 会计核算方法及其体系

【技能点】

1. 分析经济业务事项及其对会计等式的影响
2. 比较和应用权责发生制与收付实现制

【素养点】

1. 通过会计发展史的学习，认识到中华文化源远流长，增强文化自信
2. 通过企业会计准则的学习，认识到会计发展与世界发展是命运共同体

引言

很多人都认为会计或会计活动是只有专业会计人员才能理解和操作的一项技术性工作。事实上，几乎每个人每天都在与会计打交道，也同时进行着“会计活动”。无论你是在支付电话费，或是从银行存取现金，或是从商店购买商品，或是向学校申请助学金等，都是在与会计、会计工作和会计信息打交道。因此，会计又被称为商业语言，理解并熟悉会计术语，有助于你参与有效的经济活动并与他人交流，正确地进行理财，并从理解和掌握会计知识中获益。

任务一　探寻会计的由来

一、“会计”两字的由来

在人类历史上，无论是东方国家，还是西方国家，会计思想、会计行为的产生和发展与数学的产生和发展都有着十分密切的联系。人类要生存和发展下去，就必然要借助于一种计量、记录方法来反映生产和管理生产，反映生活资料和管理生活资料的分配、储备。而这种计量、记录方法最直接的表现形式，或者说是唯一的表现形式，便是数学的表现形式。离开数学的表现形式，人类最初的会计行为——计量、记录行为便无法成立。丈量土地、测量面积、计算劳动时间、分配劳动果实、安排储备过冬的食物，以及对外交换等，既需要计量、记录，也需要数学的表现形式。人类社会在没有文字之前就有了诸如“结绳记事”“刻木求日”“垒石计数”等简单的记数行为。从伊拉克的原始算版、埃及的纸草记录、印度的贝多罗叶记录、中国陶器兽骨记录中，我们可以寻找到人类社会最初会计行为的一丝踪迹。世界上保留至今的那些史前时期的“账单”，既是人类最早的数学文献，也是人类最早的会计文献。

在我国，从“会计”一词的产生到它们具体运用到经济管理方面，经历了一个漫长而又十分有趣的过程。“會”字的起源，为“合”“曾”二字形体省略后之合一，意义之合一。取“合”字之上部“亼”，取“曾”字之下部“”。夏商之际尚无“會”字的形体，在甲骨文中仅有“合”字。当时涉及相会、聚会、开会之事，称之为“合”，涉及会计方面的计算、合计记录也称为“合”。经过一个漫长的演进过程，到西周时代，随着合字的部分形体“亼”的转移，合字的含义也随之转移到“會”的含义中去了。“亼”为三合之形，读作“集”，包括相会、聚会、汇合、计算汇总的含义。“曾”为“增”的假借字，其本身含有增加、增多之意。随着“曾”的部分形体“”的转移，“增”字的这种含义也转移到“會”字中去了。在形体同一，而含义却是多方面的情况下，人们逐渐通过不同发音达到辨别字意的目的。凡涉及会计方面的用意，最初读音为“固拜切”，声音与“怪”字相同；后来发生音变，才读为“固外切”，声音与“快”字相同。凡涉及开会、汇合等方面的用意，其音变为与“惠”字相同。

“計”字是由“言”和“十”两个字组合而成的。西汉哲学家、语言学家扬雄在《法言》一书中阐述“言”为心声，表明真实无欺、正确无误之意。“十”表示零星计算、四方汇合之意。相传在远古时代，人们通常把部落所在地称为中央，把部落的周围区别为四方，即现在的东南西北四方，而中央与四方组合在一起，便构成了一个“十”字形体。那时候，每逢出猎，部落首领便向四方分派猎手，分四路出去，而后按这四路返回部落。按照规定，各路出猎归来必须如实报告捕获猎物的数目，不得隐瞒。最后由部落首领汇总计算，求得一个总数，以便解决所获猎物在部落范围内的分配问题。这种零星计算四方收获猎物的举动，便构成“計”的原始意义——正确进行零星计算和报告。

在西周时代，“會”与“計”连用便构成一个新词，用以表示会计核算的基本意义。正如许慎在《说文解字》中所讲，“会，计也”“计，会也”。可见，“會”与“計”二字含义和谐，用以表示某一特定的科学范畴，是顺乎其情、合乎其理的。根据西周“官厅会计”核算的具体情况考察，“會計”二字连用在当时的基本含义是：既有日常的“零星”核算，又有岁终的“总合”核算，通过日积、月累到年末的核算，达到正确考核王朝财政经济收支的目的。清代学者焦循在《孟子正义》一书中针对西周时期的会计所讲“零星算之为计，总合算之为会”，基本上概括了这个意思。孔子曾经担任会计，并说“会计，当而已矣”。

微课1-1

什么是会计

二、会计的定义

必须指出，古代会计对会计概念的认识，一方面，与当时的社会经济发展水平是相适应的，这种认识的深度和广度受到社会经济发展水平的制约；另一方面，由于当时人们对会计在管理社会经济中的地位、作用认识不足，因而对会计概念的认识还存在一定的片面性。这种片面性在于，他们对会计所下定义仅仅是从计算方面加以概括的，而忽视了会计在管理经济方面的意义。随着社会经济的不断发展，会计的概念也在其漫长、曲折的发展过程中不断丰富它的内涵与外延。

马克思在《资本论》中指出，“过程越是按社会的规模进行，越是失去纯粹个人的性质，作为对过程的控制和观念总结的簿记就越是必要”。这里讲的“簿记”指的就是“会计”，这里讲的“过程”指的是“再生产过程”。马克思的这段论述包括两个意思：一是搞经济离不开会计，经济越发展会计越重要；二是会计的基本职能，是对再生产过程的控制和观念总结。1966年，美国会计学会将会计定义为“确认、计量和传达经济信息的过程，以使信息使用者作出明智的判断和决策”。

对于现代会计的概念，我国会计理论界普遍认为：会计是以货币为主要计量单位，以会计凭证为依据，运用专门的会计方法，对一定主体的经济活动过程进行全面、综合、系统的核算和监督，并向有关方面提供会计信息的一种经济管理活动。理解这一定义，可以从以下四个方面入手。

（一）会计的基本职能是核算和监督

会计的职能是指会计所固有的功能，它解决会计是干什么的。从会计产生和发展的历史来看，会计的基本职能有两个：核算职能和监督职能。

会计的核算职能或反映职能，是会计的首要职能，也就是人们所说的“记账、算账、报账”功能。它要求会计采用货币为主要量度，通过确认、计量、记录和报告，对企业、事业单位的经济活动进行连续、系统、完整的反映，为会计信息的使用者提供可靠的会计资料。

任何经济活动都有既定的目的，都是按一定的目的来进行的。会计也不例外。会计的监督职能是指会计能够按照一定的目的与要求，指导和调节经济活动，达到预期的目的。会计监督的依据是国家的法律、法规和规章制度，以及企业、事业等单位的内部管理制度。会计监督包括事前监督、事中监督和事后监督。

会计的两大基本职能是相辅相成、辩证统一的。会计核算是会计监督的基础，没有会计核算提供的各种真实可靠的会计资料，会计监督就失去了用以监督的依据；会计监督是会计核算质量的保障，只有搞好会计监督，保证经济业务按照规定的要求进行，并且达到预期的目的，才能发挥会计核算的积极作用。

（二）会计以货币作为主要计量单位

原始的会计计量仅以实物量度（如台、件、打、千克等）、劳动量度（如小时、日等）对经济活动和财务收支进行计算和记录。这两种量度反映的数量不能进行综合比较。随着社会生产的日益发展，会计需要对经济活动过程和结果进行全面的、综合的反映，而货币作为一般等价物，具有对前两种量度进行间接计算的作用，从而使经济核算成为可能。因此，会计以货币作为主要量度，辅以劳动量度和实物量度。

（三）会计以合法的原始凭证作为核算依据

原始凭证是证明经济业务已经发生或完成的原始记录，它不仅记录了经济业务的过程和结果，而且也明确了经济活动的责任。即使实现了会计信息化，也需要根据取得的合法原始凭证进行会计核算，如此，既能保证会计记录有凭有据，又能取得真实可靠的会计信息。

（四）会计运用专门的会计方法，对经济活动进行全面、综合、系统的核算和监督

会计在其产生和发展的过程中，逐步形成了一系列既相互联系又相互独立的专门方法——设置会计科目与账户、复式记账、填制与审核会计凭证、登记账簿、成本计算、财产清查、编制会计报表，对经济活动进行全面、综合、系统的核算和监督。

同步习题与实训

一、判断题

1.经济越发展，会计越发展。（　）

2.世界上保留至今的那些史前时期的“账单”，既是人类最早的会计文献，也是人类最早的数学文献。（　）

3.会计思想、会计行为的产生和发展与数学的产生和发展都有着十分密切的联系。（　）

4.人类最初的会计行为就是计数行为。（　）

5.会计核算的三项工作是记账、算账和报账。（　）

6.马克思在《资本论》中认为“会计”就是“对过程的控制和观念总结”。（　）

7.会计的基本职能有两个：核算职能和监督职能。（　）

8.会计核算是会计监督的基础，会计监督又是会计核算质量的保障。（　）

9.会计以货币作为唯一量度进行计量。（　　）

10.单位实现了会计信息化后，会计核算也就不必取得合法的原始凭证。（　　）

二、单项选择题

1.“會”与“計”连用构成一个新词，用以表示会计核算的年代是（　　）。

A.商朝　B.西周时代　C.唐朝　D.宋朝

2.认为“会，计也”“计，会也”的文献是（　　）。

A.《论语》　B.《说文解字》　C.《孟子正义》　D.《数学大全》

3.下列各项中，属于会计主要计量单位的是（　　）。

A.货币　B.实物　C.时间　D.劳动

4.将“会计”解释为“零星算之为计，总合算之为会”的文献是（　　）。

A.《论语》　B.《说文解字》　C.《孟子正义》　D.《数学大全》

5.会计的基本职能是（　　）。

A.预测和决策　B.反映和监督　C.核算和控制　D.分析与考核

6.会计的本质是（　　）。

A.核算活动　B.监督活动　C.经济活动　D.管理活动

三、多项选择题

1.下列项目中，属于会计计数行为的有（　　）。

A.结绳记事　B.刻木求日　C.垒石计数　D.刻契记事

2.马克思在《资本论》中认为“会计”是（　　）。

A.过程的控制　B.观念的总结　C.确认、计量　D.记录和报告

3.会计的基本职能包括（　　）。

A.核算职能　B.预测职能　C.监督职能　D.控制职能

4.会计可以采用的计量单位有（　　）。

A.货币量度　B.实物量度　C.时间量度　D.劳动量度

5.下列关于“会计”特征的表述中正确的有（　　）。

A.会计的基本职能是核算和监督

B.会计以货币作为主要计量单位

C.会计以合法的原始凭证作为核算依据

D.会计运用专门的会计方法，对经济活动进行全面、综合、系统的核算和监督

6.会计监督包括（　　）。

A.事前监督　B.事中监督　C.事后监督　D.反映和监督

任务二　选择会计目标和会计假设

一、会计目标

会计目标是指在一定的会计环境下，人们期望通过会计活动所要达到的境地或结果。会计目标是连接会计系统与会计环境的桥梁，是连接会计理论与会计实践的纽带。会计系

统围绕会计目标发挥作用，会计目标引导会计系统的运行。因而，会计目标理论研究是会计理论研究与会计实务发展的重要内容。

会计目标取决于相关的会计环境，尤其是相关会计环境中会计信息使用者的特征。会计信息使用者很多，可大致划分为外部使用者和内部使用者两大类。外部使用者包括投资者、债权人、政府管理机构、税务机关、证券机构、社会公众等；内部使用者包括企业管理层、工会、职工等。例如，投资者非常关注他所投入的资本能否保值和增值；债权人最关心的是企业的偿债能力以及企业未来的发展前景；政府管理机构需要企业提供的会计信息，并据以制定管理制度；税务部门关注企业的纳税情况；企业的各级管理部门利用会计信息为企业制定经营目标、评价为实现目标所付出的努力，并在必要时采取改进措施；企业工会及员工关心企业的发展状况，并衡量其工资水平和社保待遇等。由此可以看出，信息使用者对会计的要求是多方面的，会计目标很难保证面面俱到。

《企业会计准则——基本准则》将会计的目标定位为："向财务会计报告使用者提供与企业财务状况、经营成果和现金流量等有关的会计信息，反映企业管理层受托责任履行情况，有助于财务会计报告使用者作出经济决策。"显然，我国企业会计目标有两个要点：一是提供什么信息；二是会计信息的用途。

二、会计假设

会计人员在会计工作中，面对不断变化的经济环境和未被确切认识而存在不确定性的会计业务，往往需要根据客观的正常情况或趋势作出合乎事理的判断，进行正确的记录，以反映经济活动的真实性，这种判断基础就是会计假设。我国企业会计准则中提出的会计假设包括：会计主体、持续经营、会计分期、货币计量。

（一）会计主体

会计主体是指会计所服务的特定单位，它为会计核算限定了空间范围。

会计主体假设，首先要求划分会计主体所要处理的各项交易或事项的范围。在会计工作中，只有那些影响本会计主体经济利益的各项交易或事项才需要进行核算和监督，对那些与本会计主体经济利益无关的各项交易或事项不需要进行核算和监督。

其次，必须将会计主体的交易或事项与会计主体所有者的交易或事项以及其他会计主体的交易或事项区分开来。例如，假设一个个体户老板从自己的商店取出现金500元个人使用，这个事件对商店的影响是微不足道的。因为在法律上，商店所有权和经营权都归个体户老板所有，商店业务与个人业务之间没有什么区别。老板对商店负有无限责任，如果商店破产，债主既可以要求以商店的财产进行清偿，也可要求以老板个人的财产进行清偿。但对于一家公司来说，进行这种区分就非常重要了。公司的财产所有权属于投资者（或股东），而公司经营管理权交给了企业管理层（如厂长、经理等）。企业所有者自己的交易或事项不能纳入公司的核算范围，但是企业所有者投资于公司的资本和从所投资的公司分回的股利，则属于公司所发生的交易或事项，必须纳入公司的核算范围。

微课 1-2

会计基本假设

必须明确的是，会计主体与法律主体不能等同。一般来说，法律主体一定是会计主体，但会计主体不一定是法律主体。会计主体可以是一家法人企业，也可以是由若干家企业通过控股关系组织起来的集团公司，还可以是一家企业的某一特定部分，如分公司、销售区域、零售点以及具有经济业务特点的非营利组织，如学校、机关团体、科研机构等。

（二）持续经营

持续经营假设是假定企业的生产经营活动将在未来无限延长的期间内持续不断地进行下去，不会停业破产。我们通常将持续经营与企业破产相比较来说明这种假设的意义。在企业破产的情况下，企业的各项资产面临着马上被出售，债务无论是否到期都必须清偿的境况。例如在某一特定时间，如果一家正在生产服装的公司现在宣告破产，那些尚未完工的服装在出售时几乎是没有什么价值的。在持续经营假设下，这些未完工的服装将被继续加工直至完工，产品以成本计价，然后以市价进行出售。然而，如果会计人员有充分的理由相信企业将要破产清算，那么，就要将企业的资源以清算价格进行报告，但这种情况是不多见的。为了谨慎起见，现行法律规定，会计主体需要定期对其持续经营基本前提作出分析和判断。

持续经营假设与会计主体假设密切相关，持续经营假设是在会计主体假设之后提出的，为会计主体的正常经营活动规定了时间范围。

（三）会计分期

根据持续经营假设，企业经营期被认为是无限的。但管理者和其他利益相关者并不愿意等到企业终了才去了解获得了多少收益，税务部门也不会等到企业清算才去征税。他们都需要了解企业在各个阶段运营得怎么样，盈亏多少，是否可以分配红利等，这就需要引出会计分期假设。

会计分期假设就是将一家企业持续经营的生产经营活动期间人为地划分为若干连续的、长短相同的期间。会计分期的目的在于将持续经营的生产经营活动期间划分成连续、相等的期间，据以计算盈亏，按期编报财务报告，从而及时向财务报告使用者提供企业财务状况、经营成果和现金流量的信息。第一部会计教科书的著作者卢卡·帕乔利在1494年写道："账簿应该每年结清一次，特别是在合伙企业内，因为经常进行会计核算有利于保持长期的合作关系。"

在会计分期假设下，企业应当划分会计期间。按照会计惯例，会计期间通常以年度为单位。我国企业会计准则规定，会计期间分为年度和中期。中期一般表现为季度和月度，有时也可以是半年度。在我国，会计期间的起讫日期均采用公历日期，即公历1月1日至12月31日。会计分期假设与持续经营假设一样，都为会计主体的正常经营活动作出了时间上的规定。只有立足于企业持续、正常的经营，又尽可能分清各个会计期间的经营业绩，才能对某些会计业务的处理作出一些具体规定，如收入的确认、费用的分配、财产的估计等。

（四）货币计量

会计中的记录主要由那些用货币形式表示的信息所构成。采用货币记录的好处是提供了一个通用的标准，通过采用这个标准可以将会计主体所发生的不同种类的经济业务表述为可以进行加减的数字。例如，某企业拥有50 000元现金，6 000千克的原材料，1辆货车，40台机器设备，10 000平方米的建筑物等，但这些数字却不能加总在一起。如果将这些项目用货币形式表示——50 000元的现金，80 000元的原材料，120 000元的货车，140 000元的机器设备，2 000 000元的建筑物——这样就可以进行汇总，求出企业拥有的财产合计数为2 390 000元。

会计上依照交易发生时的货币价值登记入账，并假定此后货币购买力的变动不影响已记录的账面数额。于是，2024年以1 000 000元购买的机器与2011年以1 000 000元购买的土地，在2024年的会计记录中汇总列示为2 000 000元，但是由于大多数国家的物价都处于上涨状态，每年的货币购买力呈下降趋势，也就是说2024年的货币购买力远远低于2011年的货币购买力。换句话说，货币计量假设的另一个意思是假定货币价值是稳定不变的，除非在发生恶性通货膨胀时，才对这一前提做某些修正。

同步习题与实训

一、判断题

1.会计目标取决于相关的会计环境。 ( )

2.会计目标是指在一定的会计环境下，人们期望通过会计活动所要达到的境地或结果。 ( )

3.会计信息使用者可大致划分为外部使用者和内部使用者两大类。 ( )

4.会计目标能够满足信息使用者对会计的所有要求。 ( )

5.会计假设也称为会计假定或会计核算基本前提。 ( )

6.会计主体是指会计所服务的特定单位，它为会计核算限定了时间范围。 ( )

7.持续经营和会计分期假定，为会计主体的正常经营活动规定了时间范围。 ( )

8.会计主体不一定是法律主体。 ( )

9.持续经营假定成立后，会计上就出现了费用的分配、应收应付等事项。 ( )

10.货币计量假定的另一个意思是假定货币价值是稳定不变的。 ( )

二、单项选择题

1.为会计主体的正常经营活动规定了空间范围的会计假定是（ ）。

A.会计主体 B.持续经营 C.会计分期 D.货币计量

2.下列关于会计目标的表述中不正确的是（ ）。

A.会计目标取决于相关的会计环境

B.会计目标是沟通会计系统与会计环境的桥梁

C.会计目标是连接会计理论与会计实践的纽带

D.会计目标能满足所有信息使用者对信息的要求

3.下列各项中，属于会计信息外部使用者的是（ ）。

A.职工 B.证券机构 C.管理层 D.工会

4.下列项目中，说法不正确的是（ ）。

A.投资者非常关注他所投入的资本能否保值和增值

B.借款银行最关心的是企业的偿债能力

C.企业工会及员工最关心企业的报酬

D.税务部门关注企业的纳税情况

5.按照会计惯例，会计期间通常是指（ ）。

A.月度 B.季度 C.半年度 D.年度

三、多项选择题

1. 下列项目中，属于会计假定的有（　　）。

A. 会计主体　B. 持续经营　C. 会计分期　D. 货币计量

2. 下列关于会计目标的表述中正确的有（　　）。

A. 会计目标取决于相关的会计法律制度

B. 会计目标是沟通会计系统与会计环境的桥梁

C. 会计目标是连接会计理论与会计实践的纽带

D. 会计系统围绕会计目标发挥作用

3. 下列各项中，属于会计信息使用者的有（　　）。

A. 政府　B. 证券机构　C. 董事会　D. 银行等金融机构

4. 下列各项中，属于会计主体的有（　　）。

A. 法人企业　B. 集团公司　C. 分公司　D. 基金

5. 为会计主体的正常经营活动规定了时间范围的会计假设有（　　）。

A. 会计主体　B. 持续经营　C. 会计分期　D. 货币计量

任务三　确立会计要素和会计等式

一、会计对象

会计对象是指会计所核算和监督的内容。从宏观上来说，会计对象是再生产过程中的资金运动；从微观上来说，会计对象是一家单位能够用货币表现的经济活动，即资金运动。企业的资金运动主要包括资金进入企业、资金在企业内部循环与周转、资金退出企业三种形式，具体到企业、事业、行政单位又有较大差异。即便同样是企业，工业、农业、商业、交通运输业、建筑业、娱乐业及金融业企业等也均有各自资金运动的特点，其中尤以工业企业最具有代表性。下面以工业企业为例，说明企业会计对象的具体内容。

工业企业是从事产品生产和销售的营利性经济组织。为了从事产品的生产与销售活动，企业必须筹集一定数量的资金。企业资金来源于债主的借款和投资者的投入。企业取得资金后，一部分用于建造厂房、购买机器设备和原材料等，另一部分用于支付职工工资、水电费、办公费等日常经营管理费用，形成资金在企业内部的循环与周转。随着产品不断加工，最终形成商品。企业将生产出来的商品出售，收回货款，并补偿生产中垫支的资金、偿还有关债务、上缴有关税费、向投资者分配利润等，资金退出企业。

上述资金运动的三个阶段，构成了开放式的资金运动形式，是相互支撑、相互制约的统一体。没有资金的投入，就不会有资金的循环与周转；没有资金的循环与周转，就不会有债务的偿还、税费的上缴和利润的分配等。没有这类资金的退出，就不会有新一轮的资金投入，就不会有企业进一步的发展。

上述用货币资金表现出来的各项经济活动都是会计所要反映和监督的内容。也就是说，凡是能够以货币表现的经济活动，都是会计核算和监督的内容，即会计对象。

二、会计要素

资金运动作为会计对象仍然是比较抽象的，具体落实到会计核算上，需要进一步分类，如同大家都是在校的大学生，但作为学校需要分不同专业、不同年级、不同班级进行管理一样。会计要素就是对会计对象按其经济特征所作的基本分类，是会计对象的具体化。

前已述及，企业资金投入包括企业债权人投入和企业所有者投入两类，前者称为负债，后者称为所有者权益；投入资金形成的机器设备、厂房、材料等经济资源称为资产。由此产生反映企业财务状况的三大会计要素，即资产、负债和所有者权益。此外，企业的各项资产经过一定时期的营运将发生一定的耗费，同时由于出售商品、提供劳务而获得一定的收入，收支相抵后产生利润或亏损，从而分离出反映企业经营成果的三大会计要素，即收入、费用和利润。

（一）反映财务状况的会计要素

1. 资产

资产是指企业过去的交易或者事项形成的、由企业拥有或者控制的、预期会给企业带来经济利益的资源。也就是说，资产应具备三个特点：

（1）资产是能够直接或间接给企业带来经济利益的资源。资源可以在下列三种条件下提供未来收益：①它们是现金或者可以转化为现金，如存放在银行的存款和未收回的账款；②它们是待售的货物，如存放在仓库的商品和物资等；③它们可以用于未来生产经营活动，这些活动可以为企业带来现金流入，如企业拥有的机器设备，它们可以为企业提供服务或生产更多的商品。

（2）资产必须为企业拥有或者控制。拥有是指企业对资产享有所有权，企业能够按照自己的意愿使用或处置，其他企业或个人未经同意，不能擅自使用，而控制却不完全相同。例如，企业按年租入的办公场所不是企业的资产，因为企业对它的使用权控制是暂时的。如果企业租用一栋房屋或一台设备，其租赁期等于或几乎等于该房屋或设备的使用寿命（即融资租赁），那么，即使这些项目不为企业所拥有，它们也属于企业的资产。

（3）资产必须是由过去的交易或事项形成的。未来的交易或事项以及未发生的交易或事项可能产生的结果，不属于企业现在的资产。例如，企业在2023年与某公司签订一项合同，将在2024年3月购置大型设备一套，价值300万元。对于2023年而言，大型设备不能作为企业的资产，至于2024年该设备能否作为企业的资产，取决于该项合同是否履行。

人们习惯上把资产划分为流动资产和非流动资产两大类，并按资产的流动性大小顺序将其列示在会计报表上。

微课 1-3

会计要素

流动资产是指预计在一个正常营业周期中变现、出售或耗用，或者主要为交易目的而持有，或者预计在资产负债表日起一年内（含一年）变现的资产，或者自资产负债表日起一年内交换其他资产或清偿负债的能力不受限制的现金或现金等价物。流动资产通常包括库存现金、银行存款、交易性金融资产、应收账款、存货等。除流动资产以外的资产均称为非流动资产，主要包括长期股权投资、固定资产、无形资产等。

2. 负债

负债是指企业过去的交易或者事项形成的、预期会导致经济利益流出企业的现时义务。负债具有如下基本特征：

（1）负债是由过去的交易或事项形成的、目前仍然存在的债务。将来的交易由于尚未发生，缺乏客观性，在会计上不认定为负债。同样，过去已经偿还、现在已经不存在的债务，也不再是企业的负债。

（2）负债必须是在将来以资产或提供劳务的形式偿还的一种经济负担。负债是一种目前未偿还的经济负担，此项经济负担必须于将来以现金资产、非现金资产或提供劳务加以偿还。

会计上将负债按其流动性划分为流动负债和非流动负债两大类，并按清偿时间的先后顺序列示在会计报表上。

流动负债是指预计在一个正常营业周期中清偿，或者主要为交易目的而持有，或者自资产负债表日起一年内（含一年）到期应予以清偿，或者企业无权自主地将清偿时间推迟至资产负债表日后一年以上的负债。流动负债主要包括短期借款、应付票据、应付账款、预收账款、应付职工薪酬、应交税费、应付利息、应付股利、其他应付款等。非流动负债是指流动负债以外的负债，主要包括长期借款、应付债券等。

3. 所有者权益

所有者权益是指企业资产扣除负债后由所有者享有的剩余权益。公司的所有者权益又称为股东权益。所有者权益具有以下特点：

（1）所有者权益代表的资产可供企业长期使用，一般没有归还的义务。

（2）所有者拥有分享企业税后利润的权利。在正常情况下，公司投资者并不能取得固定数额的回报，而只是参与企业税后利润的分配，企业盈利多，则投资者回报多。

（3）所有者权益仅表示所有者对企业净资产的要求权，当企业破产清算时，其求偿权位于负债之后。

所有者权益主要包括实收资本（或股本）、其他权益工具、资本公积、其他综合收益、盈余公积和未分配利润等。实收资本是投资者实际投入企业经营活动的各项财产物资。在有限责任公司或股份有限公司表现为股本。股本表示的是每股面值与流通在外的普通股股数的乘积。如果投资者实际支付的款项超过了每股面值（通常情况都是这样），超过的部分要单独列示为资本公积。盈余公积和未分配利润合称为留存收益。留存收益是从企业开业之初起到报表编制日止所获得的全部收益与整个期间内分派给投资者的全部报酬之间的差额，这个差额代表了企业总收益中被留存下来用于企业扩大再生产的资金来源。

（二）反映经营成果的会计要素

1. 收入

收入是指企业在日常活动中形成的、会导致所有者权益增加的、与所有者投入资本无关的经济利益的总流入。收入具有如下基本特征：

（1）收入是从企业的日常经营活动中产生的，而不是从偶发的交易或事项中产生的。比如，工业企业销售商品、提供工业性劳务等取得的收入等。有些交易或事项也能为企业带来经济利益，但不属于企业的日常经营活动，其流入的经济利益是利得，而不是收入，如企业报废、处置固定资产等，因为这些资产是为使用而不是为出售而购入的，将固定资产报废、处置不是企业的经营目标，也不属于企业的日常经营活动，因而出售这些资产在会计上不确认收入。

（2）收入可能表现为企业资产的增加，也可能表现为负债的减少，或者两者兼而有之。如收入可能使企业增加银行存款、应收账款等；也可能使企业减少应付账款、应付票据等；也可能销售商品的货款中部分用以抵偿债务，部分收取现金或其他资产等。

（3）收入能导致企业所有者权益的增加。如上所述，收入能增加资产或减少负债，或者两者兼而有之，因此，根据“资产-负债=所有者权益”的公式，企业取得收入一定会增加所有者权益。但所有者权益的增加也可能是其他原因造成的，如接受投资、资本利得等。

（4）收入与所有者投入资本无关，与所有者投入资本有关的形成资本公积。

按照收入的性质分类，收入可以分为销售商品收入、提供劳务收入和让渡资产使用权收入。其中，销售商品收入主要是指取得货币资产的商品销售，如商品流通企业销售所购进的商品等；提供劳务收入主要是指提供旅游、运输、饮食、广告、咨询、培训、产品安装等所获取的收入；让渡资产使用权收入是指企业将资产让渡给他人使用所取得的收入，如利息收入、使用费收入等。

按照企业经营业务的主次分类，收入可以分为主营业务收入和其他业务收入。主营业务收入是指企业为完成经营目标而从事主要经营活动所产生的收入，比如，工业企业的主营业务收入主要包括销售产品、自制半成品、代制品、代修品，提供工业性作业等所取得的收入；商品流通企业的主营业务收入主要包括销售商品所取得的收入等。其他业务收入是指主营业务以外的其他日常活动所产生的收入，一般占企业收入的比重较小，如材料销售收入、出租收入等。主营业务收入和其他业务收入的划分标准，一般应按照营业执照上注明的主营业务和兼营业务予以确定。

2. 费用

费用是指企业在日常活动中发生的、会导致所有者权益减少的、与向所有者分配利润无关的经济利益的总流出。费用具有如下基本特征：

（1）费用是企业在日常活动中发生的经济利益的流出，而不是在偶发的交易或事项中发生的经济利益的流出。如企业发生的电话费、办公费等属于费用范畴；而企业因自然灾害发生的支出不属于费用范畴。

（2）费用可能表现为资产的减少，或负债的增加，或二者兼而有之。

（3）费用最终能引起所有者权益的减少，但不包括向所有者分配利润，它属于利润分配的范畴。

费用一般包括销售商品或提供劳务结转的成本、税金及附加、销售费用、管理费用和财务费用等。

3. 利润

利润是指企业在一定会计期间的经营成果。利润包括收入减去费用后的净额、直接计入当期利润的利得和损失等。有时企业的收入不足以弥补费用，其差额就形成亏损。

利润一般包括营业利润、利润总额和净利润。

营业利润是企业由于经营所赚得的收益，包括生产经营所得和投资经营所得等。

利润总额是在营业利润的基础上，加减营业外收支净额以后的结果。如果盈利，按税法规定应缴纳一定数额的企业所得税。

利润总额扣除所得税费用后的净额就是净利润。

三、会计等式

如前所述，六个会计要素反映了资金运动的静态和动态两个方面，具有紧密的相关性，它们在数量上存在着特定的平衡关系，这种平衡关系用公式来表示，就是通常所说的会计等式。会计等式是反映会计要素之间平衡关系的计算公式，它是各种会计核算方法的理论基础。

（一）资产 = 负债 + 所有者权益

这是最基本的会计等式，它反映企业拥有的经济资源及对该资源的求偿权。前已述及，资产是企业的资源，对企业资产的求偿权来自债主权益（即负债）和所有者权益。资产与权益实际上是企业所拥有的经济资源在同一时点上所表现的不同形式。资产表明的是资源在企业存在、分布的形态，权益表明资源取得和形成的渠道，两者之间形成了相互依存的关系。没有无资产的权益，也没有无权益的资产。从数量上看，有一定数额的资产，必定有一定数额的权益。也就是说，资产与权益之间在数量上存在必然恒等的关系。资产与权益的恒等关系，是复式记账法的理论基础，也是编制资产负债表的依据。

（二）收入 − 费用 = 利润

企业在经营过程中，通过为顾客提供商品或服务以增加收入，在获得收入的过程中又必然发生员工的工资、产品广告费、水电费以及某些特定资产的逐渐磨损等耗费，这些费用都是为了吸引顾客或为顾客服务而发生的，是“经商的代价”。任何企业经营的目的都是一致的，即使其收入超过费用，以获得净收益。收入、费用和利润之间的上述关系，是编制利润表的基础。

（三）资产 = 负债 + 所有者权益 +（收入 − 费用）

微课 1-4

建立会计等式

根据收入和费用的定义描述，我们知道：收入的增加相应地引起利润的增加，而费用的发生则使利润减少。也就是说，收入和费用实际上属于所有者权益范畴，用下式表示：

资产 = 负债 + 所有者权益 + 利润

企业实现的利润，首先需要缴纳一定数额的所得税，形成负债；剩余部分留存在企业由所有者享有，又形成所有者权益。这样，上述会计等式又回到“资产=负债+所有者权益”恒等式状态。

四、分析经济业务事项及其对会计等式的影响

李先生最近独资开办了一家小型百货商店。商店发生的经济业务如下：

（1）李先生投资800 000元开始创办一家小型百货商店，它以“茂源百货”的名义在银行开立账户，并办理营业执照，从事商品经营活动。这项业务对百货商店的会计方程式影响如下：

	资　产	=	负　债	+	所有者权益
	+800 000				+800 000
总额：	800 000	=			800 000

这项经济业务是李先生到市场监管部门注册登记"茂源百货"，使企业的资产（银行存款）和所有者权益（实收资本）同时增加800 000元，而不涉及负债业务。此时资产总额与负债及所有者权益总额相等。

（2）茂源百货支付50 000元购买了一部分柜台和货架。这项业务对百货商店的会计方程式影响如下：

	资　产	=	负　债	+	所有者权益
余额：	800 000	=			800 000
	−50 000+50 000				
总额：	800 000	=			800 000

这项经济业务是茂源百货用银行存款购买固定资产，使企业的银行存款减少的同时，另一项资产（固定资产）增加了相同的金额。该项业务结束后，茂源百货的资产总额未变，但资产形态发生了变化：银行存款750 000元，固定资产50 000元。而负债和所有者权益未发生变化，方程式的两边是相等的。

由此可见，如果一笔经济业务只涉及资产方面有关项目之间的金额增减变化，不涉及负债及所有者权益方面的项目，其总额不会变动，故双方总额仍保持着平衡关系。

（3）茂源百货购买了600 000元的商品，并承诺30天内支付价款。这项业务对百货商店的会计方程式影响如下：

	资　产	=	负　债	+	所有者权益
余额：	800 000	=			800 000
	+600 000		+600 000		
总额：	1 400 000	=	600 000	+	800 000

这项经济业务使企业资产（存货）与负债（应付账款）同时增加600 000元，会计方程式两边的余额之和均为1 400 000元。也就是说，当一笔经济业务涉及资产与权益同时增加时，等式两边增加的金额是相等的，会计方程式仍然保持平衡关系。

（4）茂源百货销售商品取得现金收入30 000元。这项业务对百货商店的会计方程式影响如下：

	资　产	=	负　债	+	所有者权益
余额：	1 400 000	=	600 000	+	800 000
	+30 000	=			+30 000
总额：	1 430 000	=	600 000	+	830 000

这项经济业务使企业资产（库存现金）增加30 000元，销售收入也增加30 000元。根据收入的定义可知，收入的增加使所有者权益增加。至此，方程式两边的余额已经增加到1 430 000元，仍保持平衡关系。

（5）茂源百货结转上述销售商品的成本18 000元；同时用银行存款支付4 000元的费用，其中租金1 000元，办公费3 000元。该项业务对百货商店的会计方程式影响如下：

	资　产	=	负　债	+	所有者权益
余额：	1 430 000	=	600 000	+	830 000
	−22 000	=			−22 000
总额：	1 408 000	=	600 000	+	808 000

由于费用与收入起正好相反的作用，它使企业资产总额减少22 000元，所有者权益也减少22 000元。此项业务发生后，方程式两边的余额均为1 408 000元，仍然是平衡的。

（6）茂源百货用银行存款支付所购商品价款500 000元。该项业务对百货商店的会计方程式影响如下：

	资　产	=	负　债	+	所有者权益
余额：	1 408 000	=	600 000	+	808 000
	−500 000	=	−500 000		
总额：	908 000	=	100 000	+	808 000

这项经济业务的发生，使资产（银行存款）减少了500 000元，同时使负债（应付账款）减少了500 000元。这笔经济业务的发生，也是在资产、权益两大类项目中同时发生减少，且减少的金额都是500 000元，其总额均为908 000元，仍然是平衡的。

（7）李先生从茂源百货提取存款3 000元，以备个人使用。该项业务对百货商店的会计方程式影响如下：

	资　产	=	负　债	+	所有者权益
余额：	908 000	=	100 000	+	808 000
	−3 000	=			−3 000
总额：	905 000	=	100 000	+	805 000

由于李先生提款用于与企业经营无关的个人支出，会计记录为撤资。因此，李先生从企业提款3 000元使企业资产（银行存款）减少了3 000元，同时使所有者权益（实收资本）减少了3 000元。减少后的总额为905 000元，会计方程式仍然是平衡的。

（8）茂源百货欠A公司货款100 000元到期。由于暂时无足够的银行存款，李先生与A公司协商推迟归还借款。该项业务对百货商店的会计方程式影响如下：

	资　产	=	负　债	+	所有者权益
余额：	905 000	=	100 000	+	805 000
			−100 000+100 000		
总额：	905 000	=	100 000	+	805 000

这项经济业务属于借新债还旧债，它使企业原有负债减少100 000元，同时新增负债100 000元，但资产总额不变，负债总额不变，所有者权益总额也不变，所以会计方程式仍然平衡。

上述经济业务只是企业多种多样的经济活动中的一部分，但它们反映出企业的任何经济业务的变化都不会影响会计方程式的平衡关系。我们可以将经济业务事项对会计等式的影响概括为下列9种变化类型（见表1-1）。

表1-1　会计等式的9种变化类型

序号	资产	=	负债	+	所有者权益
1	+资产−资产	=	—	+	—
2	—	=	+负债−负债	+	—
3	+资产	=	+负债	+	—

续表

序号	资产	=	负债	+	所有者权益
4	-资产	=	-负债	+	—
5	+资产	=	—	+	+所有者权益
6	-资产	=	—	+	-所有者权益
7	—	=	-负债	+	+所有者权益
8	—	=	+负债	+	-所有者权益
9	—	=	—	+	+所有者权益-所有者权益

从表1-1我们可以看出，凡是涉及资产、负债及所有者权益项目同增或同减的经济业务，都会使等式两边的总额发生相等金额的同增或同减的变化，变化的结果是等式两边的总额仍然相等；凡是涉及资产、负债及所有者权益内部项目之间的变动，呈现此增彼减，等式两边原来的总额不会发生变化，自然不会影响等式的平衡。因此，任何一项经济业务的发生，无论引起会计等式发生怎样的增减变化，都不会破坏等式两边总额的平衡关系。

“资产 = 负债 + 所有者权益”这种恒等关系，是设置会计账户、复式记账、试算平衡以及编制会计报表的理论依据，是贯穿于会计工作始终的一条主线。

同步习题与实训

一、判断题

1. 营业利润是企业在日常活动中取得的经营成果。（ ）
2. 凡是不能给企业带来未来经济利益的资源，均不能称为资产。（ ）
3. 企业会计准则所定义的“收入”包括营业收入、投资收益和营业外收入。（ ）
4. 企业发生的收入和费用，一定会影响所有者权益。（ ）
5. 企业会计对象就是企业再生产过程中的资金运动。（ ）
6. 毁损固定资产发生的净损失，属于会计准则所定义的“费用”范围。（ ）
7. 凡是没有实物形态的资产，都是无形资产。（ ）
8. 权益包括负债和所有者权益两部分。（ ）
9. 对于一项资产，只有拥有所有权，才能作为企业的资产加以确认。（ ）
10. 符合负债定义的项目，就应当将其确认为一项负债。（ ）
11. 企业实现的收入都是通过日常活动形成的，不包括营业外收入和投资收益。（ ）
12. 收入会导致经济利益的流入，导致经济利益流入的项目一定会产生收入。（ ）
13. 营业利润是企业由于经营所赚得的收益，包括生产经营所得和投资经营所得等。（ ）
14. 企业的资金运动主要包括资金进入企业、资金在企业内部循环与周转、资金退出企业三种形式。（ ）

15. 凡是能够以货币表现的经济活动，都是会计对象。（　　）

16. 反映财务状况的三大会计要素，即资产、负债和收入。（　　）

17. 资产必须为企业拥有，即企业必须拥有资产的所有权。（　　）

18. 资产和负债都是由过去的交易或事项形成的。（　　）

19. 资产与权益的恒等关系，是复式记账法的理论基础，也是编制资产负债表的依据。（　　）

20. “收入－费用＝利润”是会计恒等式。（　　）

21. 无论发生什么经济业务，会计等式两边会计要素总额的平衡关系都不会被破坏。（　　）

22. 企业接受投资，一方面会使企业的资产总额增加，同时会使负债发生等额的增加。（　　）

23. 企业收回应收账款后存入银行。这项业务的发生仅在资产内部发生变化，不会导致资产或权益总额的增减变化。（　　）

24. 企业以库存现金购买办公用品，属于企业资产内部变化。（　　）

25. 企业赊购材料，会使资产和权益同时增加。（　　）

二、单项选择题

1. 下列各项属于企业资产要素范围的是（　　）。

A. 发生的办公费　　B. 应缴未缴的税费

C. 应付而未付的职工薪酬　　D. 应收某单位的货款

2. 对会计对象的具体内容所作的最基本分类是（　　）。

A. 会计科目　　B. 会计账户　　C. 会计要素　　D. 会计基础

3. 我国企业会计准则所规定的收入是指（　　）。

A. 主营业务收入　　B. 营业收入、投资收益和其他收益等

C. 营业收入　　D. 其他业务收入

4. 下列各项可以确认为费用的是（　　）。

A. 购买的机器设备　　B. 预付下年的财产保险费

C. 购买的原材料　　D. 支付的电话费

5. 下列各项属于企业资产项目的是（　　）。

A. 实收资本　　B. 银行存款　　C. 应付账款　　D. 管理费用

6. 下列各项不符合会计要素“资产”定义的是（　　）。

A. 库存现金　　B. 委托加工物资　　C. 待处理财产损失　　D. 在产品

7. 下列各项符合会计要素“收入”定义的是（　　）。

A. 出售材料收入　　B. 销售商品代垫的运费

C. 盘盈固定资产　　D. 销售商品而收到的增值税

8. 下列各项不属于会计要素“费用”范畴的是（　　）。

A. 报销的差旅费　　B. 购买的大型机器设备

C. 应付的借款利息　　D. 支付的广告费

9. 下列各项说法正确的是（　　）。

A. 只有企业拥有所有权的资源才称得上资产

B.待处理财产损失也是企业的资产之一

C.融资租入的固定资产是企业的资产

D.企业的资产必须是有形的

10.下列各项可以确认为企业资产的是（　　）。

A.企业的人力资源　　B.经营租入的设备

C.外购的商标权　　D.计划购买的某项设备

11.下列各项会使企业资产和所有者权益同时增加的是（　　）。

A.从银行提取现金　　B.赊购一批材料

C.接受投资者投入设备　　D.向银行借入短期借款

12.下列各项会使企业资产和负债同时增加的是（　　）。

A.从银行提取现金　　B.以银行存款上缴税费

C.接受投资者投入设备　　D.向银行借入短期借款

13.下列各项使企业资产和权益总额不变的是（　　）。

A.从银行提取现金　　B.以银行存款上缴税费

C.接受投资者投入设备　　D.向银行借入短期借款

14.下列各项使企业资产和负债同时减少的是（　　）。

A.从银行提取现金　　B.以银行存款上缴税费

C.接受投资者投入设备　　D.向银行借入短期借款

15.企业年初所有者权益总额为100万元，本期资产增加15万元，负债减少5万元，则期末所有者权益总额为（　　）万元。

A.100　　B.120　　C.115　　D.125

三、多项选择题

1.下列各项属于资产项目的有（　　）。

A.机器设备　　B.土地使用权　　C.实收资本　　D.应收账款

2.反映企业财务状况的会计要素有（　　）。

A.资产　　B.负债　　C.所有者权益　　D.收入

3.下列各项属于会计对象的有（　　）。

A.购买固定资产　　B.编制采购计划　　C.车间领用材料　　D.发放职工薪酬

4.将一项资源确认为资产时，应当符合的条件有（　　）。

A.预期会给企业带来经济利益　　B.由过去的经济事项形成的

C.相关的经济利益可能流入企业　　D.该资源的成本能可靠计量

5.下列各项属于负债特征的有（　　）。

A.负债是企业承担的现时义务

B.负债的清偿预期会导致经济利益流出企业

C.负债是由企业过去的交易或事项形成的

D.未来流出的经济利益的金额能够可靠地计量

6.下列各项属于所有者权益来源的有（　　）。

A.所有者投入的资本　　B.资本利得和损失

C.留存收益　　D.向银行借入款项

7. 下列各项属于非流动资产的有（　　）。

A. 固定资产　　B. 周转材料　　C. 在建工程　　D. 库存现金

8. 下列各项企业能够确认为资产的有（　　）。

A. 经营租入的固定资产　　B. 融资租入的固定资产

C. 盘亏的存货　　D. 购入的工程物资

9. 下列各项属于所有者权益的有（　　）。

A. 实收资本　　B. 资本公积　　C. 盈余公积　　D. 未分配利润

10. 下列各项属于会计要素的有（　　）。

A. 资本　　B. 成本　　C. 收入　　D. 费用

11. 下列各项属于流动负债的有（　　）。

A. 应付职工薪酬　　B. 其他应付款　　C. 应付债券　　D. 预付账款

12. 下列各项属于流动资产的有（　　）。

A. 存货　　B. 固定资产　　C. 银行存款　　D. 预收账款

13. 下列各项属于会计等式的有（　　）。

A. 资产 = 权益　　B. 资产 = 负债 + 所有者权益

C. 收入 − 费用 = 利润　　D. 资产 = 负债 + 所有者权益 + 收入 − 费用

14. 下列各项以“资产 = 负债 + 所有者权益”这一会计恒等式为理论和依据的有（　　）。

A. 复式记账　　B. 编制利润表

C. 编制资产负债表　　D. 成本计算

15. 下列各项属于利润组成项目的有（　　）。

A. 毛利　　B. 营业利润　　C. 利润总额　　D. 净利润

16. 下列各项会使会计等式两边同时增加的有（　　）。

A. 从银行提取现金　　B. 赊购一批材料

C. 接受投资者投入设备　　D. 向银行借入短期借款

17. 下列各项不会使资产和权益总额发生变化的有（　　）。

A. 从银行提取现金　　B. 收回应收账款

C. 以银行存款购买设备　　D. 产品生产领用原材料

18. 下列各项会导致本期资产总额增加的有（　　）。

A. 从银行提取现金　　B. 接受投资者投入资产

C. 收回A公司前欠的货款　　D. 向银行借款

19. 下列各项会导致本期所有者权益增加的有（　　）。

A. 出售产品取得收入　　B. 接受投资者投入资产

C. 支付本期电话费　　D. 用税后利润发放现金股利

20. 下列各项会导致本期所有者权益减少的有（　　）。

A. 计提短期借款利息　　B. 提取固定资产折旧

C. 支付业务招待费　　D. 用税后利润发放现金股利

四、实训题

【实训资料】各项经济业务对资产、负债及所有者权益影响变化的分析见表1-2。

表1-2 各项经济业务对资产、负债及所有者权益影响变化的分析

序号	各项经济业务	资产	负债	所有者权益
1	从银行提取现金5 000元			
2	收回应收账款7 000元存入银行			
3	用银行存款购买材料支出48万元			
4	接受商标权投资10万元			
5	收到投资者投入的固定资产价值20万元			
6	向银行借入短期借款15万元			
7	用银行存款上缴税费6万元			
8	开出商业汇票抵销原先的应付款3万元			
9	股东会宣告分派现金股利12万元			
10	某股东撤回投资8万元			
11	赊购材料价值3.5万元			
12	用银行存款支付职工薪酬14.8万元			

【实训要求】

（1）根据提供的经济业务，分析各项经济业务对会计等式的影响。

（2）将每项经济业务影响的会计要素在表1-2对应的表格中用“+”或“-”表示增加或减少的变动情况。

（3）根据判断结果，观察是否影响“资产=负债+所有者权益”会计恒等式的平衡关系。

任务四 理解会计信息质量要求和会计基础

一、会计信息质量要求

会计作为一门国际通用的商业语言，所提供的信息应当满足投资者、债权人、政府及其有关部门和社会公众的需求。为此，提供的会计信息在质量上必须予以保证。按照我国《企业会计准则——基本准则》的规定，会计信息质量要求包括8项，即：可靠性、相关性、可理解性、可比性、实质重于形式、重要性、谨慎性和及时性。

（一）可靠性

可靠性又称真实性，它是指企业应当以实际发生的交易或者事项为依据进行会计确认、计量和报告，如实反映符合确认和计量要求的各项会计要素及企业的财务状况、经营成果和现金流量等相关信息，保证会计信息真实可靠、内容完整。可靠性要求企业做到：

（1）以实际发生的交易或事项为依据进行会计核算，不得根据虚构的或者尚未发生的交易或者事项进行确认、计量和报告。

（2）在符合重要性和成本效益原则的前提下，保证会计信息的完整性，不能随意遗漏或者减少应予披露的信息。

（3）要求企业提供的会计信息能够客观中立、不偏不倚地反映企业的财务状况、经营成果和现金流量，不存在重大差错和主观偏见。

（二）相关性

相关性是指会计信息应当与财务会计报告使用者的经济决策需要相关，有助于财务会计报告使用者对企业过去、现在或者未来的情况作出评价或者预测。如果会计核算的信息不符合会计信息使用者的要求，即使是客观真实地反映了企业经营情况的会计信息，亦毫无价值。因此，相关性要求企业在收集、处理、传递会计信息的过程中，应考虑会计信息使用者对会计信息需求的不同特点，以满足企业内外有关方面对会计信息的相关需要。

（三）可理解性

可理解性是指企业提供的会计信息应当清晰明了，便于财务会计报告使用者理解和使用。企业提供会计信息的目的在于使用，要使用会计信息首先必须了解会计信息的内涵，弄懂会计信息的内容，这就要求企业提供的会计信息应尽可能简明易懂，以便会计信息使用者理解和使用这些会计信息。

（四）可比性

这里的可比性是一个广义的概念，它既包括纵向可比，也包括横向可比。

纵向可比是指同一企业不同时期发生的相同或者相似的交易或者事项，应当采用一致的会计政策，不得随意变更。比如，某企业2023年按销售额的2%提取产品保修费用用于以后年度产品维修，在2024年及以后年度也必须按2%提取产品保修费用。

横向可比是指不同企业发生的相同或者相似的交易或者事项，应当采用国家规定的会计处理方法，确保会计信息口径一致、相互可比。例如，某企业购买A材料采用实际成本计价，那么领用材料用于生产经营就应按实际成本计价，不得采用其他方法。

（五）实质重于形式

实质重于形式要求企业应当按照交易或者事项的经济实质进行会计确认、计量和报告，不应仅以交易或者事项的法律形式为依据。在实际工作中，如以融资租赁方式租入的固定资产，虽从法律形式上来讲，企业不拥有其所有权，但是由于租赁合同规定的租赁期接近该资产的有效寿命，租赁期结束时，承租企业有权优先购买该项财产，且在承租期内有权支配该项资产并从中受益。因此，从该项资产的经济实质来看，企业能够控制其创造未来的经济利益，在会计核算上应视为企业的资产。再比如，商品的售后回购，它实际上属于企业的融资行为，企业不得确认收入。

（六）重要性

假定2024年8月2日，办公室用现金购入打印纸4包，价值100元。可以说企业的现金减少100元，而存货资产增加100元。每当企业员工用去一页纸，都会使资产减少一些，相应地费用会增加一些，企业收益会随之下降。从理论上讲，会计人员应随时记载打印纸的减少和费用的增加；到了月末，会计人员应清点打印纸用去多少，还剩多少。但是，没有一家单位或会计会愿意去付出这样的努力，他们根本就不打算记录那些不重要的交易或事项，因为提供这些琐碎的信息用处不大，而且耗费了大量的人力资源和管理成本。

重要性是指企业提供的会计信息应当反映与企业财务状况、经营成果和现金流量等有关的所有重要交易或者事项。但是，交易或事项的重要与不重要之间没有一个公认的、准确的界限，这就需要会计人员具备较好的职业判断力。

重要性往往与充分披露有关。会计核算应对所有会计信息资料予以全面反映，但对重要的经济业务应单独反映，尤其是对那些影响决策的重要会计信息，应分项反映、重点说明；对那些次要的会计信息，则可适当简化核算程序和方法。

（七）谨慎性

谨慎性又称稳健性，它要求企业在对交易或者事项进行会计确认、计量和报告时应当保持应有的谨慎，不应高估资产或者收益、低估负债或者费用。

通常，人们在处理一件不确定事项时，往往采取小心谨慎的态度。会计人员也是如此，他们在衡量不确定事项时，宁愿低估资产或者收益也不愿高估它们。在会计核算中，如果对未来不确定的数量有两种估计结果，即使二者发生的可能性相同，会计人员也应充分考虑可能出现的风险，不要高估企业的资产或收益；对可能发生的负债或费用要有充分的预见，使会计核算尽可能建立在较为稳妥的基础之上，以提高企业应对风险的能力。例如，企业对未收回的账款估计可能发生的坏账，对库存商品计提存货跌价准备等。

（八）及时性

及时性是指企业对已经发生的交易或者事项，应当及时进行会计确认、计量、记录和报告，不得提前或者延后。

及时性要求企业：一要及时收集会计信息，即在经济交易或者事项发生后，及时收集、整理各种原始单据或者凭证；二要及时处理会计信息，及时对经济交易或者事项进行确认和计量，并编制财务报告；三要及时传递会计信息，保证会计信息的时效性，如果会计信息不及时传递出去，那么无论多么可靠的会计信息都是无用的。

二、会计基础

（一）会计基础及其种类

微课1-5

会计基础及选择

会计基础，也称会计记账基础，是指确定企事业单位一定会计期间收入和费用，从而确认一定时期损益的标准。会计主体在日常经济活动过程中，必然获得一定的收入，同时会发生相应的支出。能否正确计算一定会计期间的盈亏，主要取决于各会计期间相关收入和支出的配比正确与否。

收入和支出的归属期间，是指应获得收入和应负担支出的会计期间。如果交易双方采取“钱货两清”的交易方式，收入和支出的会计期间就是当期，货币收付期与收支归属期一致。但是，如果交易双方发生赊销或赊购交易，货币收付期与收支归属期就不一致了。应收和应付是收支归属期在前，货币收付期在后；预收和预付是货币收付期在前，收支归属期在后。因此，对货币收付期与收支归属期不一致的收入和支出，如何确定其是否属于本期的收入和支出，就需要一个明确的规定。会计基础包括权责发生制和收付实现制。对会计基础的不同选择，决定单位取得收入和发生支出在会计期间的配比，并直接影响单位的工作业绩和财务成果。

（二）收付实现制

收付实现制，又称现金制，它是按照款项的实际收付时间来确定收入和费用归属期的一种方法。按照这种方法，当收到现金时就确认收入，当支付现金时就确认费用。也就是说，凡在本期收到的款项，不论是否属于本期，均作为本期收入；凡在本期支付的款项，不论是否属于本期，均作为本期费用。

例如，某企业2024年1月份收到2023年11月销售产品的货款50 000元存入银行，尽管该项收入不是2024年1月份发生的，但因为该项收入是在2024年1月份收到的，所以在收付实现制下应确认为2024年1月份的收入。再比如，2024年4月30日，某企业计算本月应付职工薪酬为180 000元，于2024年5月10日实际发放。在收付实现制下，应确认2024年5月份的费用为180 000元，但实际上这笔工资费用是2024年4月发生的。

在现金收付基础上，会计在处理经济业务时不考虑预收收入、预付费用，以及应计收入和应计费用的问题，会计期末也不需要进行账项调整，因为实际收到的款项和付出的款项均已登记入账，所以可以根据账簿记录来直接确定本期的收入和费用，并加以对比确定本期盈亏。很显然，这种处理方法的好处在于计算方法比较简单，也符合人们的生活习惯，但按照这种方法计算的盈亏不合理、不准确，所以企业会计准则规定企业不可以采用这种方法，它主要应用于行政事业单位和个体户等。

（三）权责发生制

权责发生制，又称应计制或应收应付制，是指在会计核算中以权益和责任是否发生为标准来确定本期收入和费用的一种方法。凡是当期已经实现的收入和已经发生或应当负担的费用，不论款项是否收付，都应当作为当期收入和费用入账；凡是不属于当期的收入和费用，即使款项已在本期收付，也不能作为本期的收入和费用入账。目前，我国企业会计准则规定，企业会计应采用权责发生制，实行企业化管理的事业单位，如医院、设计院、剧院等，可以采用权责发生制，行政单位使用修正的权责发生制。

例如，2024年4月5日，顾客在商店购买价值600元的商品，商店就从这笔销售业务中实现了600元的收入（权益发生），同时转让了成本为400元商品的所有权（责任发生）。在此项交易中，商店的权益和责任同时发生，应在4月份分别确认600元的收入和400元的费用。又如，商店5月份销售电器，价值30 000元，购买者提走了货物并同意30天后付款。在此项业务中，该商店已经获得了收回价款的权利，同时交付了商品，应于5月份确认收入30 000元，同时确认相应的费用。倘若企业于5月份预收购货方款项30 000元，在7月份发出商品，销售企业就不能在5月份确认收入和费用，而必须等到商品交付时才能确认收入。

（四）比较和应用权责发生制与收付实现制

1. 相同点

权责发生制与收付实现制对“钱货两清”交易的会计处理是一致的。例如，企业于2024年8月10日销售一批商品，销售价款为40 000元，商品已经发出，价款存入银行。对于这项业务，权责发生制与收付实现制都在2024年8月确认收入40 000元。再如，企业于2024年8月12日购买办公用品，购买价款为2 000元，价款以现金支付。对于这项业务，权责发生制与收付实现制都在2024年8月确认费用2 000元。

2. 不同点

权责发生制依据持续经营和会计分期两个基本前提来划分不同会计期间资产、负债、收入、费用等会计要素的归属，并运用一些诸如应收、应付、待摊等项目来记录由此形成的资产和负债等会计要素。收付实现制不存在这些项目，会计期末也不需要进行账项调整。具体表现在：

（1）费用的待摊和预提问题

在收付实现制下，凡在本期实际以现款付出的费用，不论其是否在本期收入中获得补偿，均应作为本期费用入账；在权责发生制下，凡是当期已经发生或应当负担的费用，不论款项是否收付，都应当作为当期费用入账。例如，企业于2024年4月1日向银行借入款项1 000万元，月利率为6‰，期限为3个月，合同约定利息于2024年7月1日一次性支付。在收付实现制下，企业4月、5月、6月均不确认借款利息费用，只在支付利息的7月确认利息费用18万元。而在权责发生制下，企业于4月、5月、6月月末均计提利息费用6万元，并同时确认一项负债，7月份不存在利息费用问题。

【小思考1-1】企业于2023年12月20日以银行存款预付2024年财产保险费12万元。请分别指出在收付实现制下和权责发生制下确认费用的时间和金额。

（2）收入的确认问题

在收付实现制下，凡在本期实际收到的现金收入，不论其是否属于本期均应作为本期应计的收入处理；在权责发生制下，凡是当期已经发生的收入，不论款项是否收付，都应当作为当期收入入账。例如，企业于2024年7月18日赊销商品一批，售价为200万元，商品已发出，货款于2024年9月25日收到。在收付实现制下，企业7月份不确认收入，在收到货款的9月份确认收入200万元。在权责发生制下，企业于7月份确认收入200万元，并同时确认一项资产。

【小思考1-2】企业于2024年8月5日预收A公司货款60万元，存入银行。商品于11月8日发给A公司。你能分别指出在收付实现制下和权责发生制下确认收入的时间吗？

（3）收入和费用的配比问题

配比原则是指某个会计期间取得的收入应与为取得该收入所发生的费用、成本相匹配，以正确计算在该会计期间获得的净损益。例如，企业于2024年9月11日销售一批商品，销售价款为8 000元，商品已经发出，价款存入银行。该商品于8月购进，进货成本为5 000元。对于这项业务，在权责发生制下，企业应于2024年9月确认收入8 000元，同时按配比原则确认费用5 000元。在收付实现制下，企业同样于2024年9月确认收入8 000元，但是由于该商品是在8月份购买的，因此已经在8月份确认费用5 000元。

【小思考1-3】企业于2024年4月30日用银行存款购买生产设备，价款为90 000元，交付生产车间使用。该设备可使用5年，假定无残值。你能指出在收付实现制下和权责发生制下企业配比费用的时间和金额吗？

（4）计算盈亏的问题

企业的生产经营不是一次而是多次，而其损益的记录又要分期进行，每期的损益计算理应反映所有属于本期的真实经营业绩。如前所述，由于权责发生制使用了配比原则，能够使同一时期取得的收入与所发生的费用相匹配，期末对账簿记录进行调整之后才能计算盈亏，虽然手续比较麻烦，但计算的损益比较准确。收付实现制显然不能完全做到这一点，它根据同一时期的收入和与其不相关的费用来计算盈亏，其结果没有实质意义。

同步习题与实训

一、判断题

1. 判断一个会计事项是否具有重要性，主要取决于会计制度的规定，而不是取决于会计人员的职业判断。所以同一个事项在某一企业具有重要性，在另一企业也具有重要性。 （ ）

2. 谨慎性要求企业在对交易或者事项进行会计确认、计量和报告时应当保持应有的谨慎，不应高估资产或者收益、低估负债或者费用。 （ ）

3. 企业为减少本年度亏损而调减已经计提的坏账准备，体现了会计核算的谨慎性。 （ ）

4. 所谓横向可比是指不同企业发生的相同或者相似的交易或者事项，应当采用国家规定的会计处理方法，确保会计信息口径一致、相互可比。 （ ）

5. 可比性的会计信息质量要求体现了对同一企业不同时期和不同企业同一时期相互比较的要求。 （ ）

6. 会计信息的价值，关键是看其与使用者的决策需要是否相关，是否有助于决策或者提高决策水平。 （ ）

7. 会计信息质量要求为规范会计确认、计量和报告行为，保证会计信息质量提供法律依据。 （ ）

8. 会计信息质量要求的可靠性与相关性往往是矛盾的。 （ ）

9. 所谓可比性，是指同一企业不同时期发生的相同或者相似的交易或者事项，应当采用一致的会计政策，不得随意变更。 （ ）

10. 会计确认、计量和报告，不应仅以交易或者事项的法律形式为依据。 （ ）

11. 能否正确计算一定会计期间的盈亏，主要取决于各会计期间相关收入和支出的正确配比。 （ ）

12. 如果交易双方采取“钱货两清”的交易方式，收入和支出的会计期间就是当期，货币收付期与收支归属期一致。 （ ）

13. 如果交易双方采取赊销交易方式，收支归属期在后，货币收付期在前。 （ ）

14. 会计基础包括权责发生制和收付实现制。 （ ）

15. 收付实现制，又称应收应付制，是按照款项的实际收付时间来确定收入和费用归属期的一种方法。 （ ）

16. 在收付实现制下，凡在本期收到的款项收入，不论是否属于本期，均作为本期收入。 （ ）

17. 在现金制下，会计在处理经济业务时不考虑预收收入、预付费用，以及应计收入和应计费用的问题。 （ ）

18. 权责发生制，又称现金制，是指在会计核算中，以权益和责任是否发生为标准来确定本期收入和费用的一种方法。 （ ）

二、单项选择题

1.下列各项不属于反映“会计信息质量要求”的是（　　）。

A.历史成本　　B.谨慎性　　C.可靠性　　D.重要性

2.下列各项体现了可比性要求的是（　　）。

A.同一企业不同时期发出存货的计价方法一经确定，不得随意改变

B.对于赊销的商品，出于对方财务状况恶化的原因，没有确认收入

C.资产发生减值的，计提相应的减值准备

D.对有的资产采用公允价值计量

3.对期末存货计提存货跌价准备，所体现的会计信息质量要求是（　　）。

A.及时性　　B.实质重于形式　　C.谨慎性　　D.可理解性

4.“企业应当以实际发生的交易或者事项为依据进行会计核算”指的是（　　）。

A.相关性　　B.谨慎性　　C.可靠性　　D.重要性

5.企业采用历史成本进行会计核算，所体现的会计信息质量要求是（　　）。

A.相关性　　B.谨慎性　　C.可靠性　　D.重要性

6.企业采用公允价值进行会计核算，所体现的会计信息质量要求是（　　）。

A.相关性　　B.谨慎性　　C.可靠性　　D.重要性

7.“企业提供的会计信息应当清晰明了，便于财务会计报告使用者理解和使用”指的是（　　）。

A.相关性　　B.可比性　　C.可靠性　　D.可理解性

8.对固定资产采用加速折旧法计提折旧，所体现的会计信息质量要求是（　　）。

A.及时性　　B.重要性　　C.谨慎性　　D.可理解性

9.对那些次要的会计信息，可适当简化核算的程序和方法，所体现的会计信息质量要求是（　　）。

A.相关性　　B.重要性　　C.谨慎性　　D.可理解性

10.下列关于会计信息质量要求的说法中，不正确的是（　　）。

A.重要性取决于会计人员是否具备较好的会计职业判断

B.融资租入固定资产视同自有资产管理符合“实质重于形式”要求

C.在会计期末对应收账款计提坏账准备符合谨慎性要求

D.资产采用历史成本计量符合相关性要求

11.按照企业会计准则的规定，下列各主体应采用权责发生制的是（　　）。

A.财政局　　B.企业　　C.个体户　　D.市政府

12.下列各项按照权责发生制的要求可以确认收入的是（　　）。

A.预收销货款时　　B.赊销商品时　　C.委托代销时　　D.收到上月销货款时

13.下列各项按照权责发生制的要求可以确认费用的是（　　）。

A.购买设备时　　B.预付材料款时

C.预付下年保险费时　　D.计提应由本月负担的借款利息时

14.下列各项按照收付实现制的要求可以确认收入的是（　　）。

A.预收销货款时　　B.赊销商品时　　C.委托代销时　　D.发出商品时

15.下列各项按照收付实现制的要求不可以确认费用的是（　　）。

A. 购买设备时　　B. 预付材料款时
C. 预付下年保险费时　　D. 计提应由本月负担的借款利息时

16. 权责发生制和收付实现制在确认收入或费用处理相同的是（　　）。
A. 钱货两清交易　　B. 先收款后发货交易
C. 先付款后发货交易　　D. 以上均不正确

三、多项选择题

1. 下列各项属于会计信息质量要求的有（　　）。
A. 可靠性　　B. 一贯性　　C. 可理解性　　D. 及时性

2. 下列各项不符合实质重于形式会计信息质量要求的有（　　）。
A. 购买的办公用品直接作为费用　　B. 融资租入固定资产视同自有固定资产
C. 计提固定资产折旧　　D. 材料按计划成本进行日常核算

3. 下列各项体现谨慎性会计信息质量要求的有（　　）。
A. 采用加速折旧法计提固定资产折旧
B. 对应收账款计提坏账准备
C. 将融资租入固定资产视同自有固定资产核算
D. 对存货计提存货跌价准备

4. 下列各项体现了重要性会计信息质量要求的有（　　）。
A. 在编制资产负债表时，将库存商品、原材料、周转材料等项目并入“存货”项目
B. 对其他业务进行核算时，只设置“其他业务收入”“其他业务成本”两个会计科目
C. 将购买办公用品的支出直接计入管理费用
D. 销售商品发出货物后，发现购买方财务状况恶化，故没有确认收入

5. 在存在不确定性因素的情况下做出合理判断时，下列各项符合谨慎性会计信息质量要求的有（　　）。
A. 设置秘密准备　　B. 不要高估资产和预计收益
C. 合理估计可能发生的损失和费用　　D. 尽可能低估负债和费用

6. 下列各项符合会计信息质量要求中的“及时性”的有（　　）。
A. 及时收集会计信息　　B. 及时处理会计信息
C. 及时传递会计信息　　D. 及时打印会计信息

7. 按照政府会计准则的规定，下列单位应采用收付实现制的有（　　）。
A. 财政局　　B. 商场　　C. 保险公司　　D. 市政府

8. 按照企业会计准则的规定，下列单位应采用权责发生制的有（　　）。
A. 证券公司　　B. 代理记账公司　　C. 高职院校　　D. 教育局

9. 下列各项按照权责发生制的要求可以确认收入的有（　　）。
A. 预收销货款时　　B. 赊销商品时　　C. 钱货两清时　　D. 收到上月销货款时

10. 下列各项按照权责发生制的要求可以确认费用的有（　　）。
A. 生产产品领用材料时　　B. 计提固定资产折旧时
C. 支付本月水电费时　　D. 计提应由本月负担的借款利息时

11. 下列各项按照收付实现制的要求可以确认收入的有（　　）。

A.预收销货款时　　　　B.赊销商品时
C.现金销售商品时　　　　D.发出商品时

12.下列各项按照收付实现制的要求可以确认费用的有（　　）。
A.购买材料时　　　　B.预付设备款时
C.支付学生奖学金时　　　　D.计提固定资产折旧时

任务五　构建会计核算方法体系

一、会计方法及其体系

会计方法是为实现会计核算、进行会计管理和完成会计任务所采用的手段。由于会计工作包括会计核算工作和会计管理工作，所以会计方法包括会计核算方法和会计管理方法。会计核算方法是对单位已经发生的经济活动进行连续、系统、完整的核算和监督所应用的方法。它主要包括：设置账户、复式记账、审核和填制会计凭证、登记账簿、成本计算、财产清查和编制财务报告。会计管理方法又可以分为会计预测方法、会计控制方法、会计分析方法、会计检查方法等。会计管理方法将在财务会计、管理会计、审计等课程中介绍，本节只介绍会计核算方法。

微课 1-6
会计核算方法体系

二、会计核算方法及其体系

（一）设置账户

设置账户是对会计对象的具体内容进行分类核算和监督的一种专门方法。由于单位的经济业务内容既广又多，为了取得连续、系统、全面的会计资料，应通过设置会计科目对会计对象进行科学分类，并根据会计科目设置账户，分门别类地登记经济业务，以满足会计核算和监督的需要。

（二）复式记账

复式记账对发生的每一项经济业务都以相等的金额同时在两个或两个以上相互联系的账户中进行登记。从资金运动的客观规律来看，任何一项经济业务活动，都涉及资金来源和去向的变化，至少引起两个方面资金的增减变动。例如，以银行存款5 000元归还前欠某单位货款，一方面引起银行存款减少5 000元，另一方面引起负债减少5 000元。复式记账通过双重记录可以清楚地反映每项经济业务活动引起资金变化的来龙去脉，可以根据账户的对应关系检查会计处理是否正确，相互关联地反映经济业务的全貌。

（三）审核和填制会计凭证

会计凭证是具有一定格式、用以记录经济业务的发生和完成情况的书面证明。审核和填制会计凭证是会计核算的一种专门方法，办理每一项经济业务都必须首先填制或取得会计凭证，会计机构、会计人员必须按照国家统一的会计制度规定审核会计凭证，只有经过审核无误的会计凭证才能作为记账的依据。

（四）登记账簿

会计账簿由具有一定格式的账页组成，是以会计凭证为依据，全面、连续地记录一家单位的经济业务，对大量分散的数据或资料进行分类整理，逐步加工成有用的会计信息的工具。登记账簿是根据会计凭证在账簿上连续、系统、完整地记录经济业务的一种专门方法。经济业务发生后，首先是编制会计凭证，然后按照经济业务发生的时间先后顺序，分门别类地记入有关账簿，并定期进行结账、对账，加工成系统、完整的数据资料，以提供有用的会计信息。

（五）成本计算

成本计算是按一定的成本对象，对生产经营过程中所发生的成本费用进行归集和分配，计算各对象的总成本和单位成本的一种专门方法。企业在生产经营过程中会发生各种耗费，为了核算和监督所发生的各种费用，必须正确地进行成本计算。各单位因经济业务内容不同，其成本计算内容也有所不同。如工业企业需计算材料采购成本、产品生产成本、产品销售成本；商品流通企业需计算商品销售成本。通过成本计算，可以准确了解成本构成，分析和考核成本计划的完成情况，寻找成本、费用开支升降的原因，促使企业加强成本核算和管理，节约费用，降低成本。同时，各单位应根据生产特点和管理要求，正确选择成本计算方法。

（六）财产清查

财产清查是对各项财产物资进行实物盘点、账面核对以及对各项往来款项进行查询、核对，以保证账账、账实相符的一种专门方法。在实际工作中，往往因为某些主客观原因造成账面记录与实际结存不相符，为了保证账簿记录的正确性，保证财产安全，应定期或不定期地进行财产清查，并根据财产清查结果，查明原因，明确责任，调整账簿记录，保持账实一致。

（七）编制财务报告

财务报告是指企业对外提供的反映企业某一特定日期的财务状况和某一会计期间的经营成果、现金流量等会计信息的文件。企业的财务报告由会计报表、会计报表附注组成。编制财务报告是及时提供真实、准确、完整会计信息的重要环节，它将账簿记录定期以表格形式总括地予以反映，供国家有关部门、投资人、经营管理者等了解本单位的财务状况和经营成果，并据以作出正确的决策。

会计核算的各种专门方法是相互联系、密切配合的，构成了一个完整的方法体系。在会计核算工作中，必须正确地运用会计核算方法。当企业发生经济业务时，要填制和审核原始凭证，根据审核无误的原始凭证，按照设置的会计科目和账户，采用复式记账方法编制记账凭证，根据记账凭证结合原始凭证登记会计账簿，依据会计账簿记录资料和相关资料，进行成本计算和财产清查，并定期编制财务报告。

在会计核算过程中，填制和审核会计凭证是起始环节，登记会计账簿是中间环节，编制财务报告是终结环节。会计核算方法体系如图 1-1 所示，它体现了各种会计核算方法之间的关系。

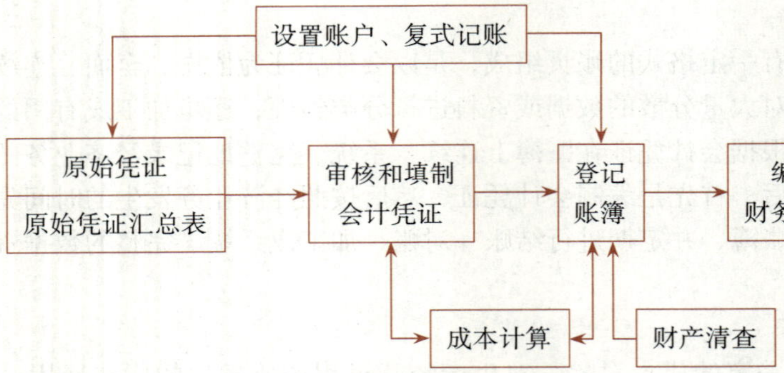

图1-1 会计核算方法体系

【德技并修】“旧管”“新收”“开除”“实在”，是我国古代重要的会计结算方法——四柱结算法中的重要构成部分。“旧管”的基本含义即“期初余额（或上期结存）”，“新收”的基本含义即“本期增加额”，“开除”的基本含义即“本期减少额”，“实在”的基本含义则为“期末余额”。四柱结算法的基本公式为“旧管＋新收－开除＝实在”。用现代的话来讲，“旧管、新收、开除、实在”就是进行会计核算及会计结算的四大要素，把它们比喻为支撑大厦的四根支柱，缺一而不可，故名。

“四柱结算法”的创立和运用，是中国会计界对世界会计方法发展的一个重要贡献，它对世界上许多国家的会计核算，都曾有过重要影响。1494年卢卡·帕乔利才在其《算术、几何、比及比例概要》一书中列示出“资产＝权益”的平衡公式。可以看出，我国“四柱结算法”的创立和运用，比西式平衡结算法的出现要早六百多年，在世界会计发展史上，这一方法一度处于领先地位。

党的二十大报告指出：中华优秀传统文化源远流长、博大精深，是中华文明的智慧结晶，其中蕴含的天下为公、民为邦本、为政以德、革故鼎新、任人唯贤、天人合一、自强不息、厚德载物、讲信修睦、亲仁善邻等，是中国人民在长期生产生活中积累的宇宙观、天下观、社会观、道德观的重要体现，同科学社会主义价值观主张具有高度契合性。

同步习题与实训

一、判断题

1. 会计方法就是指会计核算方法。（ ）
2. 会计核算方法就是记账、算账和报账的方法。（ ）
3. 会计核算的首要方法是复式记账。（ ）
4. 会计凭证只要正确无误就可以作为记账的依据。（ ）
5. 填制和审核会计凭证是会计核算的起点。（ ）
6. 登记会计账簿是会计核算的中间环节。（ ）
7. 会计工作的最终产品是会计报表。（ ）
8. 会计核算各方法之间没有必然的联系。（ ）

二、单项选择题

1. 下列各项属于会计核算方法的是（ ）。

A.会计预测　B.会计决策　C.登记账簿　D.编制计划

2.下列各项不属于会计核算方法的是（　　）。

A.复式记账　B.设置账户　C.成本计算　D.会计分析

3.在会计核算过程中，属于会计核算中间环节的是（　　）。

A.复式记账　B.设置账户　C.成本计算　D.登记账簿

4.在会计核算过程中，属于会计核算起点的是（　　）。

A.复式记账　B.设置账户

C.填制和审核会计凭证　D.登记账簿

5.用来保证账实相符的会计核算方法是（　　）。

A.复式记账　B.设置账户　C.财产清查　D.编制会计报表

三、多项选择题

1.下列各项属于会计方法的有（　　）。

A.会计核算方法　B.会计检查方法　C.会计分析方法　D.会计控制方法

2.会计循环包括（　　）。

A.复式记账　B.填制和审核会计凭证

C.登记会计账簿　D.编制会计报表

3.在“成本计算”时需要使用的会计核算方法有（　　）。

A.复式记账　B.填制和审核会计凭证

C.财产清查　D.编制会计报表

4.下列项目中，应计入资产成本的有（　　）。

A.材料采购成本　B.产品生产成本　C.产品销售成本　D.资产保管费

项目二

设置会计科目和账户

【知识点】

1. 会计科目的概念及分类
2. 账户的概念、功能与结构及分类

【素养点】

1. 通过会计科目设置的学习，认识到我国市场经济发展与改革开放对会计科目的影响
2. 通过账户设置的学习，养成收集和整理会计数据的良好习惯

引言

在项目一中，我们已经了解了基本的会计恒等式和几个衍生的会计等式，通过这些等式，特别是“资产 = 负债 + 所有者权益”以及“收入−费用 = 利润”两个等式，就可以对企业的经济活动进行粗线条的描绘。但是，我们应该看到，会计恒等式反映的概括指标，并不能够详细揭示企业各种经济业务的影响；再者，一家企业的经济业务的发生次数、数量可能十分多，远远不是单纯借助于会计等式就能够全面反映的。为此，必须将会计要素进一步细化和具体化，以便分门别类、完整地反映企业的各种经济活动。

任务一　设置会计科目

一、会计科目的概念

会计科目，是对会计对象的具体内容（即会计要素）进行分类核算所规定的项目。企业在生产经营过程中，经常发生各种各样的会计事项。会计事项的发生，必然引起会计要素的增减变动。但是，由于同一会计要素内部的项目不同，其性质和内容也往往不同。例如，同属资产的“固定资产”和“原材料”，其经济内容、在生产中的作用和价值转移方式都不相同；同属负债的“应付账款”和“短期借款”，其形成原因、债权人、偿还期限等也不相同。又如，资本公积和盈余公积都是企业的所有者权益，它们也有着不同的经济内容，也应当分别设置两个不同的会计科目核算。由此可知，对于企业的各项会计要素，必须分别设置相应的会计科目进行反映。

微课 2-1

设置会计科目

二、会计科目设置的原则

会计科目是反映会计要素的构成及其变化情况，为投资者、债权人、企业经营管理者等提供会计信息的重要手段。企业设置会计科目必须遵循以下几项原则：

（一）统一性原则

为了保证会计信息的可比性，目前会计科目由财政部统一制定颁布，企业所设置的一级科目应当符合国家统一会计制度的规定。但会计科目的设置也有一定的灵活性，对于明细科目企业可根据需要自行设置。当然对于国家统一会计制度规定的会计科目，企业也可以根据自身的生产经营特点，在不影响对外提供统一的财务会计报表的前提下，自行增设、减少或合并某些会计科目。

（二）相关性原则

会计科目的设置，应为提供有关各方所需要的会计信息服务，满足对外报告与对内管理的要求，如“固定资产”“实收资本”等科目提供的总括性指标基本上能满足企业外部有关方面的需要，而在“固定资产”总分类科目下按照固定资产的类别设置明细分类科目，所提供的明细核算资料，主要是为企业内部管理服务。财务会计的目标是提供有用的会计信息，满足与企业有经济利益关系的各方面了解企业财务状况和经营成果的需要，满足企业内部加强经营管理的需要。

（三）实用性原则

企业的组织形式、所处行业、经营范围及业务种类等不同，在会计科目的设置上也应该有所区别。因此，会计科目的设置应在符合合法性原则的基础上，也符合单位自身特点，满足单位实际需要。例如，工业企业是制造产品的生产性单位，就必须设置核算产品制造过程的会计科目，如“生产成本”“制造费用”科目；商业企业是组织商品流通的单位，则只需设置能够核算商品流通过程的会计科目，如“库存商品”“商品进销差价”等科目。

（四）简明性原则

会计科目的设置，应简明、易懂，保持相对稳定。为了便于不同时期会计资料的分析对比，会计科目的设置应保持相对稳定。此外，每个会计科目都有特定的核算内容，名称要含义明确、通俗易懂，便于开设和运用账户，不能将不同特征的资料记入同一会计科目。

三、会计科目的分类

会计科目是对会计要素按其经济内容所作的进一步分类。每一个会计科目都明确反映特定的经济内容，但各个会计科目并非彼此孤立，而是相互联系、互相补充地组成一个完整的会计科目体系。为了正确地掌握和运用会计科目，可对会计科目进行适当的分类。

（一）按经济内容分类

会计科目按经济内容分类是主要的、基本的分类。企业的会计科目按其所反映的经济内容，可以划分为6大类：资产类、负债类、共同类、所有者权益类、成本类和损益类，具体划分可参见会计科目表（见表2-1）。

表2-1 会计科目表

顺序号	编号	会计科目名称
		一、资产类
1	1001	库存现金
2	1002	银行存款
3	1004	备用金
4	1012	其他货币资金
5	1101	交易性金融资产
6	1121	应收票据
7	1122	应收账款
8	1123	预付账款
9	1131	应收股利
10	1132	应收利息
11	1221	其他应收款
12	1231	坏账准备
13	1321	受托代销商品
14	1401	材料采购
15	1402	在途物资
16	1403	原材料
17	1404	材料成本差异
18	1405	库存商品

续表

顺序号	编号	会计科目名称
19	1406	发出商品
20	1407	商品进销差价
21	1408	委托加工物资
22	1411	周转材料
23	1471	存货跌价准备
24	1473	合同资产
25	1474	合同资产减值准备
26	1475	合同履约成本
27	1476	合同履约成本减值准备
28	1477	合同取得成本
29	1478	合同取得成本减值准备
30	1481	持有待售资产
31	1482	持有待售资产减值准备
32	1485	应收退货成本
33	1501	债权投资
34	1502	债权投资减值准备
35	1503	其他债权投资
36	1504	其他权益工具投资
37	1511	长期股权投资
38	1512	长期股权投资减值准备
39	1521	投资性房地产
40	1531	长期应收款
41	1532	未实现融资收益
42	1601	固定资产
43	1602	累计折旧
44	1603	固定资产减值准备
45	1604	在建工程
46	1605	工程物资
47	1606	固定资产清理
48	1701	无形资产
49	1702	累计摊销
50	1703	无形资产减值准备
51	1711	商誉
52	1801	长期待摊费用
53	1811	递延所得税资产
54	1901	待处理财产损溢
		二、负债类
55	2001	短期借款
56	2101	交易性金融负债
57	2201	应付票据
58	2202	应付账款
59	2203	预收账款
60	2205	合同负债
61	2211	应付职工薪酬
62	2221	应交税费
63	2231	应付利息

续表

顺序号	编号	会计科目名称
64	2232	应付股利
65	2241	其他应付款
66	2245	持有待售负债
67	2314	受托代销商品款
68	2401	递延收益
69	2501	长期借款
70	2502	应付债券
71	2701	长期应付款
72	2702	未确认融资费用
73	2711	专项应付款
74	2801	预计负债
75	2901	递延所得税负债
		三、所有者权益类
76	4001	实收资本
77	4002	资本公积
78	4003	其他综合收益
79	4101	盈余公积
80	4103	本年利润
81	4104	利润分配
82	4201	库存股
83	4301	专项储备
84	4401	其他权益工具
		四、成本类
85	5001	生产成本
86	5101	制造费用
87	5201	劳务成本
88	5301	研发支出
		五、损益类
89	6001	主营业务收入
90	6051	其他业务收入
91	6101	公允价值变动损益
92	6111	投资收益
93	6115	资产处置收益
94	6117	其他收益
95	6301	营业外收入
96	6401	主营业务成本
97	6402	其他业务成本
98	6403	税金及附加
99	6601	销售费用
100	6602	管理费用
101	6603	财务费用
102	6701	资产减值损失
103	6702	信用减值损失
104	6711	营业外支出
105	6801	所得税费用
106	6901	以前年度损益调整

（1）资产类科目，分为流动资产科目和非流动资产科目。其中，流动资产科目包括库存现金及各种存款、应收及预付款项、存货等。非流动资产科目包括长期股权投资、固定资产、无形资产和其他非流动资产等。

微课2-2

主要会计科目讲解

（2）负债类科目，分为流动负债科目和非流动负债科目。其中，流动负债科目包括短期借款、应付及预收款项、应付职工薪酬、应交税费等。非流动负债科目包括长期借款、应付债券等。

（3）共同类科目，包括衍生工具、套期工具、被套期项目等。

（4）所有者权益类科目，包括实收资本、资本公积、盈余公积、本年利润、利润分配和库存股等。

（5）成本类科目，包括生产成本、制造费用、劳务成本、研发支出等。

（6）损益类科目，包括主营业务收入、主营业务成本、销售费用、管理费用、财务费用、其他业务收入、其他业务成本等。

知识链接

会计科目的编号

为了便于会计核算工作的顺利进行，尤其是适应会计电算化的要求，一般在会计科目分类的基础上编制会计科目表，将所使用的全部会计科目列于其中，并对总分类科目加以编号。会计科目的编号可以采取“四位数制”编号。以千位数数码代表会计科目按会计要素区分的类别，一般分为六个数码：“1”为资产类、“2”为负债类、“3”为共同类、“4”为所有者权益类、“5”为成本类、“6”为损益类；百位数数码代表每一大类会计科目下较为详细的类别，可根据实际需要取数；十位和个位上的数码一般代表会计科目的顺序号，为了便于会计科目增减，在顺序号中一般留有间隔数字，企业不应随意打乱重编。企业在填制会计凭证、登记账簿时，应当填列会计科目的名称，或者同时填列会计科目的名称和编号，不应只填列会计科目编号不填列会计科目名称。

【小思考2-1】会计为什么要对会计科目进行编码？

（二）按提供核算指标的详略程度分类

会计科目按提供核算指标的详略程度，可以分为总分类科目和明细分类科目。

总分类科目（也称总账科目或一级科目），是对会计要素的具体内容进行总括分类的科目，它提供总括核算指标。总分类科目由财政部统一制定颁布。明细分类科目（也称明细科目、细目），是对总分类科目进一步分类的科目，它提供明细核算指标。

明细科目的设置，除制度已有规定外，各单位可根据实际情况和经营管理的需要自行设置。在实际工作中，除“库存现金”“累计折旧”等少数总分类科目不必设置明细分类科目外，大多数总分类科目都要设置明细分类科目，例如，在“原材料”总分类科目下，按材料的品种、规格开设明细科目。

如果某一总分类科目下面设置的明细分类科目较多，可增设二级科目（也称子目）和三级科目（也称细目）。二级科目是介于总分类科目与三级科目之间的科目，它提供的核算指标要比总分类科目详细，但又比三级科目概括。例如，在“原材料”总分类科目下，可按材料的类别设置二级科目（子目），在二级科目下设置三级科目（细目）。各级会计科目关系见表2-2。

表2-2 各级会计科目关系表

总分类科目（一级科目）	明细分类科目	
	二级科目（子目）	三级科目（细目）
原材料	原料及主要材料	圆钢 生铁
	辅助材料	润滑油 防锈剂
	燃料	汽油 原煤

同步习题与实训

一、判断题

1. 会计科目是对会计要素的具体内容进行分类核算的项目。（ ）

2. 总分类科目下设的明细分类科目太多时，可在总分类科目与明细分类科目之间设置二级科目。（ ）

3. 总分类科目是对会计对象进行总括分类、提供总括信息的会计科目。（ ）

4. 设置会计科目必须与会计制度完全一致。（ ）

5. 在我国，会计科目的名称、编号及其说明不需要通过国家统一会计制度进行规范。（ ）

6. 管理费用和制造费用一样，都属于成本类科目。（ ）

7. 总分类科目又称总账科目或一级科目。（ ）

8. 总分类科目与其所属的明细分类科目的核算内容相同，所不同的是前者提供的信息比后者更加详细。（ ）

9. 会计科目不能记录经济业务的增减变化及其结果。（ ）

10. 在不违反国家统一会计制度的前提下，企业可以根据内部管理需要自行制定明细会计科目。（ ）

二、单项选择题

1. 下列各项不属于设置会计科目的原则的是（ ）。

A. 实用性原则　B. 相关性原则

C. 权责发生制原则　D. 统一性原则

2. 下列各项属于损益类科目的是（ ）。

A. “主营业务成本”　B. “生产成本”

C. “制造费用”　D. “其他应收款”

3. “预付账款”科目按其所反映的经济内容，属于（ ）科目。

A. 资产类　B. 负债类　C. 所有者权益类　D. 成本类

4. 下列各项不属于资产类科目的是（ ）。

A. “应收账款”　B. “累计折旧”　C. “预收账款”　D. “预付账款”

5. 总分类会计科目一般按（ ）进行设置。

A.企业管理的需要　B.统一会计制度的规定

C.会计核算的需要　D.经济业务的种类不同

6.下列各项与“制造费用”科目属于同一类科目的是（　）。

A.“固定资产”　B.“其他业务成本”　C.“生产成本”　D.“主营业务成本”

7.二级会计科目要不要设置，设置多少，主要取决于（　）。

A.总分类科目的需要　B.企业效益的需要

C.企业经营管理的需要　D.领导意图的需要

8.所设置的会计科目应符合单位自身特点，满足单位实际需要，这一点遵循的原则是（　）。

A.实用性原则　B.统一性原则　C.简明性原则　D.相关性原则

9.下列各项属于负债类科目的是（　）。

A.“预付账款”　B.“应交税费”　C.“长期股权投资”　D.“实收资本”

10.下列各项不属于所有者权益类科目的是（　）。

A.“实收资本”　B.“资本公积”　C.“盈余公积”　D.“投资收益”

三、多项选择题

1.下列各项属于会计科目设置原则的有（　）。

A.相关性原则　B.实用性原则　C.统一性原则　D.简明性原则

2.下列有关明细分类科目的表述中，正确的有（　）。

A.明细分类科目也称一级会计科目

B.明细分类科目是对总分类科目作进一步分类的科目

C.明细分类科目是对会计要素具体内容进行总括分类的科目

D.明细分类科目是能提供更加详细、更加具体会计信息的科目

3.下列各项属于成本类科目的有（　）。

A.“生产成本”　B.“主营业务成本”　C.“制造费用”　D.“销售费用”

4.会计科目按其所反映的经济内容不同分为6大类，除资产类、负债类、共同类外，还有（　）。

A.所有者权益类　B.损益类　C.成本类　D.费用类

5.下列各项关于总分类会计科目与明细分类会计科目的表述中正确的有（　）。

A.明细分类会计科目概括地反映会计对象的具体内容

B.总分类会计科目详细地反映会计对象的具体内容

C.总分类会计科目对明细分类会计科目具有控制作用

D.明细分类会计科目是对总分类会计科目的补充和说明

6.下列各项属于所有者权益类科目的有（　）。

A.“实收资本”　B.“盈余公积”　C.“利润分配”　D.“本年利润”

7.下列各项属于负债类科目的有（　）。

A.“应付票据”　B.“应交税费”　C.“材料成本差异”　D.“其他应付款”

8.下列各项属于资产类科目的有（　）。

A.“原材料”　B.“存货跌价准备”　C.“坏账准备”　D.“周转材料”

9.下列各项属于损益类科目的有（　）。

A.“主营业务收入”　　B.“投资收益”

C.“其他业务成本”　　D.“所得税费用”

10.下列关于会计科目的说法中正确的有（　）。

A.会计科目是对会计要素的进一步分类

B.会计科目按其所提供指标的详略程度不同，可以分为总分类科目和明细分类科目

C.会计科目可以根据企业的具体情况自行设定

D.会计科目是复式记账和编制记账凭证的基础

四、实训题

【实训资料】经济内容与会计科目及科目性质对应表见表2-3。

表2-3　经济内容与会计科目及科目性质对应表

序号	经济内容	应属会计科目名称	会计科目性质
1	出纳员保管的现金		
2	存放在银行的存款		
3	厂部大楼		
4	购买的商标权		
5	支付的办公电话费		
6	购买的工作服		
7	尚未收回的货款		
8	支付的手续费		
9	收到投资者投入的资本		
10	应付职工的工资和奖金		
11	销售产品发生的广告费		
12	商场出售商品取得的收入		
13	生产产品耗费的成本		
14	向银行申请取得的半年期借款		
15	应付给投资者的利润		
16	应收保险公司的赔款		
17	向购货单位预收的货款		
18	应支付的各种税费		
19	存放在仓库的商品		
20	应付银行借款的利息		
21	购买的生产线		
22	应付销售方的货款		
23	企业行政部门发生的费用		
24	企业生产车间发生的费用		
25	土地使用权		
26	本年实现的利润		
27	向银行申请取得的3年期借款		
28	尚在建造的厂房		
29	收到的包装物押金		
30	进行研究开发发生的支出		

【实训要求】根据提供的文字描述，请确认会计科目的名称及会计科目的性质，并填写在表2-3相应空格中。

任务二　设置账户

一、账户的概念

微课2-3

设置账户

账户是根据会计科目设置的，具有一定格式和结构，用于分类反映会计要素增减变动情况及其结果的载体。

通过设置会计科目，对会计交易或事项进行了科学的分类，为开展会计核算工作奠定了基础。但是，要想对由于交易或事项而引起的会计要素的增减变动情况及结果进行全面、连续、系统、准确的反映和监督，还必须根据规定的会计科目在账簿中开设账户，通过账户对各项经济业务进行分类、系统、连续的记录。

二、账户的功能与结构

（一）账户的功能

账户的功能在于连续、系统、完整地提供企业经济活动中各会计要素增减变动及其结果的具体信息。其中，会计要素在特定会计期间增加和减少的金额，分别称为账户的“本期增加发生额”和“本期减少发生额”，二者统称为账户的“本期发生额”；会计要素在会计期末的增减变动结果，称为账户的“余额”，具体表现为期初余额和期末余额。账户上期的期末余额转入本期，即为本期的期初余额；账户本期的期末余额转入下期，即为下期的期初余额。账户的期初余额、期末余额、本期增加发生额和本期减少发生额统称为账户的四个金额要素。对于同一账户而言，它们之间的基本关系为：

期末余额 = 期初余额 + 本期增加发生额 − 本期减少发生额

（二）账户的结构

1. 账户的基本结构

由经济业务所引起的各项会计要素的变动，从数量上看只有增加和减少两种情况，因此，用来分类记录经济业务的账户，在结构上也相应地分为两个基本部分，用于分类记录各项会计要素具体内容的增加和减少的数额。

最简单的账户形式是T形账户，因为它像大写字母“T”。字母中的竖线将账户分为左右两边，账户名称即会计科目名称写在横线上，所有的增加列于一边，减少列于另一边。账户的基本结构如图2-1所示。

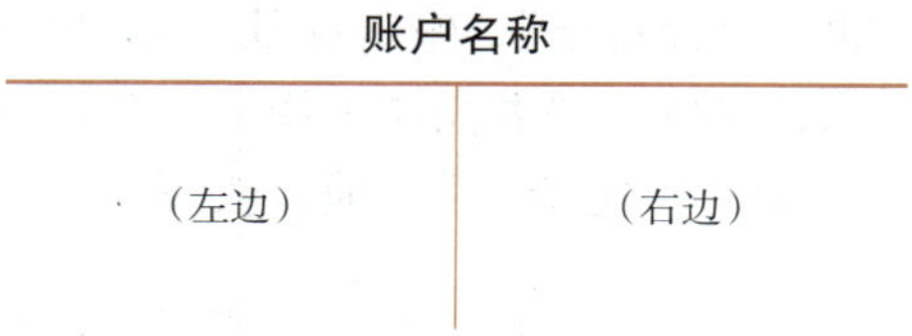

图2-1　账户的基本结构

账户的左右两方是按相反方向来记录增加额和减少额的，也就是说，如果账户在左方记录增加额，则在右方记录减少额；反之，如果账户在右方记录增加额，则在左方记录减少额。在每一个具体账户的左右两方中，究竟哪一方记录增加额，哪一方记录减少额，取决于所采用的记账方法和账户所记录的经济内容。账户的余额一般与记录增加额在同一方向。

2. 账户的基本格式

在实际工作中，账户的具体结构可以根据不同的需要设计多种多样的格式，但其基本要素是一致的。其基本要素一般包括：

（1）账户名称，即会计科目；

（2）日期，用以记录经济业务发生的日期；

（3）凭证编号，表明账户记录所依据凭证的编号；

（4）摘要，概括说明经济业务的简要说明；

（5）金额，即增加额、减少额和余额。

账户的基本格式见表2-4。

表2-4 会计科目（账户名称）

年		凭证号数	摘 要	（左边）	（右边）	余 额
月	日					

三、账户的分类

账户的分类，就是按照账户的本质特性，依据一定的原则，将全部账户进行科学的概括和归类。账户可以根据不同的标准进行分类。

（一）账户按经济内容分类

账户按经济内容分类与会计科目按经济内容分类是一致的，账户按经济内容的不同，也可以分为资产类、负债类、共同类、所有者权益类、成本类和损益类等6大类。

1. 资产类账户

资产类账户，是用来核算各类资产的增减变动及结存情况的账户。资产类账户具体分为流动资产类账户和非流动资产类账户。

（1）流动资产类账户，如“库存现金”“银行存款”“应收票据”“应收账款”“应收股利”“应收利息”“原材料”“周转材料”“委托加工物资”等账户。

（2）非流动资产类账户，如“固定资产”“债权投资”“在建工程”“无形资产”“商誉”等账户。

【小思考2-2】“工程物资”账户是否属于流动资产类账户？

2. 负债类账户

负债类账户，是用来反映企业各类负债的增减变动及结存情况的账户。负债类账户可具体分为流动负债类账户和非流动负债类账户。

（1）流动负债类账户，如“应付账款”“短期借款”“应付票据”“应付职工薪酬”“应交税费”等账户。

（2）非流动负债类账户，如“长期借款”“应付债券”“长期应付款”等账户。

3. 共同类账户

共同类账户，是既有资产性质又有负债性质的账户，包括“清算资金往来”“外汇买卖”“衍生工具”“套期工具”“被套期项目”等账户。

【小思考2-3】什么样的企业才需要设置共同类账户？

4. 所有者权益类账户

所有者权益类账户，是用来反映和监督企业所有者权益增减变动及结存情况的账户。该类账户可分为投入资本类账户和留存收益类账户。

（1）投入资本类账户，如“实收资本”“股本”账户。

（2）留存收益类账户，如“盈余公积”“利润分配”等账户。

5. 成本类账户

成本类账户，是用来反映企业为生产产品、提供劳务而耗费的人力、物力和财力的账户。它包括“生产成本”“制造费用”“劳务成本”“研发支出”等账户。

【小思考2-4】成本类账户和资产类账户的关系十分密切，资产一经生产耗用即刻就转化为成本费用，成本类账户的期末余额属于企业的资产。因此，从某种意义上说，成本类账户也是资产类账户。你能理解这句话的含义吗？

6. 损益类账户

损益类账户，是指那些核算内容与损益的计算确定直接相关的账户。该类账户可以划分为收入类账户和费用类账户两大类。

（1）收入类账户，如“主营业务收入”“其他业务收入”“投资收益”等账户。

（2）费用类账户，如“主营业务成本”“其他业务成本”“税金及附加”“销售费用”“管理费用”“财务费用”“资产减值损失”等账户。

知识链接

调整账户

在会计核算中，由于经营管理的需要，对某些反映资产或权益的要素项目，往往需要同时开设两个账户，用两种不同的数字进行反映。其中一个账户反映原始数字，另一个账户反映对原始数字的调整数字，将原始数字与调整数字相加或相减，即可求得被调整后的实际余额。这种账户被称为调整账户。调整账户按其调整方式的不同，可以分为以下三类。

（1）备抵调整账户，又称抵减账户，它是用来抵减被调整账户的余额，以求得被调整账户的实际余额的账户。其调整方式可用下列计算公式表示：

被调整账户余额 - 备抵调整账户余额 = 被调整账户的实际余额

由于上述公式是相减的关系，因此被调整账户余额与备抵调整账户余额的方向一定是相反的，即如果被调整账户的余额在借方，那么备抵调整账户的余额就一定在贷方；反之亦然。常见的备抵调整账户有“坏账准备”“累计折旧”“累计摊销”等账户。

（2）附加调整账户，是用来增加被调整账户的余额，以求得被调整账户的实际余额的账户。其调整方式可用下列计算公式表示：

被调整账户余额 + 附加调整账户余额 = 被调整账户的实际余额

由于上述公式是相加的关系，因此，被调整账户余额与附加调整账户余额的方向一定是一致的，即如果被调整账户的余额在借方，附加调整账户的余额也一定在借方；反之亦然。但在实际工作中，附加调整账户运用较少。

（3）备抵附加调整账户，是既用来抵减又用来增加被调整账户的余额，以求得被调整账户的实际余额的账户。这类账户同时具有备抵与附加的功能，但究竟是发挥备抵作用还是附加作用，取决于该账户余额的方向与被调整账户余额的方向是否一致。当两个账户余额的方向一致时，起到附加调整账户的作用；当两个账户余额的方向不一致时，起到备抵调整账户的作用。常见的备抵附加调整账户是“材料成本差异”账户。

（二）账户按提供信息的详略程度分类

账户按照其提供会计信息的详略程度及其统驭关系，可以分为总分类账户和明细分类账户。

1. 总分类账户

总分类账户是指根据总分类科目设置的，用于对会计要素具体内容进行总括分类核算的账户，简称总账账户或一级账户。总分类账户只能用货币计量，它的特点就是提供总括的核算资料。总分类账户是所属明细分类账户的统驭账户，是总括地核算各项会计要素的账户，因此，对各项经济业务通过总分类账户进行核算，称为总分类核算。例如，根据“原材料”科目开设“原材料”总分类账户，用以提供原料及主要材料、燃料等所有材料的收发、领退和结存的总括分类核算指标。

2. 明细分类账户

明细分类账户是指根据明细分类科目设置的，用于对会计要素具体内容进行明细分类核算的账户，简称明细账户。明细分类账户除了用货币计量外，有些账户还要用实物计量（如件、台、千克等）。明细分类账户是总分类账户的辅助性账户，它是详细核算各项会计要素的账户。因此，对各项经济业务通过明细分类账户进行核算，称为明细分类核算。例如，按原材料的品种、规格等明细科目开设各种材料明细分类账户，用以提供各种材料的收发、领退和结存的明细分类核算资料。

在会计核算中，并非所有的总分类账户都需要开设明细分类账户，但大多数的总分类账户都要设置明细分类账户。因此，需要明确设置明细分类账户的原则：既保证满足管理上的需要，又不过于烦琐。一般地讲，对于比较重要的账户，可以设置明细分类账户。为了满足经营管理的要求，明细分类账户要按一定的标志分户设置。例如，“原材料”“库存商品”等账户，按每一种实物名称设置；而“应收账款”“应付账款”等账户，则按关系单位或关系人设置。

四、账户和会计科目的关系

账户和会计科目是会计学中两个密切相关的概念，两者之间既有联系又有区别。

会计科目与账户的联系是：它们都是用来分门别类地反映会计要素的具体内容的，两者所反映的经济内容口径一致，性质相同，两者在账页中相互结合，构成了会计账簿体系。会计科目是账户的名称，是设置账户的依据；账户是会计科目的具体运用。没有会计科目，账户便失去了设置的依据；没有账户，会计科目就无法发挥实际作用。

会计科目与账户的区别是：首先，两者的概念不同。会计科目只是对会计要素具体内容分类的名称；而账户是记录由于发生经济业务而引起的会计要素具体内容的各项目增减变化的载体。其次，两者的表现形式不同。会计科目仅是一个分类名称，本身没有结构，不能记录和反映经济业务的内容；而账户则有一定的结构，能记录和反映经济业务的增减变化及其结果。

【德技并修】作为会计制度基本内容之一的会计科目设置，也只是近代才有的概念和方法。纵观中国会计发展历史，通过设置会计科目进行分类核算，可以分为初级、中级和高级三个阶段。

初级阶段（约起于夏商周，讫于秦代），通常按财政收支项目设置一册账簿考核。

中级阶段（西汉至元代），除了按“人名账户”“物名账户”设置外，出现了“费用账户”、“销售账户”和“利润账户”的设置；不仅有了“现金日记账”和“实物日记账”的分别，还有了相当于国外的“往来总账”的设置。

高级阶段（明清时期），在钱庄总清账中的会计项目一般分为“存”、“该”和损益三大类。

20世纪30年代，徐永祚先生吸取了西式会计科目分类的基本做法，把整个会计项目分为两大类，一类为存该项目（又名财产项目），另一类为损益项目。存该项目包括资产、负债两大项，现款、存货、投资账、无形资产、不动产等划归为资产类；往来、票款、证金、暂记款等划归为资产负债共同类；资本、公债、业主投资等划归为负债类。损益项目包括损失类（进货、摊销费、事务费等）和利益类（销货、进销折让、其他收入等）。

中华民国时期，以潘序伦为首的会计学家，在改革中国会计的实践中，结合中国实际情况择善而从，针对各行各业分别制定相应的会计科目体系和账户分类制度，并在我国工商企业中推广应用，获得了良好效果。

在会计核算中，人类对会计对象所进行的科学分类经历了一个漫长的演进过程。在这个发展变化过程中，我国古代的会计分类方法曾一度处于世界先进之列，但在近三百年间，由于我国的政治、经济落后于世界上主要资本主义国家，在会计分项核算方面亦退居落后地位。中式会计最终未能形成一个科学的、完善的会计科目体系，因而最终走上改良中式会计和引进西式会计分类、分户方法的道路。习近平总书记指出“文明因交流而多彩，文明因互鉴而丰富。文明交流互鉴，是推动人类文明进步和世界和平发展的重要动力”。让不同文明在和而不同中生生不息，实现“各美其美，美人之美，美美与共，天下大同”，推动构建人类命运共同体，这一时代潮流呼唤着各种人类文明在交流互鉴中同放异彩、和谐共生、相得益彰，共同为构建人类命运共同体提供精神力量，共同书写人类文明发展的新华章。

同步习题与实训

一、判断题

1.账户是根据会计科目设置的，具有一定的格式和结构。（　）

2.账户上期的期末余额转入本期即为本期的期初余额。（　）

3.会计科目与账户都是对会计对象具体内容的科学分类，两者口径一致，性质相同，具有相同的格式和结构。（　）

4.会计科目都是根据会计账户设置的。（　）

5.会计账户各项金额的关系可用“本期期末余额 = 本期期初余额 + 本期增加发生额 − 本期减少发生额”表示。（　）

6.T形账户分为左右两方，其中，左方表示增加，右方表示减少。（　）

7.账户期末余额的方向与本期增加额方向一定一致。（　）

8.对于一个账户的同一方，可能既记录某类经济业务的增加，同时记录该类经济业务的减少。（　）

9.会计账户按照会计要素进行分类，可分为资产类、负债类、所有者权益类、收入类、费用类及利润类6类。（　）

10.账户按经济内容分类与会计科目按经济内容分类是一致的。（　）

二、单项选择题

1.会计科目和账户之间的联系是（　）。

A.互不相关　B.内容相同　C.结构相同　D.格式相同

2.损益类账户的期末余额一般（　）。

A.在借方　B.在贷方　C.无法确定方向　D.为零

3.某账户的期初余额为900元，期末余额为5 000元，本期减少发生额为600元，则本期增加发生额为（　）元。

A.3 500　B.300　C.4 700　D.5 300

4.下列账户中，年末一般无余额的是（　）。

A.“库存商品”　B.“生产成本”　C.“本年利润”　D.“利润分配”

5.账户的左方和右方，哪一方登记增加，哪一方登记减少，取决于（　）。

A.所记录经济业务的重要程度　B.开设账户时间的长短

C.所记录金额的大小　D.所记录的经济业务和账户的性质

6.账户的借方核算的是（　）。

A.负债的增加额　B.所有者权益的增加额

C.收入的增加额　D.资产的增加额

7.账户的期末余额指（　）。

A.本期增加发生额－本期减少发生额
B.本期期初余额－本期减少发生额
C.本期期初余额＋本期增加发生额
D.本期期初余额＋本期增加发生额－本期减少发生额

8.账户的“期末余额”一般在（　　）。
A.账户的左方　B.账户的右方
C.增加方　D.可能在左方，也可能在右方

9.各账户之间最本质的差别在于（　　）。
A.反映的经济内容不同　B.结构不同
C.记账符号不同　D.经济用途不同

10.会计科目和会计账户的本质区别在于（　　）。
A.反映的经济业务不同　B.记录资产和权益的内容不同
C.记录资产和权益的方法不同　D.会计账户有结构，而会计科目无结构

三、多项选择题

1.下列各项属于账户基本结构内容的有（　　）。
A.账户的名称　B.日期和摘要
C.凭证号数　D.增加方和减少方的金额及余额

2.下列关于会计账户和会计科目的说法正确的有（　　）。
A.会计科目是开设账户的依据，账户的名称就是会计科目
B.二者都是对会计要素具体内容的科学分类，口径一致，性质相同
C.没有账户，会计科目就无法发挥作用
D.会计科目不存在结构，账户则具有一定的格式和结构

3.总分类账户与明细分类账户的区别在于（　　）。
A.反映经济业务内容的详略程度不同　B.反映的经济业务内容不同
C.登记账簿的依据不同　D.作用不同

4.会计账户按其所反映的经济内容不同，分为资产类、负债类、共同类、（　　）6大类。
A.所有者权益类　B.损益类　C.成本类　D.费用类

5.下列各项属于资产类账户的有（　　）。
A.“应收账款”　B.“预收账款”　C.“预付账款”　D.“原材料”

6.下列各项属于流动资产类账户的有（　　）。
A.“库存商品”　B.“预付账款”　C.“原材料”　D.“累计折旧”

7.下列各项属于流动负债类账户的有（　　）。
A.“应付债券”　B.“应付职工薪酬”　C.“应交税费”　D.“预收账款”

8.按提供信息的详略程度分类，账户可分为（　　）。
A.总分类账户　B.明细分类账户　C.二级账户　D.三级账户

9.下列各项属于所有者权益类账户的有（　　）。
A.“资本公积”　B.“盈余公积”　C.“本年利润”　D.“利润分配”

10.下列各项属于损益类账户的有（　　）。
A.“财务费用”　B.“销售费用”　C.“主营业务收入”　D.“投资收益”

项目三
选择记账方法

【知识点】
1. 记账方法及其种类
2. 借贷记账法及其内容

【技能点】
应用借贷记账法

【素养点】
1. 通过记账方法演变的学习，能够认识到我国会计文化的影响
2. 通过借贷记账法的学习，认识到中西方文化融合发展的重要性

引言

记账方法，顾名思义，就是将客观发生的经济事项登记到会计账簿上所采用的方法。一个科学的记账方法一般包括五大要素：一要有明确的会计记录符号；二要有明确的会计对象；三要有与会计对象相一致的数额与度量单位；四要有明确经济责任的承担者；五要有经济事项的发生时间。

任务一　认知记账方法

一、记账方法的概念

记账方法，就是根据一定的原理和规则，采用一定的计量单位和记账符号，利用文字和数字记录经济业务，反映经济活动的一种专门的方法。

二、记账方法的种类

记账方法随着会计的产生和发展，经历了一个逐步完善的过程。根据记录方式的不同，记账方法可分为单式记账法和复式记账法两大类。

（一）单式记账法

单式记账法是将发生的每项经济业务只在一个账户中进行单方面登记的方法，它一般仅登记库存现金、银行存款的收、付业务和各项应收、应付款项。例如，企业用现金100元购买办公用品，记账时只记库存现金减少100元，至于办公用品在什么地方或由谁领用就忽略不计了。又如，某公司从A公司赊购5 000元的材料，会计上只记欠A公司货款5 000元，而不记材料的增加。

显然，这种记账方法导致账户之间的记录没有依存关系，没有相互平衡制约，不能全面、系统地反映经济业务的来龙去脉，也不利于检查账户记录的正确性、真实性。随着社会生产力的发展和经济业务的日趋复杂，单式记账法逐渐被淘汰。目前，单式记账法只在个体工商户或私人家庭日常核算中使用，企业、事业和行政单位均不允许采用这种记账方法，而应采用复式记账法。

（二）复式记账法

复式记账法是对发生的每一项经济业务都以相等的金额同时在两个或两个以上相互联系的账户中进行全面登记的一种记账方法。从资金运动的客观规律看，任何一项经济业务活动，都涉及资金来源和去向的变化，至少引起两个方面资金的增减变动。例如，用银行存款30 000元购买甲材料，一方面引起银行存款减少30 000元，另一方面使原材料增加30 000元。复式记账法通过双重记录，可以清楚地反映每项经济业务活动引起资金变化的来龙去脉，反映经济业务的全貌。

与单式记账法相比，复式记账法有以下两个特点：（1）因为对每一项经济业务都要求在相互联系的两个或两个以上的账户中记录，按照账户记录的结果，不仅可以了解每一项经济业务的来龙去脉，而且可通过会计要素的增减变动全面、系统地了解经济活动的过程和结果。（2）因为复式记账要求以相等的金额在两个或两个以上的账户中同时登记，所以可对账户记录的结果进行试算平衡，以检查账户记录的正确性。因此，复式记账法是一种科学的记账方法。

三、复式记账法的原理

复式记账法是以“资产 = 负债 + 所有者权益”的会计平衡公式作为理论依据的。根据这一平衡公式，任何一项经济业务的发生，都可能会引起资产、负债及所有者权益内部或相互之间发生增减变化，而且增减金额相等。因此，复式记账法对于每项经济业务的发生，都必须以相等的金额在两个或两个以上的相关账户中作等额的双重记录，以全面反映资金的增减变化。此外，它还如实地反映了资金增减变化的客观情况，记录了资金的来源和去向及其相互关系。

我们通过以下几个实例对复式记账法的基本原理加以说明。

（一）资产和负债同时等额增加

实例：某企业向银行借入短期借款100 000元，存入银行。

这项经济业务使资产（银行存款）增加100 000元，同时使负债（短期借款）增加100 000元，等式两边总额仍保持平衡。

（二）资产和所有者权益同时等额增加

实例：某企业接受甲企业投入全新汽车一辆，价值50 000元。

这项经济业务使资产（固定资产）增加50 000元，同时使所有者权益（实收资本）增加50 000元，等式两边总额仍保持平衡。

（三）一项资产增加，另一项资产减少，增减的金额相等

实例：某企业从银行提取现金6 000元。

这项经济业务使资产（库存现金）增加6 000元，同时使另一项资产（银行存款）减少6 000元，等式两边总额仍保持平衡。

（四）所有者权益减少，负债增加，增减的金额相等

实例：某企业股东会宣告发放现金股利150 000元。

这项经济业务使负债（应付股利）增加150 000元，同时使所有者权益（留存收益）减少150 000元，等式两边总额仍保持平衡。

概括地说，单位资金的增减变化不外乎9种类型，具体见表3-1。

表3-1 单位资金增减变化的9种类型

序号	资产=负债 + 所有者权益		
1	+	+	
2	+		+
3	−	−	
4	−		−
5	+ −		
6		+	−
7		−	+
8		+ −	
9			+ −

由于经济活动所引起的资金变动都是以相等的金额影响等式两边或内部项目的增减变动，所以它们无论如何变化，都不会影响到会计等式的平衡。

四、复式记账法的种类

复式记账法按采用的记账符号和记账规则的不同，可分为增减记账法、收付记账法和借贷记账法。

（一）增减记账法

增减记账法，是20世纪60年代我国商业系统在改革记账方法时提出的记账方法。它是以增、减作为记账符号；将账户按经济内容划分为资金占用类账户和资金来源类账户；采用“两类账户，同增同减；同类账户，有增有减”的记账原则；以公式“资金来源类账户增方发生额-资金占用类账户减方发生额 = 资金占用类账户增方发生额-资金来源类账户减方发生额”“资金占用类账户期末余额合计 = 资金来源类账户期末余额合计”进行试算平衡的一种复式记账方法。

微课3-1

记账方法及原理

（二）收付记账法

收付记账法是我国传统的一种记账方法。收付记账法按记账主体内容的不同，可分为资金收付记账法和财产收付记账法两种。在资金收付记账法下，全部账户划分为“资金来源”、“资金运用”和“资金结存”三大类，以“收”“付”作为记账符号，以资金的收付决定记账方向，其记账规则为：（1）资金来源类和资金运用类账户发生对应关系时，记“有收有付”；（2）资金来源类或资金运用类账户与资金结存类账户发生对应关系时，记“同收”或“同付”；（3）每类账户内部发生对应关系时，记“有收有付”。

（三）借贷记账法

借贷记账法始于13世纪的意大利。在这个时期，西方资本主义国家的商品经济有了发展，在商品交换过程中，为了适应商业资本和借贷资本经营者管理的需要，逐步形成了借贷记账法。“借”“贷”二字的含义，开始是从借贷资本家的角度来说明的，借贷资本家以经营货币资金的借入和贷出为主要业务，对于借入的款项，记在贷主名下，表示自身的债务增加；对于贷出的款项，则记在借主名下，表示自身的债权增加。为此，“借”“贷”二字分别表示债权（应收款）、债务（应付款）的变化。随着商品经济的发展，经济活动的内容日趋复杂化，记录的经济业务也不再局限于货币资金的借贷业务，而逐渐扩大到财产物资、经营损益和经营资本等的增减变化。这时，为了求得记账的一致性，对于非货币资金借贷业务，也使用“借”“贷”二字说明经济业务的变化情况。所以，“借”“贷”二字逐渐失去了原来的真正含义，转化为记账符号，变成会计的专门术语。直到15世纪，借贷记账法逐渐完善，被用来反映资产的存在形态和所有者权益的增减变化。此时，西方国家的会计按照这个理论确立了借贷的记账规则，使借贷记账法成为一种科学的记账方法，并为世界上许多国家普遍采用。目前，世界各国都采用借贷记账法记账，这使得会计成为一种国际信息，成为一种国际商业通用语言。

在复式记账法中，借贷记账法是最科学、最完善的记账法，这是经过长期反复实践和研究得出的科学结论。因此，我国企业会计准则和《事业单位会计准则》规定，所有的企事业单位一律采用借贷记账法。

同步习题与实训

一、判断题

1.复式记账法是对发生的每一项经济业务，都以相等的金额，同时在两个或两个以上相互联系的账户中进行全面登记的一种记账方法。（ ）

2.单式记账法是将发生的每一项经济业务只在一个账户中进行单方面登记的方法。（ ）

3.复式记账法不能全面、系统地反映经济业务的来龙去脉，也不利于检查账户记录的正确性、真实性。（ ）

4.运用单式记账法可通过会计要素的增减变动全面、系统地了解经济活动的过程和结果。（ ）

5.经济业务的发生可能导致资产要素不变、负债和所有者权益一增一减的情况。（ ）

6.复式记账法是以资产和权益之间的平衡关系作为记账理论基础的。（ ）

7.收付记账法是我国传统的一种记账方法。收付记账法按记账主体内容的不同，可分为资金收付记账法和财产收付记账法两种。（ ）

8.我国企业会计准则规定，所有的企业单位一律采用借贷记账法。（ ）

9.经济业务的发生可能会导致会计等式平衡关系的变化。（ ）

10.从数量金额上看，资产与负债及所有者权益始终保持平衡关系，因此，任何经济业务的发生均不会改变资产总额或负债及所有者权益的总额。（ ）

11.借贷记账法是一种科学的记账方法，目前为世界上许多国家普遍采用。（ ）

12.借贷记账法属于复式记账法，而增减记账法和收付记账法属于单式记账法。（ ）

二、单项选择题

1.我国《企业会计准则——基本准则》中明确规定，企业应当采用的记账方法是（ ）。

A.借贷记账法　B.收付记账法　C.增减记账法　D.单式记账法

2.复式记账法是以（ ）为依据建立的一种记账方法。

A.试算平衡　B.会计等式　C.会计科目　D.经济业务

3.一项经济业务发生，不可能引起（ ）。

A.资产、所有者权益同时增加　B.资产、负债同时增加

C.负债、所有者权益同时减少　D.一项负债增加，一项所有者权益减少

4.收回应收账款10 000元存入银行，这一业务引起的会计要素变动是（ ）。

A.资产总额不变　B.资产增加，负债增加

C.资产增加，负债减少　D.资产减少，负债增加

5.购进原材料一批，货款未付的经济业务，表现为（ ）。

A.一项资产增加，另一项资产减少　B.负债减少，同时资产减少

C.负债增加，同时资产增加　　D.一项负债增加，另一项负债减少

6.用银行存款归还银行借款的业务，表现为（　　）。

A.一项资产增加，另一项资产减少　　B.负债减少，同时资产减少

C.负债增加，同时资产增加　　D.一项负债增加，另一项负债减少

7.下列各项不会引起会计等式两边发生增减变动的是（　　）。

A.购进材料未付款　　B.向银行借款存入银行

C.从银行提取现金　　D.以存款支付应付账款

8.一项资产增加，不可能引起（　　）。

A.另一项资产减少　　B.一项负债增加

C.一项所有者权益增加　　D.一项负债减少

9.下列各项属于资产内部一增一减的是（　　）。

A.收回外单位欠款存入银行　　B.以存款支付欠外单位货款

C.借入短期借款存入银行　　D.将销售货款存入银行

10.复式记账法是指每一项经济业务发生后，都要在（　　）相互联系的账户中，以相同金额同时进行登记的记账方法。

A.一个　　B.两个　　C.两个以上　　D.两个或两个以上

三、多项选择题

1.根据记录方式的不同，记账方法可分为（　　）。

A.单式记账法　　B.复式记账法　　C.借贷记账法　　D.收付记账法

2.与单式记账法相比，复式记账法的特点有（　　）。

A.对发生的每一项经济业务都要求在相互联系的两个或两个以上的账户中记录

B.按照账户记录的结果，可以了解发生的每一项经济业务的来龙去脉

C.可通过会计要素的增减变动全面、系统地了解经济活动的过程和结果

D.可对账户记录的结果进行试算平衡，以检查账户记录的正确性

3.下列各项说法中正确的有（　　）。

A.与单式记账法相比，复式记账法更为全面、系统

B.复式记账法能反映经济业务的来龙去脉，有利于检查账户记录的正确性、真实性

C.单式记账法一般仅登记库存现金、银行存款的收、付业务和各项应收、应付款项

D.复式记账法较单式记账法更为科学

4.下列各项属于引起会计等式左右两边会计要素变动的经济业务有（　　）。

A.收到某单位前欠货款30 000元存入银行

B.以银行存款10万元偿还银行借款

C.收到某外部单位投入机器一台，价值60万元

D.以银行存款偿还前欠货款10万元

5.下列各项属于资产与负债同时等额增加的有（　　）。

A.向银行借入款项，存入银行　　B.将销货款存入银行

C.购进商品，货款未付　　D.商品已售，货款未收

6.下列各项经济业务的基本类型中，错误的有（　　）。

A.资产和负债同减　　B.一项资产增加，另一项资产减少

C.一项负债增加，一项资产减少　　　　D.一项所有者权益减少，一项资产增加

7.资金增减变化的类型主要有（　　）。

A.一项资产增加，一项负债减少　　　　B.一项资产增加，另一项资产减少

C.一项负债增加，一项所有者权益增加　D.一项负债减少，一项所有者权益增加

8.复式记账法主要包括（　　）。

A.借贷记账法　　B.收付记账法　　C.增减记账法　　D.单式记账法

四、实训题

【实训资料】某企业有关账户的期初余额、本期发生额与期末余额见表3-2。

表3-2　有关账户的期初余额、本期发生额与期末余额　单位：元

账户名称	期初余额	借方发生额	贷方发生额	期末余额
银行存款	8 000	35 000	12 000	
原材料	78 350		71 300	19 200
库存商品		37 900	19 850	21 300
应收账款	375 000	54 000		24 250
短期借款		58 500	69 000	30 500
应付账款	42 500	32 100	42 400	
应交税费	12 000		24 500	0
实收资本	400 000	0		850 000

【实训要求】

（1）正确分析每个账户在借贷记账法下的结构，掌握账户四个要素之间的数据关系。

（2）在表3-2中的空白位置填上正确的数据。

任务二　运用借贷记账法

一、借贷记账法的概念

借贷记账法是以“借”“贷”作为记账符号，记录和反映经济业务增减变化及其结果的一种复式记账法。借贷记账法的基本内容包括记账符号、账户设置、记账规则和试算平衡四个方面。

二、借贷记账法的内容

（一）以“借”和“贷”作为记账符号

借贷记账法用“借”和“贷”作为记账符号，把每个账户结构分为左右两方，左方是借方，右方是贷方，用以反映资金的增减变化情况。账户的一般格式可用T形账户来表示，如图3-1所示。例如，在资产类账户中，“借”表示增加，“贷”表示减少；而在负债及所有者权益类账户中，“借”表示减少，“贷”表示增加。费用成本类账户与资产类账户

方向相同，收入类账户与负债及所有者权益类账户方向相同。

借方	会计科目名称	贷方
资产的增加		资产的减少
负债的减少		负债的增加
所有者权益的减少		所有者权益的增加
收入的减少		收入的增加
费用成本的增加		费用成本的减少

图3-1　借贷记账法下的T形账户

【小思考3-1】“借”表示增加，“贷”表示减少，这样的说法正确吗？

（二）账户的设置和结构

微课3-2

借贷记账法的基本知识

在采用借贷记账法时，账户的借贷两方必须做相反的记录。也就是对于每个账户来说，若规定了该账户借方用来登记增加额，则贷方就必须用来登记减少额；反之，若规定借方用来登记减少额，则贷方就用来登记增加额。但是，究竟哪个账户的哪一方用来登记增加额，哪一方用来登记减少额，要视账户反映的经济内容和账户的性质而定。不同性质的账户，在借贷记账法中的结构是不同的。

1. 资产类账户

对于资产类账户，借方记录资产的增加额，贷方记录资产的减少额。在一个会计期间内，借方记录的合计数额称为借方发生额，贷方记录的合计数额称为贷方发生额。在每一会计期间的期末，将期初余额与借方发生额之和与贷方发生额进行比较，其差额就是期末余额。在正常情况下，资产类账户的期末余额一般在借方。借方期末余额转到下一期就成为下期的借方期初余额。用公式表示如下：

资产类账户期末借方余额 = 期初借方余额 + 本期借方发生额−本期贷方发生额

用T形账户表示的资产类账户的结构如图3-2所示。

借方		资产类账户	贷方
期初余额	×××		
（1）增加额	×××	（1）减少额	×××
（2）增加额	×××	（2）减少额	×××
本期借方发生额	×××	本期贷方发生额	×××
期末余额	×××		

图3-2　资产类账户的结构

2. 负债及所有者权益类账户

负债及所有者权益类账户的基本结构为：账户贷方（右方）记录各项负债及所有者权益的增加额；账户借方（左方）记录各项负债及所有者权益的减少额。在同一会计期间内，各项负债及所有者权益的期初余额与贷方发生额之和与借方发生额相抵后的余额为期末余额，期末余额一般在贷方，其计算公式如下：

负债及所有者权益类账户期末贷方余额 = 期初贷方余额 + 本期贷方发生额 − 本期借方发生额

用T形账户表示的负债及所有者权益类账户的结构如图3-3所示。

借方	负债及所有者权益类账户		贷方
		期初余额	×××
（1）减少额	×××	（1）增加额	×××
（2）减少额	×××	（2）增加额	×××
本期借方发生额	×××	本期贷方发生额	×××
		期末余额	×××

图3-3 负债及所有者权益类账户的结构

3. 费用类账户

企业在生产经营过程中的各种耗费都是由资产转化而来的，就此而言，企业一定时期发生的费用在冲抵收益前，是资产的一种特殊形式。因此，费用类账户结构类似于资产类账户结构。

费用类账户的基本结构为：账户借方记录各项费用的增加额；账户贷方记录各项费用的转出额。按照配比原则，当期增加的费用一般在会计期末全部从贷方转出，冲抵当期收益；期末费用类账户一般无余额。

用T形账户表示的费用类账户的结构如图3-4所示。

借方	费用类账户		贷方
（1）增加额	×××	（1）转出额	×××
（2）增加额	×××		
本期借方发生额	×××	本期贷方发生额	×××

图3-4 费用类账户的结构

4. 收入类账户

企业实现的收入是企业因生产经营活动获取的，最终会使所有者权益增加。因此，收入类账户反映的经济业务与企业权益密切相关，故其账户结构与负债及所有者权益类账户的结构类似。

收入类账户的基本结构为：账户贷方记录收入的增加额；账户借方记录收入的减少（或转出）额；期末收入类账户一般无余额，若因特殊情况其账户有余额，则为贷方余额。

用T形账户表示的收入类账户的结构如图3-5所示。

借方	收入类账户		贷方
（1）转出额	×××	（1）增加额	×××
		（2）增加额	×××
本期借方发生额	×××	本期贷方发生额	×××

图3-5 收入类账户的结构

通过上述账户结构可以看出，不同性质的账户，其借贷方的含义不同，账户结构亦有区别，这体现了借贷记账法的基本特点。掌握这一基本特点，对理解和应用借贷记账法具有重要意义。

（三）以“有借必有贷、借贷必相等”作为记账规则

记账规则是记账方法的核心，它体现了不同记账方法的本质特征。为了清晰地揭示借贷记账法的记账规则，我们用以下几个实例加以说明。

实例：某企业收到国家投入的资金80 000元，存入企业存款账户。

该项经济业务涉及“银行存款”和“实收资本”两个账户。“银行存款”账户为资产类账户，其增加额80 000元应记录在“银行存款”账户的借方；“实收资本”账户为所有者权益类账户，其增加额80 000元应记录在“实收资本”账户的贷方。投入资金的记账规则如图3-6所示。

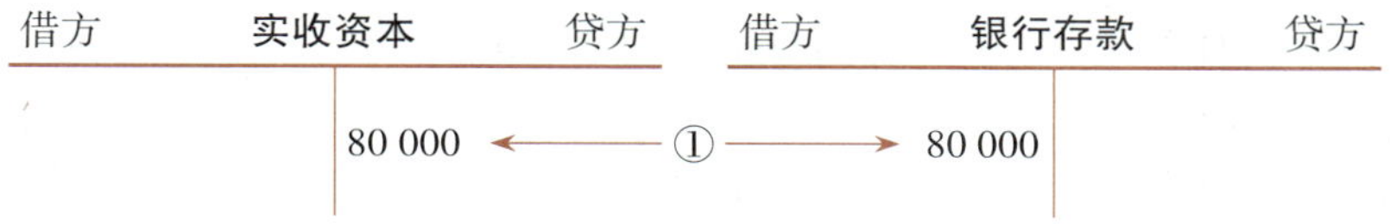

图3-6　投入资金的记账规则

实例：某企业以银行存款偿还前欠货款14 000元。

该项经济业务涉及“银行存款”和“应付账款”两个账户。“银行存款”账户为资产类账户，其减少额14 000元应记录在“银行存款”账户的贷方；“应付账款”账户为负债类账户，其减少额14 000元应记录在“应付账款”账户的借方。偿还账款的记账规则如图3-7所示。

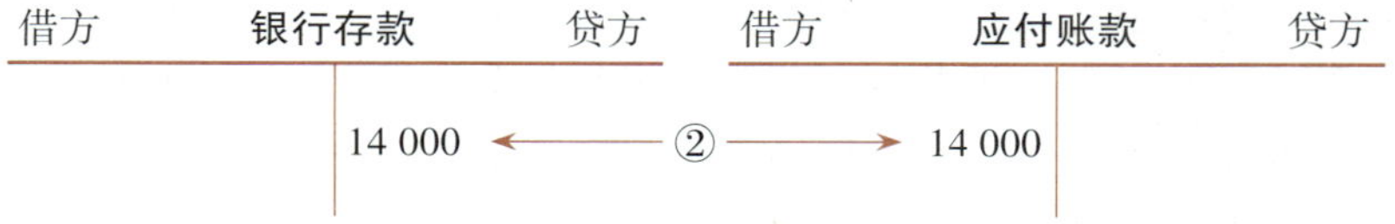

图3-7　偿还账款的记账规则

实例：某企业因业务经营需要，购入甲材料价值50 000元，以银行存款支付35 000元，余款暂欠。

该项经济业务涉及“原材料”、“银行存款”和“应付账款”三个账户。“原材料”“银行存款”这两个账户为资产类账户，原材料增加50 000元应记录在“原材料”账户的借方，银行存款减少35 000元应记录在“银行存款”账户的贷方；“应付账款”账户为负债类账户，其增加额15 000元应记录在“应付账款”账户的贷方。购入材料的记账规则如图3-8所示。

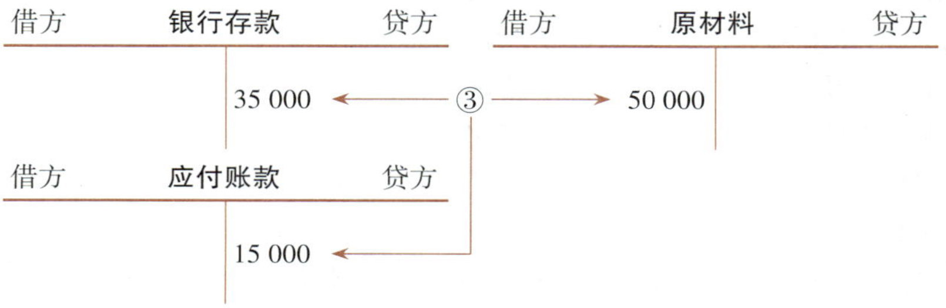

图3-8　购入材料的记账规则

实例：某企业销售产品，取得收入40 000元存入银行。

该项经济业务涉及“银行存款”和“主营业务收入”两个账户。“银行存款”账户为资产类账户，“主营业务收入”账户为损益类账户。银行存款增加40 000元，应记录在“银行存款”账户的借方；主营业务收入增加40 000元，应记录在“主营业务收入”账户的贷方。销售商品的记账规则如图3-9所示。

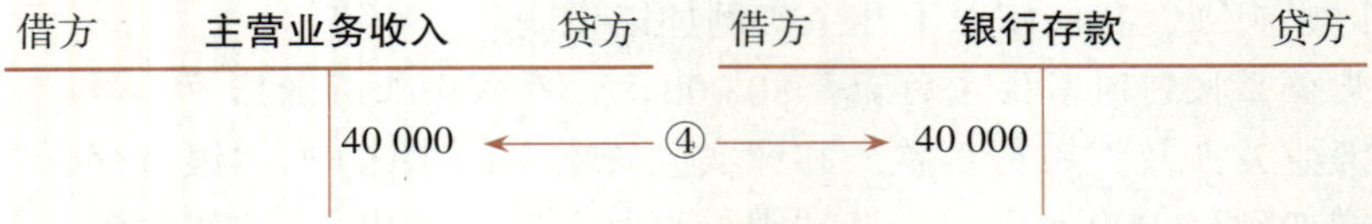

图3-9 销售商品的记账规则

上述几个实例只是企业众多经济业务活动的一个缩影，但我们可以从中发现，运用借贷记账法把每项经济业务记入有关的账户具有以下规律：

（1）对于每一项经济业务，必须同时记入两个或两个以上相互联系的账户。

（2）所记入的账户可能属于同一类别，也可能属于不同类别，这取决于经济业务的内容，但不论出现何种情况，每项经济业务都以借贷相反的方向，在两个或两个以上相互联系的账户中进行登记，即在一个账户中记借方，同时在另一个或几个账户中记贷方；或者在一个账户中记贷方，同时在另一个或几个账户中记借方。

（3）记入借方的金额（或金额合计）与记入贷方的金额（或金额合计）相等。

因此，将借贷记账法的记账规则概括为“有借必有贷、借贷必相等”是非常科学的。借贷记账法的这一记账规则，适用于一切经济业务。

运用借贷记账法按其记账规则记录经济业务时，对经济业务以相等的金额在两个或两个以上相关账户中进行登记，账户之间便形成应借应贷的关系。这种账户之间应借应贷的相互关系称为账户对应关系；记载经济业务而相互联系的账户则称为对应账户。如用银行存款10 000元支付乙材料价款，对这项经济业务，应记入“原材料”这一资产类账户的借方10 000元和“银行存款”这一资产类账户的贷方10 000元。由于该项经济业务的发生，“原材料”和“银行存款”这两个账户发生应借应贷的相互关系，这两个账户则称为对应账户。根据其账户对应关系可以了解此项经济业务的来龙去脉，即材料的增加是由于支付了银行存款，使银行存款减少了10 000元；而银行存款减少，是由于购买了材料，使材料增加了10 000元。

应当指出的是，在借贷记账法下，账户对应关系存在于任何一项经济业务的会计记录之中，它具有一定的客观性和必然性。运用借贷记账法记录经济业务，必须熟练地分析和掌握各种经济业务发生后所涉及的账户及其对应关系。

（四）按“有借必有贷、借贷必相等”的记账规则进行试算平衡

试算平衡，即根据资产权益平衡公式的平衡关系，按照记账规则的要求，通过汇总计算和对比，来检查账户记录的正确性、完整性。

在借贷记账法下，对每项经济业务都是以借贷相等的金额来记录的，所以，全部账户的借方发生额和贷方发生额必然相等。全部账户的借方余额与贷方余额也肯定相等。这就形成了账户之间的一系列平衡关系。这种平衡关系主要有以下两个方面：

1. 账户发生额试算平衡

账户发生额的试算平衡是以借贷记账法的记账规则为依据，在会计期间内按期汇总进

行的。其试算平衡公式为：

全部账户借方发生额合计数 = 全部账户贷方发生额合计数

2. 账户余额试算平衡

账户余额的试算平衡是以会计等式为依据，在会计期末进行的。因为账户借方余额表明资产性质，账户贷方余额表明负债及所有者权益性质，所以全部账户期末借方余额合计数等于全部账户期末贷方余额合计数，体现了资产等于负债加所有者权益的恒等关系。其试算平衡公式为：

全部账户借方余额合计数 = 全部账户贷方余额合计数

以上两方面的平衡关系，可用来检查会计账户记录的正确性，若两方面都保持平衡，可以说账户记录工作基本是正确的。

当每个计算期结束时，在已经结出各账户的本期发生额和期末余额后，还应编制试算平衡表来试算平衡。试算平衡表的格式分两种：一种是总分类账户本期发生额试算平衡表（见表3-3），它根据各个账户的本期发生额进行编制；另一种是总分类账户期末余额试算平衡表（见表3-4），它根据各个账户的期末余额进行编制。在实际工作中，企业一般将这两张表合并在一张表上，形成总分类账户本期发生额及余额试算平衡表（见表3-5）。

表3-3　总分类账户本期发生额试算平衡表

账户名称	借方发生额	贷方发生额
合　计		

表3-4　总分类账户期末余额试算平衡表

账户名称	借方余额	贷方余额
合　计		

表3-5　总分类账户本期发生额及余额试算平衡表

账户名称	期初余额		本期发生额		期末余额	
	借方	贷方	借方	贷方	借方	贷方
合　计						

三、借贷记账法的应用

（一）编制会计分录

微课3-3

会计分录的编制

如前所述，会计上需要设置的账户很多，经济业务的发生又十分频繁，如果把发生的每一笔经济业务都设置T形账户进行记录，工作量是巨大的，而且不能系统地掌握经济业务发生对某一账户的影响，为此，会计人员总结出一套简便易行的处理方法——编制会计分录。

会计分录简称分录，它是对每项经济业务指出其应登记的账户、记账方向和金额的一种记录。因此，每笔会计分录都必须包括三个要素，即：账户名称（或会计科目）、记账符号、记账金额。

会计分录按其所反映的经济业务繁简程度，可以分为简单会计分录和复合会计分录两种。

简单会计分录是指一项经济业务只涉及两个账户，即一个账户的借方与另一个账户的贷方相对应所组成的会计分录，又称“一借一贷”的会计分录。

复合会计分录是指一项经济业务涉及两个以上账户，即一个账户与另几个账户相对应的会计分录，即一个账户的借方与另几个账户的贷方相对应所组成的会计分录，即“一借多贷”的会计分录；或一个账户的贷方与另几个账户的借方相对应所组成的会计分录，即“一贷多借”的会计分录；或几个账户的贷方与另几个账户的借方相对应所组成的会计分录，即“多借多贷”的会计分录。

【做中学3-1】某企业根据投资协议收到B公司投资100 000元，款项已存入银行。编制会计分录如下：

借：银行存款　　100 000

　　贷：实收资本　　100 000

【做中学3-2】某企业向银行借入为期4个月的借款85 000元，已存入银行。编制会计分录如下：

借：银行存款　　85 000

　　贷：短期借款　　85 000

【做中学3-3】某企业开出现金支票，从银行提取现金5 000元备用。编制会计分录如下：

借：库存现金　　5 000

　　贷：银行存款　　5 000

【做中学3-4】某企业管理部门以现金300元购买办公用品。编制会计分录如下：

借：管理费用　　300

　　贷：库存现金　　300

【做中学3-5】某企业从D工厂采购甲材料一批，价款为20 000元，增值税（进项税额）为2 600元，材料已到，款项未付。编制会计分录如下：

借：原材料　　20 000

　　应交税费——应交增值税（进项税额）　　2 600

　　贷：应付账款——D工厂　　22 600

【做中学3-6】某企业销售A产品取得销售收入18 000元，并按13%的税率收取增值税2 340元，合计为20 340元，款项已存入银行。编制会计分录如下：

借：银行存款　　20 340

　　贷：主营业务收入　　18 000

　　　　应交税费——应交增值税（销项税额）　　2 340

【小思考3-2】通过观察以上会计分录，你能总结出编制会计分录的书写规则吗？

【做中学3-5】和【做中学3-6】的会计分录为复合会计分录，即“多借一贷”和“一借多贷”的会计分录。实际上，复合会计分录是由若干简单会计分录合并组成的。值得注意的是，不可以把不相关的简单会计分录合并成复合会计分录。

为了明确各相关账户之间的对应关系，一般不宜编制“多借多贷”的会计分录。

（二）编制试算平衡表

【做中学3-7】以大海公司2024年8月份发生的经济业务（部分）为例来说明借贷记账法的记账规则及试算平衡方法的应用。

2024年8月初大海公司的期初余额见表3-6。

表3-6　大海公司期初余额表

2024年8月1日　　单位：元

会计科目	借方余额	贷方余额
库存现金	2 000	
银行存款	30 000	
应收账款	50 000	
原材料	40 000	
固定资产	216 000	
短期借款		40 000
应付账款		68 000
实收资本		180 000
盈余公积		50 000
合　计	338 000	338 000

2024年8月，大海公司发生下列经济业务（部分）：

（1）购买A材料，价款为20 000元，以银行存款支付，材料已验收入库。

（2）接受甲公司投入的固定资产价值50 000元。

（3）收回应收账款40 000元存入银行。

（4）用银行存款偿还短期借款30 000元。

（5）购入B材料，价款为8 000元，材料已入库，价款尚未支付。

（6）以现金400元购买办公用品，并交付行政部门使用。

(7) 销售产品，货款为10 000元，增值税为1 300元，价款存入银行。

(8) 计算应付短期借款利息2 000元。

(9) 职工王华出差，借款900元，以现金支付。

(10) 以银行存款支付电话费700元。

以上经济业务的账务处理如下：

(1) 购买A材料时：

借：原材料 20 000

　　贷：银行存款 20 000

(2) 接受甲公司投资时：

借：固定资产 50 000

　　贷：实收资本 50 000

(3) 收回应收账款时：

借：银行存款 40 000

　　贷：应收账款 40 000

(4) 用银行存款偿还短期借款时：

借：短期借款 30 000

　　贷：银行存款 30 000

(5) 赊购B材料时：

借：原材料 8 000

　　贷：应付账款 8 000

(6) 以现金购买办公用品时：

借：管理费用 400

　　贷：库存现金 400

(7) 销售产品时：

借：银行存款 11 300

　　贷：主营业务收入 10 000

　　　　应交税费——应交增值税（销项税额） 1 300

(8) 计算应付短期借款利息时：

借：财务费用 2 000

　　贷：应付利息 2 000

(9) 职工出差借款时：

借：其他应收款 900

　　贷：库存现金 900

(10) 以银行存款支付电话费时：

借：管理费用 700

　　贷：银行存款 700

根据以上会计分录，采用T形账户汇总计算各账户的发生额和余额后，编制试算平衡表，见表3-7。

表3-7

大海公司试算平衡表

2024年8月31日

单位：元

会计科目	期初余额		本期发生额		期末余额	
	借方	贷方	借方	贷方	借方	贷方
库存现金	2 000			1 300	700	
银行存款	30 000		51 300	50 700	30 600	
应收账款	50 000			40 000	10 000	
其他应收款			900		900	
原材料	40 000		28 000		68 000	
固定资产	216 000		50 000		266 000	
短期借款		40 000	30 000			10 000
应付账款		68 000		8 000		76 000
应交税费				1 300		1 300
应付利息				2 000		2 000
实收资本		180 000		50 000		230 000
盈余公积		50 000				50 000
主营业务收入				10 000		10 000
管理费用			1 100		1 100	
财务费用			2 000		2 000	
合　计	338 000	338 000	163 300	163 300	379 300	379 300

应该注意的是，试算平衡表只是通过借贷金额是否平衡来检查账户记录是否正确，而有些错误对借贷双方的平衡并不产生影响。因此，在编制试算平衡表时应注意以下问题：

（1）必须保证所有账户的余额均已记入试算平衡表。因为会计等式是对六项会计要素整体而言的，缺少任何一个账户的余额，都会造成期初或期末借方与贷方余额合计不相等。

（2）如果借贷不平衡，肯定账户记录有错误，应认真查找，直到实现平衡为止。

（3）借贷平衡并不能说明账户记录绝对正确，因为有些错误对借贷双方的平衡并不产生影响。这些错误情形包括以下几种：

微课3-4

试算平衡表的编制

①重记某项经济业务，将使本期借贷双方的发生额发生等额虚增，借贷仍然平衡；

②某项经济业务记错有关账户，借贷仍然平衡；

③某项经济业务颠倒了记账方向，借贷仍然平衡；

④借方或贷方发生额中，一借一贷相互抵销，借贷仍然平衡。

【德技并修】我国宋代官厅会计中出现的“四柱清册”原理，是我国会计科学发展历程中的重大贡献，被誉为“中式会计的基本原理”。1965年我国商业系统较为广泛使用的增减记账法，从它的账户结构、记账规则到试算平衡，无不源于“四柱清册”原理。中华人民共和国成立初期，我国商业系统18万财会人员中，大中专学校的毕业生只有2 000人，占比仅1.1%。因此，迅速培养大量的财会人员，便提到了财政部门的议事日程。财政部会计制度司向国务院领导表示要“破除会计制度中难学难懂、脱离领导、脱离群众的核算方法，使账目和报表内容、记账方法等都能让领导和群众看得懂、用得来”。自1964

年下半年开始，一场涉及百万会计大军的会计革命在全国轰轰烈烈地展开，到1965年9月全国已经有80%的企业改用了增减记账法，1966年起商业部系统全面推行。增减记账法推行不久，“文化大革命”就开始了，财会工作遭到前所未有的冲击，到1977年财会人员从占职工人数的5.3%下降到4%。单位压账、乱账、报不出报表的现象比比皆是。党的十一届三中全会以后，我国推行改革开放政策，会计制度与西方会计制度开始接轨，1992年11月30日财政部颁布的《企业会计准则》规定，自1993年7月1日起，我国所有企业均采用借贷记账法，增减记账法正式退出历史舞台。

习近平总书记指出：“历史是从昨天走到今天再走向明天，历史的联系是不可能割断的，人们总是在继承前人的基础上向前发展的。古今中外，概莫能外。”改革增减记账法不是任何人的主观臆断，而是客观的要求。研究记账方法的目的就是便于领导干部加强领导，便于群众参与监督，实行群众性的经济核算，有利于会计、统计、业务三种核算的结合，便于培养会计新手，壮大会计力量，更好地为中国经济建设服务。人类在社会生产发展过程中，不断总结经验，有所发明、有所创造、有所前进，不能永远停留在一个基点上。借贷记账法的复式记账是科学的，符合辩证法的，是应当继承和发扬的。但是，增减记账法从1964年试点，到1993年退出历史舞台，为中国经济发展服务30年，也为世界会计发展史增添了浓墨重彩的一笔，这一点，我们不能忘记。

同步习题与实训

一、判断题

1. 会计平衡就是指“有借必有贷、借贷必相等”。（　）
2. 在借贷记账法下，账户的借方表示增加，贷方表示减少。（　）
3. 在借贷记账法下，账户的基本结构是：每一个账户的左边均为借方，右边均为贷方。（　）
4. 在借贷记账法下，可以设置资产、权益双重性质账户。（　）
5. 单式记账法的缺点是不能反映交易或事项的来龙去脉，不能进行试算平衡。（　）
6. 账户的余额方向一般与记录减少额的方向在同一方向。（　）
7. “期末借方余额 = 期初借方余额 + 本期借方发生额 − 本期贷方发生额”这一公式适用于任何性质的账户。（　）
8. 借贷记账法的“有借必有贷、借贷必相等”记账规则，适用于一切经济业务。（　）
9. 账户之间应借应贷的相互关系称为账户对应关系。（　）
10. 在借贷记账法下，全部资产类账户的借方余额合计数必然等于负债及所有者权益类账户的贷方余额合计数。（　）
11. 复合会计分录，就是指多借多贷的会计分录。（　）
12. 简单会计分录，就是指一借一贷的会计分录。（　）
13. 只要试算平衡了，就可以保证记账工作准确无误。（　）

14. 一借多贷或一贷多借的会计分录不能反映账户的对应关系。 ( )

15. 发生额试算平衡是根据“资产 = 负债 + 所有者权益”来检查的。 ( )

16. 会计分录简称分录，它是对发生的每一项经济业务指出其应登记的账户、记账方向和金额的一种记录。 ( )

17. 复合会计分录实际上都是由若干简单会计分录合并组成的。因此，不相关的简单会计分录可以任意合并成复合会计分录。 ( )

18. 为了明确各相关账户之间的对应关系，一般不宜编制多借多贷的会计分录。 ( )

19. 发生额试算平衡是通过编制“余额试算平衡表”来进行的。 ( )

20. 试算平衡表可以只根据各个账户的本期发生额编制，不填列各账户的期初余额和期末余额。 ( )

二、单项选择题

1. 在账户中相互联系地记录经济业务的专门方法是（ ）。

A. 复式记账法　B. 登记账簿　C. 填制凭证　D. 成本计算

2. 某资产类账户期初余额为 2 000 元，借方本期发生额为 6 000 元，贷方本期发生额为 5 000 元，则该账户期末余额为（ ）元。

A.1 000　B.2 000　C.3 000　D.13 000

3. 某权益类账户期初余额为 4 000 元，借方本期发生额为 10 000 元，期末余额为 6 000 元，则该账户贷方本期发生额为（ ）元。

A.8 000　B.20 000　C.0　D.12 000

4. 复式记账是对每一项经济业务的发生，都要在相互联系的两个或两个以上的账户中（ ）。

A. 连续登记　B. 补充登记

C. 平衡登记　D. 以相等的金额进行登记

5. 账户的借方登记（ ）。

A. 资产的增加　B. 费用的减少

C. 所有者权益的增加　D. 负债的增加

6. 下列各项，在借贷记账法下，本期增加的金额记入借方的是（ ）账户。

A. “银行存款”　B. “实收资本”

C. “主营业务收入”　D. “长期借款”

7. “固定资产”账户本期借方发生额为 6 000 元，本期贷方发生额为 5 000 元，期末余额为 9 000 元，则期初余额为（ ）元。

A.10 000　B.8 000　C.2 000　D.1 000

8. “应付账款”账户期初贷方余额为 85 000 元，本期借方发生额为 18 000 元，期末余额为 99 000 元，则本期贷方发生额为（ ）元。

A.18 000　B.32 000　C.117 000　D.166 000

9. 下列各项与负债类账户结构相同的是（ ）。

A. 资产　B. 成本　C. 费用　D. 所有者权益

10. 在借贷记账法中，账户的哪一方记增加数，哪一方记减少数，是由（ ）决定的。

A.记账规则 B.账户的性质 C.业务性质 D.账户的结构

11.下列各项属于简单会计分录的是（ ）。

A.一借多贷会计分录 B.一借一贷会计分录

C.一贷多借会计分录 D.多借多贷会计分录

12.下列错误能够通过试算平衡查找的是（ ）。

A.重记经济业务 B.借贷方向相反 C.漏记经济业务 D.借贷金额不等

13.下列各项不属于会计分录构成要素的是（ ）。

A.业务发生时间 B.记账符号 C.账户的名称 D.相等的金额

14.借贷记账法是以（ ）为记账符号的一种复式记账法。

A.“借”和“贷” B.“增”和“减” C.“收”和“付” D.会计科目

15.借贷记账法的记账规则是（ ）。

A.资产 = 负债 + 所有者权益 B.以“借”“贷”为记账符号

C.借方记增加，贷方记减少 D.有借必有贷，借贷必相等

16.下列有关借贷记账法的表述中，正确的是（ ）。

A.借贷记账法是复式记账法的一种

B.借贷记账法中的“借”表示增加

C.借贷记账法中的“贷”表示减少

D.在借贷记账法下，负债增加记借方，减少记贷方

17.借贷记账法下的发生额平衡是由（ ）决定的。

A.记账规则 B.账户结构 C.会计等式 D.平行登记要点

18.借贷记账法的余额试算平衡公式是（ ）。

A.每个账户的借方发生额 = 每个账户的贷方发生额

B.全部账户本期借方发生额合计 = 全部账户本期贷方发生额合计

C.全部账户期末借方余额合计 = 全部账户期末贷方余额合计

D.全部明细分类账户期末余额合计 = 总分类账户期末余额合计

三、多项选择题

1.在借贷记账法下，账户的“借方”可以登记（ ）。

A.资产的增加 B.负债的减少 C.收入的减少 D.费用的增加

2.借贷记账法的试算平衡包括（ ）。

A.发生额平衡 B.期初余额平衡

C.期末余额平衡 D.资产 = 负债 + 所有者权益

3.账户一般应包括的内容有（ ）。

A.账户名称 B.日期和凭证号数 C.摘要 D.借方、贷方

4.在借贷记账法下，账户的“贷方”可以登记（ ）。

A.负债的增加 B.资产的减少

C.所有者权益的增加 D.权益的减少

5.下列各项中，期末余额既可能在借方，也可能在贷方的有（ ）账户。

A.“应收账款” B.“应付账款” C.“预收账款” D.“预付账款”

6. 下列各项中，借方用来登记增加的有（　　）账户。

A. “固定资产”　B. “累计折旧”　C. “制造费用”　D. “应付账款”

7. 在借贷记账法下，与“库存现金”账户存在对应关系的有（　　）账户。

A. “银行存款”　B. “管理费用”　C. “主营业务收入”　D. “原材料”

8. 在借贷记账法下，与“固定资产”账户存在对应关系的有（　　）账户。

A. “银行存款”　B. “财务费用”　C. “累计折旧”　D. “主营业务成本”

9. 下列各项属于复合会计分录的有（　　）。

A. 一借多贷　B. 一借一贷　C. 一贷多借　D. 多借多贷

10. 下列错误不能通过试算平衡查找的有（　　）。

A. 重记经济业务　B. 借贷方向相反　C. 漏记经济业务　D. 借贷金额不等

11. 下列各项属于会计分录构成要素的有（　　）。

A. 业务发生时间　B. 记账符号　C. 账户的名称　D. 相等的金额

12. 下列各项关于账户对应关系的表述中正确的有（　　）。

借：库存现金　2 000

银行存款　50 000

贷：应收账款　52 000

A. 库存现金与银行存款　B. 库存现金与应收账款

C. 银行存款与应收账款　D. 库存现金、银行存款与应收账款

13. 下列关于编制试算平衡表的说法中，正确的有（　　）。

A. 必须保证所有账户的余额均已记入试算平衡表

B. 如果借贷不平衡，肯定是账户记录有错误

C. 如果借贷平衡，也不能说明账户记录绝对正确

D. 编制试算平衡表的理论依据是“资产 = 负债 + 所有者权益”

14. 在借贷记账法下，“期末余额 = 期初余额 + 本期借方发生额 − 本期贷方发生额”属于（　　）会计科目计算期末余额的公式。

A. 资产类　B. 负债类　C. 所有者权益类　D. 费用类

15. 余额试算平衡中的平衡关系有（　　）。

A. 全部账户的本期借方发生额合计 = 全部账户的本期贷方发生额合计

B. 全部账户的期初借方余额合计 = 全部账户的期末贷方余额合计

C. 全部账户的期初借方余额合计 = 全部账户的期初贷方余额合计

D. 全部账户的期末借方余额合计 = 全部账户的期末贷方余额合计

16. 损益类账户的特点有（　　）。

A. 费用类账户的增加额记借方　B. 收入类账户的减少额记借方

C. 费用类账户的结转额记贷方　D. 期末一般无余额

四、实训题

实训一

【实训资料】某企业的试算平衡表见表3-8。

表3-8 试算平衡表 单位：元

会计科目	期初余额		本期发生额		期末余额	
	借方	贷方	借方	贷方	借方	贷方
库存现金	475		2 180	（1）	480	
银行存款	1 345		（2）	4 230	（3）	
应收账款	（4）		（5）	9 200	0	
周转材料	2 500		860	（6）	2 050	
原材料	（7）		2 500	0	5 200	
短期借款		（8）	1 000	0		0
应付账款		4 350	3 700	（9）		2 000
实收资本		10 000				（10）
合计	（11）	（12）	（13）	（14）	（15）	（16）

【实训要求】

（1）正确分析每个账户在借贷记账法下的结构，掌握账户四个要素之间的数据关系。

（2）按照借贷记账法的记账规则及试算平衡原理，填制表3-8中（1）~（16）处的金额。

实训二

【实训资料】某企业2024年8月份发生下列交易或事项：

（1）购入原材料一批，取得的发票上注明的货款为6 000元，增值税为780元，材料已经入库，货款以银行存款支付。

（2）从银行提取现金2 000元，以备零用。

（3）用银行存款偿付前欠供应单位货款24 000元。

（4）其他单位投入资金180 000元，已存入银行。

（5）以银行存款购入汽车一辆，价值100 000元，增值税为13 000元。

（6）销售产品一批，货款为40 000元，增值税为5 200元，产品已发出，价税款已存入银行。

（7）以银行存款上缴税费8 800元。

（8）以银行存款80 000元归还短期借款。

（9）收到购货单位前欠货款16 000元，已存入银行。

（10）采购员查丽预借差旅费3 000元，以现金支付。

（11）采购员查丽出差归来实际报销差旅费1 800元，余款退回现金。

（12）以银行存款16 000元支付本月职工薪酬。

【实训要求】

（1）分析每一项经济业务，确定所使用的会计科目。

（2）运用借贷记账法编制各业务有关的会计分录。

实训三

【实训资料】

1.2024年8月1日，南方公司各账户的期初余额见表3-9。

表3-9　期初余额表

2024年8月1日　单位：元

会计科目	借方余额	贷方余额
银行存款	40 000	
应收账款	60 000	
原材料	50 000	
短期借款		45 000
应付账款		50 000
实收资本		55 000
合计	150 000	150 000

2.2024年8月，南方公司发生如下经济业务：

（1）收回应收账款40 000元并存入银行；

（2）用银行存款20 000元购入原材料（假定不考虑增值税），原材料已验收入库；

（3）用银行存款偿还短期借款30 000元；

（4）从银行借入短期借款10 000元直接偿还应付账款；

（5）收到投资人追加投资50 000元并存入银行；

（6）购入原材料，货款为30 000元（假定不考虑增值税），原材料已验收入库，货款尚未支付。

【实训要求】

（1）编制南方公司相关业务的会计分录。

（2）编制南方公司2024年8月31日的试算平衡表（见表3-10）。

表3-10　试算平衡表

2024年8月31日　单位：元

会计科目	期初余额		本期发生额		期末余额	
	借方	贷方	借方	贷方	借方	贷方
银行存款						
应收账款						
原材料						
短期借款						
应付账款						
实收资本						
合计						

项目四

核算企业主要经济业务

【知识点】

1. 核算资金筹集业务
2. 核算生产准备业务
3. 核算产品生产业务
4. 核算产品销售业务
5. 核算利润形成及分配业务

【素养点】

1. 通过对企业主要经济业务会计处理方法的学习，树立掌握产业本领、技能报效祖国的远大理想
2. 通过对利润形成及分配的学习，认识消费与积累并重的重要性

引言

制造业是指对制造资源（物料、能源、设备、工具、资金、技术、信息和人力等），按照市场的要求，通过制造过程，转化为可供人们使用和利用的大型工具、工业品与生活消费产品的行业。制造业直接体现了一个国家的生产力水平，是区别发展中国家和发达国家的重要因素，制造业在世界发达国家的国民经济中占有重要份额。制造业的经济业务涉及供应、生产和销售三个环节，内容全面，业务典型。选择制造业的经济业务作为本项目的案例来介绍借贷记账法，能够较全面地认识经济业务的会计处理方法，便于初学者掌握借贷记账法的具体应用。

任务一　核算资金筹集业务

微课4-1

资金筹集业务的核算

企业为了进行生产经营活动，必须拥有一定数量的资金，作为生产经营活动的物质基础。企业筹集资金的渠道是指企业取得资金的方式。目前我国企业的资金来源渠道主要是投资者投入和向银行借入款项等。因此，实收资本业务和借款业务的核算，就构成了资金筹集业务核算的主要内容。

一、实收资本的核算

实收资本是指投资者按照企业章程或合同、协议的约定，实际投入企业的资本。它是企业所有者权益中的主要部分。投资者设立企业首先必须投入一定的资本，这是我国相关法律所作的规定。

企业的资本金按照投资主体的不同，可分为国家投入资本、法人投入资本、个人投入资本和外商投入资本四种；按照投资形态不同可分为货币投资、实物投资、证券投资和无形资产投资等。其中，以货币资金投资的，应按实际收到的款项作为投资者的投资额入账；以实物资产投资的，应按照投资各方确认的价值作为实际投资额入账。企业在生产经营过程中所取得的收入和收益、所发生的费用和损失，不得直接增减投入资本。

投资者投入企业的资本应当保全，一般情况下，除企业将资本公积、盈余公积转作资本外，实收资本数额不能随意变动。

【小思考4-1】企业为什么要实行资本保全制度?

（一）实收资本核算的账户设置

“实收资本”账户用来核算企业实收资本的增减变动情况及其结果（股份公司为“股本”）。该账户是所有者权益类账户，其贷方登记企业实际收到的投资者投入的资本数，借方登记企业按法定程序报经批准减少的注册资本数，期末余额在贷方，表示企业实有的资本（或股本）数额。该账户按投资者设置明细分类账，进行明细分类核算。

（二）实收资本的核算

【做中学4-1】黄河公司收到国家投资200 000元，款项存入银行。

这项经济业务的发生，使企业的银行存款增加了200 000元，同时，使国家对企业的投资增加了200 000元。因此，这项经济业务涉及“银行存款”和“实收资本”两个账户。银行存款的增加属于资产的增加，应记入“银行存款”账户的借方；国家对企业投资的增加属于所有者权益的增加，应记入“实收资本”账户的贷方。编制会计分录如下：

借：银行存款　　200 000

　　贷：实收资本——国家资本金　　200 000

【做中学4-2】黄河公司收到某公司投入的全新货车一辆，价值150 000元。

这项经济业务的发生，使企业的固定资产增加了150 000元，同时使某公司对企业的投资增加了150 000元。因此，这项经济业务涉及“固定资产”和“实收资本”两个账户。固定资产的增加属于资产的增加，应记入“固定资产”账户的借方；投资者对企业投资的增加属于所有者权益的增加，应记入“实收资本”账户的贷方。编制会计分录如下：

借：固定资产　　150 000

　　贷：实收资本——某公司　　150 000

二、银行借款的核算

企业向银行等金融机构借入的资金，按归还期限的长短不同，可以分为短期借款和长期借款。偿还期限在一年以内（含一年）的为短期借款；偿还期限在一年以上的为长期借款。

（一）短期借款

短期借款是为了弥补企业周转资金不足而向银行或其他金融机构借入的、偿还期限在一年以内（含一年）的各种借款。短期借款的核算主要包括取得短期借款、计提短期借款利息、偿还短期借款本金和利息。

1. 短期借款核算的账户设置

（1）“短期借款”账户。该账户属于负债类账户，用来核算企业向银行或其他金融机构等借入的偿还期在一年以内（含一年）的各种借款。该账户的贷方登记企业借入的各种短期借款；借方登记企业归还的短期借款。该账户的期末余额在贷方，表示企业尚未归还的短期借款的实有数额。该账户应该按照借款银行设置明细分类账，并按借款种类进行明细核算。

（2）“财务费用”账户。该账户属于损益类账户，用来核算企业为筹集生产经营所需资金等而发生的筹资费用（如利息支出等）。该账户的借方登记企业发生的财务费用，贷方登记应冲减的财务费用，期末应将该账户的余额转入“本年利润”账户，结转后该账户无余额。

（3）“应付利息”账户。该账户属于负债类账户，用来核算企业按照合同的约定应支付的利息。该账户的贷方登记期末计算确定的应付利息费用，借方登记实际支付的利息数额。该账户期末余额在贷方，表示已经计提尚未支付的利息费用。

2. 短期借款的核算

【做中学4-3】2024年4月1日，公司向银行借入生产周转资金60 000元，期限为6个月，年利率为6%，借入的款项通过银行转存，利息按季支付，到期一次还本并支付第三季度的借款利息。

（1）借入短期借款时：

企业借入款项时，会引起资产和负债两个要素同时发生变化。一方面，银行存款增加了60 000元；另一方面，短期借款增加了60 000元。编制会计分录如下：

借：银行存款 60 000

贷：短期借款 60 000

（2）2024年4月30日，计算确定应付借款利息时：

按照权责发生制的要求，企业应按期计算确定借款利息。计算确定利息时，一方面，财务费用增加了300元（60 000×6%÷12）；另一方面，应付利息增加了300元。编制会计分录如下：

借：财务费用 300

贷：应付利息 300

（3）2024年6月30日，支付第二季度借款利息时：

6月30日是季度末，企业需要支付整个季度的利息，4月和5月计算确定的利息已记录在"应付利息"账户的贷方，本月应承担的利息直接通过"财务费用"账户核算，不需要计提。因此，编制会计分录如下：

借：财务费用 300

应付利息 600

贷：银行存款 900

【小思考4-2】2024年9月30日，归还短期借款本金和第三季度利息的会计分录应如何编制？

（二）长期借款

长期借款是指企业向银行或其他金融机构借入的期限在一年以上（不含一年）的各种借款。长期借款的会计核算主要包括取得长期借款、计算确定长期借款利息、偿还长期借款本金和利息。

1.长期借款核算的账户设置

"长期借款"账户属于负债类账户，核算企业向银行或其他金融机构借入的期限在一年以上（不含一年）的各项借款。该账户的贷方登记企业借入的各种长期借款；借方登记企业归还的长期借款。期末贷方余额，表示企业尚未归还的长期借款。该账户应按照贷款单位和贷款种类设置明细分类账进行明细核算。

2.长期借款的核算

【做中学4-4】某公司于2024年1月2日从银行借入资金200 000元全部用于生产经营，借款已存入银行。合同规定借款期限为2年，年利率为7.2%，利息每年支付，本金于借款到期时一次性偿还。

（1）取得长期借款时：

这项经济业务的发生，引起企业资产和负债两个要素同时发生变化。一方面，企业借入长期借款通过银行转存，企业的银行存款增加了200 000元；另一方面，企业借入长期借款，企业的负债增加了200 000元。编制会计分录如下：

借：银行存款 200 000

贷：长期借款 200 000

（2）计算确定2024年长期借款每月利息时：

企业借入的用于生产经营活动的长期借款利息，按规定应通过“财务费用”账户核算。计算发生的银行借款利息时，一方面，企业的财务费用增加了1 200元（200 000×7.2%÷12）；另一方面，企业的应付利息增加了1 200元。编制会计分录如下：

借：财务费用　　1 200

　　贷：应付利息　　1 200

【小思考4-3】企业发生的借款利息都计入财务费用吗？请上网或到图书馆查阅有关资料，并回答这个问题。

（3）2025年1月1日，支付利息时：

企业用银行存款支付长期借款利息，会引起企业资产和负债两个要素同时变化。一方面，企业的资产因支付利息而减少；另一方面，企业的负债因利息的支付而减少。编制会计分录如下：

借：应付利息　　14 400

　　贷：银行存款　　14 400

（4）2026年1月1日，归还本金时：

企业用银行存款归还长期借款本金，同样引起企业资产和负债两个要素同时变化。编制会计分录如下：

借：长期借款　　200 000

　　贷：银行存款　　200 000

同步习题与实训

一、判断题

1. 实收资本代表一家企业的实力，是创办企业的“本钱”，反映企业所有者投入企业的外部资金来源。（　　）
2. 投资者以实物资产投资的，应按照投资各方确认的价值作为实际投资额入账。（　　）
3. 投资者以货币资金投资的，应按协议约定的款项作为投资者的投资入账。（　　）
4. 企业在生产经营过程中所取得的收入和收益、所发生的费用和损失，可以直接增减投入资本。（　　）
5. 企业向银行等金融机构借入的资金，按归还期限的长短不同，可以分为短期借款和长期借款。（　　）
6. “短期借款”账户的借方登记企业借入的各种短期借款；贷方登记企业归还的短期借款。（　　）
7. 短期借款的利息不可以预提，均应在实际支付时直接计入当期损益。（　　）
8. 企业发生的长期借款利息都应计入财务费用。（　　）

二、单项选择题

1. 按照企业章程或合同、协议的约定，投资者实际投入企业的资本称为（　　）。

A. 实收资本　　B. 未分配利润　　C. 资本溢价　　D. 银行存款

2. 企业为了满足其生产经营对资金的临时性需要而向银行或其他金融机构等借入的偿还期限在一年以内（含一年）的各种借款称为（　　）。

A. 短期借款　　B. 长期借款　　C. 应付债券　　D. 应付账款

3. 用来核算企业为筹集生产经营所需资金等而发生的筹资费用（如利息支出等）的会计科目是（　　）。

A. “短期借款”　　B. “长期借款”　　C. “财务费用”　　D. “应付利息”

4. 企业的资金筹集业务按（　　）分为所有者权益筹资和负债筹资。

A. 资金来源　　B. 资金运用　　C. 资金分配　　D. 资金的占用

5. 某企业2024年4月1日从银行借入期限为6个月的借款100 000元，年利率为7.2%，利息到期时一次支付。到期支付本息时，应编制的会计分录为（　　）。

A. 借：短期借款	100 000	
贷：银行存款		100 000
B. 借：应付利息	3 600	
贷：银行存款		3 600
C. 借：短期借款	100 000	
财务费用	3 600	
贷：银行存款		103 600
D. 借：短期借款	100 000	
应付利息	3 600	
贷：银行存款		103 600

三、多项选择题

1. 下列关于“长期借款”账户的说法中正确的有（　　）。

A. “长期借款”账户属于负债类账户

B. 贷方登记企业借入的各种长期借款

C. 借方登记归还的长期借款

D. 期末余额在借方，反映企业期末尚未偿还的长期借款

2. 企业的资本金按照投资主体的不同，可分为（　　）。

A. 国家投入资本　　B. 法人投入资本　　C. 个人投入资本　　D. 外商投入资本

3. 下列各项，投资者可以用来投资的有（　　）。

A. 货币资金　　B. 原材料　　C. 固定资产　　D. 无形资产

4. 某公司注册资本为100万元，现收到甲投资者投入现金20万元，占公司注册资本的10%。该项业务可能涉及的相关账务处理有（　　）。

A. 借记“银行存款”科目　　B. 贷记“实收资本”科目

C. 借记“其他货币资金”科目　　D. 贷记“资本公积”科目

5. 企业归还短期借款本息时，可能涉及的相关账户有（　　）。

A. “短期借款”　　B. “应付利息”　　C. “财务费用”　　D. “银行存款”

6. 长期借款计算确定的利息费用，可能涉及的账户有（　　）。

A. “财务费用”　　B. “管理费用”　　C. “研发支出”　　D. “在建工程”

四、实训题

【实训资料】某企业2024年发生的筹资业务如下：

（1）1月20日，收到投资方甲投入的现金100 000元，存入银行。

（2）1月22日，根据协议，投资方乙以一套机器设备作为投入资本，双方协商确认的价值为550 000元，增值税71 500元，已收到实物清单和单据。

（3）2月1日，向银行借入期限为3个月的借款150 000元，借入的款项通过银行转存，年利率为5%，利息按月支付，到期一次性还本和支付第3个月的借款利息。

（4）2月2日，企业为建造厂房，向银行借入为期2年的借款800 000元，款项已划拨存入银行，年利率为7.2%，利息每年支付，到期一次性还本和支付第2年的借款利息。

（5）分别于2月28日、3月31日计算确定上述（3）中的借款利息。

（6）4月30日，归还上述（3）中借入款项的本金和前3个月的利息。

（7）12月31日，计算确定上述（4）中的借款利息。

（8）12月31日，归还上述（4）中借入款项的利息。

【实训要求】

（1）练习企业资金筹集过程中主要经济业务的核算。

（2）编制相关会计分录。

任务二　核算生产准备业务

生产准备阶段是指企业用货币资金购买各种材料物资，用来满足生产需要的供应过程。在材料采购过程中，一方面企业从供应单位购进各种材料物资，另一方面企业要支付材料物资的买价和各种采购费用，包括运输费、装卸费、包装费、保险费、运输途中的合理损耗和入库前的挑选整理费用等，并与供应单位发生结算关系。对于企业供应部门或材料仓库所发生的经常性费用、采购人员的差旅费，以及市内零星运杂费则不计入材料采购成本，而作为管理费用列支。企业购进的材料，经验收入库后即为可供生产领用的库存材料。材料的买价加上各种采购费用，即为材料的采购成本。因此，生产准备阶段主要是核算和监督材料物资的买价和其他采购费用的发生情况，确定材料采购成本。

一、材料采购的核算

（一）材料采购核算的账户设置

微课4-2

生产准备业务的核算

为了及时核算材料采购业务，正确计算材料采购成本，反映供应过程中占用的资金增减变动情况以及与供应单位的结算关系，核算中应设置以下账户：

1.“材料采购”账户

“材料采购”账户，是采用计划成本核算的企业用来核算外购各种材料的买价和采购费用，计算确定材料采购的实际成本的账户。该账户是资产类账户，借方登记外购材料的买价和采购费用的实际成本；贷方登记已验收入库材料的计划成本；期末借方余额表示尚未验收入库的在途物资的实际成本。“材料采购”账户应按材料品种设置明细分类账进行明细分类核算。

2.“在途物资”账户

“在途物资”账户，用来核算采用实际成本（或进价）法对材料、商品等物资进行日常核算、货款已付尚未验收入库的在途物资的实际成本。该账户的借方登记购入材料、商品采购实际成本的金额；贷方登记所购材料、商品到达后验收入库的实际采购成本的金额；该账户的期末借方余额反映企业在途材料、商品等物资的实际采购成本。

3.“原材料”账户

“原材料”账户，用来核算企业库存各种材料的增减变动及其结存情况，包括原料及主要材料、辅助材料、外购半成品、修理用备件、包装材料、燃料等的计划成本或实际成本。该账户是资产类账户，借方登记已验收入库材料的实际成本；贷方登记发出材料的实际成本；期末余额在借方，表示库存各种材料的实际成本。“原材料”账户应按材料的类别、品种及规格设置明细分类账进行明细分类核算。

4.“应付账款”账户

“应付账款”账户，用来核算企业因购买材料、商品或接受劳务供应等而应付给供应单位的款项。该账户是负债类账户，贷方登记因购买材料、商品或接受劳务供应等而发生的应付未付的款项；借方登记已经支付或已开出承兑商业汇票抵付的应付款项；期末贷方余额表示尚未偿还的款项。“应付账款”账户应按供应单位设置明细分类账进行明细分类核算。

5.“应付票据”账户

“应付票据”账户，用来核算企业用商业汇票来结算购买材料等应付给供应单位的款项。该账户属于负债类账户，贷方反映企业发生的应付票据款项；借方反映偿付的应付票据款项；期末余额在贷方，表示尚未到期的应付票据金额。

6.“预付账款”账户

“预付账款”账户，用来核算企业按合同规定预付的款项。该账户属于资产类账户，借方登记预付款的增加额；贷方登记收到供应单位提供的材料而冲销的预付款项；期末余额一般在借方，表示尚未结算的预付款的结余额。该账户应按供应单位设置明细分类账进行明细分类核算。

7.“应交税费”账户

“应交税费”账户，用来核算企业应交的各种税费，如增值税、消费税、城市维护建设税、所得税等。该账户是负债类账户，贷方登记按规定计算的各种应交税费和增值税销项税额；借方登记已缴纳的各种税费和增值税进项税额；期末贷方余额为未交的税费，借方余额为多交的税费。该账户应按税费的种类设置“应交增值税”“应交消费税”“应交城市维护建设税”“应交企业所得税”等明细分类账户进行明细分类核算。

其中，“应交税费——应交增值税”账户是用来反映和监督企业应交和实交增值税结算情况的账户，企业购买材料物资时支付的增值税进项税额记入该账户的借方，企业销售产品时向购买单位收取的增值税销项税额记入该账户的贷方。

知识链接

应交税费——应交增值税

2011年，经国务院批准，财政部、国家税务总局联合下发营业税改征增值税试点方案。从2012年1月1日起，在上海交通运输业和部分现代服务业开展营业税改征增值税试点。至此，货物劳务税收制度的改革拉开序幕。新税制规定，对企业经营的货物、发生的劳务全面征收增值税。增值税实行价外计征的办法，即按不包含增值税税额的商品价格和规定的税率计算征收。增值税纳税人分为一般纳税人和小规模纳税人两种，一般纳税人增值税税率为13%、9%、6%及零税率；小规模纳税人按销售额征收3%的增值税。

“应交税费——应交增值税”账户的借方发生额反映企业购进货物或接受应税劳务支付的进项税额和实际已缴纳的增值税；贷方发生额反映销售货物或提供应税劳务应缴纳的增值税税额（销项税额）、出口货物退税、转出已支付或分担的增值税；期末借方余额，反映企业多交或尚未抵扣的增值税；期末贷方余额，反映企业尚未缴纳的增值税。对于一般纳税人来说，该账户还应分设“进项税额”“已交税金”“转出未交增值税”“减免税款”“出口抵减内销产品应纳税额”“销项税额”“出口退税”“进项税额转出”“转出多交增值税”等专栏进行明细分类核算。

（二）材料采购的账务处理

在生产过程中，材料物资是产品制造企业生产产品不可缺少的物资要素。企业储存备用的材料物资，通常都是向外单位采购而取得的。在材料采购过程中，一方面，企业从供应单位购进各种材料，要计算购进材料的采购成本；另一方面，企业要按照经济合同和约定的结算办法支付材料的买价和各种采购费用，并与供应单位发生货款结算关系。

【做中学4-5】黄河公司从广源公司购入A材料10吨，增值税专用发票标明的材料价款为每吨3 000元，共计30 000元，增值税税率为13%，税款为3 900元，材料已验收入库，货款以银行存款支付。

这项经济业务的发生，使企业材料采购成本增加了30 000元，增值税进项税额增加了3 900元，同时企业的银行存款减少了33 900元。因此，这项经济业务涉及“原材料”、“应交税费——应交增值税”和“银行存款”三个账户。原材料的增加是资产的增加，应记入“原材料”账户的借方；应交增值税（进项税额）的增加应记入“应交税费”账户的借方；银行存款的减少应记入“银行存款”账户的贷方。编制会计分录如下：

借：原材料——A材料	30 000	
应交税费——应交增值税（进项税额）	3 900	
贷：银行存款		33 900

【做中学4-6】黄河公司从大冶公司购入B材料15吨，增值税专用发票上标明的价款为每吨2 000元，共计30 000元；购入C材料10吨，每吨2 500元，共计25 000元；增值税税率为13%，税款共计7 150元。材料已验收入库，签发一张62 150元的商业汇票付讫。

这项经济业务的发生，使企业材料采购成本增加了55 000元，增值税进项税额增加了7 150元，同时，企业以商业汇票支付货款，形成企业对供应单位的债务。因此，这项经济业务涉及“原材料”、“应交税费——应交增值税”和“应付票据”三个账户。原材料的增加是资产的增加，应记入“原材料”账户的借方；应交增值税（进项税额）的增加应记入“应交税费”账户的借方；以商业汇票支付货款应记入“应付票据”账户的贷方。编制会计分录如下：

借：原材料——B材料　　30 000
　　　　　——C材料　　25 000
　　应交税费——应交增值税（进项税额）　　7 150
　　贷：应付票据　　62 150

（三）材料采购成本的计算

购入物资的采购成本，一般由买价和采购费用组成。买价是指企业采购物资时，按发票价格支付的货款；采购费用是指企业在采购物资过程中所支付的各项费用，包括物资的运输费、装卸费、保险费、包装费、运输途中的合理损耗以及入库前的整理挑选费用等。物资采购成本的计算，就是将企业采购物资所支付的买价和采购费用，按照购入材料的品种、类别加以归集，计算其采购总成本和单位成本。在计算时，上述费用中凡能分清是为采购哪种材料所支付费用的，应直接计入该种材料的采购成本；凡不能分清的，应采用合理的分配标准，分配计入各种材料的采购成本。

【做中学4-7】黄河公司购进E、F两种材料，E材料50吨，买价为30 000元；F材料30吨，买价为15 000元；增值税为5 850元。价税款均以银行存款支付，材料尚未入库。编制会计分录如下：

借：在途物资——E材料　　30 000
　　　　　　——F材料　　15 000
　　应交税费——应交增值税（进项税额）　　5 850
　　贷：银行存款　　50 850

【做中学4-8】承【做中学4-7】，以银行存款支付购买E、F两种材料的运输费1 600元，增值税为144元。

由于购入两种材料共发生运输费1 600元，应选择适当的分配标准，在两种材料之间进行分配。假定本次运输费按材料重量的比例进行分摊，则：

每吨材料应分摊的运输费 = 运输费÷（E材料重量 + F材料重量）
　　　　　　　　　　　 = 1 600÷（50 + 30） = 20（元/吨）

E材料应分摊的运输费 = 50 × 20 = 1 000（元）

F材料应分摊的运输费 = 30 × 20 = 600（元）

E材料的实际成本 = 30 000 + 1 000 = 31 000（元）

F材料的实际成本 = 15 000 + 600 = 15 600（元）

编制会计分录如下：

借：在途物资——E材料　　1 000
　　　　　　——F材料　　600
　　应交税费——应交增值税（进项税额）　　144
　　贷：银行存款　　1 744

【做中学4-9】承【做中学4-7】和【做中学4-8】，企业结转本月购入的E、F两种材料的实际成本。

根据以上资料，我们编制材料采购成本计算表，见表4-1。

表4-1 材料采购成本计算表 金额单位：元

材料名称	数量（吨）	发票单价（元/吨）	买价	运输费	实际总成本	实际单位成本（元/吨）
E材料	50	600	30 000	1 000	31 000	620
F材料	30	500	15 000	600	15 600	520
合　计	80	—	45 000	1 600	46 600	

借：原材料——E材料　31 000
　　　　　——F材料　15 600
　贷：在途物资——E材料　31 000
　　　　　　　——F材料　15 600

二、购置固定资产的核算

（一）核算内容与账户设置

固定资产是企业重要的生产资料，是指为生产产品、提供劳务、出租或经营管理而持有的、使用年限超过1年的资产，包括房屋、建筑物、机器、设备等。固定资产的主要特点是：从实物形态来看，固定资产具有使用年限较长，能多次参加生产经营而不改变其实物形态的特点；从价值形态来看，固定资产的价值随着实物的损耗程度逐步地转移到产品成本和有关费用中去，构成成本或费用的一个组成部分。

固定资产的核算主要设置“固定资产”和“在建工程”等账户。

“固定资产”账户，用来核算企业持有的固定资产原价。该账户属于资产类账户，借方反映增加的固定资产的原始价值；贷方反映减少的固定资产的原始价值；期末余额在借方，表示期末企业所拥有的固定资产的原始价值。该账户应按照固定资产的种类分别设置明细分类账，进行明细分类核算。

“在建工程”账户，用来核算企业建造工程、安装工程、技术改造工程、大修理工程等在建工程发生的支出。该账户属于资产类账户，借方登记各项在建工程的实际支出，贷方登记完工工程转出的实际支出，期末借方余额反映企业尚未完工的基建工程发生的实际支出。该账户应按照工程项目或内容设置明细分类账，进行明细分类核算。

（二）固定资产购建业务的核算

固定资产的价值包括企业购进固定资产达到预定可使用状态前所发生的一切合理、必要的支出。外购固定资产的成本包括买价、进口关税等相关税费，以及运杂费、包装费、安装成本和专业人员服务费等；自制、自建的固定资产，按建造该项资产达到预定可使用状态前所发生的必要支出作为其成本。下面主要介绍外购固定资产的会计处理。

1.购入不需要安装的固定资产

【做中学4-10】黄河公司购入一台不需安装的固定资产，增值税专用发票上标明的价款为50 000元，增值税为6 500元，发生运杂费等1 500元，全部用银行存款支付。

这项经济业务的发生，使企业的固定资产增加了51 500元，增值税进项税额增加了6 500元，同时使企业的银行存款减少了58 000元。因此，这项经济业务涉及“固定资产”、“应交税费——应交增值税（进项税额）”和“银行存款”三个账户。编制会计分录如下：

借：固定资产　51 500
　　应交税费——应交增值税（进项税额）　6 500
　　贷：银行存款　58 000

2. 购入需要安装的固定资产

【做中学4-11】黄河公司购入一台需要安装的机床，取得的增值税专用发票上注明的机床买价为50 000元，增值税为6 500元；支付的运输费为1 200元，增值税为108元。安装机床时，支付其他安装费1 800元，全部款项均以银行存款支付。该企业根据有关凭证，编制会计分录如下：

（1）支付价款、税费和运输费时：

借：在建工程　51 200
　　应交税费——应交增值税（进项税额）　6 608
　　贷：银行存款　57 808

（2）支付安装费用时：

借：在建工程　1 800
　　贷：银行存款　1 800

（3）设备安装完毕交付使用，确定固定资产的价值时：

借：固定资产　53 000
　　贷：在建工程　53 000

同步习题与实训

一、判断题

1. 生产准备阶段是指企业用货币资金购买各种材料物资，用来满足生产需要的供应过程。（　）

2. “原材料”账户应按材料的类别、品种及规格设置明细分类账，进行明细分类核算。（　）

3. 货款已付但尚未验收入库的商品、物资的实际成本一律记入“材料采购”账户。（　）

4. 购入物资的采购成本，一般由买价和采购费用组成。（　）

5. 采购费用是指企业在采购物资过程中所支付的各项费用，包括增值税、运输费、装卸费、保险费、包装费、运输途中的合理损耗以及入库前的整理挑选费用等。（　）

6. 所有的采购费用都需采用合理的分配标准，分配计入各种材料的采购成本。（　）

7. 固定资产的价值包括企业为购进某项固定资产达到预定可使用状态前所发生的一切

合理、必要的支出。 ( )

8.购入需要安装的固定资产应通过“在建工程”科目核算。 ( )

二、单项选择题

1.企业供应部门或材料仓库所发生的经常性费用、采购人员的差旅费，以及市内零星运杂费应作为（ ）列支。

A.销售费用 B.材料采购成本 C.原材料成本 D.管理费用

2.在实际成本法下，货款已付但尚未验收入库的商品、物资的实际成本应记入（ ）账户。

A.“原材料” B.“材料采购” C.“在途物资” D.“应收账款”

3.企业“应付账款”账户的借方余额反映的是（ ）。

A.应付未付供货单位的款项 B.预收购货单位的款项

C.预付供货单位的货款 D.应收购货单位的货款

4.某增值税一般纳税人，购入甲材料一批，取得的增值税专用发票上记载的价款为50 000元，增值税为6 500元，款项以银行存款支付，材料同日验收入库。该企业的会计处理正确的是（ ）。

A.借：原材料——甲材料 56 500

贷：银行存款 56 500

B.借：原材料——甲材料 50 000

应交税费——应交增值税（进项税额） 6 500

贷：库存现金 56 500

C.借：原材料——甲材料 50 000

应交税费——应交增值税（进项税额） 6 500

贷：应付票据 56 500

D.借：原材料——甲材料 50 000

应交税费——应交增值税（进项税额） 6 500

贷：银行存款 56 500

5.某企业为增值税一般纳税人，购入材料一批，增值税专用发票上标明的价款为100万元，增值税为13万元，另支付材料的保险费2万元、装卸费1万元。该批材料的采购成本为（ ）万元。

A.100 B.116 C.113 D.103

6.增值税一般纳税人购进生产用机器设备所支付的增值税应记入（ ）账户。

A.“材料采购” B.“固定资产” C.“应交税费” D.“在建工程”

7.使用寿命超过（ ）会计年度的资产，才有可能作为固定资产来核算。

A.一个 B.两个 C.三个 D.四个

8.购入需要安装的固定资产，应先通过（ ）账户进行核算。

A.“应收账款” B.“固定资产” C.“应交税费” D.“在建工程”

三、多项选择题

1.甲公司外购一批原材料，材料已验收入库，款项尚未支付。该材料的计划成本为70万元，该公司采用计划成本法核算原材料，则正确的会计处理有（ ）。

A. 借记“原材料”账户　　B. 贷记“应付账款”账户

C. 借记“材料采购”账户　　D. 贷记“银行存款”账户

2. 某企业为增值税一般纳税人，购入原材料价值11 600元，其中以银行存款支付1 600元，另开出一张面值为10 000元的商业汇票。所编制分录涉及的科目及金额有（　　）。

A. 原材料11 600元　　B. 应付票据10 000元

C. 银行存款1 600元　　D. 应付账款10 000元

3. 下列各项中，应计入增值税一般纳税人企业材料采购成本的有（　　）。

A. 购买材料支付的买价　　B. 支付的材料运杂费

C. 购买材料发生的增值税　　D. 采购过程中的保险费

4. 下列关于“应付账款”账户的表述中，正确的有（　　）。

A. 一般应按照债权人设置明细科目进行明细核算

B. 借方登记偿还的应付账款或已冲销的无法支付的应付账款

C. 贷方登记企业购买材料、商品和接受劳务等而发生的应付账款

D. 期末贷方余额反映企业尚未支付的应付账款

5. 下列各项与购入固定资产核算可能相关的账户有（　　）。

A. “在建工程”　　B. “在途物资”　　C. “应交税费”　　D. “固定资产”

6. 外购固定资产的成本包括（　　）。

A. 买价　　B. 进口关税　　C. 运杂费　　D. 安装成本

四、实训题

【实训资料】某企业2024年发生的生产准备业务如下：

（1）7月1日，购入A材料一批，价款为100 000元，增值税税额为13 000元，材料已验收入库，款项未付。

（2）7月5日，购入B材料一批，增值税专用发票上注明的价款为200 000元，增值税为26 000元，企业开出商业承兑汇票一张，票面金额为226 000元，材料尚在运输途中。

（3）7月8日，购入C材料一批，价款为20 000元，增值税为2 600元。另发生运费1 000元，增值税90元。全部款项以银行存款支付，材料已验收入库。

（4）7月15日，购入需安装的生产用设备一台，价款为40 000元，税款为5 200元，价税款均以银行存款支付。

（5）7月20日，设备安装完毕交付使用，安装过程中发生相关费用1 500元。

（该企业为增值税一般纳税人，采用实际成本法对材料进行核算）

【实训要求】

（1）练习企业生产准备过程中主要经济业务的核算。

（2）编制相关会计分录。

任务三　核算产品生产业务

产品生产业务是产品制造企业经营活动的主要过程。产品生产过程既是产品的制造过

程，又是物化劳动和活劳动的耗费过程。一方面，劳动者借助于劳动资料、劳动对象加工制造产品，以满足社会需要；另一方面，为了制造产品，必然要发生各种耗费，如消耗各种材料，支付工人工资，发生厂房、机器设备等劳动资料的折旧费等。企业在一定时期内发生的用货币表现的生产耗费，称为生产费用。费用按一定种类和数量的产品进行归集，就形成了产品的制造成本。因此，在产品生产过程中，费用的发生、归集和分配，以及产品成本的形成，就构成了产品生产业务核算的主要内容。

一、产品生产业务核算的账户设置

（一）“生产成本”账户

该账户用来归集和分配产品生产过程中所发生的各项费用，计算产品生产成本。该账户是成本类账户，借方登记应计入产品生产成本的各项费用，包括直接计入产品成本的直接材料和直接工资，以及分配计入产品生产成本的制造费用；贷方登记完工入库产品的生产成本。该账户期末借方余额，表示企业尚未加工完成的各项在产品的成本。该账户应按产品品种设置明细分类账，进行明细分类核算。

（二）“制造费用”账户

该账户用来核算企业生产车间为生产产品和提供劳务而发生的各项间接费用，包括车间管理人员的薪酬、折旧费、办公费、水电费、机物料消耗等。该账户是成本类账户，借方登记实际发生的各项制造费用，贷方登记分配转入“生产成本”账户的制造费用；期末结转后，该账户一般没有余额。该账户应按不同车间设置明细分类账，进行明细分类核算。

（三）“应付职工薪酬”账户

该账户用来核算企业应付给职工的各项薪酬总额。该账户是负债类账户，贷方登记本月应付给职工的薪酬，借方登记向职工支付的工资、奖金、津贴、社保费等及扣还的各种款项（个人所得税等）；余额一般在贷方，表示企业应付未付的职工薪酬。

（四）“累计折旧”账户

该账户用来核算企业固定资产的累计折旧。在会计核算中，为了反映企业固定资产的增减变动及其结果，提供管理需要的会计信息，除了应设置和运用“固定资产”账户外，还应设置和运用“累计折旧”账户。由于固定资产在其较长的使用期限内保持原有实物形态，而其价值却随着固定资产的损耗而逐渐减少。固定资产由于损耗而减少的价值就是固定资产的折旧。固定资产的折旧应该作为折旧费用计入产品的成本和期间费用，这样做不仅是为了使企业在将来有能力重置固定资产，更主要的是为了实现期间收入与费用的正确配比。

微课 4-3

产品生产业务的核算

（五）“库存商品”账户

该账户用来核算企业库存的各种商品的成本增减变动情况。该账户是资产类账户，借方登记已验收入库商品的成本；贷方登记发出商品的成本；期末借方余额，表示库存商品成本。该账户应按商品的种类、品种和规格设置明细分类账，进行明细分类核算。

（六）“长期待摊费用”账户

该账户用来核算企业已经支出，但应由本期和以后各期分别负担的分摊期限在1年以上的各项费用，如经营租入固定资产改良支出等。该账户是资产类账户，借方登记待摊费用的发生数；贷方登记这些费用的摊销额；该账户期末借方余额表示企业各种已支出但尚未摊销的费用。

二、领用材料

在生产经营过程中领用的材料，应根据领料凭证按照用途归类，分为直接材料和其他材料。直接材料，是指企业在生产产品和提供劳务的过程中所消耗的、直接用于产品生产并构成产品实体的各种原料及主要材料、外购半成品以及有助于产品形成的辅助材料等。直接材料费用应记入“生产成本”账户。

在确定发出材料的实际成本时，应选用不同的计价方法，确定其实际成本，一般采用先进先出法、月末一次加权平均法等方法。

（一）先进先出法

先进先出法是假定先购进的存货先发出，确认与计量发出存货成本和结存存货成本的一种方法。采用先进先出法对存货进行计价时，每一次购入、发出或结存存货的数量、单价和金额都必须记录清楚，并严格按照“先购进的先发出，后购进的后发出”的基本原理，对本期发出存货和期末存货进行计价。

【做中学4-12】2024年8月，假设黄河公司A材料的收发及结存情况如下，根据所给材料，按照先进先出法，确定发出材料和结存材料的成本。原材料明细分类账见表4-2。

表4-2　原材料明细分类账

材料名称：A材料　　单位：元、千克

2024年		摘　要	收　入			发　出			结　存		
月	日		数量	单价	金额	数量	单价	金额	数量	单价	金额
8	1	期初结存							300	1.00	300
	5	购入	300	1.10	330				300 300	1.00 1.10	300 330
	12	发出				300 100	1.00 1.10	300 110	200	1.10	220
	18	购入	300	1.15	345				200 300	1.10 1.15	220 345
	25	发出				200 100	1.10 1.15	220 115	200	1.15	230
	28	购入	100	1.20	120				200 100	1.15 1.20	230 120

（二）月末一次加权平均法

月末一次加权平均法，是以期初结存存货数量和本期增加的各批存货数量为权数，对各批存货的单位成本（单价）进行加权平均，计算出加权平均单位成本，据以对存货进行计价的方法。其计算公式如下：

$$\text{加权平均单位成本}=\frac{\text{期初结存存货的实际成本}+\text{本期收入存货的实际成本}}{\text{期初结存存货的数量}+\text{本期收入存货的数量}}$$

本期发出存货成本＝本期发出存货数量×加权平均单位成本

期末结存存货成本＝期末结存存货数量×加权平均单位成本

【做中学4–13】承【做中学4–12】，采用月末一次加权平均法，计算发出材料和结存材料的成本。原材料明细分类账见表4–3。

表4–3 原材料明细分类账

材料名称：A材料　　单位：元、千克

2024年		摘要	收入			发出			结存		
月	日		数量	单价	金额	数量	单价	金额	数量	单价	金额
8	1	期初结存							300	1.00	300
	5	购入	300	1.10	330				600		
	12	发出				400			200		
	18	购入	300	1.15	345				500		
	25	发出				300			200		
	28	购入	100	1.20	120				300		
	31	本月合计	700		795	700	1.095	766.50	300	1.095	328.50

加权平均单位成本＝（300＋330＋345＋120）÷（300＋300＋300＋100）＝1.095（元/千克）

本期发出材料成本＝（400＋300）×1.095＝766.50（元）

期末结存材料成本＝300×1.095＝328.50（元）

【小思考4–4】通过比较先进先出法和月末一次加权平均法的计算，你发现两种方法在登记明细分类账时有什么不同？

【做中学4–14】2024年8月31日，黄河公司分配结转本月发出材料实际成本。财会人员根据领料单（略）编制发出材料汇总表，见表4–4。

表4–4 发出材料汇总表

2024年8月31日　　单位：元、千克

领用部门		A材料		B材料		C材料		合计
		数量	金额	数量	金额	数量	金额	
生产成本	甲产品	3 500	35 000			10 000	20 000	55 000
	乙产品			50 000	100 000	15 000	30 000	130 000
车间一般耗用						1 000	2 000	2 000
合计			35 000		100 000		52 000	187 000

部门主管：　　制表人：王明　　复查人：赵安康

根据有关原始凭证和发出材料汇总表可以看出：一方面，费用要素中的生产成本、制造费用项目分别增加了185 000元、2 000元，应借记“生产成本”“制造费用”账户；另一方面，资产要素中的原材料项目减少了187 000元，应贷记“原材料”账户。编制会计分录如下：

借：生产成本——甲产品　　55 000

　　　　　　——乙产品　　130 000

　　制造费用　　2 000

　　贷：原材料——A材料　　35 000

　　　　　　　——B材料　　100 000

贷：原材料——C材料　52 000

三、支付职工薪酬

职工薪酬是指企业为获得职工提供的服务而给予的各种形式的报酬以及相关支出。这包括职工工资、奖金、津贴和补贴；职工社保费；医疗保险费、养老保险费、失业保险费、工伤保险费和生育保险费等社会保险费；住房公积金；工会经费和职工教育经费；非货币性福利；因解除与职工的劳动关系给予的补偿；其他与获得职工提供的服务相关的支出等。

在确定职工薪酬费用时，应根据职工薪酬汇总表，按照职工薪酬的用途归类，区分为生产工人的直接工资和其他人员的工资。直接工资是指企业在生产产品和提供劳务过程中，直接从事产品生产工人的工资、奖金、津贴、补助等。对于直接工资应记入“生产成本”明细分类账的直接工资项目。车间、管理部门人员所发生的工资费用，则应记入“制造费用”“管理费用”等明细分类账的工资费用项目。

【做中学4-15】2024年8月31日，黄河公司分配结转本月工资费用，根据工资结算汇总表编制工资费用分配汇总表，见表4-5。

表4-5　工资费用分配汇总表

2024年8月31日　单位：元

车间、部门		应分配金额
车间生产人员	甲产品	428 320
	乙产品	277 200
	小计	705 520
车间管理人员		39 800
厂部管理人员		60 100
合　计		805 420

这项经济业务发生后，一方面，费用要素中的生产成本、制造费用和管理费用项目分别增加，按不同的用途，应分别借记“生产成本”、“制造费用”和“管理费用”账户；另一方面，负债要素中的应付职工薪酬项目增加，应贷记“应付职工薪酬”账户。编制会计分录如下：

借：生产成本——甲产品　428 320
　　　　　　——乙产品　277 200
　　制造费用　39 800
　　管理费用　60 100
　贷：应付职工薪酬　805 420

【做中学4-16】2024年9月10日，黄河公司根据本月份工资结算汇总表，签发转账支票一张，金额为805 420元，将职工工资委托银行发放到职工工资卡中。

这项经济业务发生后，公司的资产与负债项目同时发生减少。一方面，负债要素中的应付职工薪酬项目减少了805 420元，应借记“应付职工薪酬”账户；另一方面，资产要素中的银行存款项目减少了805 420元，应贷记“银行存款”账户。编制会计分录如下：

借：应付职工薪酬　　805 420

　　贷：银行存款　　805 420

四、计提固定资产折旧

固定资产折旧是指企业的固定资产在生产过程中由于使用、自然作用以及技术进步等，逐渐地损耗而转移到产品成本或当期费用中的那部分价值。计提固定资产折旧费，将引起资产和费用要素发生变化。一方面，费用要素中的生产费用项目增加；另一方面，资产要素中的固定资产价值减少。

为了反映固定资产的原始价值指标，以满足管理上的特定需要，对于因折旧而减少的固定资产价值，不直接记入“固定资产”账户的贷方，在核算上，专门设置了“累计折旧”账户，用来反映固定资产因发生折旧而减少的价值。“累计折旧”的增加，意味着固定资产价值的减少，所以对因计提折旧而减少的固定资产价值，应贷记“累计折旧”账户；同时根据固定资产折旧计算表，按照固定资产的用途归类，分别借记“制造费用”、“销售费用”和“管理费用”等账户。

【小思考4–5】为什么固定资产因折旧而减少的价值，不记入“固定资产”账户的贷方？

【做中学4–17】2024年8月31日，黄河公司计提本月固定资产折旧。财会人员应编制固定资产折旧计算表，见表4–6。

表4–6　固定资产折旧计算表

2024年8月31日　　单位：元

使用单位部门	上月固定资产折旧额	上月增加固定资产应计提折旧额	上月减少固定资产应计提折旧额	本月应计提的折旧额
生产车间	38 000	1 000	—	39 000
厂　部	13 000	—	500	12 500
合　计	51 000	1 000	500	51 500

主管：张明　　审核：王齐　　制单：王锐

这项经济业务的发生引起了企业资产和成本费用两个要素发生变化。一方面，企业固定资产折旧的发生，使累计折旧增加了51 500元；另一方面，企业生产车间和管理部门计提的固定资产折旧39 000元和12 500元，应分别记录在“制造费用”和“管理费用”账户的借方。编制会计分录如下：

借：制造费用　　39 000

　　管理费用　　12 500

　　贷：累计折旧　　51 500

五、支付其他费用

企业在生产过程中，除了领用材料、发放工资和计提固定资产折旧外，还会发生水电费、办公费、差旅费、劳保费、机器设备保险费等。这些费用也是产品生产过程中必不可少的。

【做中学4-18】黄河公司以银行存款18 000元预付了生产车间全年机器设备保险费。

这项经济业务的发生引起了企业资产的增减变化。一方面，企业支付全年机器设备保险费18 000元，应作为预付账款，并在本年度内按月平均摊销；另一方面，企业的银行存款减少了18 000元。编制会计分录如下：

借：预付账款　　18 000

　　贷：银行存款　　18 000

【做中学4-19】承【做中学4-18】，黄河公司摊销应由本月负担的生产车间保险费1 500元。

这项经济业务的发生引起了企业资产和费用两个要素发生增减变化。一方面，生产车间保险费增加1 500元；另一方面，摊销本月的保险费使预付账款减少1 500元。编制会计分录如下：

借：制造费用　　1 500

　　贷：预付账款　　1 500

【做中学4-20】黄河公司以银行存款支付其他费用9 000元，其中生产车间发生5 200元，行政管理部门发生3 800元。

这项经济业务的发生引起了企业资产和费用两个要素发生增减变化。一方面，生产车间和管理部门增加费用9 000元；另一方面，企业的银行存款减少9 000元。编制会计分录如下：

借：制造费用　　5 200

　　管理费用　　3 800

　　贷：银行存款　　9 000

六、制造费用的归集和分配

按照现行会计制度的规定，制造费用是构成产品生产成本的一项重要内容。企业发生的制造费用在归集和分配时，应该遵循的基本原则是：凡是能够分清成本计算对象，即费用的承担者的，可根据有关凭证直接计入该种产品的生产成本；凡是分不清成本计算对象的共同费用的，应按照一定的标准，采用一定的方法，分配计入应该承担该项费用的产品的生产成本。

制造费用的分配应根据不同的情况，选择适当的分配标准，如生产工人的工时、机器工时、生产工人的工资等都可以作为制造费用的分配标准。

【做中学4-21】承【做中学4-14】、【做中学4-15】、【做中学4-17】、【做中学4-19】和【做中学4-20】，黄河公司汇总甲、乙两种产品发生的制造费用，并按生产工人工时的比例在甲、乙两种产品间分配（假设甲产品生产工人工时为60 000小时，乙产品生产工人工时为40 000小时）。

根据上述资料，本月发生的制造费用总额为87 500元，这些制造费用是企业为生产甲、乙两种产品所共同发生的，属于间接费用，可以按照一定的方法分配计入应该承担该项费用的产品成本。企业可以根据日常“制造费用”账户的情况编制制造费用分配表，见

表4-7。

表4-7 制造费用分配表

2024年8月31日 金额单位：元

应借科目		分配标准（小时）	分配率	分配金额
总分类账	明细分类账			
生产成本	甲产品	60 000	0.875	52 500
	乙产品	40 000	0.875	35 000
合　计		100 000	0.875	87 500

这项经济业务的发生引起企业费用要素内部项目发生此增彼减的变化。一方面，生产成本项目增加87 500元（其中甲产品52 500元，乙产品35 000元），应借记“生产成本”账户；另一方面，制造费用项目减少87 500元，应贷记“制造费用”账户。编制会计分录如下：

借：生产成本——甲产品　　52 500
　　　　　　——乙产品　　35 000
　　贷：制造费用　　87 500

七、产品生产成本的计算

（一）制造成本法

企业发生的费用，哪些计入产品生产成本，哪些计入当期损益，取决于会计制度的规定。目前，国际上流行的成本计算方法主要有全部成本法、制造成本法、变动成本法、标准成本法和作业成本法等。我国现行会计制度规定采用制造成本法。所谓制造成本法，就是将直接费用直接计入产品成本；间接费用按照一定的标准分配计入产品成本；期间费用按照一定的期限进行汇总，不能计入产品成本，直接计入当期损益。

企业为生产一定种类、一定数量的产品所耗费的直接费用和间接费用的总和，就是这些产品的生产成本。所谓成本计算，就是将企业在生产经营过程中各个阶段所发生的生产费用，按照一定对象进行归集和分配，借以确定各该对象的实际总成本和单位成本的一种会计核算的专门方法。

（二）产品生产成本的计算

在上述各项费用归集和分配的基础上，根据“生产成本”明细分类账的记录，按照一定的方法计算确定各产品计算对象的总成本和单位成本，并编制成本计算单。

【做中学4-22】承【做中学4-14】、【做中学4-15】、【做中学4-17】、【做中学4-19】、【做中学4-20】和【做中学4-21】，黄河公司月初甲产品在产品成本为67 000元（其中：直接材料16 000元、直接人工48 000元、制造费用3 000元）。乙产品无在产品。至本月末，甲、乙两种产品全部完工，产量分别为600件和1 000件。

根据上述资料，分别登记甲、乙两种产品的生产成本明细分类账（见表4-8、表4-9），并进行成本计算，编制产品成本汇总计算表（见表4-10）。

表4-8　生产成本明细分类账

产品名称：甲产品　　　　单位：元

2024年		凭证	摘　要	借方（成本项目）				贷　方	余　额
月	日			直接材料	直接人工	制造费用	合　计		
8	1	略	月初在产品成本	16 000	48 000	3 000	67 000		67 000
	31		领用材料	55 000			55 000		122 000
	31		分配职工薪酬		428 320		428 320		550 320
	31		分配制造费用			52 500	52 500		602 820
	31		结转完工产品成本					602 820	0
	31		合　计	71 000	476 320	55 500	602 820	602 820	0

表4-9　生产成本明细分类账

产品名称：乙产品　　　　单位：元

2024年		凭证	摘　要	借方（成本项目）				贷　方	余　额
月	日			直接材料	直接人工	制造费用	合　计		
8	31	略	领用材料	130 000			130 000		130 000
	31		分配职工薪酬		277 200		277 200		407 200
	31		分配制造费用			35 000	35 000		442 200
	31		结转完工产品成本					442 200	0
	31		合　计	130 000	277 200	35 000	442 200	442 200	0

表4-10　产品成本汇总计算表

2024年8月31日　　　　金额单位：元

成本项目	甲产品（600件）		乙产品（1 000件）	
	总成本	单位成本	总成本	单位成本
直接材料	71 000		130 000	
直接人工	476 320		277 200	
制造费用	55 500		35 000	
合　计	602 820	1 004.70	442 200	442.20

这项经济业务的发生，引起了企业资产发生增减变化。一方面，企业产品经过生产加工全部完工，月末结转到库存商品，致使企业的库存商品增加；另一方面，产品完工转出，使企业的生产成本减少。编制会计分录如下：

借：库存商品——甲产品　　602 820
　　　　　　——乙产品　　442 200
　贷：生产成本——甲产品　　602 820
　　　　　　　——乙产品　　442 200

同步习题与实训

一、判断题

1. 企业为生产一定种类、一定数量的产品所耗费的直接费用和间接费用的总和，就是

这些产品的生产成本。（ ）

2.“生产成本”账户是用来归集和分配产品生产过程中所发生的各项费用，计算产品生产成本的账户。（ ）

3.为了核算各种商品的收发和使用情况，企业应当设置“库存商品”账户，其期末余额通常在借方，反映各种库存商品的实际成本或计划成本。（ ）

4.企业根据有关规定应付给职工的各种薪酬，包括职工工资、奖金、津贴和补贴、社会保险费等，应通过“应付职工薪酬”科目进行核算。（ ）

5.月末一次加权平均法平时在存货明细账上无法反映发出和结存存货的实际成本，因此不利于存货成本的日常管理与控制。（ ）

6.生产车间使用的固定资产所计提的折旧应计入生产成本。（ ）

7.对于因折旧而减少的固定资产的价值，应直接记入“固定资产”账户的贷方。（ ）

8.对于直接用于某种产品生产的材料费用，要先通过“制造费用”科目进行归集，期末再同其他间接费用一起按照一定的标准分配计入有关产品成本。（ ）

9.我国现行会计制度规定采用的成本计算方法是作业成本法。（ ）

10.“制造费用”和“管理费用”账户都属于成本类账户。（ ）

二、单项选择题

1.分配生产车间直接参加产品生产工人的职工薪酬时，应借记的账户是（ ）。

A.“生产成本” B.“制造费用” C.“管理费用” D.“应付职工薪酬”

2.应在“应付职工薪酬”账户贷方登记的是（ ）。

A.本月实际支付的工资数 B.本月应分配的工资总额

C.本月结转的代扣款项 D.本月多支付的工资数

3.下列各项在期末结转后一般没有余额的是（ ）。

A.生产成本 B.制造费用 C.库存商品 D.应付职工薪酬

4.用来核算企业已经支出，但应由本期和以后各期分别负担的分摊期限在1年以上的各项费用属于（ ）。

A.固定资产 B.长期待摊费用 C.制造费用 D.管理费用

5.按照“先购进的先发出，后购进的后发出”的基本原理，对本期发出存货和期末存货进行计价的方法为（ ）。

A.先进先出法 B.后进先出法

C.移动加权平均法 D.月末一次加权平均法

6.下列各项不通过“制造费用”账户核算的是（ ）。

A.生产用设备的日常修理费用 B.车间的折旧费

C.车间的办公费 D.车间的机物料消耗

7.（ ）属于制造企业生产经营活动的核心，在这一过程中，通过各种生产要素的结合，制造出各种产品。

A.生产业务 B.销售业务 C.采购业务 D.资金筹集业务

8.某企业生产车间月初在产品成本为4 000元，本月生产产品耗用材料80 000元，生产工人薪酬为16 000元，该车间管理人员薪酬为8 000元，车间水电费用为8 000元，月末在产品生产成本为8 800元，则该车间本月完工产品生产成本总额为（ ）元。

A.112 400 B.116 400 C.107 200 D.107 800

9.下列各项中，企业在计提固定资产折旧时不可能涉及的账户是（ ）。

A.“固定资产” B.“累计折旧” C.“制造费用” D.“管理费用”

10.我国现行会计制度规定采用的成本计算方法为（ ）。

A.变动成本法 B.制造成本法 C.标准成本法 D.作业成本法

三、多项选择题

1.“生产成本”账户的借方登记应计入产品生产成本的各项费用，包括（ ）。

A.直接材料 B.直接人工 C.制造费用 D.管理费用

2.领用材料进行产品生产的业务核算中可能记入的科目有（ ）。

A.“生产成本” B.“制造费用” C.“管理费用” D.“销售费用”

3.企业的职工薪酬主要包括（ ）。

A.工资 B.奖金 C.津贴 D.福利费

4.企业分配结转工资费用时，可能记入的账户有（ ）。

A.“制造费用” B.“管理费用” C.“生产成本” D.“财务费用”

5.企业计提固定资产折旧时，可能记入的账户有（ ）。

A.“制造费用” B.“管理费用” C.“生产成本” D.“固定资产”

6.企业在生产过程中需支付的其他费用包括（ ）。

A.水电费 B.办公费 C.差旅费 D.劳保费

7.制造费用在进行分配时，可以采用的分配标准包括（ ）。

A.机器工时 B.人工工时 C.人工工资 D.约当产量

8.企业结转生产完工验收入库产品的生产成本时，编制的会计分录可能涉及的账户有（ ）。

A.“生产成本” B.“制造费用” C.“主营业务成本” D.“库存商品”

四、实训题

【实训资料】某企业2024年发生的生产过程业务如下：

（1）为进行产品生产，月初仓库共发出甲材料价值440 000元，其中：生产甲产品领用160 000元，生产乙产品领用178 000元，车间管理部门耗用12 000元，行政管理部门耗用90 000元。

（2）分配结转当月职工工资550 000元，其中：甲产品生产工人工资230 000元，乙产品生产工人工资150 000元，车间管理人员工资29 000元，行政管理人员工资141 000元。

（3）计提当月固定资产折旧8 530元，其中：车间使用固定资产折旧5 875元，管理部门使用固定资产折旧2 655元。

（4）以银行存款支付当月水电费14 200元，增值税为1 846元，其中：车间用水电费用8 000元，管理部门用水电费6 200元。

（5）分配结转当月制造费用。按生产工时比例分配，甲、乙产品的生产工时分别为20 000小时和30 000小时。

（6）甲、乙产品月初无在产品，月末产品全部完工入库，结转其实际生产成本。

【实训要求】

（1）练习企业生产过程中主要经济业务的核算。

（2）编制相关会计分录。

任务四　核算产品销售业务

产品销售过程是企业生产经营活动的最后阶段。制造企业通过产品销售，收回货币资金，以保证企业再生产的顺利进行。企业的产品销售过程，就是将已验收入库的合格产品，按照销售合同规定的条件送交订货单位或组织发运，并按照销售价格和结算制度的规定，办理结算手续，及时收取价款取得销售商品收入的过程。

在产品销售过程中，企业一方面取得了销售商品收入，另一方面会发生一些销售费用，如销售产品的运输费、装卸费、包装费和广告费等。此外，企业应当根据国家有关税法的规定，计算缴纳企业销售活动应负担的税金及附加。除此以外，企业还可能发生一些其他经济业务，取得其他业务收入和发生其他业务成本。因此，产品销售业务核算的任务主要是确定和记录企业销售商品的收入，因销售商品而发生的实际成本、销售费用，计算企业产品销售活动应负担的税金及附加等。

一、产品销售业务核算的账户设置

（一）“主营业务收入”账户

该账户用来核算企业确认的销售商品、提供劳务等主营业务所取得的收入。该账户是损益类账户，贷方登记企业销售商品（包括产成品、自制半成品等）所实现的收入；借方登记发生的销售退回和转入“本年利润”账户的收入；期末结转后该账户应无余额。该账户应按主营业务的种类设置明细分类账，进行明细分类核算。

（二）“主营业务成本”账户

微课4-4

产品销售业务的核算

该账户用来核算企业因销售商品、提供劳务等日常活动而发生的实际成本。该账户是损益类账户，借方登记结转已售商品、提供的各种劳务等的实际成本；贷方登记当月发生销售退回的商品成本（未直接从本月销售成本中扣减的销售退回的成本）和期末转入“本年利润”账户的当期销售产品成本；期末结转后该账户应无余额。该账户应按照主营业务的种类设置明细分类账，进行明细分类核算。

（三）“销售费用”账户

该账户用来核算企业在销售商品过程中发生的费用，包括运输费、装卸费、包装费、保险费、展览费和广告费，以及为销售本企业商品而专设的销售机构（含销售网点、售后服务网点等）的职工薪酬等。该账户是损益类账户，借方登记发生的各种销售费用；贷方登记转入“本年利润”账户的销售费用；期末结转后该账户应无余额。该账户应按照费用项目设置明细分类账，进行明细分类核算。

（四）“税金及附加”账户

该账户用来核算企业日常活动应负担的税金及附加，包括消费税、城市维护建设税、资源税、教育费附加，以及房产税、城镇土地使用税、车船税、印花税等相关税费。该账户是损益类账户，借方登记按照规定计算应由营业活动负担的税金及附加；贷方登记期末转入“本年利润”账户的税金及附加；期末结转后该账户应无余额。

（五）“其他业务收入”账户

该账户用来核算企业其他业务所取得的收入，包括出租固定资产、出租无形资产、出租包装物、销售材料等取得的收入。该账户是损益类账户，贷方登记企业获得的其他业务收入；借方登记期末结转到“本年利润”账户的已实现的其他业务收入；期末结转后该账户应无余额。该账户应按其他业务的种类设置明细分类账，进行明细分类核算。

（六）“其他业务成本”账户

该账户用来核算企业其他业务所发生的各项支出，包括为获得其他业务收入而发生的相关成本、费用等。该账户是损益类账户，借方登记其他业务所发生的各项支出；贷方登记期末结转到“本年利润”账户的其他业务成本数额；期末结转后该账户应无余额。该账户应按其他业务的种类设置明细分类账，进行明细分类核算。

（七）“应收票据”账户

该账户用来核算企业采用商业汇票结算方式销售产品而收到的商业汇票。该账户属于资产类账户，借方登记企业因销售产品而收到购货方交来的商业汇票；贷方登记到期收回或未到期向银行贴现的商业汇票；余额在借方，表示尚未到期的票据款项。

（八）“应收账款”账户

该账户用来核算企业因销售商品、产品、提供劳务等，应向购货单位或接受劳务单位收取的款项。不单独设置“预收账款”账户的企业，预收的账款也在该账户核算。该账户是资产类账户，借方登记经营收入发生的应收款和已转作坏账损失又收回的应收款，以及代购货单位垫付的包装费、运杂费等；贷方登记实际收到的应收款项和企业将应收款改用商业汇票结算而收到承兑的商业汇票，以及转作坏账损失的应收账款；期末借方余额表示应收但尚未收回的款项。该账户应按照购货单位或接受劳务单位设置明细分类账，进行明细分类核算。

（九）“预收账款”账户

该账户是用来核算企业销售产品时，根据合同向购货单位预收货款及发货后进行结算的账户。该账户属于负债类账户，贷方登记企业根据合同或协议预收的款项；借方登记发货后与购货单位结算的款项；余额在贷方，表示已预收但尚未用产品或劳务偿付的款项。该账户应按购货单位设置明细分类账，进行明细分类核算。

二、营业收入

（一）营业收入的内容及计量

按照我国现行的会计准则，营业收入包括主营业务收入和其他业务收入。比如，工业企业的主营业务收入主要包括销售商品、自制半成品、代制品、代修品，提供工业性劳务等实现的收入；商业企业的主营业务收入主要包括销售商品实现的收入；咨询公司的主营业务收入主要包括提供咨询服务实现的收入；安装公司的主营业务收入主要包括提供安装服务实现的收入。其他业务收入属于企业日常活动中次要交易实现的收入，一般占企业总收入的比重较小。不同行业企业的其他业务收入所包括的内容不同，比如工业企业的其他业务收入主要包括对外销售材料、对外出租包装物、对外出租固定资产或无形资产等实现的收入。

企业取得的收入，应当按照从购货方已收或应收的合同或协议价款确定销售商品收入金额，但已收或应收的合同或协议价款不公允的除外。

（二）营业收入的会计处理

1. 主营业务收入的会计处理

【做中学4–23】2024年8月5日，黄河公司出售100件甲产品给万达化工厂，每件售价为1 500元，增值税专用发票上注明的价款为150 000元，增值税为19 500元。产品已发出，价款已存入银行。

该项经济业务的发生，一方面，使企业的主营业务收入增加了150 000元，同时，应随同价款一并收取的、由购货方承担的增值税销项税额增加了19 500元；另一方面，企业因销售产品取得销售收入，作为企业资产的银行存款增加了169 500元。编制会计分录如下：

借：银行存款　169 500

　贷：主营业务收入　150 000

　　应交税费——应交增值税（销项税额）　19 500

【做中学4–24】2024年8月12日，黄河公司销售200件乙产品给大宝有限公司，每件售价为800元，增值税专用发票上注明的价款为160 000元，增值税为20 800元。产品已发出，价款尚未收到。

这项经济业务的发生，一方面，使企业的主营业务收入增加了160 000元，同时，应随同价款一并收取的、由购货方承担的增值税销项税额增加了20 800元；另一方面，企业因销售产品取得销售收入，作为企业资产的应收账款增加了180 800元。编制会计分录如下：

借：应收账款——大宝有限公司　180 800

　贷：主营业务收入　160 000

　　应交税费——应交增值税（销项税额）　20 800

【做中学4–25】2024年8月23日，黄河公司销售给三江贸易有限公司货物一批，其中甲产品50件，每件售价为1 400元；乙产品300件，每件售价为750元，增值税专用发票上注明的价款为295 000元，增值税为38 350元。产品已发出，同日，收到三江贸易有限公司开出并承兑的商业汇票一张，面值为333 350元。

这项经济业务与【做中学4–24】中的业务相似，只是结算方式采用了商业汇票而已。编制会计分录如下：

借：应收票据——三江贸易有限公司　333 350

　贷：主营业务收入　295 000

　　应交税费——应交增值税（销项税额）　38 350

【做中学4–26】2024年8月26日，黄河公司收到大宝有限公司归还本月购货款180 800元。

这项经济业务发生后，企业的资产要素内部有关项目发生此增彼减的变化。一方面，企业资产要素中的银行存款项目增加180 800元；另一方面，资产要素中的应收账款项目减少180 800元。编制会计分录如下：

借：银行存款　　180 800
　　贷：应收账款——大宝有限公司　　180 800

2.其他业务收入的会计处理

【做中学4-27】2024年8月18日，黄河公司出售不需用的A材料100千克，开出增值税专用发票一张，售价为1 400元，增值税为182元，价税款已存入银行。

这项经济业务发生后，一方面，企业的其他业务收入增加了1 400元，同时，应随同价款一并收取的、由购货方承担的增值税销项税额增加了182元；另一方面，企业的银行存款增加了1 582元。编制会计分录如下：

借：银行存款　　1 582
　　贷：其他业务收入　　1 400
　　　　应交税费——应交增值税（销项税额）　　182

【小思考4-6】通过上面的举例，你能总结一下企业取得营业收入的会计处理有什么共性吗？

三、营业成本

对于工业企业因销售而发出的商品、材料等存货资产，应选用加权平均法、先进先出法或个别认定法等方法计算确定销售成本。发出存货的计价方法一经确定，不得随意变更。

【做中学4-28】承【做中学4-22】、【做中学4-23】、【做中学4-24】和【做中学4-25】，黄河公司2024年8月共销售甲产品150件，单位生产成本为1 004.70元；销售乙产品500件，单位生产成本为442.20元。

该项经济业务的发生，引起企业费用和资产同时增加。一方面，企业的费用增加了；另一方面，企业的库存商品因为销售而减少了。编制会计分录如下：

借：主营业务成本　　371 805
　　贷：库存商品——甲产品　　150 705
　　　　　　　　——乙产品　　221 100

【做中学4-29】承【做中学4-27】，本月销售A材料的成本为1 000元。编制会计分录如下：

借：其他业务成本　　1 000
　　贷：原材料——A材料　　1 000

四、税金及附加

税金及附加，反映企业经营主要业务应负担的消费税、城市维护建设税、资源税、教育费附加及房产税、城镇土地使用税、车船税、印花税等相关税费，但不包括增值税。

【做中学4-30】甲产品属于应税消费品，按税法的规定应缴纳消费税。本月销售甲产品共取得价款220 000元，适用的消费税税率为10%，因此企业应交消费税22 000元。

该项经济业务的发生，引起企业的费用和负债同时增加。一方面，企业计算应交消费税，使费用增加；另一方面，企业应交而未交的税费增加了。编制会计分录如下：

借：税金及附加　　22 000

贷：应交税费——应交消费税　　22 000

【做中学4-31】计算应交城市维护建设税和教育费附加。假定黄河公司2024年8月的应交增值税为133 620元，应交消费税为22 000元。

按税法有关规定，企业应交城市维护建设税的税率为7%，应交教育费附加的征收率为3%。其计算公式为：

应交城市维护建设税 =（应交增值税 + 应交消费税）× 7%

应交教育费附加 =（应交增值税 + 应交消费税）× 3%

根据上述计算过程填制城市维护建设税和教育费附加计算表，见表4-11。

表4-11　城市维护建设税和教育费附加计算表

2024年8月31日　　金额单位：元

项　目	城市维护建设税			教育费附加		
	计税额	提取比例	提取额	计算额	提取比例	提取额
增值税	133 620.00	7%	9 353.40	133 620.00	3%	4 008.60
消费税	22 000.00	7%	1 540.00	22 000.00	3%	660.00
合　计	155 620.00	7%	10 893.40	155 620.00	3%	4 668.60

这项经济业务发生后，企业的费用要素和负债要素发生变化。一方面，企业费用要素中的税金及附加项目增加了，应借记“税金及附加”账户；另一方面，企业负债要素中的应交税费项目增加了，应贷记“应交税费——应交城市维护建设税”和“应交税费——应交教育费附加”账户。编制会计分录如下：

借：税金及附加　　15 562.00

　　贷：应交税费——应交城市维护建设税　　10 893.40

　　　　　　　　——应交教育费附加　　4 668.60

五、销售费用

销售费用，是指企业在销售产品、商品和提供劳务等过程中发生的各项费用，包括由企业负担的包装费、运输费、广告费、装卸费、保险费、委托代销手续费、展览费、租赁费（不含融资租赁费）和销售服务费、销售部门人员工资、职工福利费、差旅费、折旧费、修理费、物料消耗、低值易耗品摊销以及其他经费等。与销售有关的差旅费应计入销售费用。

【做中学4-32】2024年8月25日，黄河公司开出转账支票一张，支付电视台广告费5 000元、增值税300元。

该项经济业务发生后，企业的费用要素、负债要素和资产要素发生变化。一方面，企业销售费用增加了，应借记“销售费用”账户，负债要素减少了，应借记“应交税费”账户；另一方面，企业资产中的银行存款减少了，应贷记“银行存款”账户。编制会计分录如下：

借：销售费用　　5 000

　　应交税费——应交增值税（进项税额）　　300

贷：银行存款　　5 300

同步习题与实训

一、判断题

1. 产品销售过程是企业生产经营活动的最后阶段。（　）

2. “主营业务收入”账户的贷方登记企业销售商品所实现的收入，借方登记发生的销售退回和转入“本年利润”账户的收入，期末结转后该账户应无余额。（　）

3. 不单独设置“预收账款”账户的企业，预收的账款在“应收账款”账户核算。（　）

4. 销售商品取得的收入均属于主营业务收入，而提供劳务取得的收入则属于其他业务收入。（　）

5. 对于工业企业因销售而发出的商品、材料等存货资产，应选用适当的方法计算确定销售成本。发出存货的计价方法可根据企业的自身需要随时变更。（　）

6. 税金及附加反映企业经营主要业务应负担的增值税、消费税、城市维护建设税、资源税和教育费附加等。（　）

7. 销售费用包括由企业负担的包装费、运输费、广告费、装卸费、保险费、委托代销手续费等，不包括差旅费。（　）

8. 城市维护建设税的税率和教育费附加征收率全国相同。（　）

二、单项选择题

1. 下列各项不在“税金及附加”账户核算的是（　）。

A. 消费税　B. 城市维护建设税　C. 资源税　D. 增值税

2. 某企业2024年6月1日销售商品一批，售价为20 000元，增值税税额为2 600元；销售过程中发生运费200元，增值税税额为18元。则该企业应确认的收入为（　）元。

A. 20 000　B. 22 600　C. 20 200　D. 22 818

3. 下列各项不应计入企业销售费用的是（　）。

A. 销售部门人员工资　B. 销售部门设备折旧费

C. 销售产品广告费　D. 销售产品代垫运杂费

4. 某企业2024年6月1日销售商品一批，售价为75 000元，增值税税额为9 750元；销售过程中代垫运杂费200元，增值税税额为18元。则该企业应确认的应收账款为（　）元。

A. 75 000　B. 84 750　C. 84 950　D. 84 968

5. 下列各项应计入营业成本的是（　）。

A. 出租的无形资产计提的摊销　B. 罚款支出

C. 固定资产处置损失　D. 应收账款坏账损失

6. “预收账款”账户的贷方用来核算（　）。

A. 企业根据合同或协议预收的款项　B. 发货后与购货单位结算的款项

C. 应收未收款项　D. 已预收但尚未用产品或劳务偿付的款项

7. 产品销售过程的核算不涉及的账户是（　　）。

A. “主营业务收入” B. “税金及附加”

C. “其他业务成本” D. “制造费用”

8. 企业采用商业汇票结算方式销售产品而收到的商业汇票，应借记的账户是（　　）。

A. “主营业务收入” B. “应收账款”

C. “其他货币资金” D. “应收票据”

三、多项选择题

1. 按照我国现行的会计准则，营业收入包括（　　）。

A. 主营业务收入 B. 其他业务收入 C. 营业外收入 D. 投资收益

2. 工业企业的主营业务收入主要包括（　　）。

A. 销售商品收入 B. 销售自制半成品收入

C. 销售代制品、代修品收入 D. 提供工业性劳务收入

3. 甲公司主营业务是生产并销售产品，该公司某月销售一批原材料，共500千克，单位成本为每千克30元，单价为每千克40元，不考虑增值税，款项已经收到。下列会计分录正确的有（　　）。

A. 借：银行存款 20 000
　　贷：主营业务收入 20 000

B. 借：银行存款 20 000
　　贷：其他业务收入 20 000

C. 借：其他业务成本 15 000
　　贷：原材料 15 000

D. 借：主营业务成本 15 000
　　贷：原材料 15 000

4. 下列各项通过“其他业务成本”账户核算的有（　　）。

A. 出租无形资产的摊销额 B. 销售材料的成本

C. 出租包装物的成本或摊销额 D. 销售商品的成本

5. 下列各项应计入营业收入的有（　　）。

A. 商品销售收入 B. 原材料销售收入

C. 固定资产租金收入 D. 无形资产使用费收入

6. 下列销售商品发生的费用中，在“销售费用”账户核算的有（　　）。

A. 运输费 B. 装卸费 C. 包装费 D. 广告费

7. 下列各项应通过“税金及附加”账户核算的有（　　）。

A. 消费税 B. 城市维护建设税 C. 企业所得税 D. 增值税

四、实训题

【实训资料】某企业为增值税一般纳税人，适用的增值税税率为13%。2024年6月，该企业发生销售业务如下：

（1）出售A产品1 200件给甲公司，每件售价为120元，共计144 000元，增值税为18 720元，货款已收到并存入银行。

（2）以银行存款支付广告费20 000元，增值税为1 200元。

（3）出售B产品2 000件给乙公司，每件售价为130元，共计260 000元，增值税为33 800元，货款尚未收到。

（4）收到丙商场预购B产品的货款100 000元。

（5）银行通知，收到丁公司以前所欠的货款150 000元。

（6）出售A产品300件给戊公司，每件售价为120元，共计36 000元，增值税为4 680元，收到戊公司开来面额为40 680元、期限为3个月的商业承兑汇票一张。

（7）发给丙商场预购的B产品2 100件，每件售价为130元，共计273 000元，增值税为35 490元，同时收到丙商场补付的货款，款项存入银行。

（8）月末结转本月已售出A、B两种产品的实际成本（见表4-12）。

表4-12　月末结转本月已售出A、B两种产品的实际成本　金额单位：元

名称	销量	单位生产成本	总成本
A产品	1 500	80	120 000
B产品	4 100	90	369 000
合计			489 000

（9）月末，计提本月应交城市维护建设税1 500元、应交教育费附加900元。

【实训要求】

（1）练习企业销售过程中主要经济业务的核算。

（2）编制相关会计分录。

任务五　核算利润形成及分配业务

一、利润的形成

企业的利润由营业利润、利润总额、净利润和综合收益总额构成。

微课4-5

利润形成业务的核算

（一）营业利润

营业利润是企业一定时期生产经营活动、投资活动等所形成的利润，是企业利润总额的主要来源。以营业收入为基础减去营业成本、税金及附加、销售费用、管理费用、财务费用、资产减值损失、信用减值损失，加上其他收益、公允价值变动收益（减去公允价值变动损失）、投资收益（减去投资损失）和资产处置收益（减去资产处置损失）计算出营业利润。用公式表示如下：

$$\text{营业利润}=\text{营业收入}-\text{营业成本}-\text{税金及附加}-\text{销售费用}-\text{管理费用}-\text{财务费用}-\text{资产减值损失}-\text{信用减值损失}+\text{其他收益}+\text{公允价值变动收益（－公允价值变动损失）}+\text{投资收益（－投资损失）}+\text{资产处置收益（－资产处置损失）}$$

（二）利润总额

以营业利润为基础，加上营业外收入，减去营业外支出计算出利润总额。用公式表示如下：

利润总额 = 营业利润 + 营业外收入 − 营业外支出

（三）净利润

以利润总额为基础，减去所得税费用计算出净利润（或净亏损）。用公式表示如下：

净利润 = 利润总额 − 所得税费用

（四）综合收益总额

以净利润（或净亏损）和其他综合收益为基础，计算出综合收益总额。用公式表示如下：

综合收益总额 = 净利润（或净亏损）+ 其他综合收益

二、应设置的账户

（一）“本年利润”账户

该账户用来核算企业实现的净利润（或发生的净亏损）。该账户是所有者权益类账户，贷方登记期末从“主营业务收入”“其他业务收入”“营业外收入”“投资收益”等账户转入的数额；借方登记期末从“主营业务成本”“税金及附加”“其他业务成本”“销售费用”“管理费用”“财务费用”“营业外支出”“所得税费用”等账户转入的数额。年度终了，应将本年收入和支出相抵后结出本年实现的净利润，转入“利润分配”账户，贷记“利润分配——未分配利润”账户；如为净亏损，编制相反的会计分录；结转后，该账户应无余额。

（二）“投资收益”账户

该账户用来核算企业对外投资取得的收益或发生的损失。该账户是损益类账户，贷方登记取得的投资收益或期末投资净损失的转出数；借方登记发生的投资损失和期末投资净收益的转出数；期末结转后，该账户应无余额。该账户应按照投资收益的种类设置明细分类账，进行明细分类核算。

（三）“营业外收入”账户

该账户用来核算企业发生的除营业利润以外的收益，包括债务重组利得、与企业日常业务无关的政府补助、盘盈利得、捐赠利得等。该账户是损益类账户，贷方登记企业发生的各项营业外收入；借方登记期末转入“本年利润”账户的金额。期末结转后该账户应无余额。

（四）“营业外支出”账户

该账户用来核算企业发生的除营业利润以外的支出，包括债务重组损失、公益性捐赠支出、非常损失、盘亏损失、非流动资产毁损报废损失等。该账户是损益类账户，借方登记企业发生的各项营业外支出；贷方登记期末转入“本年利润”账户的金额。期末结转后该账户应无余额。

（五）“所得税费用”账户

该账户用来核算企业按规定从本期损益中减去的所得税费用。该账户是损益类账户，借方登记企业按税法规定的应纳税所得额计算的应纳所得税税额；贷方登记企业会计期末转入“本年利润”账户的所得税税额；期末结转后该账户应无余额。

三、利润形成的会计处理

【做中学4-33】企业收到国债利息收入10 000元，存入银行。

该项经济业务的发生，引起企业资产和收入的变化。一方面，企业的银行存款增加10 000元；另一方面，企业的投资收益增加10 000元。编制会计分录如下：

借：银行存款　　10 000

　　贷：投资收益　　10 000

【做中学4-34】企业收到对方单位的违约金4 000元，存入银行。

该项经济业务的发生，引起企业资产和收入的变化。一方面，企业的银行存款增加4 000元；另一方面，企业的营业外收入增加4 000元。编制会计分录如下：

借：银行存款　　4 000

　　贷：营业外收入　　4 000

【做中学4-35】企业向地震灾区捐款1 000 000元，款项已经通过银行付讫。

该项经济业务的发生，引起企业资产和支出发生增减变化。一方面，企业的支出增加了1 000 000元；另一方面，企业的资产减少了1 000 000元。编制会计分录如下：

借：营业外支出　　1 000 000

　　贷：银行存款　　1 000 000

【做中学4-36】企业收到政府补助收入50 000元，款项已通过银行收讫。

该项经济业务的发生，引起企业资产和收入同时增加。一方面，企业的资产增加了50 000元；另一方面，企业的收入增加了50 000元。编制会计分录如下：

借：银行存款　　50 000

　　贷：其他收益　　50 000

【做中学4-37】黄河公司2024年12月末有关损益类账户的余额见表4-13。

表4-13　　损益类账户余额表　　单位：元

账户名称	借方余额	贷方余额
主营业务收入		3 000 000
营业外收入		120 000
投资收益		50 000
主营业务成本	1 000 000	
税金及附加	80 000	
销售费用	20 000	
管理费用	200 000	
财务费用	40 000	
营业外支出	100 000	

（1）将本期所发生的各项收入转入“本年利润”账户：

这项经济业务的发生，引起企业收入和所有者权益两个要素发生变化。一方面，收入的转出应记录在收入类账户的借方；另一方面，各项收入转入“本年利润”账户，应记录在“本年利润”账户的贷方。编制会计分录如下：

借：主营业务收入　　3 000 000
　　营业外收入　　120 000
　　投资收益　　50 000
　　贷：本年利润　　3 170 000

(2) 将本期所发生的各项费用转入“本年利润”账户：

这项经济业务的发生，引起企业费用和所有者权益两个要素发生变化。一方面，费用的转出应记录在费用类账户的贷方；另一方面，费用转入“本年利润”账户，应记录在“本年利润”账户的借方。编制会计分录如下：

借：本年利润　　1 440 000
　　贷：主营业务成本　　1 000 000
　　　　税金及附加　　80 000
　　　　销售费用　　20 000
　　　　管理费用　　200 000
　　　　财务费用　　40 000
　　　　营业外支出　　100 000

(3) 计算利润总额：

利润总额 = 3 170 000−1 440 000 = 1 730 000（元）

【做中学4-38】黄河公司按本年实现利润的25%计算的应交所得税为432 500元（假定不考虑纳税调整因素）。

在计算企业应交所得税时，企业的所得税费用增加了；同时，企业的应交税费增加了。编制会计分录如下：

借：所得税费用　　432 500
　　贷：应交税费——应交所得税　　432 500

【做中学4-39】黄河公司将本年发生的所得税费用结转到“本年利润”账户。

将发生的所得税费用结转到“本年利润”账户时，本年利润减少，同时所得税费用因为结转而减少。编制会计分录如下：

借：本年利润　　432 500
　　贷：所得税费用　　432 500

【做中学4-40】黄河公司将本年实现的利润结转到“利润分配——未分配利润”账户。

净利润 = 1 730 000−432 500 = 1 297 500（元）

借：本年利润　　1 297 500
　　贷：利润分配——未分配利润　　1 297 500

【小思考4-7】如果企业本年发生亏损，应如何进行会计处理？

【做中学4-41】以银行存款支付应交所得税432 500元。

这项经济业务的发生，使企业的资产和负债同时减少。企业缴纳所得税时，银行存款减少了432 500元；同时，企业的应交税费减少了432 500元。编制会计分录如下：

借：应交税费——应交所得税　　432 500
　　贷：银行存款　　432 500

知识链接

表结法和账结法

企业利润的会计处理方法有表结法和账结法两种。

企业采用表结法时，每年各月（12月份除外）月末计算本月利润时，只是将全部损益类账户的余额（累计）按利润表的填制要求，填入利润表的相应项目中，在利润表中计算出本月利润及截至本月末的本年累计利润，各月（12月份除外）损益类账户不必进行转账结算，年末时，一次性结转至“本年利润”账户。

企业采用账结法时，每月末都要将所有损益类账户的余额转入“本年利润”账户（结平各损益类账户），通过“本年利润”账户结出当月利润和截至各月的本年累计利润。

两种方法各有优缺点，企业可选择其中之一。目前，我国大多数企业采用账结法。

四、利润分配的核算

（一）利润分配的顺序

企业实现的利润，应先按照国家规定的所得税税率计算缴纳所得税，缴纳完所得税后，才能按照规定的利润分配顺序进行分配。

1. 计算企业可供分配的利润

可供分配的利润 = 当期实现的净利润 + 期初未分配利润（或减去期初未弥补亏损）

2. 利润分配的顺序

微课4-6

利润分配业务的核算

企业的利润分配顺序如下：

（1）提取法定盈余公积；

（2）提取任意盈余公积；

（3）向投资者分配利润。

（二）利润分配核算的账户设置

1. “利润分配”账户

该账户用来核算企业利润的分配（或亏损的弥补）和历年分配（或弥补）后的积存余额。该账户是所有者权益类账户，借方登记按规定实际分配的利润数，或年终时从“本年利润”账户的贷方转来的全年亏损总额；贷方登记年终时从“本年利润”账户借方转来的全年实现的净利润总额；年终贷方余额表示历年积存的未分配利润，如为借方余额，则表示历年积存的未弥补亏损。

该账户按利润分配的具体项目，一般应设置“其他转入”“提取法定盈余公积”“应付现金股利”“未分配利润”等明细分类账，进行明细分类核算。

2. “盈余公积”账户

该账户用来核算企业从净利润中提取的盈余公积的增减变动和结余情况。该账户是所有者权益类账户，贷方登记从净利润中提取的盈余公积；借方登记盈余公积的使用，如转增资本、弥补亏损等；期末贷方余额表示企业结余的盈余公积的数额。该账户应按盈余公积的种类设置明细分类账，进行明细分类核算。

3.“应付股利”账户

该账户用来核算企业经股东会或类似机构决议确定分配的现金股利或利润。该账户是负债类账户，贷方登记根据通过的股利或利润分配方案，应支付的现金股利或利润；借方登记实际支付的数额。期末贷方余额表示企业尚未支付的现金股利或利润数。该账户应按照股东或投资者的名称设置明细分类账，进行明细分类核算。

（三）利润分配的核算

【做中学4-42】承【做中学4-40】，黄河公司2024年实现净利润1 297 500元。公司规定，按税后利润的10%计算提取法定盈余公积。

该项经济业务发生后，一方面，公司的利润分配增加了129 750元，应借记“利润分配”账户；另一方面，公司的盈余公积增加了129 750元，应贷记“盈余公积”账户。编制会计分录如下：

借：利润分配——提取法定盈余公积	129 750	
贷：盈余公积——法定盈余公积		129 750

【小思考4-8】企业是否每月都需要进行利润分配？

【做中学4-43】黄河公司股东会决定，按税后利润的40%向投资者分配利润。

该项经济业务发生后，一方面，公司的利润分配增加了519 000元，应借记“利润分配”账户；另一方面，公司的应付股利增加了519 000元，应贷记“应付股利”账户。编制会计分录如下：

借：利润分配——应付现金股利	519 000	
贷：应付股利		519 000

【做中学4-44】黄河公司以银行存款向投资者支付股利519 000元。

该项经济业务发生后，企业的资产和负债同时减少。一方面，企业以银行存款实际向投资者支付股利时，企业的资产减少了519 000元；同时，企业因支付了投资者股利而使负债减少了519 000元。编制会计分录如下：

借：应付股利	519 000	
贷：银行存款		519 000

【做中学4-45】黄河公司结转2024年已分配的利润到“利润分配——未分配利润”账户。

该项经济业务发生后，一方面，结转“本年利润”账户，其贷方减少了648 750元(129 750 + 519 000)，应借记“利润分配——未分配利润”账户；另一方面，结清本年已分配的利润，应贷记“利润分配——提取法定盈余公积”和“利润分配——应付现金股利”账户。编制会计分录如下：

借：利润分配——未分配利润	648 750	
贷：利润分配——提取法定盈余公积		129 750
——应付现金股利		519 000

【做中学4-46】计算企业当年的未分配利润（假定年初未分配利润为120 750元）。

$$\text{年末未分配利润} = \text{年初未分配利润} + \text{本年实现净利润} - \text{本年提取的盈余公积} - \text{本年分配的利润}$$

$$= 120\,750 + 1\,297\,500 - 129\,750 - 519\,000$$

$$= 769\,500\text{（元）}$$

未分配利润是企业实现的净利润经过弥补亏损、提取盈余公积和向投资者分配利润后留在企业的、历年结存的利润，通常留待以后年度再向投资者分配。

【德技并修】作为国民经济支柱产业的制造业从产品研发、技术装备和加工能力等方面都取得了很大的进步，现代制造业正在改变着人们的生产方式、生活方式、经营管理模式乃至社会的组织结构和文化，中国已经成为世界级的制造大国，正在向制造强国迈进。会计作为经济管理的重要手段，可以帮助企业合理融资，解决融资难问题。在生产经营过程中，可以合理组织劳动力资源、生产设备、先进技术，满足人们对物质文化的日益增长需求。遵循国家税收法律制度，及时完成纳税申报；按照公司法和有关法律法规的要求，正确计提盈余公积和分配投资者利润，保证企业可持续发展。

党的二十大报告提出了“建设现代化产业体系”的战略思想，要把发展经济的着力点放在实体经济上，推进新型工业化，加快建设制造强国、质量强国、航天强国、交通强国、网络强国、数字中国。实施产业基础再造工程和重大技术装备攻关工程，支持专精特新企业发展，推动制造业高端化、智能化、绿色化发展。

同步习题与实训

一、判断题

1.企业利润总额由营业利润、利润总额、净利润构成。 （　　）

2.“盈余公积”账户属于所有者权益类账户，该账户的借方登记提取的盈余公积，贷方登记实际使用的盈余公积。期末借方余额反映结余的盈余公积。 （　　）

3.企业计算所得税费用时应以净利润为基础，根据适用税率计算确定。 （　　）

4.营业外支出是指与主营业务相关的支出。 （　　）

5.如果不存在年初累计亏损，提取法定盈余公积的基数为可供分配利润；如果存在年初累计亏损，提取的法定盈余公积的基数为当年实现的净利润。 （　　）

6.利润总额 = 营业利润 + 营业外收入 − 营业外支出。 （　　）

7.非流动资产处置利得，属于生产经营期间的，贷记“其他业务收入”账户。 （　　）

8.向投资者分配利润不影响所有者权益总额。 （　　）

二、单项选择题

1.“利润分配”科目属于（　　）。

A.资产类科目　B.负债类科目　C.收入类科目　D.所有者权益类科目

2.假设企业全年应纳税所得额为180 000元，按税法规定的25%税率计算应纳所得税，下列账务处理中正确的是（　　）。

A.借：所得税费用　45 000
　　贷：银行存款　45 000

B.借：税金及附加　45 000
　　贷：应交税费——应交所得税　45 000

C.借：税金及附加　45 000

贷：银行存款 45 000

D.借：所得税费用 45 000

贷：应交税费——应交所得税 45 000

3.按照《公司法》的有关规定，公司制企业应当按照当年净利润（抵减年初累计亏损后）的（　　）提取法定盈余公积。

A.10%　　B.15%　　C.5%　　D.7%

4.企业根据净利润的一定比例计提盈余公积，其会计分录为（　　）。

A.借：利润分配——提取法定（或任意）盈余公积

贷：盈余公积——法定（或任意）盈余公积

B.借：利润分配——未分配利润

贷：盈余公积——法定（或任意）盈余公积

C.借：盈余公积——法定（或任意）盈余公积

贷：利润分配——未分配利润

D.借：盈余公积——法定（或任意）盈余公积

贷：本年利润

5.下列各项不会引起利润总额增减变化的是（　　）。

A.销售费用　　B.管理费用　　C.所得税费用　　D.营业外支出

6.下列各项属于期间费用的是（　　）。

A.财务费用　　B.生产成本　　C.主营业务成本　　D.制造费用

7.下列各项与营业利润的计算无关的是（　　）。

A.销售费用　　B.投资收益　　C.主营业务收入　　D.营业外支出

8.下列各项与营业利润的计算有关的是（　　）。

A.资产减值损失　　B.营业外收入　　C.所得税费用　　D.营业外支出

三、多项选择题

1.利润分配的明细科目包括（　　）。

A.提取法定盈余公积　　B.提取任意盈余公积

C.未分配利润　　D.应付现金股利或利润

2.企业当年实现净利润100万元（假设净利润与应纳税所得额相等），按25%的所得税税率计算，本年度应纳所得税为25万元，则该项经济业务涉及的账户有（　　）。

A.“应交税费”　　B.“税金及附加”　　C.“银行存款”　　D.“所得税费用”

3.下列各项应记入“营业外支出”账户的有（　　）。

A.广告费　　B.借款利息　　C.固定资产盘亏　　D.捐赠支出

4.下列各项属于损益类科目的有（　　）。

A.“管理费用”　　B.“销售费用”　　C.“制造费用”　　D.“财务费用”

5.为了核算企业利润分配的过程、去向和结果，企业应设置的科目有（　　）。

A.“利润分配”　　B.“管理费用”　　C.“盈余公积”　　D.“应付股利”

6.下列各项影响营业利润计算的有（　　）。

A.营业外收入　　B.税金及附加　　C.主营业务成本　　D.销售费用

7.下列各项应通过“营业外收入”科目核算的有（　　）。

A.非流动资产处置利得　　B.非货币性资产交换利得

C.与生产经营活动无关的政府补助　　D.盘盈利得

8.下列关于“投资收益”账户的说法正确的有（　　）。

A.用来核算企业对外投资取得的收益或发生的损失

B.贷方登记取得的投资收益

C.借方登记发生的投资损失

D.期末结转后，该账户应无余额

四、实训题

【实训资料】某企业2024年12月发生业务如下：

（1）收到国债利息收入10 000元，存入银行。

（2）收到对方单位违约金2 000元，存入银行。

（3）向希望工程捐款500 000元，款项已经通过银行付讫。

（4）假定该企业2024年12月末损益类账户发生额情况见表4-14。

表4-14　损益类账户发生额情况表　单位：元

账户名称	借方发生额	贷方发生额
主营业务收入		4 500 000
营业外收入		180 000
投资收益		60 000
主营业务成本	2 000 000	
税金及附加	75 000	
销售费用	35 000	
管理费用	250 000	
财务费用	55 000	
营业外支出	600 000	

①将本期所发生的各项收入转入“本年利润”账户。

②将本期所发生的各项费用转入“本年利润”账户。

（5）计算该年利润总额。

（6）按本年实现利润的25%计算应交所得税（假定不考虑纳税调整因素），并进行账务处理。

（7）将本年发生的所得税费用结转到“本年利润”账户。

（8）将本期实现的净利润转入“利润分配——未分配利润”账户。

（9）按企业本期实现净利润的10%提取法定盈余公积。

（10）将“利润分配”账户下“提取法定盈余公积”明细账户的余额转入“利润分配——未分配利润”账户。

【实训要求】

（1）练习企业利润形成及分配业务中主要经济业务的核算。

（2）编制相关会计分录。

项目五

填制和审核会计凭证

【知识点】

1. 会计凭证的概念、意义和分类
2. 原始凭证的概念、内容和分类
3. 记账凭证的概念、内容和分类

【技能点】

1. 填制和审核原始凭证
2. 填制和审核记账凭证
3. 传递、装订和保管会计凭证

【素养点】

1. 通过原始凭证填制和审核的学习，做到客观公正、诚实守信
2. 通过记账凭证填制和审核的学习，做到坚持准则、提高技能、强化服务

引言

在大自然中，所有生物在生命过程中都会留下一些痕迹，如“鸟过留声”“兽过留迹”。这些“声”“迹”通过生物感官保留下来，便形成了记忆。人类在日常活动中，也会留下历史的记忆。从古代的“结绳记事”“刻契记事”等简单记录行为，到简和编的应用，最终到以纸张和磁介质作为存储工具，无不显示出历史记忆的痕迹。当今社会，诸如货币的收付、物资的进出、往来款项结算、工资发放等经济业务，都必须由执行和完成该项经济业务的有关人员按规定的程序和要求，做好凭证的填制和审核工作，以记录经济业务的真实性、完整性和正确性。正确地填制和审核这些单据，是会计核算工作的起点和基础，是会计核算的一种专门的方法，也是对经济业务进行日常监督的重要环节。

任务一　认知会计凭证

一、会计凭证的概念

企业在发生购买材料、支付货款、材料入库、发放工资、缴纳税款等各项经济业务时，为证明这一系列经济业务的发生或完成，会取得或填制一系列原始单据，如供货方开出的发票、支票的存根联、材料入库单、领料单、工资单、纳税单等。此外，会计人员需要根据这些种类繁多、格式不一的原始单据，进行分类整理、加工，并重新填制相关的凭据等。这一系列证明经济业务发生或完成的单据都称作单据，或会计凭证。会计凭证是记录经济业务、明确经济责任并据以登记账簿的书面证明文件。填制和审核会计凭证是会计核算的基本方法之一，是会计核算工作的起始环节。

微课5-1

会计凭证基本知识

二、会计凭证的意义

企业在处理任何一项经济业务时，都必须及时取得或填制真实准确的书面证明，以便反映和监督经济业务的发生和完成的时间、内容、涉及的有关单位和经办人员，为登记账簿提供依据，以保证会计记录真实、正确、合理、合法，也可以明确对此所承担的法律上和经济上的责任。

（一）及时填制会计凭证，加强会计监督

会计人员在记账之前都必须严肃、认真地对会计凭证进行逐项的审查和核对。由于企业每一项经济业务的发生都必须及时取得或填制会计凭证，所以通过审核会计凭证，可以检查该项业务是否符合有关政策、法令、制度和预算等的规定，是否在计划的范围之内，有无违背财经法规等，从而发挥会计监督的职能和保护企业财产的安全。同时，能够及时发现企业在管理上存在的问题，可以促使企业采取有效措施，提高经营管理水平。

（二）明确经济责任，强化内部控制

企业所发生的任何一笔经济业务，都必须及时填制或取得会计凭证。按照规定，有关

经办人员都要在会计凭证上签名或盖章，以示负责。这样就可以促使有关经办人员增强法律意识和责任意识，在自己的职责范围内照章办事，有效地保证会计凭证的真实性、合法性。

（三）记录经济业务，提供记账依据

会计凭证的真实与否，直接影响到会计信息的质量高低。及时、准确、真实地填制和审核会计凭证，是会计核算的基础，是确保会计核算资料的客观性、正确性的前提条件。会计人员必须根据审核无误的会计凭证登记账簿。

三、会计凭证的分类

企业在各种各样的经济活动中会发生各种各样的经济业务，于是就会有各种各样的会计凭证。为便于区分使用会计凭证，充分发挥其应有的作用，通常按照会计凭证填制程序和用途的不同，将其分为原始凭证和记账凭证两种。

同步习题与实训

一、判断题

1.会计凭证是记录经济业务、明确经济责任并据以登记账簿的书面证明文件。（　）

2.填制和审核会计凭证是会计核算的基本方法之一，是会计核算工作的起始环节。（　）

3.会计凭证按其来源不同，可以分为原始凭证和记账凭证。（　）

4.及时、准确、真实地填制和审核会计凭证，是会计核算的基础，是确保会计核算资料的客观性、正确性的前提条件。（　）

5.证明经济业务发生或完成的单据都称作单据，或会计凭证。（　）

6.企业所发生的任何一笔经济业务，都必须及时填制或取得会计凭证。（　）

二、单项选择题

1.会计凭证分为原始凭证和记账凭证的依据是（　）。

A.填制方式　B.填制方法　C.填制程序和用途　D.取得的来源

2.下列各项说法不正确的是（　）。

A.企业在处理任何一项经济业务时，都必须及时取得或填制真实准确的书面证明

B.会计人员在记账之前都必须严肃认真地对会计凭证进行逐项的审查和核对

C.会计凭证的真实与否不一定会影响会计信息的质量高低

D.会计人员必须根据审核无误的会计凭证登记账簿

三、多项选择题

1.下列各项能够体现会计凭证的意义的有（　）。

A.及时填制会计凭证，加强会计监督

B.明确经济责任，强化内部控制

C.记录经济业务，提供记账依据

D.确保资产安全完整，提高财产使用效率

2.及时、准确、真实地填制和审核会计凭证，（　　）。

A.是会计核算的基础

B.是确保会计核算资料的客观性的前提

C.是确保会计核算资料的正确性的前提

D.是编制财务报表的基础

3.下列各项属于会计凭证的有（　　）。

A.增值税专用发票　　B.车船票

C.购销合同　　D.人事任免通知

4.下列关于会计凭证的说法正确的有（　　）。

A.会计凭证是记录经济业务的书面证明文件

B.会计凭证是登记账簿的直接依据

C.会计凭证按其来源不同，可以分为原始凭证和记账凭证

D.电子凭证也属于会计凭证范畴

任务二 填制和审核原始凭证

一、原始凭证的概念和内容

（一）原始凭证的概念

原始凭证又称单据，是在经济业务发生时取得或填制的，用以记录和证明经济业务的发生或完成情况的具有法律效力的证明文件。原始凭证是编制记账凭证的依据，是会计主体进行会计核算的原始资料和重要证据。因此，凡是不能证明经济业务已经发生或完成的各种单据，如商品购销合同、银行对账单、银行存款余额调节表等均不能作为会计核算的原始证据。

（二）原始凭证的内容

经济业务是多种多样的，原始凭证也是多种多样的。例如，增值税专用发票或普通发票、领料单、收据、车船票、差旅费报销单等，它们都是原始凭证。这些原始凭证尽管格式不统一，项目也不尽相同，但都应具备一些共同的基本内容，即原始凭证的六要素：

（1）原始凭证的名称和编号；

（2）填制原始凭证的日期；

（3）接受原始凭证的单位名称；

（4）经济业务的基本内容（包括经济业务发生时的数量、单价和金额等）；

（5）填制单位或个人的签名、盖章；

（6）凭证附件。

在实际工作中，根据经营管理和特殊业务的需要，除上述基本内容外，可以增加必要的内容，对于不同单位经常发生的共同性经济业务，有关部门可以制定统一的凭证格式，如火车票、银行结算凭证等。

【小思考5-1】购销合同、银行对账单、银行存款余额调节表为什么不属于原始凭证？

二、原始凭证的分类

（一）原始凭证按其来源渠道不同，分为外来原始凭证和自制原始凭证

1.外来原始凭证

外来原始凭证是在经济业务活动发生或完成时，从其他单位或个人处直接取得的原始凭证。采购时取得的增值税专用发票或普通发票，出差时取得的车票、船票、机票，银行开出的收付款结算凭证，企业向银行借款时填写的借款合同等，都是外来原始凭证，具体见表5-1、表5-2。

表5-1　　安徽增值税专用发票　　NO 00485311

3402134621　　此联不作报销、扣税凭证使用　　开票日期：2024年8月1日

购买方	名　　称：安徽红星家具有限责任公司 纳税人识别号：91304020274302158N 地 址 、电 话：江城市高新开发区黄山西路158号 开户行及账号：工行黄山西路支行 1341 0902 5102 0026 888					密码区	（略）	
货物或应税劳务、服务名称		规格型号	单位	数量	单 价	金 额	税率	税 额
*木制品*纤维板			张	600	105.00	63 000.00	13%	8 190.00
*木制品*实木板			立方米	30	2 350.00	70 500.00	13%	9 165.00
合 计						¥133 500.00		¥17 355.00
价税合计（大写）		⊗壹拾伍万零捌佰伍拾伍元整				（小写）¥150 855.00		
销售方	名　　称：安徽黄山木材公司 纳税人识别号：9134020605516088Q 地 址 、电 话：黄山市屯溪路108号 开户行及账号：工行火车站支行 1280 2310 8024 8099 015				备注	安徽黄山木材公司 9134020605516088Q 发票专用章		

第一联：记账联　销售方记账凭证

收款人：江雪莲　　复核：谢光武　　开票人：周一平　　销售方：（盖章）

表5-2　　上海市税务局通用手工发票

发 票 联　　发票代码 131011360831

发票号码 01868575

付款单位：A公司　　2024年7月15日

项目名称	单位	数量	单 价	金额 千	百	十	元	角	分	备 注
电器开关	个	20	8.50		1	7	0	0	0	上海市鸿雁电器厂 91310202137800785Q 发票专用章
合计人民币（大写）：	⊗仟 壹 佰 柒 拾 零 元 零 角 零 分			¥	1	7	0	0	0	

第二联　发票联

收款企业名称：　　开票人：王慧慧

2. 自制原始凭证

自制原始凭证是指在经济业务发生或完成时，由本单位业务经办部门或个人自行填制的原始凭证。产品入库单、产品出库单、领料单、差旅费报销单等，都是自制原始凭证，见表5-3、表5-4。

表5-3　　领　料　单

领料部门：第一生产车间　　编　号：00321

领料用途：产品生产　　2024年8月4日　　发料仓库：1#库

材料编号	材料名称	规格	计量单位	数量		单价	金额
				请领	实发		
	A材料		千克	1 000	1 000		
备　注						合　计	

审批人：　　记账：　　发料人：卢大刚　　领料人：顾　源

表5-4　　收　料　单

供应单位：黄山木材公司　　2024年8月5日　　编　号：

发票号码：　　材料类别：木材　　仓　库：2#库

名　称	规格	计量单位	数量		实际成本				计划成本	
			应收	实收	买价	运杂费	其他	合计	成本总额	成本差异
纤维板		张	600	600						
实木板		立方米	30	30						
备　注										

记账：　　收料人：周圆圆　　保管人：胡　蝶　　仓库负责人：王慧丽

（二）原始凭证按照其填制手续及内容不同，可以分为一次凭证、累计凭证和汇总凭证

1. 一次凭证

一次凭证是指只记录一笔经济业务的原始凭证。例如，增值税专用发票或普通发票、收据、收料单、入库单等。一次凭证属于一次有效的凭证，其特点是填制手续一次完成、使用方便，但数量较多。外来原始凭证基本上都是一次凭证。

2. 累计凭证

累计凭证是指在一定时期内多次记录发生的同类型经济业务的原始凭证。也就是说，累计凭证是多次有效的原始凭证。累计凭证的特点是填制手续不是一次完成的，而且在一定期间内可以连续登记相同性质的经济业务，随时计算累计数和结余数，并按照费用限额进行费用控制，期末按实际发生额记账。累计凭证起到了简化填制手续、减少凭证张数的作用。常见的累计凭证是限额领料单（格式见表5-5）。

表5-5 限额领料单

领料部门：第二车间　　　　　　　　　　　　　　　　　　　　　　编号：

领料用途：产品生产　　　　　　　2024年8月　　　　　　　　　　发料仓库：2#库

材料编号	材料名称	规格	计量单位	领用限额	实际领用			备　注
					数量	单价	金额	
	B材料		千克	3 000				

日期	请领		实发		退库			限额结余
	数量	领料人签章	数量	发料人签章	数量	收料人签章	退料人签章	
2024-08-01	500	张百顺	500	严管理				2 500
2024-08-09	500	万大力	500	严管理				2 000
2024-08-14	500	张百顺	500	严管理				1 500
2024-08-20	400	张百顺	400	严管理				1 100
2024-08-26	400	张百顺	400	严管理				700
合　计	2 300		2 300					

生产计划部门负责人：李广义　　　　供应部门负责人：卢连宇　　　　仓库负责人：徐彩虹

3. 汇总凭证

汇总凭证，是指对一定时期内反映经济业务内容相同的若干原始凭证，按照一定的标准综合、汇总完成的一种原始凭证，故又称原始凭证汇总表。例如，产品出库汇总表、材料入库汇总表、发料汇总表（见表5-6）和差旅费报销单等。汇总原始凭证合并了同类经济业务，简化了记账工作。

表5-6 发料汇总表

年　月　日至　日　　　　　　　　　　　　单位：元

会计科目	领料部门	领用材料			合　计
		原材料	燃料	周转材料	
生产成本	X产品				
	Y产品				
制造费用	一车间				
	二车间				
管理费用	行政管理部门				
销售费用	销售部门				
合　计					

制表人：　　　　　　　　　　审核人：　　　　　　　　　　记账：

（三）原始凭证按照格式不同，分为通用凭证和专用凭证

1. 通用凭证

通用凭证，是指由有关部门统一印制、在一定范围内使用的具有统一格式和使用方法的原始凭证。通用原始凭证的使用范围，因制作部门不同而异，可以在某一地区、某一行业，也可以在全国通用。如火车票、银行结算凭证等，可以在全国通用。

2. 专用凭证

专用凭证，是指由单位自行印制、仅在本单位内部使用的原始凭证。如领料单、折旧费计算表、借款单等。

原始凭证的分类总结如图5-1所示。

- 原始凭证
  - 按来源渠道不同，分为
    - 外来原始凭证
    - 自制原始凭证
  - 按填制手续及内容不同，分为
    - 一次凭证
    - 累计凭证
    - 汇总凭证
  - 按格式不同，分为
    - 通用凭证
    - 专用凭证

图5-1　原始凭证的分类

三、原始凭证的填制

(一) 原始凭证填制要求

原始凭证是编制记账凭证的依据，是会计核算最基础的原始资料。要保证会计核算工作的质量，必须从保证原始凭证的质量做起。具体地说，原始凭证的填制必须符合下列要求：

1. 记录要真实

原始凭证是用以证明经济业务的发生或完成情况的，是编制记账凭证的依据，其内容的真实正确性，会直接影响下一步的会计核算，直接影响会计信息的真实可靠性。所以在填制原始凭证时，不允许以任何手段弄虚作假、伪造或变造原始凭证，要以实际发生的经济业务为依据，真实正确地填写。

2. 内容要完整

原始凭证虽千差万别，但其有六项基本要素。填制原始凭证时，要逐项认真填写，要求内容完整、齐全、不可缺漏。若项目填写不全、单位公章模糊或有其他不符合规定的，不得作为会计核算的原始书面证明。

3. 填制要及时

会计核算的及时性原则要求企业的会计核算应当及时进行，不得提前或延后。在经济业务发生后，要及时地取得或填制原始凭证，据以编制记账凭证、登记账簿，保证会计信息的时效性。

4. 手续要完备

单位自制的原始凭证必须由经办单位领导人或者其他指定的人员签名盖章；对外开出的原始凭证，必须加盖本单位公章等；从外部取得的原始凭证，必须盖有填制单位的公章。从个人处取得的原始凭证，必须有填制人员的签名、盖章等。

5. 文字要规范

原始凭证要按规定填写，文字要简要，字迹要清楚，易于辨认，不得使用未经国务院公布的简化汉字。金额数字书写中可以使用繁体字。

6. 大小写金额要规范

大小写金额必须相符且填写规范，小写金额用阿拉伯数字逐个书写，不得写连笔字。在金额前要填写人民币符号“¥”，人民币符号“¥”与阿拉伯数字之间不得留有空白。金额数字一律填写到角分，无角分的，写“00”或“—”符号；有角无分的，分位写“0”，不得写符号“—”。大写金额用汉字壹、贰、叁、肆、伍、陆、柒、捌、玖、拾、佰、仟、万、亿、元、角、分、零、整等，一律用正楷或行书字书写。大写金额前未印有“人民币”字样的，应加写“人民币”三个字。“人民币”字样和大写金额之间不得留有空白，大写金额到元或角为止的，后面要写“整”或“正”字；有分的，不写“整”或“正”字。如小写金额为¥1 008.00，大写金额应写成“人民币壹仟零捌元整”。

微课5-2

增值税发票的填写

7. 编号要连续

各种凭证要连续编号，以便查考。如果凭证已预先印定编号，如发票、支票等重要凭证，在写错作废时，应加盖“作废”戳记，妥善保管，不得撕毁。

微课5-3

其他票据的填写

8. 按规定方法更正

原始凭证填写错误，不得涂改、刮擦、挖补，必须按规定方法更正。原始凭证有错误的，应当由出具单位重开或更正，更正处应当加盖出具单位印章。原始凭证金额有错误的，应当由出具单位重开，不得在原始凭证上更正。

（二）原始凭证的填制案例

【做中学5-1】2024年8月5日，安徽红星家具有限责任公司从银行提取现金6 000元作为备用金。填制的现金支票见表5-7。

表5-7

中国工商银行现金支票存根

Ⅶ Ⅳ05241207

附加信息

出票日期 2024年8月5日

收款人：本公司

金　额：¥6 000.00

用　途：备用金

单位主管　会计

中国工商银行现金支票　Ⅶ Ⅳ05241207

出票日期（大写）贰零贰肆年零捌月零伍日　付款行名称：黄山西路支行

收款人：安徽红星家具有限责任公司　出票人账号：1341 0902 5102 0026 888

本支票付款期限十天

人民币（大写）	陆仟元整	千	百	十	万	千	百	十	元	角	分
					¥	6	0	0	0	0	0

用途备用金

上列款项请从我账户支付

安徽红星家具有限责任公司 财务专用章

凤周印银

复核　记账

【小思考5-2】为什么在现金支票上加盖两个印章？如何使用现金支票提取现金？

知识链接

银行票据的填制

银行票据（包括现金支票、转账支票、银行汇票、银行本票、商业汇票），除了按照原始凭证的具体要求填制以外，在填制日期上做出了明确的特别规定：

微课5-4

银行票据的填写

（1）票据的出票日期必须使用中文大写。在填写月、日时，月为壹、贰和壹拾的，日为壹至玖和壹拾、贰拾和叁拾的，应在其前加“零”；日为拾壹至拾玖的，应在其前面加“壹”。例如，2月15日，应写成：零贰月壹拾伍日；10月20日，应写成：零壹拾月零贰拾日。

（2）票据出票日期使用小写填写的，银行不予受理。大写日期未按规范填写的，银行不予受理。

【小思考5-3】在会计上，哪些原始凭证上的日期需要采用中文大写书写？

【做中学5-2】2024年8月24日，安徽红星家具有限责任公司收到江城红星家具城开具的转账支票，收到上月货款88 000元，存入银行。请填制银行进账单，见表5-8。

表5-8　ICBC 中国工商银行　进账单（收账通知）3

2024年8月24日

收款人	全称	安徽红星家具有限责任公司	付款人	全称	江城红星家具城
	账号	1341 0902 5102 0026 888		账号	1350 4712 1024 8033 155
	开户银行	工行黄山西路支行		开户银行	交行长江路支行
金额	人民币（大写）	捌万捌仟元整			千 百 十 万 千 百 十 元 角 分：¥ 8 8 0 0 0 0 0（十 万 千 百 十 元 角 分）
票据种类	转账支票	票据张数	1		
票据号码	0354298				开户银行签章
单位主管　会计　复核　记账					

（印章：中国工商银行黄山西路支行　2024.8.24　转讫）

此联是收款人开户银行交给收款人的收账通知

【小思考5-4】企业与银行结算有关的原始凭证的日期是否均采用中文大写书写？

【做中学5-3】2024年8月15日，安徽红星家具有限责任公司向上海机械设备股份有限公司购买一台冷压机，价值154 000元，增值税税率为13%。取得的增值税专用发票见表5-9。

表5-9　上海增值税专用发票　NO 00547320

3100061720　发票联　开票日期：2024年8月15日

（印章：全国统一发票监制章　国家税务总局　上海税务局）

购买方	名称：安徽红星家具有限责任公司 纳税人识别号：91304020274302158N 地址、电话：江城市高新开发区黄山西路158号 开户行及账号：工行黄山西路支行1341 0902 5102 0026 888					密码区	（略）	
货物或应税劳务、服务名称	规格型号	单位	数量	单价	金额	税率	税额	
*机械设备*冷压机		台	1	154 000.00	154 000.00	13%	20 020.00	
合计					¥154 000.00		¥20 020.00	
价税合计（大写）	⊗壹拾柒万肆仟零贰拾元整					（小写）	¥174 020.00	
销售方	名称：上海机械设备股份有限公司 纳税人识别号：91310227775779371M 地址、电话：上海市闵行区淮海路145号 开户行及账号：工行淮海路支行1341 0210 3302 2211 515					备注	（印章：上海机械设备股份有限公司　91310227775779371M　发票专用章）	

收款人：李慧菊　复核人：晓雪　开票人：王启焜　销售方：（盖章）

第三联：发票联　购买方记账凭证

四、原始凭证的审核

以经济业务活动实际发生为依据而填制完成的原始凭证，必须经会计主管或具体处理该事项的会计人员审核无误后才能作为记账凭证填制的依据。原始凭证的审核内容与原始凭证的填制要求是一致的，一般应从以下五个方面着手：

（一）审核原始凭证的真实性

原始凭证的真实性审核，主要包括凭证日期是否真实、业务内容是否真实、数据是否真实等。对外来原始凭证，必须有填制单位公章和填制人员签章；对自制原始凭证，必须有经办部门和经办人员的签名或盖章。此外，对通用原始凭证，还应审核凭证本身的真实性，以防假冒。

（二）审核原始凭证的合法性、合理性

审核原始凭证所反映的经济业务是否符合国家的方针、政策、法令、制度，是否以企业制订的计划和合同为依据，是否履行了规定的凭证传递程序和审核程序，是否有贪污腐化等行为。

（三）审核原始凭证的完整性

审核原始凭证的基本要素是否填写齐全完整，有无遗漏情况，文字和数字书写是否清楚，凭证联次是否正确等。

（四）审核原始凭证的正确性

审核原始凭证的各项目金额的计算及填写是否正确，大小写金额是否一致，数字计算是否准确，凭证发生错误是否按规定方法更正等。

（五）审核原始凭证的及时性

原始凭证的及时性审核，主要看凭证是否及时填写、传递是否及时。特别是银行结算票据的日期，如支票、银行汇票等，更应仔细验证其签发日期。

经过审核的原始凭证，应根据不同情况处理：

（1）对于完全符合要求的原始凭证，应及时据以编制记账凭证入账。

（2）对于真实、合法、合理，但内容不够完整、填写有错误的原始凭证，应退给有关经办人员，由其负责将有关凭证补充完整、更正错误或重开后，再办理正式会计手续。

（3）对于不真实、不合法的原始凭证，会计机构、会计人员有权不接受，并向单位负责人报告。

知识链接

《中华人民共和国会计法》对原始凭证的规定

《中华人民共和国会计法》第十四条规定：

会计凭证包括原始凭证和记账凭证。

办理本法第十条所列的经济业务事项，必须填制或者取得原始凭证并及时送交会计机构。

会计机构、会计人员必须按照国家统一的会计制度的规定对原始凭证进行审核，对不真实、不合法的原始凭证有权不予接受，并向单位负责人报告；对记载不准确、不完整的原始凭证有权予以退回，并要求按照国家统一的会计制度的规定更正、补充。

原始凭证记载的各项内容均不得涂改；原始凭证有错误的，应当由出具单位重开或者更正，更正处应当加盖出具单位印章。原始凭证金额有错误的，应当由出具单位重开，不得在原始凭证上更正。

记账凭证应当根据经过审核的原始凭证及有关资料编制。

同步习题与实训

一、判断题

1. 原始凭证又称单据，是在经济业务发生时取得或填制的，用以记录和证明经济业务的发生或完成情况的具有法律效力的证明文件。（　）

2. 商品购销合同、银行对账单、银行存款余额调节表等都可以作为会计核算的原始凭证。（　）

3. 原始凭证是会计核算的原始资料和重要依据，是登记会计账簿的直接依据。（　）

4. 购买商品取得的增值税专用发票属于外来原始凭证。（　）

5. 每项经济业务发生时都必须从外部取得原始凭证。（　）

6. 原始凭证按照填制手续及内容不同，可以分为一次凭证、累计凭证和汇总凭证。（　）

7. 外来原始凭证都是一次凭证。（　）

8. 累计凭证一般为自制原始凭证。（　）

9. 累计凭证和汇总凭证都是反映一定时期内多笔同类型经济业务的原始凭证，因此两者没有区别。（　）

10. 专用凭证，是指由单位自行印制、仅在本单位内部使用的原始凭证。（　）

11. 只要是真实的原始凭证，就可以以此编制记账凭证。（　）

12. 原始凭证记载的各项内容均不得更改。（　）

13. 对不真实、不合法的原始凭证，会计人员有权不予接受，对记载不准确、不完整的原始凭证，会计人员有权要求其重填。（　）

14. 原始凭证的金额出现错误，正确的更正方法是由出具单位在原始凭证上更正。（　）

15. 从外单位取得的原始凭证，可以没有公章，但必须有经办人员的签名或盖章。（　）

16. 对于真实、合法、合理但内容不够完善、填写有错误的原始凭证，会计机构和会计人员不予接受。（　）

17. 单位自制的原始凭证必须有经办单位领导人或者其他指定人员的签名盖章；对外开出的原始凭证必须加盖本单位公章；从外部取得的原始凭证，必须盖有填制单位的公章；从个人处取得的原始凭证，必须有填制人员的签名盖章。（　）

18. 原始凭证所写大写金额到元、角或分为止的，后面要写“整”或“正”字。（　）

19. 如果凭证已预先印定编号，如发票、支票等重要凭证，在写错作废时，应加盖“作废”戳记，妥善保管，不得撕毁。（　）

20. 在经济业务发生后，要及时地取得或填制原始凭证，据以编制记账凭证、登记账簿，保证会计信息的时效性。（　）

二、单项选择题

1. 下列各项不能作为会计核算的原始凭证的是（　）。

A. 普通发票　　　　B. 银行存款余额调节表

C. 出库单　　　　D. 火车票

2.原始凭证按（　　）分类，分为外来原始凭证和自制原始凭证。

A.格式　　B.来源渠道　　C.填制方式　　D.填制手续及内容

3.根据连续反映某一时期、不断重复发生而分次进行的特定业务编制的原始凭证是（　　）。

A.一次凭证　　B.累计凭证　　C.专用凭证　　D.汇总原始凭证

4.下列各项属于原始凭证的是（　　）。

A.收款凭证　　B.付款凭证　　C.转账凭证　　D.工资分配表

5.下列各项属于自制原始凭证的是（　　）。

A.产品入库单　　B.银行结算凭证　　C.购货收据　　D.车船票

6.（　　）是指由有关部门统一印制、在一定范围内使用的具有统一格式和使用方法的原始凭证。

A.专用凭证　　B.通用凭证　　C.外来原始凭证　　D.自制原始凭证

7.下列各项属于累计凭证的是（　　）。

A.限额领料单　　B.普通发票　　C.差旅费报销单　　D.材料入库汇总表

8.下列各项属于外来原始凭证的是（　　）。

A.银行结算凭证　　B.领料单　　C.入库单　　D.出库单

9.原始凭证按（　　）分类，分为通用凭证和专用凭证。

A.格式　　B.来源渠道　　C.填制方式　　D.填制手续及内容

10.在填制会计凭证时，¥1 815.53的大写金额写法正确的是（　　）。

A.壹仟捌佰拾伍元伍角叁分整　　B.壹仟捌佰壹拾伍元伍角叁分整

C.壹仟捌佰拾伍元伍角叁分　　D.壹仟捌佰壹拾伍元伍角叁分

11.对于错误的原始凭证，正确的处理方法是（　　）。

A.向单位负责人报告　　B.退回，不予接受

C.由出具单位重开或更正　　D.本单位代为更正

12.下列各项不符合原始凭证基本要求的是（　　）。

A.从个人处取得的原始凭证，必须有填制人员的签名盖章

B.原始凭证不得涂改、刮擦、挖补

C.上级批准的经济合同，应作为原始凭证

D.大写和小写金额必须相等

13.在审核原始凭证时，对于内容不完整、填制有错误或手续不完备的原始凭证，应当（　　）。

A.拒绝办理，并向本单位负责人报告

B.予以抵制，对经办人员进行批评

C.由会计人员重新填制或予以更正

D.予以退回，要求更正、补充，甚至重新填制

14.下列各项不属于原始凭证审核内容的是（　　）。

A.凭证是否符合有关计划和预算

B.会计科目的使用是否正确

C.凭证是否符合规定的审核程序

D.凭证是否有填制单位的公章和填制人员签章

15.会计人员对不真实、不合法的原始凭证，应当（　　）。

A.不予受理　　B.予以受理

C.予以纠正　　D.予以退回，要求更正、补充

三、多项选择题

1.原始凭证的基本内容包括（　　）。

A.原始凭证名称和编号　　B.接受原始凭证的单位名称

C.经济业务的基本内容　　D.凭证附件

2.原始凭证按照填制的方法不同，可分为（　　）。

A.累计凭证　　B.汇总凭证　　C.一次凭证　　D.专用凭证

3.下列各项属于外来原始凭证的有（　　）。

A.本单位开具的销售发票　　B.供货单位开具的发票

C.职工出差取得的飞机票和火车票　　D.银行收付款通知单

4.下列各项属于通用凭证的有（　　）。

A.本单位开具的销售发票　　B.供货单位开具的发票

C.工资费用分配表　　D.折旧费计算表

5.下列各项属于自制原始凭证的有（　　）。

A.增值税专用发票　　B.出库单

C.限额领料单　　D.发料汇总表

6.下列各项属于一次凭证的有（　　）。

A.发票　　B.发料汇总表　　C.限额领料单　　D.收款收据

7.限额领料单同时属于（　　）。

A.自制原始凭证　B.累计凭证　　C.汇总凭证　　D.一次凭证

8.下列各项正确的有（　　）。

A.一次凭证的填制手续一次完成、履行方便，但凭证数量较多

B.累计凭证是多次有效的原始凭证

C.累计凭证起到了简化填制手续、减少凭证张数的作用

D.汇总原始凭证合并了同类经济业务，减少了记账工作量

9.原始凭证的填制要求包括（　　）。

A.记录要真实　　B.内容要完整　　C.手续要完备　　D.编号要连续

10.下列各项符合原始凭证填制要求的有（　　）。

A.原始凭证必须加盖公章

B.有大小写金额的原始凭证，大小写金额必须相等

C.内容完整、齐全、不可缺漏

D.文字要简要，字迹要清楚

11.填制原始凭证时，下列各项符合书写要求的有（　　）。

A.阿拉伯金额数字前面应当书写货币币种符号

B.币种符号与阿拉伯金额数字之间不得留有空白

C.大写金额有分的，分字后面要写“整”或“正”字

D.汉字大写金额可以用简化字代替

12.在原始凭证上书写阿拉伯数字时，下列各项正确的有（　　）。

A.金额数字一律填写到角、分

B.无角分的，角位和分位可写“00”或者符号“—”

C.有角无分的，分位应当写“0”

D.有角无分的，分位也可以用符号“—”代替

13.原始凭证合法性审核的内容包括（　　）。

A.是否符合国家有关政策、法规和制度等规定

B.是否符合规定的凭证传递程序

C.是否符合规定的审核程序

D.有无财务主管核准签章

14.下列各项说法正确的有（　　）。

A.从个人处取得的原始凭证，必须有填制人员的签名盖章

B.对于已预先印有编号的原始凭证，在写错时不需进行任何处理，但不得撕毁

C.外来原始凭证遗失时，只需取得原签发单位盖有公章的证明，可代作原始凭证

D.“人民币”字样和大写金额之间不得留有空白

15.下列各项属于原始凭证审核要点的有（　　）。

A.真实性　　B.合法性、合理性　　C.完整性　　D.正确性

四、实训题

实训一

【实训资料】

（1）人民币贰拾柒元伍角肆分　　应写成________

（2）人民币伍仟贰佰万零陆仟玖佰柒拾捌元整　　应写成________

（3）人民币叁仟万零贰拾元整　　应写成________

（4）人民币壹拾玖万零贰拾叁元整　　应写成________

（5）人民币玖角捌分　　应写成________

（6）人民币柒万肆仟伍佰零贰元捌角陆分　　应写成________

（7）人民币玖仟叁佰元零伍角整　　应写成________

（8）人民币贰拾肆万零捌佰零壹元零玖分　　应写成________

（9）人民币壹拾万元整　　应写成________

（10）人民币陆佰万元零柒分　　应写成________

【实训要求】将大写金额转换成小写金额。

实训二

【实训资料】

（1）¥28 703.49　　应写成________

（2）¥160 000.00　　应写成________

（3）¥580.20　　应写成________

（4）¥3 000 070.10　　应写成________

（5）¥60 104.09　　应写成________

（6）¥109 080.80 应写成________________

（7）¥206 054.03 应写成________________

（8）¥80 001.20 应写成________________

（9）¥76 003 000.00 应写成________________

（10）¥96 274.58 应写成________________

【实训要求】将小写金额转换成大写金额。

实训三

【实训资料】

（1）企业信息资料。

企业名称：安徽大地服装有限责任公司

开户行、账号：中国工商银行民生路支行 1350 1002 4079 3124 656

纳税人识别号：91340134056823040M

单位地址：江城市高新开发区34号

（2）填写现金支票。2024年6月1日，开出现金支票从银行提取3 000元现金备用。请填写现金支票（如图5-2所示）。

中国工商银行
现金支票存根
Ⅶ Ⅳ07281209
附加信息________
出票日期 年 月 日
收款人：
金 额：
用 途：
单位主管 会计

中国工商银行现金支票 Ⅶ Ⅳ07281209
出票日期（大写） 年 月 日 付款行名称：
收款人： 出票人账号：
本支票付款期限十天

人民币（大写）		千	百	十	万	千	百	十	元	角	分

用途________
上列款项请从
我账户支付
复核 记账

图5-2 现金支票

（3）填写转账支票。2024年8月20日，开出转账支票100 000元，向上海红星工厂预付布料款。请填制转账支票（如图5-3所示）。

中国工商银行
转账支票存根
Ⅶ Ⅳ04761009
附加信息________
出票日期 年 月 日
收款人：
金 额：
用 途：
单位主管 会计

中国工商银行转账支票 Ⅶ Ⅳ04761009
出票日期（大写） 年 月 日 付款行名称：
收款人： 出票人账号：
本支票付款期限十天

人民币（大写）		千	百	十	万	千	百	十	元	角	分

用途________
上列款项请从
我账户支付
复核 记账

图5-3 转账支票

（4）填写增值税专用发票。2024年6月16日，收到安徽红星衣料有限责任公司发来的棉布100匹，每匹2 000元。请将增值税专用发票（如图5-4所示）补充完整。

3400061860　　安徽增值税专用发票　　№ 00677482

全国统一发票监制章 国家税务总局 安徽税务局

发票联　　开票日期：　年　月　日

购买方	名称： 纳税人识别号： 地址、电话： 开户行及账号：	密码区	

货物或应税劳务、服务名称	规格型号	单位	数量	单价	金额	税率	税额
合计							
价税合计（大写）	⊗			（小写）			

销售方	名称：安徽红星衣料有限责任公司 纳税人识别号：91310467789679322K 地址、电话：安徽省江城市黄浦区利民路30号 开户行及账号：工行利民路支行1341 0450 6702 2311 660	备注	安徽红星衣料有限责任公司 91310467789679322K 发票专用章

收款人：　　复核人：　　开票人：　　销售方：（盖章）

第三联 发票联 购买方记账凭证

图5-4　增值税专用发票

（5）填写收料单。2024年6月18日，收到安徽红星衣料有限责任公司发来的棉布100匹，每匹2 000元，布匹已验收入库，请填制收料单（见表5-10）（凭证编号0028，收料仓库1#库，材料编号为015）。

表5-10　　收料单

发票编号：

供货单位：　　凭证编号：

材料类别：　　年　月　日　　收料仓库：

编号	名称	规格	单位	数量		实际成本			
				应收	实收	单价	金额	运费	合计

主管：　　记账：　　仓库保管：　　经办人：

（6）填写进账单。2024年6月20日，收到江城新世纪商贸有限责任公司开具的转账支票，归还前欠货款42 570.58元，存入银行。请将银行进账单（如图5-5所示）补充完整。

ICBC 中国工商银行 进账单（收账通知）3

年　月　日

收款人	全称		付款人	全称	江城新世纪商贸有限责任公司	
	账号			账号	1343 4512 1067 9043 770	
	开户银行			开户银行	建行淮海路支行	
金额	人民币（大写）				千 百 十 万 千 百 十 元 角 分	
票据种类		票据张数		开户银行签章		
票据号码	0348569					
单位主管　会计　复核　记账						

此联是收款人开户银行交给收款人的收账通知

图5-5　银行进账单

（7）填写领料单。2024年4月7日，公司一车间生产甲产品领用A材料（材料编号024）1 200千克，单价15.26元。请填制领料单（见表5-11）。

表5-11　领料单

领料单位：　　　　年　月　日　　　　凭证编号：

材料编号	材料名称	计量单位	数量		单价	金额	用途
			请领	实发			
合　计							

主管：　　审批：　　领料：　　发料：

（8）填写差旅费报销单。2024年10月25日，职工周计划出差归来，报销差旅费2 316元，其中：出差日期是10月8日至13日共6天，江城到北京火车票350元，北京到江城火车票380元，出租车费50元，住宿费1 200元，电话费36元，每天补助50元。发票共计11张，预借款3 000元。请填制差旅费报销单（见表5-12）。

表5-12　差旅费报销单

报销日期：　　　　年　月　日

姓名						出差事由							
起程日期和地点			到达日期和地点			交通工具	车船费	出差补助		住宿费	其他费用		金额合计
月	日	地点	月	日	地点			天	金额		摘要	金额	
合　计													
预借金额		报销金额（大写）						应退金额			应补金额		

单据　张

负责人批示：　　审核人签章：　　出差人签章：

【实训要求】练习原始凭证的填写，掌握各种类型原始凭证的填制要求。

任务三 填制和审核记账凭证

一、记账凭证的概念

记账凭证是指对审核无误的原始凭证，按照经济业务的内容加以归类，并据以确定会计分录后填制的会计凭证，它是登记账簿的直接依据。

原始凭证虽是经济业务实际发生的原始证据，但原始凭证种类繁多、数量庞大、格式各异，很难做到分类反映经济业务的内容，所以就必须按照会计核算方法的要求，对原始凭证进行分类、归纳，根据复式记账法的基本原理，确定应借、应贷的会计科目和金额，将原始凭证中的一般数据转化为会计语言。记账凭证是介于原始凭证和会计账簿之间的中间环节，是登记明细分类账和总分类账的依据。

二、记账凭证的内容

由于各单位经济内容不同、规模大小及会计核算繁简程度不同，其格式亦有所不同。但为了满足记账的基本要求，记账凭证应具备以下基本内容：

（1）记账凭证的名称，如“收款凭证”“付款凭证”“转账凭证”。

（2）记账凭证填制的日期。

（3）经济业务的内容、摘要。

（4）会计科目名称（包括一级科目、二级科目或明细科目）、金额和借贷方向。

（5）记账凭证的编号。

（6）所附原始凭证张数。

（7）制单、审核、记账、会计主管等人员的签名、盖章。如果为收款、付款凭证，还应由出纳人员签名或盖章。

（8）记账标记。

三、记账凭证的分类

（一）记账凭证按其反映经济业务的内容不同，分为收款凭证、付款凭证和转账凭证

1. 收款凭证

收款凭证是用于记录库存现金和银行存款收款业务的会计凭证。它是根据库存现金和银行存款收入业务的原始凭证编制的，作为登记库存现金日记账、银行存款日记账以及有关明细分类账和总分类账等账簿的依据，也是出纳人员收讫款项的依据。其格式见表5-13。

2. 付款凭证

付款凭证是用于记录库存现金和银行存款付款业务的凭证。它是根据库存现金和银行存款付出业务的原始凭证编制的，作为登记库存现金日记账、银行存款日记账以及有关明细分类账和总分类账等账簿的依据，也是出纳人员支付款项的依据。其格式见表5-14。

表 5-13　　收款凭证

借方科目：　　年　月　日　　收字第　号

摘　要	贷方科目		金　额	记账符号
	总账科目	明细科目		
合　计				

附单据　张

会计主管：　记账：　出纳：　审核：　制单：

表 5-14　　付款凭证

贷方科目：　　年　月　日　　付字第　号

摘　要	借方科目		金　额	记账符号
	总账科目	明细科目		
合　计				

附单据　张

会计主管：　记账：　出纳：　审核：　制单：

3. 转账凭证

转账凭证是用于记录不涉及库存现金和银行存款收付的转账业务的凭证。它是根据有关转账业务的原始凭证编制的，作为登记有关明细分类账和总分类账的依据。其格式见表5-15。

表 5-15　　转账凭证

年　月　日　　转字第　号

摘　要	会计科目		借方金额	贷方金额	记账符号
	一级科目	明细科目			
合　计					

附单据　张

会计主管：　记账：　审核：　制单：

微课 5-5　收款凭证的填写

微课 5-6　付款凭证的填写

微课 5-7　转账凭证的填写

如果是只涉及库存现金、银行存款之间相互划转的经济业务，例如，从银行提取现金、将现金存入银行等，此时只填制付款凭证，不填制收款凭证，以免重复记账。

（二）记账凭证按其填列方式的不同，分为单式记账凭证、复式记账凭证和汇总记账凭证

1. 单式记账凭证

单式记账凭证是指每张凭证上只填制一个应记会计科目的凭证。也就是就一项经济业务所涉及的每个会计科目分别填制凭证。采用单式记账凭证，其优缺点为：内容单一，便于记账工作的分工，也可以加速凭证的传递和按科目汇总，但单式记账凭证张数多，内容比较分散，填制的工作量大，不容易集中揭示经济业务的全貌，在凭证的复核、装订和保管方面都不方便。

2. 复式记账凭证

复式记账凭证是指在每张凭证上填列一笔经济业务所涉及的全部会计科目。例如收、付、转凭证。复式记账凭证的优点有很多，例如，可以完整地反映一笔经济业务的全貌，对应关系清楚，便于凭证的分析和审核等，但复式记账凭证也有不便于归类整理、不便于会计记账工作分工之缺点。

【小思考 5-5】“在单式记账法下采用单式记账凭证，在复式记账法下采用复式记账凭证。”这句话正确吗？为什么？

3. 汇总记账凭证

汇总记账凭证是将许多同类记账凭证逐日或定期（3天、5天、10天等）加以汇总后填制的凭证。汇总记账凭证按汇总的范围不同，又可以分为分类汇总和全部汇总。

（1）分类汇总，就是根据许多同类的单一记账凭证，定期加以汇总而重新编制记账凭证，如汇总收款凭证、汇总付款凭证和汇总转账凭证，其目的是减少登记总分类账的工作量。

（2）全部汇总，就是根据全部单一记账凭证，定期加以汇总而重新编制记账凭证，例如，企业在编制通用记账凭证时，根据通用记账凭证编制记账凭证汇总表（或科目汇总表）。

根据上述介绍，记账凭证的分类如图5-6所示。

- 记账凭证
  - 按反映经济业务的内容不同，分为
    - 收款凭证
    - 付款凭证
    - 转账凭证
  - 按填列方式的不同，分为
    - 单式记账凭证
    - 复式记账凭证
    - 汇总记账凭证

图5-6　记账凭证的分类

四、记账凭证的填制

（一）记账凭证的填制要求

（1）根据审核无误后的原始凭证或原始凭证汇总表，运用复式记账原理，确定应借、应贷的会计科目，编制会计分录。

（2）按照记账凭证的格式、内容和要求，填制记账凭证。

（3）将本记账凭证所属的原始凭证放在该记账凭证的后面，作为附件，并将记账凭证和原始凭证用回形针别在一起。

（4）定期将记账凭证及所附的原始凭证送交审核人员审核。

（5）记账人员根据审核无误的记账凭证，登记相关会计账簿，并在记账凭证上标记“记账符号”。

（二）记账凭证填制的具体方法

（1）记账凭证的“摘要”栏要简单明了，能正确反映经济业务和主要内容。

（2）经济业务所使用的会计科目，必须根据国家统一会计制度的规定使用，不可张冠李戴。

（3）记账凭证中金额、小写的数字必须正确，符号和数字的书写要规范；如有空行，应当在金额栏自最后一笔金额数字下的空行处至合计数上的空行处画线注销。

（4）一张记账凭证填制完毕，应按借贷记账法的记账规则来检查它的平衡关系。

（5）记账凭证必须连续编号备查。各单位应根据本单位业务的繁简程度、人员多寡、分工情况等选择适合本单位的编号方法，但都应该按月顺序编号，即每月从1号重新编起，顺序编至月末。例如，采用收款、付款和转账凭证的单位，可按库存现金收、付，银行存款收、付和转账业务三类分别编号，如“现收038#”“现付010#”等。如果一笔经济业务需填制2张或2张以上的记账凭证，可采用“分数编号法”编号，如第15号经济业务需填制2张记账凭证，则这2张记账凭证编号分别为$15\frac{1}{2}$和$15\frac{2}{2}$。

（6）每张记账凭证都要注明所附原始凭证的张数，原始凭证张数的计算一般以原始凭证的自然张数为准。

（7）记账凭证填制完毕之后，填制人员必须签名或盖章，以明确责任。

（三）记账凭证的填制

【做中学5-4】2024年8月5日，企业收到甲公司偿还的账款70 000元，根据有关原始凭证填制收款凭证，见表5-16。

表5-16 收款凭证

借方科目：银行存款　　2024年8月5日　　收字第012号

摘　　要	贷方科目		金　额	记账符号
	总账科目	明细科目		
收回甲公司账款	应收账款	甲公司	70 000.00	
合　计			¥70 000.00	

附单据1张

会计主管：　　记账：　　出纳：　　审核：　　制单：王　华

【做中学5-5】2024年8月5日，企业以现金购买办公用品318元，根据有关凭证填制付款凭证，见表5-17。

表5-17 付款凭证

贷方科目：库存现金　　2024年8月5日　　付字第008号

摘要	借方科目		金额	记账符号
	总账科目	明细科目		
以现金购买办公用品	管理费用	办公费	318.00	
合计			¥318.00	

附单据2张

会计主管：　记账：　出纳：　审核：　制单：王华

【做中学5-6】2024年8月5日，企业接受黄山公司投入设备80 000元，根据有关凭证填制转账凭证，见表5-18。

表5-18 转账凭证

2024年8月5日　　转字第011号

摘要	会计科目		借方金额	贷方金额	记账符号
	一级科目	明细科目			
接受黄山公司投资	固定资产		80 000.00		
	实收资本	黄山公司		80 000.00	
合计			¥80 000.00	¥80 000.00	

附单据3张

会计主管：　记账：　审核：　制单：赵莉丽

【做中学5-7】假定企业采用通用记账凭证，以上编制的记账凭证分别见表5-19、表5-20和表5-21。

表5-19 记账凭证

2024年8月5日　　第015号

摘要	会计科目		借方金额	贷方金额	记账符号
	一级科目	明细科目			
收回甲公司账款	银行存款		70 000.00		
	应收账款	甲公司		70 000.00	
合计			¥70 000.00	¥70 000.00	

附单据1张

会计主管：　记账：　审核：　制单：王华

表5-20 记账凭证

2024年8月5日　　第016号

摘要	会计科目		借方金额	贷方金额	记账符号
	一级科目	明细科目			
以现金购买办公用品	管理费用	办公费	318.00		
	库存现金			318.00	
合计			¥318.00	¥318.00	

附单据2张

会计主管：　记账：　审核：　制单：王华

表 5-21　　记账凭证

2024 年 8 月 5 日　　第 017 号

摘　要	会计科目		借方金额	贷方金额	记账符号
	一级科目	明细科目			
接受黄山公司投资	固定资产		80 000.00		
	实收资本	黄山公司		80 000.00	
合　计			¥80 000.00	¥80 000.00	

附单据 3 张

会计主管：　　记账：　　审核：　　制单：赵莉丽

（四）科目汇总表的编制方法

（1）根据记账凭证中涉及的会计科目，设置“T”形账户，将每张记账凭证中涉及的借、贷方发生额一一记入有关“T”形账户的借方、贷方。

（2）计算各个账户的本期借方发生额与贷方发生额合计数。

（3）填制科目汇总表的日期及编号。日期为科目汇总表编制的起讫日期；编号每年从1号开始，顺序编号，不得跳号、重号。

（4）填写会计科目名称。为了方便记账人员记账和查账，科目名称应按会计科目的编码顺序填写，本期间不涉及的会计科目，可以不填写。

（5）将汇总的各个账户的本期借方发生额与贷方发生额合计数填入表中。

（6）汇总计算借方、贷方合计数，填在“合计”行内，并检查借贷金额是否相等。

科目汇总表见表5-22。

表 5-22　　科目汇总表

年　月　日至　月　日　　汇字第　号

会计科目	借　方	贷　方
合　计		

记账凭证自　号至　号共　张

会计主管：　　记账：　　审核：　　制单：

五、记账凭证的审核

记账凭证的审核，主要围绕记账凭证填制的要求和具体填制方法进行，其审核的内容有：

（一）内容是否真实

审核记账凭证是否附有原始凭证，所附原始凭证的张数与字面附件张数是否相符，原始凭证所记录的经济业务的内容是否与记账凭证所记录经济业务的内容一致。

（二）项目是否齐全

记账凭证格式中所列的各项内容是否填列齐全，有无遗漏和错误，有关人员是否都签名或盖章。

（三）科目是否正确

记账凭证所确定的会计分录是否正确，即所记的金额有无错误，借、贷方金额是否相等，一级科目的金额与其所属的明细科目金额之和是否一致等。

（四）书写是否正确

审核记账凭证中的记录是否文字工整、数字清晰，是否按规定进行更正等。

此外，出纳人员在办理收款或付款业务时，应在原始凭证上加盖“收讫”或“付讫”的戳记，以避免重收重付。

同步习题与实训

一、判断题

1. 填制记账凭证是介于登记原始凭证和会计账簿之间的中间环节，是登记明细分类账和总分类账的依据。（ ）

2. 记账凭证上应有审核、记账、会计主管等人员的签名、盖章。如果为收款、付款凭证，还应有出纳人员的签名或盖章。（ ）

3. 单式记账凭证内容单一，便于记账工作的分工，可以加速凭证的传递和按科目汇总；且单式记账凭证张数少，填制的工作量小。（ ）

4. 汇总记账凭证按汇总的范围不同，又可以分为分类汇总和全部汇总。（ ）

5. 如果是只涉及库存现金、银行存款之间相互划转的经济业务，应同时填制收款凭证和付款凭证。（ ）

6. 收款凭证贷方内容可能为“库存现金”或“银行存款”。（ ）

7. 记账凭证按其填制方式不同，分为一次凭证和累计凭证。（ ）

8. 复式记账凭证是指将多笔经济业务所涉及的全部会计科目及其内容在同一张记账凭证中反映的记账凭证。（ ）

9. 记账人员根据审核无误的记账凭证，登记相关会计账簿，并在记账凭证上标记记账符号。（ ）

10. 记账凭证上的会计科目必须根据国家统一会计制度的规定使用。（ ）

11. 每张记账凭证都要注明所附原始凭证的张数，原始凭证张数的计算一般以原始凭证的自然张数为准。（ ）

12. 采用收款、付款和转账凭证的单位，不可按库存现金收、付，银行存款收、付和转账业务三类分别编号。（ ）

13. 记账凭证填制完毕，不必按借贷记账法的记账规则来检查它的平衡关系。（ ）

14. 所有的记账凭证都必须附有原始凭证，否则，不能作为记账依据。（ ）

二、单项选择题

1. 下列各项作为登记账簿依据的是（ ）。

A.原始凭证　　B.通用凭证　　C.记账凭证　　D.专用凭证

2.使用收款凭证、付款凭证、转账凭证的单位，在发生与货币资金无关的业务时，填制的凭证是（　　）。

A.收款凭证　　B.付款凭证　　C.转账凭证　　D.专用凭证

3.下列各项应该填制现金收款凭证的是（　　）。

A.出售产品一批，货款未收　　B.从银行提取现金

C.出售产品一批，收到一张转账支票　　D.出售多余材料，收到现金

4.下列各项不属于记账凭证的基本要素的是（　　）。

A.交易或事项的内容摘要　　B.交易或事项的数量、单价和金额

C.会计科目、方向及金额　　D.凭证的编号

5.下列各项不能据以登记库存现金日记账的是（　　）。

A.银行存款收款凭证　　B.银行存款付款凭证

C.现金收款凭证　　D.现金付款凭证

6.用库存现金支付购物款，应填制的凭证是（　　）。

A.银行存款付款凭证　　B.转账凭证

C.现金付款凭证　　D.现金收款凭证

7.付款记账凭证左上角的贷方科目，填列正确的是（　　）。

A.银行存款　　B.库存现金

C.银行存款或库存现金　　D.其他货币资金

8.下列各项应该编制收款凭证的是（　　）。

A.购买原材料用银行存款支付款项　　B.收到销售商品的款项

C.购买固定资产，款项尚未支付　　D.销售商品，收到商业汇票一张

9.车间领用原材料，应根据领料单填制（　　）。

A.收款凭证　　B.付款凭证　　C.转账凭证　　D.结算凭证

10.从银行提取现金发放工资，应填制（　　）。

A.现金收款凭证　　B.银行存款付款凭

C.转账凭证　　D.单式记账凭证

11.完成记账凭证填制的人员是（　　）。

A.出纳人员　　B.会计人员　　C.经办人员　　D.主管人员

12.下列各项可以不附原始凭证的是（　　）。

A.所有收款凭证　　B.所有付款凭证

C.所有转账凭证　　D.用于结账的记账凭证

13.记账凭证填制完毕加计合计数以后，如有空行应（　　）。

A.空置不填　　B.划线注销　　C.盖章注销　　D.签字注销

14.下列各项不属于记账凭证审核内容的是（　　）。

A.凭证是否符合有关计划和预算

B.会计科目的使用是否正确

C.凭证的金额与所附原始凭证的金额是否一致

D.凭证的内容与所附原始凭证的内容是否一致

15.出纳人员在办理收款或付款后，应在（　　）上加盖“收讫”或“付讫”的戳记，以避免重收重付。

A.记账凭证　　B.原始凭证　　C.收款凭证　　D.付款凭证

三、多项选择题

1.关于会计凭证，下列各项表述正确的有（　　）。

A.会计凭证可以分为原始凭证和记账凭证

B.原始凭证是编制记账凭证的依据

C.记账凭证是登记账簿的直接依据

D.尚未取得原始凭证的经济业务可以先编制记账凭证据以记账

2.记账凭证按照填制方式不同，可分为（　　）。

A.通用记账凭证　　B.汇总记账凭证　　C.复式记账凭证　　D.单式记账凭证

3.下列各项属于记账凭证的有（　　）。

A.收款凭证　　B.科目汇总表　　C.汇总收款凭证　　D.转账凭证

4.记账凭证按与货币收付业务是否有关，分为（　　）。

A.汇总记账凭证　　B.收款凭证　　C.付款凭证　　D.转账凭证

5.下列各项需要编制付款凭证的有（　　）。

A.从银行提现　　B.将现金存入银行

C.用现金购买办公用品　　D.收回前欠款项

6.甲某出差回来，报销差旅费1 500元，预借2 000元，交回剩余现金500元，这笔业务应该编制的记账凭证有（　　）。

A.付款凭证　　B.收款凭证　　C.转账凭证　　D.原始凭证

7.涉及库存现金与银行存款之间的划款业务时，可以编制的记账凭证有（　　）。

A.银行存款收款凭证　　B.银行存款付款凭证

C.现金收款凭证　　D.现金付款凭证

8.记账凭证的基本内容包括（　　）。

A.记账凭证的名称

B.记账凭证填制的日期

C.经济业务的内容、摘要

D.制单、审核、记账、会计主管等人员的签名

9.记账凭证审核的主要内容有（　　）。

A.项目是否齐全　　B.科目是否正确　　C.内容是否真实　　D.数量是否正确

10.下列各项说法正确的有（　　）。

A.记账凭证上的日期指的是经济业务发生的日期

B.记账凭证必须连续编号备查

C.记账凭证填制完毕之后，填制人员必须签名或盖章，以明确责任

D.经济业务所涉及的会计科目，必须根据国家统一会计制度的规定使用

11.记账凭证的填制除必须做到记录真实、内容完整、填制及时、书写清楚外，还必须符合的要求有（　　）。

A.如有空行，应当在空行处划线注销

B.发生错误应该按规定的方法更正

C.必须连续编号

D.除另有规定外，应该有附件并注明附件张数

12.在填制记账凭证时，下列各项错误的有（　　）。

A.将不同类型业务的原始凭证合并编制一份记账凭证

B.一个月内的记账凭证连续编号

C.从银行提取现金时只填制现金收款凭证

D.更正错账的记账凭证可以不附原始凭证

13.下列关于科目汇总表的编制，说法正确的有（　　）。

A.科目名称应按会计科目的编码顺序填写

B.编号每年从1号开始，按顺序编号，不得跳号、重号。

C.本期不涉及的会计科目，可以不必填写

D.合计栏中借方合计数与贷方合计数应相等

四、实训题

【实训资料】某企业2024年4月发生的经济业务如下：

（1）1日，从银行借款200 000元，期限3年，已存入银行。

（2）3日，购入材料一批，价值50 000元，税率13%，材料已验收入库，货款以银行存款支付。

（3）5日，从银行提取现金1 000元备用。

（4）6日，采购员王平出差，预借差旅费5 000元，以现金支付。

（5）9日，购入设备一台，价款35 000元，增值税税额4 550元，均以银行存款支付，设备已交付使用。

（6）本月仓库发出材料如下：生产A产品领用材料40 000元，生产B产品领用材料30 000元，车间一般消耗领用材料5 000元，企业行政管理部门领用材料2 000元。

（7）10日，销售A产品一批给甲公司，销货款100 000元，增值税税率13%，价税款均未收到，该批A产品实际成本为60 000元。

（8）12日，采购员王平出差回来报销差旅费3 800元，现金余款1 200元退回。

（9）14日，用银行存款支付产品广告费，增值税专用发票上注明的价款为20 000元，增值税为1 200元。

（10）15日，收到10日销售A产品的货款，存入银行。

（11）20日，以现金支付违约金500元。

（12）21日，计算分配本月职工工资：生产A产品工人工资20 000元，生产B产品工人工资10 000元，车间管理人员工资3 000元，企业行政管理人员工资8 000元。

（13）22日，计提本月固定资产折旧，其中：生产车间使用的固定资产折旧费3 000元，企业行政管理部门使用的固定资产折旧费4 200元。

（14）29日，按生产工人工时比例分配制造费用，已知本月A、B产品的生产工时数相等。

（15）30日，本月生产产品全部完工入库，结转相应产品的生产成本（假设月初无在产品）。

【实训要求】

（1）根据实训资料提供的经济业务，逐题编制通用记账凭证。

（2）根据实训资料编制的记账凭证涉及的会计科目，设置T形账户，并编制科目汇总表（见表5-23，金额列至角分）。

表5-23

科目汇总表

年　月　日至　月　日　　　　科汇字第　号

会计科目	借　方	贷　方
合　计		

记账凭证自　号至　号共　张

会计主管：　　　记账：　　　审核：　　　制单：

任务四　传递、装订和保管会计凭证

一、传递会计凭证

会计凭证的传递是指从经济业务发生或完成时取得或填制原始凭证开始，直到会计凭证的装订、归档、保管时为止，与本单位内部有关部门和人员之间，按照规定的手续、时间和传递路线，进行会计凭证处理和移交的程序。

正确组织会计凭证的传递，能够及时地反映和监督各项经济业务的发生或完成情况，提高会计核算的及时性。同时，便于部门和个人间的分工协作，起到相互牵制、加强岗位责任制的作用。因此，各个单位应根据本单位的实际情况，如本单位的工作性质、所涉及的经济活动的特点、内部人员分工情况等，制定出适合本单位的一套会计凭证的传递程序和方法，作为本单位业务部门和会计部门处理会计凭证的工作规范。一般来讲，主要从以下两个方面着手设计：

（一）凭证的传递路线

单位应根据自身实际，设计凭证的传递路线，既要保证会计凭证经过必要的环节进行处理和审核，又要避免在不必要的环节停留，所设计的程序要合理、适用、前后衔接紧密，便于各环节相互联系和监督。

（二）凭证在各个环节停留的时间

设计凭证在各个环节停留的时间要合理，不宜过长或过短，要求在规定的时间内处理和传递凭证，不准拖延和积压会计凭证，更不允许跨期，以保证会计核算的准确性和及时性。

二、装订会计凭证

会计凭证装订是每一名会计人员必备的一项会计技能，会计凭证记账后，应及时装订。装订的范围：原始凭证、记账凭证、科目汇总表、银行对账单等。科目汇总表的工作底稿也可以装订在内，作为科目汇总表的附件。使用计算机会计系统的企业，还应将转账凭证清单等装订在内。单一的凭证如何装订成册，如何进行有效完整的管理，是我们要学习的内容。

微课5-8

会计凭证的装订

（一）会计凭证装订前的准备工作

（1）分类整理，按顺序排列，检查日数、编号是否齐全。

（2）按凭证汇总日期归集（如按上、中、下旬汇总归集），确定装订成册的本数。

（3）摘除凭证内的金属物（如订书钉、大头针、回形针），对大的附件要折叠成记账凭证大小，且要避开装订线，以便翻阅，也要保持数字完整。

（4）整理检查凭证顺序号，如有颠倒要重新排列，发现缺号要查明原因。还要检查附件有无漏缺，领料单、入库单、工资单、奖金发放单是否随附齐全。

（5）记账凭证上有关人员（如财务主管、复核、记账、制单等）的印章是否齐全。

（二）会计凭证装订前的排序、粘贴和折叠

1.对会计凭证进行排序和粘贴

对于纸张面积过小的原始凭证，一般不能直接装订，可先按一定次序或类别排列，再粘在一张与记账凭证大小相同的白纸上。同类同金额的单据尽量粘在一起，先下后上粘贴，上下（或左右）错开，便于翻阅，如图5-7所示。

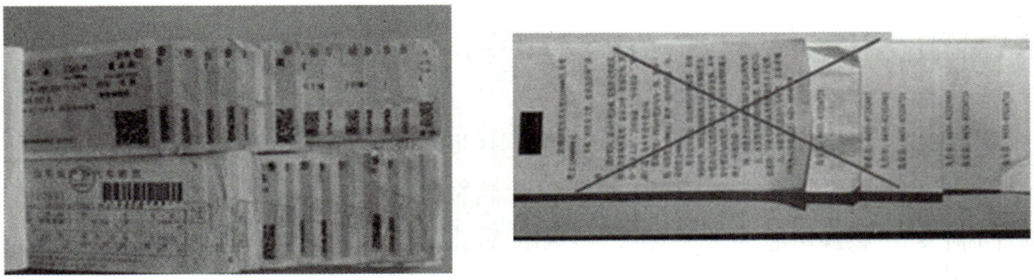

图5-7　原始凭证的粘贴顺序

2.对会计凭证进行折叠

对于纸张面积大于记账凭证的原始凭证，可按照记账凭证的面积尺寸，先自下向后，再自右向后折叠。在折叠时，需要将凭证的左上角让出来，以便装订后可以展开查阅。有的原始凭证不仅面积大，而且数量多，可以单独装订，如工资单、领料单等，但在记账凭证上应注明保管地点。

【小思考5-6】对于纸张面积略小于记账凭证的原始凭证，应该如何作为记账凭证的附件进行装订？

（三）会计凭证装订方法

（1）将凭证封皮和封底，分别附在凭证前面和后面，再拿一张质地相同的纸放在封皮上角，做装订线保护纸。

（2）在凭证的左上角画一边长为5厘米的等腰三角形，用夹子夹住，用装订机在底线上均匀地打两个眼儿。

（3）用针和棉线来回穿眼，穿完线后在凭证的背面打结。

（4）将护角向左上方折，并将一侧剪开至凭证的左上角，然后抹上胶水。

（5）向上折叠，将侧面和背面的线绳扣粘死。

（6）待晾干后，在凭证本的侧脊上面写上“某年某月第几册共几册”的字样。装订人在装订线封签处签名或者盖章，如图5-8所示。

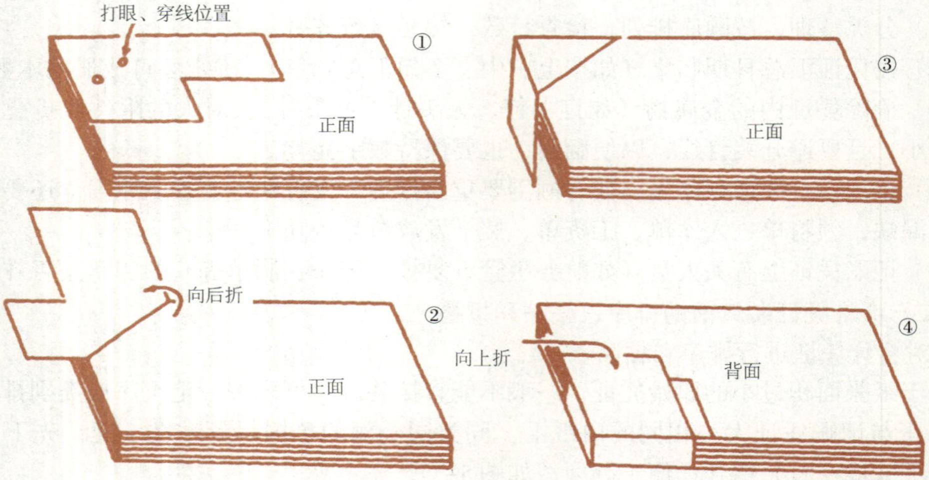

图5-8　装订会计凭证示意图

三、保管会计凭证

会计凭证是记录经济业务，明确经济责任并据以登记账簿的书面证明文件，是企业发生经济业务的见证和重要的历史资料，是会计档案的重要组成部分，各单位必须按规定建立立卷归档制度，妥善保管会计资料，以便日后查用。关于会计凭证的保管工作，主要从以下几个方面着手：

（1）经手会计凭证的每个会计人员都应有强烈的责任心，认真做好会计凭证的保管工作，使其齐全、完整、不丢失、不缺损。

（2）根据企业经济业务的频繁次数，定期（一般为每旬或每月）对登记账簿后的各项原始凭证进行分类整理，并按记账凭证的编号顺序连同所附的原始凭证或原始凭证汇总表折叠整齐，后加具封面、封底装订成册，并在封面、封底上加贴封签，在封签处加盖会计主管的骑缝图章。记账凭证的封面、封底要认真、准确填写。

如果附在记账凭证后的原始凭证过多，可以单独装订原始凭证，成册保管，并在装订成册的封面上注明所属记账凭证的日期、种类和编号，同时在有关的记账凭证上注明：“附件另订”，并在相关的原始凭证和记账凭证上相互注明日期和编号，以便日后查找。另外，各种经济合同、存出保证金收据及涉外文件等重要的原始单据，应当另编目录，单独登记保管，并在有关记账凭证和原始凭证上相互注明日期和编号。

（3）装订成册的会计凭证应指定专人保管，不得随意外借或涂改。若其他单位需要借阅存档凭证，必须经过本单位会计主管人员同意并批准，方可调档、借阅。

（4）会计凭证的保管期限和销毁手法，必须严格按照国家会计法规、会计制度的有关规定执行。2015年12月11日，财政部、国家档案局联合发布修订的《会计档案管理办法》，其规定，一般的原始凭证、记账凭证保管期限均为30年，银行对账单保管期限一般为10年，具体保管期限见表5-24。对于保存期满的会计凭证必须开列清单，经本单位领导审核，报上级主管部门批准，方可销毁。

表5-24　企业和其他组织会计凭证及其他会计资料保管期限

序号	档案名称	保管期限	备　注
1	原始凭证	30年	对于未结清债权债务的原始凭证和涉及其他未了事项（如超过会计档案保管期限但尚未报废的固定资产购买凭证）的原始凭证不得销毁
2	记账凭证	30年	
3	汇总凭证	30年	
4	银行存款余额调节表	10年	
5	银行对账单	10年	

知识链接

《会计基础工作规范》对会计凭证的规定

《会计基础工作规范》规定：

第五十四条　各单位会计凭证的传递程序应当科学、合理，具体办法由各单位根据会计业务需要自行规定。

第五十五条　会计机构、会计人员要妥善保管会计凭证。

（一）会计凭证应当及时传递，不得积压。

（二）会计凭证登记完毕后，应当按照分类和编号顺序保管，不得散乱丢失。

（三）记账凭证应当连同所附的原始凭证或者原始凭证汇总表，按照编号顺序折叠整齐，按期装订成册，并加具封面，注明单位名称、年度、月份和起讫日期、凭证种类、起讫号码，由装订人在装订线封签外签名或者盖章。

对于数量过多的原始凭证，可以单独装订保管，在封面上注明记账凭证日期、编号、种类，同时在记账凭证上注明“附件另订”和原始凭证名称及编号。

各种经济合同、存出保证金收据以及涉外文件等重要原始凭证，应当另编目录，单独登记保管，并在有关的记账凭证和原始凭证上相互注明日期和编号。

（四）原始凭证不得外借，其他单位如因特殊原因需要借用原始凭证时，经本单位会计机构负责人、会计主管人员批准，可以复制。向外单位提供的原始凭证复制件，应当在专设的登记簿上登记，并由提供人员和收取人员共同签名或者盖章。

（五）从外单位取得的原始凭证如有遗失，应当取得原开出单位盖有公章的证明，并注明原来凭证的号码、金额和内容等，由经办单位会计机构负责人、会计主管人员和单位领导人批准后，才能代作原始凭证。如果确实无法取得证明，如火车、轮船、飞机票等凭证，由当事人写出详细情况，由经办单位会计机构负责人、会计主管人员和单位领导人批准后，代作原始凭证。

【德技并修】出差是单位会计工作中一项非常平常的事，因公出差期间所产生的交通费、住宿费、餐饮费和公杂费等各项费用都由工作单位来支付，这些费用统称为差旅费。在差旅费报销业务中，行政事业单位应按照财政部出台的一系列关于中央和国家机关差旅费管理细则的规定，对出差人员要按照相应的职位等级选择出行工具、住宿标准及相应补助，明确进行审核监督。对不真实、不合法的原始凭证，不予受理。对弄虚作假、严重违法的原始凭证，在不予受理的同时，应当予以扣留，并及时向单位领导人报告，请求查明原因，追究当事人的责任。对记载不准确、不完整的原始凭证，予以退回，要求经办人员更正、补充。

会计凭证是会计核算的第一手资料，它的真实性、完整性、合法性对会计账簿和会计报告的真实性起到"源头控制"作用。如果不重视会计凭证，必然会因经济责任不明，给贪污盗窃大开方便之门；如果会计凭证填制错误，必然会给国家带来税收损失，给不法分子偷税骗税带来可乘之机。同时，经常查询中央和国家机关对出差人员选择出行工具、住宿标准及相应补助的相关规定，充分认识到政府建设节约型社会的决心和担当，高效利用各种资源，以尽可能少的资源消耗支撑全社会较高福利水平的可持续的社会发展模式，早日实现中华民族伟大复兴的中国梦。

同步习题与实训

一、判断题

1. 保管期满的会计凭证，经单位负责人批准可销毁。 ( )

2. 年度终了后，会计凭证可暂由会计机构保管一年，期满后应由会计机构移交本单位档案保管机构统一保管。 ( )

3. 原始凭证原则上不得外借，其他单位如有特殊原因确实需要使用的，经本单位会计主管人员同意并批准，方可调档、借阅。 ( )

4. 会计凭证的传递，是指从会计凭证的取得或填制时起至归档保管过程中，在单位财务部门和人员之间的传递程序。 ( )

5. 会计凭证的装订范围包括原始凭证、记账凭证、银行对账单等，科目汇总表可不予装订。 ( )

6. 单独装订的原始凭证，如工资单、领料单等，应在记账凭证上注明保管地点。 ( )

7. 装订成册的会计凭证应指定专人保管，不得随意外借或涂改。 ( )

8. 会计凭证的最长保管期限为30年。 ( )

二、单项选择题

1. 会计凭证的传递是指（　　），在单位内部有关部门及人员之间的传递程序。

A. 从会计凭证的填制时起到登记账簿止

B. 从会计凭证的填制或取得时起到归档保管止

C. 从会计凭证审核后到归档止

D. 从会计凭证的填制或取得时起到汇总登记账簿止

2. 关于会计凭证的保管，下列各项说法不正确的是（　　）。

A. 会计凭证应定期装订成册，防止散失

B. 会计主管人员和保管人员应在封面上签章

C. 原始凭证不得外借，其他单位如有特殊原因确实需要使用的，经本单位会计机构负责人、会计主管人员批准，可以借阅

D. 经单位领导批准，会计凭证在保管期满前可以销毁

3. 银行对账单的保管期限为（　　）。

A. 5 年　　B. 10 年　　C. 15 年　　D. 长期

4. 一般的会计凭证保管期限为（　　）。

A. 5 年　　B. 15 年　　C. 30 年　　D. 长期

5. 会计档案保管清册的保管期限为（　　）。

A. 10 年　　B. 15 年　　C. 30 年　　D. 永久

三、多项选择题

1. 按照《会计档案管理办法》的规定，下列各项保管期限为 30 年的有（　　）。

A. 原始凭证　　B. 记账凭证　　C. 银行对账单　　D. 汇总凭证

2. 其他单位因特殊原因需要使用本单位的原始凭证，正确的做法有（　　）。

A. 可以外借

B. 将外借的会计凭证拆封抽出

C. 不得外借，经本单位会计机构负责人或会计主管人员批准，可以复制

D. 将向外单位提供的凭证复印件在专设的登记簿上登记

3. 影响会计凭证传递的因素有（　　）。

A. 企业生产组织的特点　　B. 企业经济业务的内容

C. 企业管理的要求　　D. 规定的保管期限

4. 会计凭证传递程序和方法的设计内容包括（　　）。

A. 保管期限及销毁制度　　B. 会计凭证的传递路线

C. 会计凭证的装订范围和方法　　D. 会计凭证在各个环节的停留时间

5. 会计凭证的装订范围包括（　　）。

A. 原始凭证　　B. 记账凭证　　C. 科目汇总表　　D. 银行对账单

6. 会计凭证装订前的准备工作包括（　　）。

A. 分类整理，按顺序排列

B. 按凭证汇总日期归集确定装订成册的本数

C. 摘除凭证内的金属物，对大的张页或附件要折叠成同记账凭证大小

D. 检查记账凭证上有关人员的印章是否齐全

项目六

设置和使用会计账簿

【知识点】

1. 会计账簿的概念和分类
2. 会计账簿的启用和记账规则

【技能点】

1. 设置和登记会计账簿
2. 对账与结账
3. 查找和更正错账

【素养点】

1. 通过账簿登记的学习，做到坚持准则、客观公正、诚实守信，不做假账
2. 通过对账簿管理的学习，做到提高技能、强化服务，为单位提供可靠相关的会计信息

引言

考古发现和古书记载表明，我国商代已有了“册”的名称。当时人们在竹片、木片上登记账目叫“作册”，后人称为“简册”。西周至春秋时期，人们将登记经济账目的竹简称为“籍”或“籍书”。战国中期至秦朝，开始有“簿书”之称。两汉时期，人们已从名称区别入手，把会计记录与统计记录区分开来：把记录会计事项的简册称为“簿”，或曰“簿书”“计簿”；把记录统计事项的简册称为“籍”，如户籍等。南北朝时期，“帐”字的内在含义被引申到对社会经济的核算方面，并逐步扩展到了官厅会计和民间会计核算领域。在唐朝，“簿”字继承了传统的名称，“帐”字则增添了新的色彩。唐代人认为“簿”与“帐”合用，当有大小和主次之分，下级单位所用册籍谓之“簿”，而上级单位所用册籍谓之“帐”。到了宋代，“帐”已成为对一切经济簿籍最普通的称呼，人们把“记帐”称为“入帐”，把期末结存之数称为“尾帐”等。到明清时代，“帐簿”的称谓已习以为常。那时用的订本式“帐簿”一般是蓝布封面，粘贴红色标签，上用墨笔书写“流水帐”“誊清帐”的字样，另外还加上诸如“日积月累”“堆金积玉”等吉祥用语。有意思的是，社会上有一些人感到“巾”字旁的“帐”字用于会计核算欠妥，故创造出一个“账”字取代它。自古以来，“贝”字就是财物的代表，创造和启用“账”的根本原因就在这儿。

任务一　认知会计账簿

一、会计账簿的概念

微课6-1

会计账簿基本知识

各单位每发生一项经济业务，都必须取得或填制原始凭证，并根据审核无误的原始凭证及有关资料填制记账凭证。通过记账凭证的填制和审核，可以反映和监督单位每一项经济业务的发生和完成情况。但是由于会计凭证数量多，格式不一，所提供的资料比较分散、孤立、零碎，缺乏科学的分析和加工，表现为大量个别数据的集合，不便于会计信息的整理与报告，不能满足各方面的需要。为了连续、系统、全面地反映单位在一定时期内的某一类和全部经济业务及其引起的资产与权益的增减变化情况，给经济管理提供完整而系统的会计核算资料，并为编制财务报表提供依据，就需要设置会计账簿，把分散在会计凭证中的大量核算资料加以集中和归类整理，分门别类地记录在账簿中。

会计账簿是指由一定格式账页组成的，以审核无误的会计凭证为依据，全面、系统、连续地记录各项经济业务的簿籍。各单位应当按照国家统一会计制度的规定和会计业务的需要设置会计账簿。

知识链接

账簿与账户的关系

会计账簿是账户的表现形式，两者既有区别又有联系。账户在账簿中以规定的会计科目开设户头，用以规定不同的账簿所记录的内容，账户存在于账簿之中，账簿中的每一账页就是账户的存在形式和信息载体。如果没有账户，也就没有所谓的账簿；如果没有账簿，账户也成了一种抽象的东西，无法存在。账簿只是一种外在形式，账户才是它的真实内容。账簿序时、分类地记载经济业务，是在个别账户中完成的，也可以说，账簿是由若干账页组成的一个整体，而开设于账页上的账户则是这个整体中的个别部分。因此，账簿和账户的关系，是形式和内容的关系。

二、会计账簿的分类

（一）账簿按用途分类

账簿按其用途的不同，可以分为序时账簿、分类账簿和备查账簿三种。

1.序时账簿

序时账簿，也称日记账，是按照经济业务发生时间的先后顺序，逐日逐笔登记经济业务的账簿。日记账按其记录内容的不同，又分为普通日记账和特种日记账。

普通日记账，也称通用日记账，是用来登记企业所发生的全部经济业务的日记账。在账中，按照每日所发生的经济业务的先后顺序，逐笔编制会计分录，因而这种日记账也称分录日记账。设置普通日记账的单位，一般不再编制记账凭证，以免重复。

特种日记账是用来专门记录某一特定类型的经济业务发生情况的日记账。在账中，将该类经济业务按其发生的先后顺序逐日逐笔进行登记。如记录现金收付业务及其结存情况的库存现金日记账，记录银行存款收付业务及其结存情况的银行存款日记账，以及专门记录转账业务的转账日记账。我国要求企业必须设置的特种日记账是库存现金日记账和银行存款日记账。

2.分类账簿

分类账簿是指对发生的全部经济业务按照会计科目进行分门别类登记的账簿。分类账簿按其反映内容的详略程度不同，又可分为总分类账簿和明细分类账簿。

总分类账簿，简称总账，是根据一级会计科目设立的总分类账户，用来总括分类记录全部经济业务的账簿。它可以提供各种资产、负债、收入、成本、费用等总括核算资料。明细分类账簿，简称明细账，是按照明细科目设立的分类账户，用以详细反映经济业务内容。总分类账对明细分类账具有统驭和控制作用，明细分类账是对总分类账的补充和具体化，两者相辅相成，互为补充。在实际工作中，每个会计主体都可以根据经营管理的需要，为不同的总分类账设置所属明细分类账。

3.备查账簿

备查账簿也称辅助账簿，是指对一些在序时账簿和分类账簿中不能记载或记载不全的经济业务进行补充登记的账簿，对序时账簿和分类账簿起补充作用。相对于序时账簿和分类账簿这两种主要账簿而言，备查账簿属于辅助性账簿，与其他账簿之间不存在严密的钩稽关系，不受总分类账或明细分类账的控制。它可以为经营管理提供参考资料，如租入的固定资产登记簿、应收票据备查簿、代销商品登记簿等。

知识链接

备查账簿与序时账簿和分类账簿的区别

备查账簿与序时账簿和分类账簿相比，存在两点不同：一是登记依据可能不是记账凭证，甚至不是一般意义上的原始凭证；二是账簿的格式和登记方法不同，备查账簿的主要栏目不记录金额，它更注重用文字来表述某项经济业务的发生情况。

（二）账簿按外表形式分类

各种账簿都具有一定的外表形式，按其外表形式的不同，可分为订本式账簿、活页式账簿和卡片式账簿。

1. 订本式账簿

订本式账簿是指在启用前就将许多账页装订成册并连续编号的账簿。其优点是能够避免账页散失和人为地抽换账页，保证账簿记录资料的安全完整。缺点是必须事先估计每个账户所需要的账页张数，预留账页过多，会造成浪费，而预留太少又会影响账户的连续登记；在同一时间因账页固定，只能由一人登记账簿，不便于分工记账。因此，一般情况下，比较重要的、账户数量变化不大的账簿使用订本式，如总分类账、库存现金日记账和银行存款日记账。

2. 活页式账簿

活页式账簿简称活页账，是指在启用前既不进行账页装订，也不按顺序连续编号，其账页置于活页账夹中，年末将本年所登记的账页装订成册并连续编号的账簿。其优点是记账时可根据需要随时抽换、增添或重新排列账页，登记方便，且便于分工记账。其缺点是账页容易散失或被人抽换。明细分类账大多采用活页账。

3. 卡片式账簿

卡片式账簿是指用印有记账格式和特定内容的卡片登记经济业务的账簿。这种账簿一般用卡片箱装置，不用装订成册，可以随取随放，它实际上是一种特殊的活页式账簿。其优点在于使用比较灵活，保管比较方便，有利于详细记录经济业务的具体内容，可跨年度使用，无须经常更换。缺点是卡片容易散失，一般应放置在卡片箱内。在我国，企业一般只对固定资产的核算采用卡片账形式，有少数企业在材料核算中也使用材料卡片。

（三）账簿按账页格式分类

账簿按账页格式的不同，可以分为三栏式账簿、数量金额式账簿、多栏式账簿和横线登记式账簿等。

1. 三栏式账簿

三栏式账簿是指将账页中登记金额的部分分为三个栏目，即借方、贷方和余额三栏的账簿。这种格式适用于只需要提供价值核算信息，不需要提供数量核算信息的账簿，如总分类账、库存现金日记账、银行存款日记账、债权债务明细分类账等。

2. 数量金额式账簿

数量金额式账簿是指在借方、贷方和余额栏下分别设置数量、单价和金额三个小栏目，用以登记财产物资的实物数量和价值量的账簿。这种明细分类账一般适用于既要进行金额核算又要进行实物数量核算的财产物资的明细核算，如原材料、周转材料和库存商品等存货类明细分类账。

3. 多栏式账簿

多栏式账簿是指由多栏式账页组成的账簿。多栏式明细分类账有三种具体的结构：第一种结构是“借方”设置多栏，详细反映多个项目的借方金额，如“生产成本”“制造费用”“管理费用”等成本、费用类明细分类账；第二种结构是“贷方”设置多栏，详细反映多个项目的贷方金额，如“主营业务收入”“其他业务收入”等收入类明细分类账；第三种结构是“借方”和“贷方”都设置多栏，详细反映“借方”和“贷方”各个项目的发生额，如“应交税费——应交增值税”明细分类账。

4. 横线登记式账簿

横线登记式账簿也称平行式账簿，其基本结构是账户从借方到贷方的同一行内，记录某一经济业务从发生到结束的所有事项。这种账页一般适用于需要逐笔进行结算的经济业务，如“材料采购”“其他应收款”明细分类账等。

企业可根据经营管理的需要，设置上述相互联系、相互补充的账簿体系。账簿的分类如图6-1所示。

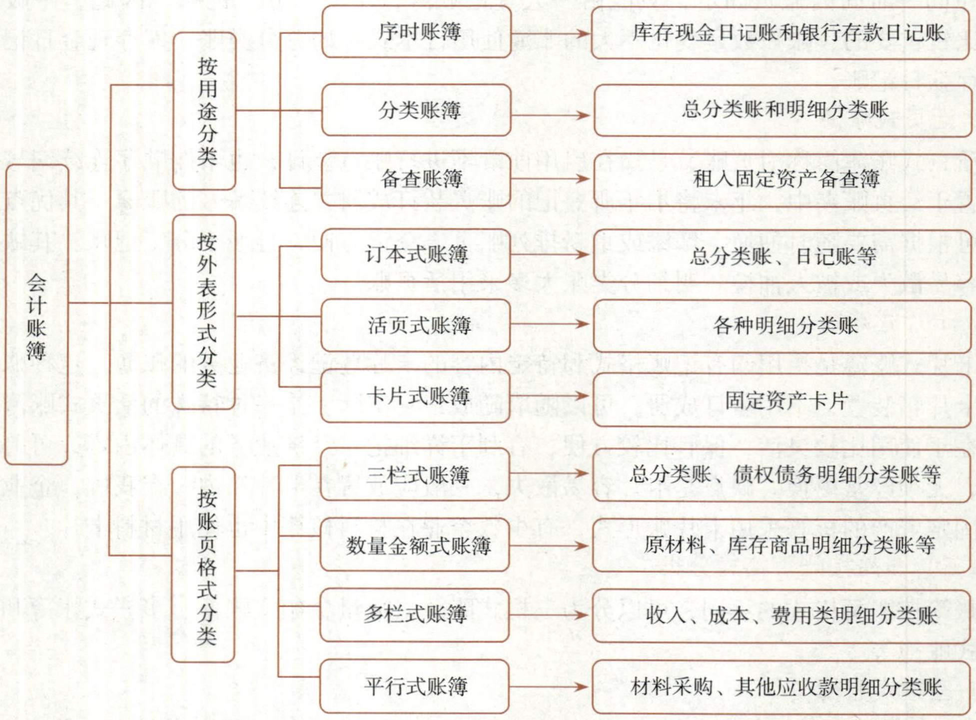

图6-1 账簿的分类

会计账簿的种类很多，各种账簿之间既有区别，又有联系。任何企业的账簿设置，都应适合本单位的规模和特点，以及经营管理的需要。因此，账簿设置既要保证便于记账、算账，能够及时正确地从账簿中取得经营管理和编制财务报表的资料，又要严密精简，避免重叠、烦琐和遗漏，有利于节约人力物力，提高工作效率。

根据《中华人民共和国会计法》的规定，所有实行独立核算的国家机关、社会团体、公司、企业、事业单位和其他组织都必须设置总分类账、明细分类账、日记账及其他辅助账簿等法定会计账簿，并保证其内容真实、完整。

三、会计账簿的启用和记账规则

知识链接

会计账簿应具备的基本内容

各种账簿所记录的经济业务不同，账簿格式可以多种多样，但各种主要账簿应具备下列基本内容：

（1）封面。主要标明会计账簿名称、记账单位名称和会计年度。

（2）扉页。主要标明会计账簿的使用信息，内容包括：单位名称、填列账簿启用的日期和截止日期、页数、册次；账簿经管人员一览表；交接记录；账户目录等。

（3）账页。账页的格式，因反映经济业务内容的不同而不同，但基本内容包括：账户的名称、登账日期栏、凭证种类和号数栏、摘要栏、金额栏、总页次和分户页次等。

（一）会计账簿的启用

为了保证会计账簿记录的合法性和会计资料的真实性、完整性，明确经济责任，会计账簿应由专人负责登记。

启用会计账簿时应在账簿封面上写明单位名称和账簿名称，并在账簿扉页上附账簿启用和经管人员一览表（简称启用表）。启用表内容主要包括：账簿名称、启用日期、账簿页数、记账人员和会计机构负责人、会计主管人员姓名，并加盖名章和单位公章。账簿启用及交接表格式见表6-1。

表6-1　账簿启用及交接表

<table>
<tr><td colspan="3">单位名称</td><td colspan="7"></td><td>单位印鉴</td></tr>
<tr><td colspan="3">账簿名称</td><td colspan="7"></td><td rowspan="4"></td></tr>
<tr><td colspan="3">账簿编号</td><td colspan="7"></td></tr>
<tr><td colspan="3">账簿页数</td><td colspan="7">本账簿共计　　　页</td></tr>
<tr><td colspan="3">启用日期</td><td colspan="7">年　月　日</td></tr>
<tr><td colspan="2">经管人员</td><td colspan="3">接　管</td><td colspan="3">移　交</td><td colspan="2">会计机构负责人</td><td>印花税票粘贴处</td></tr>
<tr><td>姓名</td><td>盖章</td><td>年</td><td>月</td><td>日</td><td>年</td><td>月</td><td>日</td><td>姓名</td><td>盖章</td><td rowspan="5"></td></tr>
<tr><td></td><td></td><td></td><td></td><td></td><td></td><td></td><td></td><td></td><td></td></tr>
<tr><td></td><td></td><td></td><td></td><td></td><td></td><td></td><td></td><td></td><td></td></tr>
<tr><td></td><td></td><td></td><td></td><td></td><td></td><td></td><td></td><td></td><td></td></tr>
<tr><td></td><td></td><td></td><td></td><td></td><td></td><td></td><td></td><td></td><td></td></tr>
</table>

知识链接

会计账簿需要粘贴印花税票

根据税法的规定，营业账簿属于印花税的征税范围，企业启用的各种资金账簿都应粘贴印花税票或使用税收缴款书缴纳印花税。印花税票一律粘贴在账簿扉页的启用表上，在印花税票中间划两条出头的横线，表示注销并表明账簿开立的合法性；使用缴款书缴纳印花税，在账簿扉页启用表上注明“印花税已缴”及缴款金额。

记账人员或者会计机构负责人、会计主管人员调动工作时，必须办理账簿交接手续，在账簿启用和经管人员一览表中注明交接日期、交接人员和监交人员姓名，并由双方交接人员签名或者盖章，以明确有关人员的责任，增强有关人员的责任感，维护会计记录的严肃性。

此外，为了保证账簿记录的完整性，防止账页散失和便于查阅账簿资料，还应设置账户目录。账户目录是由记账人员在账簿中开设户头后，按顺序将每个账户的名称和页数进行登记。订本式账簿，应当从第一页到最后一页按顺序编定页数，不得跳页、缺页。对于活页式账簿，由于在账簿启用时无法确定页数，可先将账户名称填写好，待年终装订后再按实际使用的账页顺序编定页码。账户目录格式见表6-2。

表6-2 账户目录

科目名称	起讫页数	科目名称	起讫页数	科目名称	起讫页数
	~		~		~
	~		~		~
	~		~		~
	~		~		~
	~		~		~
	~		~		~
	~		~		~

知识链接

在会计账簿中查找账户的技巧

会计人员在启用账簿时，为查找方便，提高登账速度，可以在账簿上方或右边粘贴口取纸，在口取纸上写上账户名称，按鱼鳞参差形式粘贴，每个账户都应留有所需的账页数，既不能少，不够使用；也不能多，造成浪费。这种做法多用于总分类账和明细分类账，在总分类账账页分页使用时，最好按资产、负债、所有者权益、收入、费用的顺序来分页，在口取纸选择上也可将资产、负债、所有者权益、收入、费用按不同颜色区分开，以便于登记。口取纸的粘贴规范为：打开账本封面，可见口取纸上科目名称；合上封面，几乎不露口取纸。

（二）会计账簿的记账规则

为了保证账簿记录、成本计算和会计报表不出现差错，必须根据审核无误的会计凭证登记会计账簿，并符合下列要求：

1. 准确完整

登记会计账簿时，应当将会计凭证日期、编号、业务内容摘要、金额和其他有关资料逐项记入账内，做到数字准确、摘要清楚、登记及时、字迹工整。对于每一项会计事项，一方面要记入有关的总分类账，另一方面要记入该总分类账所属的明细分类账。账簿记录中的日期，应该填写记账凭证上的日期；以自制的原始凭证（如收料单、领料单等）作为记账依据的，账簿记录中的日期应按有关自制凭证上的日期填列。

2. 登记账簿要及时

登记账簿的间隔时间应该多长，没有统一的规定。总分类账按各单位所选用的会计核算形式来确定登记的依据和具体时间，总的来说是时间间隔越短越好；对于各种明细分类账，可逐日逐笔进行登记，也可定期（3天或5天）登记，但债权债务类和财产物资类明细分类账应当每天进行登记；库存现金和银行存款日记账，应当根据办理完毕的收付款凭证，随时逐笔顺序进行登记，至少每天登记一次。

3. 注明记账符号

登记完毕后，要在记账凭证上签名或者盖章，并注明已经登账的符号“√”，表示已经记账。在记账凭证上设有专门的栏目用来注明记账符号，以免发生重记或漏记。

4. 书写留空

账簿中书写的文字和数字上面要留有适当空格，不要写满格，一般应占格距的1/2。这样，一旦发生登记错误，能比较容易地进行更正，同时方便查账工作。

5. 正常记账使用蓝黑墨水

为了保证账簿记录的持久性，防止涂改，登记账簿必须使用蓝黑墨水或者碳素墨水书写，不得使用圆珠笔（银行的复写账簿除外）或者铅笔书写。在会计上，数字的颜色是重要的语素之一，它同数字和文字一起传达会计信息，书写墨水的颜色用错了，其导致的概念混乱不亚于数字和文字的错误。

6. 特殊记账使用红墨水

依据财政部会计基础工作规范的规定，下列情况，可以用红色墨水记账：

（1）按照红字冲账的记账凭证，冲销错误记录；

（2）在不分设借贷栏的多栏式账页中，登记减少数；

（3）在三栏式账户的余额栏前，如未印明余额方向，在余额栏内登记负数余额；

（4）期末结账时的划线；

（5）根据国家统一会计制度的规定可以用红字登记的其他会计记录。

7. 顺序连续登记

各种账簿按页次顺序连续登记，不得跳行、隔页。如果发生跳行、隔页，更不得随便更换账页和撤出账页，作废的账页也要留在账簿中。如果发生跳行、隔页现象，应在空行、空页处用红色墨水划对角线注销，或者注明“此行空白”“此页空白”字样，并由记账人员和会计机构负责人签名或者盖章。

8. 结出余额

凡需要结出余额的账户，结出余额后，应当在“借或贷”栏内注明“借”或“贷”字样，以示余额的方向；没有余额的账户，应当在“借或贷”栏内写“平”字，并在余额栏内用“0”表示。库存现金日记账和银行存款日记账必须逐日结出余额。一般说来，对于没有余额的账户，在余额栏内标注的“0”应当放在“元”位。

9.过次承前

每一账页登记完毕结转下页时，应当结出本页合计数及余额，写在本页最后一行和下页第一行有关栏内，并在摘要栏内注明“过次页”和“承前页”字样；也可以将本页合计数及金额只写在下页第一行有关栏内，并在摘要栏内注明“承前页”字样。

对需要结计本月发生额的账户，结计“过次页”的本页合计数应当为自本月初起至本页末止的发生额合计数；对需要结计本年累计发生额的账户，结计“过次页”的本页合计数应当为自年初起至本页末止的累计数；对既不需要结计本月发生额，也不需要结计本年累计发生额的账户，可以只将每页末的余额结转次页。

10.不得刮擦、涂改

账簿记录发生错误时，必须按规定方法更正，严禁刮、擦、挖、补，或使用化学药水清除、更改字迹。错账必须按规定方法更正。

（三）会计账簿的更换

会计账簿的更换是指在会计年度终了，将上年旧账更换为次年新账。

更换新账的程序是：年度终了，在本年有余额的账户“摘要”栏内注明“结转下年”字样。在更换新账时，注明各账户的年份，在第一行“日期”栏内写明1月1日；“凭证种类号数”栏空置不填；在新账“摘要”栏内注明“上年结转”字样，将各账户的年末余额直接抄入新账余额栏内，并注明余额的借贷方向。过入新账的有关账簿余额的结转事项，不需要编制记账凭证。

在新的会计年度建账，并不是所有账簿都更换为新的。一般来说，库存现金日记账、银行存款日记账、总分类账、大多数明细分类账应每年更换一次。但是，有些财产物资明细分类账和债权债务明细分类账，由于材料品种、规格和往来单位较多，更换新账，重抄一遍，工作量较大，因此，可以跨年度使用，不必每年更换一次。第二年使用时，可直接在上年终了的双线下面记账。固定资产明细分类账由于一年内变化不大，可以连续使用。各种备查账簿也可以连续使用。

（四）会计账簿的保管

会计账簿是各单位重要的经济资料，必须建立管理制度，妥善保管。账簿管理分为平时管理和归档保管两部分。

1.账簿平时管理的具体要求

（1）各种账簿要分工明确，指定专人管理，账簿经管人员既要负责记账、对账、结账等工作，又要负责保证账簿安全。

（2）会计账簿未经领导和会计负责人或者有关人员批准，非经管人员不能随意翻阅查看会计账簿。

（3）会计账簿除需要与外单位核对外，一般不能携带外出，对携带外出的账簿，一般应由经管人员或会计主管指定专人负责。

（4）会计账簿不能随意交与其他人员管理，以保证账簿安全和防止任意涂改账簿等问题的发生。

2. 旧账归档保管

（1）旧账归档、装订

年度终了，更换并启用新账后，对更换下来的旧账要整理装订，造册归档。归档前旧账的整理工作包括：检查和补齐应办的手续，如改错盖章、注销空行及空页、结转余额等。活页账应撤出未使用的空白账页，再装订成册，并注明各账页页数。

旧账装订时应注意：活页账一般按账户分类装订成册，一个账户装订成一册或数册；某些账户的账页较少，也可以合并装订成一册。装订时，应检查账簿扉页的内容是否填写齐全。装订后应由经办人员及装订人员、会计主管人员在封口处签名或盖章。旧账装订完毕应编制目录，因为本年度发生的业务很有可能与上年度发生联系，故上年度的会计资料可以存放在财务部门的档案柜内，以便查阅；以前年度的会计资料装订完毕应编制目录和移交清单，按期移交单位档案部门保管。各种账簿同会计凭证和财务报表一样，都是重要的经济档案，必须按照制度统一规定的保存年限妥善保管，不得丢失和任意销毁。

（2）会计账簿的保管

根据中华人民共和国财政部、国家档案局2015年12月11日联合签发的第79号令《会计档案管理办法》的规定，会计档案的保管与销毁规定如下：

① 当年形成的会计档案，在会计年度终了后，可由单位会计管理机构临时保管1年，再移交单位档案管理机构保管。因工作需要确需推迟移交的，应当经单位档案管理机构同意。

② 单位会计管理机构临时保管会计档案最长不超过3年。临时保管期间，会计档案的保管应当符合国家档案管理的有关规定，且出纳人员不得兼管会计档案。

③ 单位应当严格按照相关制度利用会计档案，在进行会计档案查阅、复制、借出时履行登记手续，严禁篡改和损坏。单位保存的会计档案一般不得对外借出。确因工作需要且根据国家有关规定必须借出的，应当严格按照规定办理相关手续。会计档案借用单位应当妥善保管和利用借入的会计档案，确保借入会计档案的安全完整，并在规定时间内归还。

④ 会计档案的保管期限分为永久、定期两类。定期保管期限一般分为10年和30年。会计档案保管期限为最低保管期限。其中，总分类账、明细分类账、日记账、辅助账均应保存30年；固定资产卡片在固定资产报废清理后保管5年。会计档案的保管期限，从会计年度终了后的第一天算起。

（3）会计账簿的销毁

① 单位应当定期对已到保管期限的会计档案进行鉴定，并形成会计档案鉴定意见书。经鉴定，仍需继续保存的会计档案，应当重新划定保管期限；对保管期满，确无保存价值的会计档案，可以销毁。会计档案鉴定工作应当由单位档案管理机构牵头，组织单位会计、审计、纪检监察等机构或人员共同进行。

② 经鉴定可以销毁的会计档案，应当按照以下程序销毁：

a. 单位档案管理机构编制会计档案销毁清册，列明拟销毁会计档案的名称、卷号、册数、起止年度、档案编号、应保管期限、已保管期限和销毁时间等内容。

b. 单位负责人、档案管理机构负责人、会计管理机构负责人、档案管理机构经办人、会计管理机构经办人在会计档案销毁清册上签署意见。

c.单位档案管理机构负责组织会计档案销毁工作，并与会计管理机构共同派员监销。监销人在会计档案销毁前，应当按照会计档案销毁清册所列内容进行清点核对；在会计档案销毁后，应当在会计档案销毁清册上签名或盖章。

d.电子会计档案的销毁还应当符合国家有关电子档案的规定，并由单位档案管理机构、会计管理机构和信息系统管理机构共同派员监销。

e.保管期满但未结清的债权债务会计凭证和涉及其他未了事项的会计凭证不得销毁，纸质会计档案应当单独抽出立卷，电子会计档案单独转存，保管到未了事项完结时为止。

同步习题与实训

一、判断题

1.账簿只是一个外在形式，账户才是它的真实内容。账簿与账户的关系，是形式和内容的关系。（ ）

2.三栏式账簿是指具有日期、摘要、金额三个栏目格式的账簿。（ ）

3.为便于管理，“应收账款”“应付账款”明细账必须采用多栏式明细分类账格式。（ ）

4.三栏式或多栏式库存现金日记账，可以使用活页账。（ ）

5.在明细账的核算中，只需要进行金额核算的，必须使用三栏式明细账格式。（ ）

6.唐朝时，人们把记录会计事项的简册称为“簿”，把记录统计事项的简册称为“籍”。（ ）

7.日记账按其记录内容的不同分为普通日记账和特种日记账。（ ）

8.在实际工作中，每个会计主体都要为所有的总账账户设置所属明细账。（ ）

9.备查账簿属于辅助性账簿，与其他账簿之间不存在严密的钩稽关系，不受总账或明细账的控制。（ ）

10.三栏式账簿适用于只需要提供价值核算信息，不需要提供数量核算信息的账簿。（ ）

11.在登记各种账簿时，可以根据需要隔页、跳行。（ ）

12.启用订本式账簿时应当按从第一页到最后一页的顺序编定页数，可以跳页，不得缺号。（ ）

13.各种账簿必须按照国家统一规定的保存年限妥善保管，保管期满后可以销毁。（ ）

14.账簿中书写的文字和数字上面要留有适当的空间，不要写满格，一般应占格距的1/3。（ ）

15.每一账页登记完毕结转下页时，都应当结出本页合计数及余额，写在本页最后一行和下页第一行有关栏内，并在摘要栏内注明“过次页”和“承前页”字样。（ ）

16.所有的账簿每年都要更换新账。（ ）

17.账簿记录中的日期，应该填写记账凭证上的日期。（ ）

18.债权债务类和财产物资类明细账应当每天进行登记。　　　　　　　　　　（　　）

二、单项选择题

1.由具有一定格式的账页组成的，以审核无误的会计凭证为依据，全面、系统、连续地记录各项经济业务的簿籍称为（　　）。

A.会计账簿　　B.会计账户　　C.序时账簿　　D.分类账簿

2.（　　）提供的核算信息是编制财务报表的主要依据。

A.会计凭证　　B.序时账簿　　C.分类账簿　　D.总分类账

3.会计账簿是指由具有一定格式的账页组成的，以经过审核的（　　）为依据，全面、系统、连续地记录各项经济业务的簿籍。

A.原始凭证　　B.记账凭证　　C.会计凭证　　D.账页

4.会计账簿可按不同的标准进行分类，下列属于按用途划分的账簿类别是（　　）。

A.数量金额式明细账　　B.活页账

C.订本账　　D.序时账

5.订本式账簿主要适用于（　　）。

A.债权、债务明细账　　B.收入、费用明细账

C.材料、商品明细账　　D.总账、日记账

6.下列各项可以采用卡片账的是（　　）。

A.原材料总分类账　　B.库存现金日记账

C.固定资产明细分类账　　D.固定资产总分类账

7.下列关于三栏式账簿的说法中，错误的是（　　）。

A.三栏式账簿是设有借方、贷方和余额三个基本栏目的账簿

B.各种收入、费用类明细账都采用三栏式账簿

C.三栏式账簿又分为设对方科目和不设对方科目两种

D.有“对方科目”栏的，称为设对方科目的三栏式账簿

8.下列明细分类账中，可以采用多栏式账簿的是（　　）。

A.应付账款明细分类账　　B.实收资本明细分类账

C.库存商品明细分类账　　D.管理费用明细分类账

9.下列账簿组成部分中，作为记录经济业务事项的载体的是（　　）。

A.封面　　B.扉页　　C.账页　　D.说明

10.下列关于会计账簿的登记要求，不正确的是（　　）。

A.账簿中书写的文字和数字一般应占格距的1/2

B.凡需结出余额的账户，若没有余额应该在“借或贷”栏内写“平”字，并在“余额”栏用“θ”表示

C.在不设借贷等栏的多栏式账页中，登记减少数可以用红字表示

D.债权债务类明细账可以定期登记

11.下列账簿中，不需要每年进行更换的是（　　）。

A.库存现金日记账　　B.银行存款日记账

C.总账　　D.固定资产明细账

12.需要结计本年累计发生额的账户，结计“过次页”的合计数为（　　）。

A.自年初起至本日止累计数　B.自年初起至本页末止累计数
C.自月初起至本页末止累计数　D.自本页初起至本页末止累计数

13.下列情况中，不可以用红色墨水记账的是（　）。
A.冲账的记账凭证，冲销错误记录
B.在不设借贷等栏的多栏式账页中，登记减少数
C.在三栏式账户的余额栏前，印明余额方向的，在余额栏内登记负数余额
D.在三栏式账户的余额栏前，未印明余额方向的，在余额栏内登记负数余额

14.下列做法中，不符合会计账簿登记规则的是（　）。
A.登记后在记账凭证上注明已经登账的符号
B.使用圆珠笔或铅笔登账
C.账簿中书写的数字占格距的1/2
D.按账簿页次顺序登记，不得跳行、跳页

15.在登记账簿过程中，每一账页的最后一行及下一页第一行都要办理转页手续，是为了（　）。
A.便于查账　B.防止遗漏
C.防止隔页　D.保持账簿记录的连续性

16.在登记账簿时，每记满一页，就应（　）。
A.计算本页的发生额
B.计算本页的余额
C.计算本页的发生额和余额，同时在摘要栏注明“过次页”字样
D.不计算本页的发生额和余额，但应在摘要栏注明“过次页”字样

三、多项选择题

1.下列各项属于会计账簿的主要分类标准的有（　）。
A.用途　B.账页格式　C.外形特征　D.金额

2.下列账簿中，属于按照账页格式的不同分类的有（　）。
A.横线登记式账簿　B.三栏式账簿
C.数量金额式账簿　D.多栏式账簿

3.活页式账簿的主要缺点有（　）。
A.使用不灵活，不便于分工　B.账页易散失
C.账页容易被抽换　D.不能有效防止记账差错

4.下列各项应采用多栏式账页格式的有（　）。
A.原材料明细分类账　B.主营业务收入明细分类账
C.管理费用明细分类账　D.制造费用明细分类账

5.下列各项属于常见的特种日记账的有（　）。
A.库存现金日记账　B.银行存款日记账
C.收入日记账　D.固定资产日记账

6.下列关于会计账簿与账户关系的说法中，正确的有（　）。
A.账户存在于账簿之中，账簿中的每一账页就是账户的存在形式和载体
B.没有账簿，账户就无法存在

C.账簿只是一个外在形式，账户才是其真实内容

D.账簿与账户的关系是形式和内容的关系

7.下列明细账中，应采用数量金额式账页格式的有（　　）。

A.原材料明细分类账　　B.库存商品明细分类账

C.固定资产明细分类账　　D.短期借款明细分类账

8.账簿按其外表形式的不同可分为（　　）。

A.订本式账簿　　B.活页式账簿　　C.卡片式账簿　　D.平行式账簿

9.下列说法正确的有（　　）。

A.库存现金、银行存款日记账，每月都要结出本月发生额和余额，在摘要栏内注明“本月合计”字样，并在下面通栏划单红线

B.需要结计本年累计发生额的明细账，每月结账时，应在“本月合计”行下结出自年初起至本月末止的累计发生额

C.总账账户平时只需结出月末余额。年终结账时，将所有总账账户结出全年发生额和年末余额，在摘要栏内注明“本年合计”字样，并在合计数下通栏划双红线

D.年度终了时，对有余额的账户，要将其余额结转下年，并在摘要栏注明“结转下年”字样

10.下列各项属于登记账簿的基本要求的有（　　）。

A.根据审核无误的会计凭证登记账簿

B.用蓝黑和碳素墨水书写，不得用圆珠笔（银行的复写账簿除外）或铅笔书写

C.不得用红色墨水记账

D.按页次顺序连续登记，不得跳行、隔页

11.下列各项属于登记会计账簿应当注意的事项的有（　　）。

A.特殊记账使用红墨水

B.各种账簿应按页次顺序连续登记，不得跳行、隔页

C.如果发生跳行、隔页，应当将空行、空页划线注销，或者注明“此行空白”或“此页空白”字样，并由记账人员签章

D.每一账页登记完毕结转下页时，都应当结出本页合计数及余额

12.登记会计账簿时，下列说法正确的有（　　）。

A.要使用蓝黑墨水笔书写　　B.月末结账划线可用红色墨水笔

C.在某些特定条件下可使用铅笔　　D.在规定范围内可以使用红色墨水笔

13.账簿的种类很多，但一般都应具备（　　）。

A.封面　　B.账夹　　C.扉页　　D.账页

14.下列情况中，可以用红色墨水笔记账的是（　　）。

A.按照红字冲账的记账凭证，冲销错误记录

B.在不分设借或贷栏的多栏式账页中，登记减少数

C.在三栏式账户的余额栏前，如未印明余额方向，在余额栏内登记负数余额

D.期末结账时划线

15.下列关于“过次页”和“承前页”的说法正确的有（　　）。

A.每一账页登记完毕结转下页时，都应当结出本页合计数及余额，写在本页最后一

行和下页第一行有关栏内，并在摘要栏内注明“过次页”和“承前页”字样

B. 可以将本页合计数及金额只写在下页第一行有关栏内，并在摘要栏内注明“承前页”字样

C. 对需要结计本月发生额的账户，结计“过次页”的本页合计数应当为自本月初起至本页末止的发生额合计数

D. 对既不需要结计本月发生额，也不需要结计本年累计发生额的账户，可以只将每页末的余额结转次页

16. 中华人民共和国财政部、国家档案局2015年12月11日联合签发的《会计档案管理办法》规定，会计账簿中至少应当保管30年的有（　　）。

A. 总分类账　　B. 明细分类账　　C. 日记账　　D. 辅助账

任务二　设置和登记会计账簿

一、日记账的设置与登记

日记账是一种原始分录簿，它按时间顺序，根据原始凭证，依次记录每一交易与事项，所以它又被称为日记簿。记录时，日记账要为每一交易与事项指出应借账户、应贷账户和金额。

日记账用来逐日逐笔序时地反映全部经济业务，需逐笔过账，工作量相当大，也不便于会计人员的分工记账。随着管理上对会计所提供的信息和分工记账的要求不断提高，在会计实务中日记账也经历了一个由简单到复杂的发展过程，即从普通日记账发展到专栏式日记账，进而又发展到特种日记账。因此，现在常见的日记账有普通日记账和特种日记账两类。

（一）普通日记账

普通日记账是用来登记全部经济业务发生情况的日记账，具有格式统一、使用方便等特点。普通日记账既适用于设置特种日记账的企业，也适用于未设置特种日记账的企业。普通日记账通常把每天发生的经济业务按业务发生的先后顺序记入账簿中，依次作为登记分类账的依据。其基本格式见表6-3。

表6-3　普通日记账

年		摘　要	对应账户	分类账页数	借方金额	贷方金额
月	日					

普通日记账的主要内容是会计分录，因此普通日记账也被称为分录日记账或分录簿。它的特点是设有借方和贷方两个金额栏，所以又被称为两栏式日记账。这种日记账的优点

是可以将每天发生的经济业务逐笔加以反映，但是不便于分工记账，而且不能将经济业务加以分类归集，过账的工作量也比较大。

微课6-2

日记账的建账与登记

普通日记账的登记方法如下：

（1）按照经济业务发生时间的先后顺序逐项登记，并指明分录的年、月、日；

（2）简明扼要地写明每一项经济业务的内容；

（3）必须写明应借、应贷总分类账户的名称和金额；

（4）已记入普通日记账的记录应在月终编制报表之前登记有关总分类账簿，并在普通日记账“分类账页数”栏内注明各有关总分类账户的页数，以备查考。

（二）特种日记账

特种日记账是专门用来登记某一类经济业务发生情况的日记账，是普通日记账和分栏日记账的发展。特种日记账的设置取决于企业的业务性质，以及这类业务发生的频繁程度，常见的有库存现金日记账、银行存款日记账、销货日记账和购货日记账等。特种日记账的主要作用是便于会计人员分工，减少过账工作，提高工作效率。目前，在会计实务中，为了简化记账的手续，除了库存现金和银行存款收付要记入库存现金日记账和银行存款日记账以外，其他各项一般不再设置特种日记账进行登记。库存现金日记账和银行存款日记账，根据格式的不同又可以分为三栏式和多栏式两种形式。无论采用三栏式还是多栏式日记账，都必须使用订本账。在企业、行政事业单位中，进行库存现金日记账和银行存款日记账的登记，有利于加强对货币资金的日常核算和监督，能够更好地贯彻执行国家规定的货币资金管理制度。

1. 库存现金日记账

库存现金日记账是用来逐日逐笔登记库存现金的收入、付出及结余情况的特种日记账，在手工核算情况下必须采用订本式账簿。其账页格式一般采用三栏式，在同一张账页上分设“收入（借方）金额”、“支出（贷方）金额”和“结存金额”三栏。为了清晰地反映现金收付业务的具体内容，在“摘要”栏后，还应专设“对方科目”栏，登记对方科目名称。其封面及基本格式如图6-2和图6-3所示。

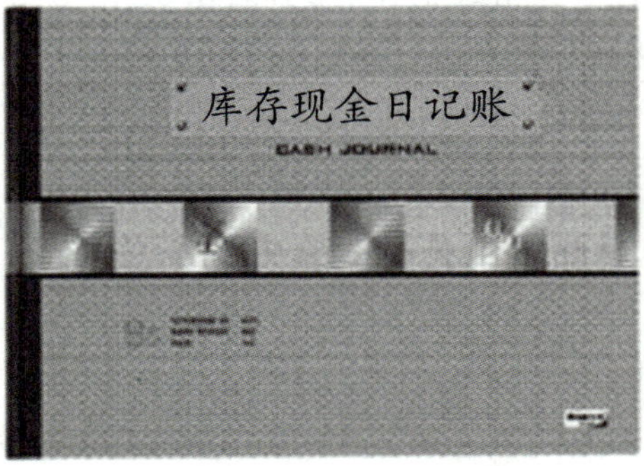

图6-2　库存现金日记账封面

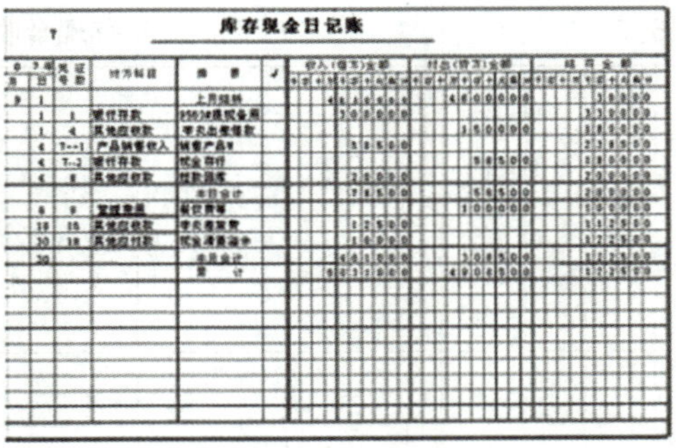

库存现金日记账

图6-3　库存现金日记账账页

库存现金日记账的登记方法：

库存现金日记账通常由出纳人员根据审核无误的库存现金收款凭证、库存现金付款凭证和银行存款付款凭证，按经济业务发生时间的先后顺序，逐日逐笔进行登记。

（1）库存现金日记账中的“年、月、日”“凭证字号”“摘要”“对方科目”等栏，根据有关会计凭证登记；

（2）“收入”栏根据现金收款凭证和引起库存现金增加的银行存款付款凭证（从银行提取现金，只编制银行存款付款凭证）登记；

（3）“支出”栏根据现金付款凭证登记；

（4）每日收付款项逐笔登记完毕后，应根据“上日余额 + 本日收入-本日支出 = 本日余额”的公式，逐日结出库存现金余额，与库存现金实存数核对，以检查每日库存现金收付是否有误。月末，应结出当期“收入”栏和“支出”栏的发生额和期末余额，并与“库存现金”总分类账户核对一致，做到日清月结，账实相符。如账实不符，应及时查明原因。

【小思考 6-1】*库存现金日记账中的日期是否为原始凭证中的日期？*

库存现金日记账也可以采用多栏式的格式，把收入栏和支出栏分别按照对应科目设置若干专栏。收入栏按应贷科目设置，支出栏按应借科目设置。多栏式日记账核算形式适用于经济业务简单，运用会计科目少，但收付款业务较多的单位。多栏式库存现金日记账的格式见表6-4。

表6-4　　库存现金日记账

2024年		凭证		摘要	收入（借方）金额				支出（贷方）金额				结存金额
					应贷科目				应借科目				
月	日	字	号		银行存款	其他应收款	…	合计	银行存款	管理费用	…	合计	
9	1			月初结存									6 512
9	1	记	01	提取现金	4 000								10 512
	1	记	08	购买办公用品						518			9 994

有的单位现金收、付款业务比较多，而且比较复杂，这样，多栏式库存现金日记账篇幅就会过长，因此，可以采用收付分页式，即分别设置库存现金收入日记账和库存现金支出日记账，并由不同的会计人员进行登记和管理。其格式见表6-5和表6-6。

表6-5　　库存现金收入日记账

年		收款凭证号数	摘要	贷方科目					收入合计	支出合计
月	日			银行存款	其他应收款	主营业务收入	营业外收入	…		

表6-6　　库存现金支出日记账

年		付款凭证号数	摘　要	借方科目					支出合计
月	日			银行存款	其他应付款	销售费用	管理费用	…	

多栏式日记账的登记，可采用以下两种方法：

（1）由出纳人员根据审核无误的收、付款凭证逐日逐笔登记库存现金的收入日记账和支出日记账，每日应将支出日记账中当日支出合计数，转记入收入日记账中支出合计栏内，以结算当日账面结余额。会计人员应对多栏式库存现金日记账的记录加强检查监督，并于月末根据多栏式库存现金日记账各栏的合计数，分别登记有关总分类账户。采用这种登记方法可以简化核算工作。

（2）另外，设置库存现金出纳登记簿，由出纳人员根据审核无误的收、付款凭证逐日逐笔登记，以便逐笔掌握库存现金收付情况；然后将收、付款凭证交由会计人员据以逐日汇总登记多栏式库存现金日记账，并于月末根据日记账登记总分类账。出纳登记簿与多栏式库存现金日记账要相互核对。采用这种记账方法有利于加强内部控制和监督。

【小思考6-2】为什么有的单位将出纳岗位分为现金收入岗位和现金支出岗位分别核算？

2. 银行存款日记账

银行存款日记账是用来逐日反映银行存款的增减变化和结余情况的特种日记账。通过银行存款日记账的设置和登记，可以加强对银行存款的日常监督和管理，并便于与开户银行进行核对。

银行存款日记账应按企业在银行开立的账户和币种分别设置，每个银行存款账户设置一本银行存款日记账。银行存款日记账的格式也有三栏式和多栏式两种，其结构与库存现金日记账基本相同。由于银行存款的收付，都是根据特定的银行结算凭证进行的，因此银行存款日记账设有“结算凭证——种类、号数”栏。三栏式银行存款日记账的封面和账页格式如图6-4和图6-5所示，外币银行存款日记账账页格式见表6-7。

图6-4　银行存款日记账封面

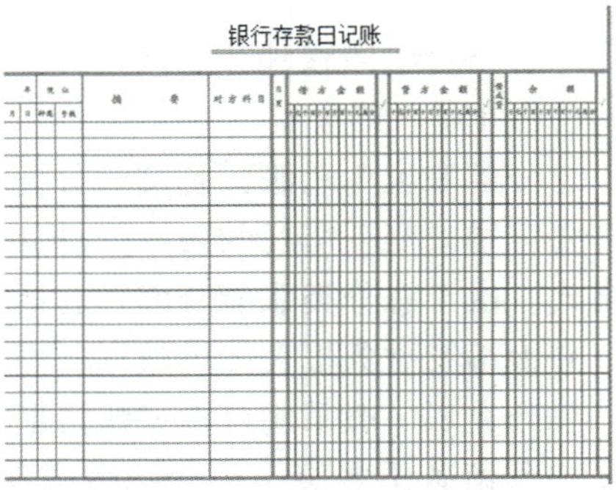

图6-5　银行存款日记账账页

表6-7 银行存款日记账（外币）

存款种类： 第 页

年		凭证		摘 要	结算凭证		收 入			支 出			结 余		
月	日	字	号		种类	号数	原币	汇率	人民币	原币	汇率	人民币	原币	汇率	人民币

银行存款日记账的登记方法：

银行存款日记账是由出纳人员根据银行存款收款凭证、银行存款付款凭证和现金付款凭证按经济业务发生时间的先后顺序，逐日逐笔进行登记的序时账簿。

（1）银行存款日记账中的“年、月、日”“凭证字、号”“摘要”等栏，根据有关会计凭证登记；

（2）“结算凭证种类、号数”栏填写银行存款收支的凭据名称和编号；

（3）“收入”栏根据银行存款收款凭证和引起银行存款增加的现金付款凭证（将现金存入银行，只编制现金付款凭证）登记；

（4）“支出”栏根据银行存款付款凭证登记；

（5）和库存现金日记账一样，每日终了，应分别结出银行存款余额，做到日清，以便于检查监督银行存款的收支情况，避免出现透支现象，同时便于及时同银行对账单进行核对。

【小思考6-3】方圆公司采用的记账凭证为收款、付款、转账凭证，出纳员小李在登记银行存款日记账“收入”栏时，可根据哪些记账凭证登记？为什么？

为了避免多栏式银行存款日记账的篇幅过大，在实际工作中，一般将其划分为银行存款收入日记账和银行存款支出日记账，其格式与库存现金收入日记账和库存现金支出日记账基本相同。

总之，采用多栏式库存现金日记账和银行存款日记账可以减少收、付款凭证的汇总编制手续，简化总分类账登记工作，而且可以清晰地反映账户的对应关系，了解库存现金和银行存款收付款项的来龙去脉。

二、分类账的设置与登记

（一）总分类账的设置和登记

1. 总分类账的设置

总分类账也称总账，是按总分类账户开设账页，进行分类登记，总括反映和记录具体经济内容增减变动情况的账簿。总分类账是编制财务报表的重要依据，一般采用三栏式账页格式。由于总分类账能全面、总括地反映和记录经济业务引起的资金运动和财务收支情况，并为编制财务报表提供数据，因此，任何单位都必须设置总分类账。

总分类账一般采用订本式账簿形式，按照会计科目的编码顺序分别开设账户，并为每个账户预留若干账页。由于总分类账只进行货币量度的核算，因此最常用的格式是三栏式，在账页中设置借方、贷方和余额三个基本金额栏。“借或贷”栏是指账户的余额在借方还是在贷方。总分类账封面和账页格式如图6-6和图6-7所示。

图6-6　总分类账封面

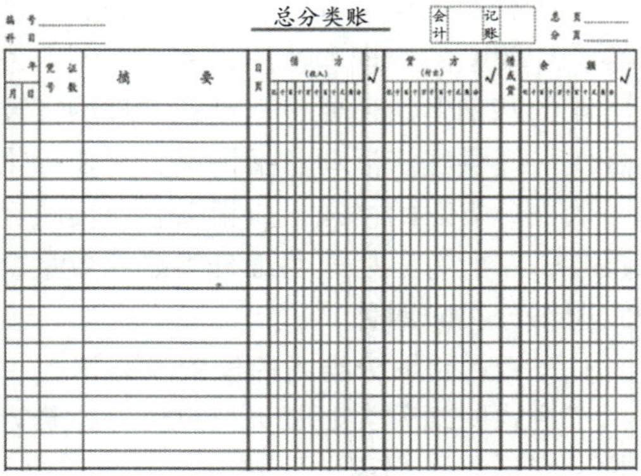

图6-7　总分类账账页

2.总分类账的登记方法

微课6-3

总分类账的建账与登记

总分类账可以根据记账凭证逐笔登记，也可以通过一定的方式分次汇总成汇总记账凭证或科目汇总表，然后据以登记，还可以根据多栏式库存现金、银行存款日记账在月末汇总登记。总分类账的登记方法如下：

（1）“年、月、日”栏填写所依据的凭证日期。如果是依据记账凭证登记总分类账，就是该记账凭证的日期；如果是依据科目汇总表或汇总记账凭证登记总分类账，就是该科目汇总表或汇总记账凭证的日期。

（2）“摘要”栏，填写所依据的凭证的简要内容。对于依据记账凭证登记总分类账的，应与记账凭证中的摘要内容一致；对于依据科目汇总表或汇总记账凭证登记总分类账的，应填写“×日至×日汇总”字样。

（3）“借方”或“贷方”栏，登记所依据的凭证的金额。如果期末余额为零，应在“借或贷”栏写“平”字，在“余额”栏的中间写“θ”符号。

假定企业根据科目汇总表登记总分类账，见表6-8。

表6-8　总分类账

会计科目名称或编号：库存现金　第01页

2024年		凭证		摘要	借方	贷方	借或贷	余额
月	日	字	号					
9	1			承前页			借	5 800.00
	10	汇	31	1—10日汇总	26 015.00	25 488.00	借	6 327.00
	20	汇	32	11—20日汇总	38 317.42	39 473.95	借	5 170.47
	30	汇	33	21—30日汇总	29 652.34	29 986.12	借	4 836.69

（二）明细分类账的设置和登记

明细分类账是根据明细科目开设账页，分类地登记经济业务具体内容，以提供明细资料的账簿。明细分类账一般采用活页式账簿。根据实际需要，各种明细分类账分别按二级科目或明细科目开设账户，并为每个账户预留若干账页，用来分类、连续记录有关资产、负债、所有者权益、收入、费用、利润等详细资料。设置和运用明细分类账，有利于加强对各会计要素的管理和使用，并为编制财务报表提供必要的资料。因此，各单位在设置总分类账的基础上，还要根据经营管理的需要，对部分总账科目设置相应的明细分类账，以形成既能提供经济活动总括情况，又能提供详细数据的账簿体系。

明细分类账的格式，应根据它所反映经济业务的特点，以及财产物资管理的不同要求来设计，一般有三栏式明细分类账、数量金额式明细分类账、多栏式明细分类账和横线登记式明细分类账四种。

1. 三栏式明细分类账的设置和登记

三栏式明细分类账账页只设借方、贷方和余额三个金额栏，只进行金额核算，不设数量栏。它适用于只需要反映金额的经济业务，如“应收账款”“应付账款”等不需要进行数量核算的债权、债务结算账户。三栏式明细分类账格式与内容见表6-9。

表6-9 明细分类账

明细科目名称或编号：应收账款——天和公司 第 页

2024年		凭证		摘 要	借 方	贷 方	借或贷	余 额
月	日	字	号					
9	15			承前页			借	58 120.00
	22	记	68	收回价款		25 100.00	借	33 020.00
	30	记	89	赊销商品	35 100.00		借	68 120.00

三栏式明细分类账的登记方法：

微课6-4 三栏式明细账的建账与登记

三栏式明细分类账是由会计人员根据审核无误的记账凭证所附的原始凭证，按经济业务发生的时间先后顺序逐日逐笔登记的。

（1）明细分类账中的“年、月、日”“凭证字、号”“摘要”等栏，根据有关记账凭证登记；

（2）借方、贷方金额栏登记账户的借方、贷方发生额；

（3）借或贷栏登记余额的方向；

（4）余额栏登记业务发生后该账户的余额。

2. 数量金额式明细分类账的设置和登记

微课6-5 存货明细账的建账与登记

数量金额式明细分类账包括收入、发出、结存三栏，再分别设置“数量”“单价”“金额”等栏目，以分别登记实物的数量、单价和金额。

数量金额式明细分类账适用于既要进行金额明细核算，又要进行数量明细核算的财产物资项目。如“原材料”“库存商品”等账户的明细核算。它能提供各种财产物资收入、发出、结存等的数量和金额资料，也便于企业开展业务和加强管理。数量金额式明细分类账格式与内容见表6-10。

表6-10 原材料明细分类账

类别 钢材 编 号 规格及品名 圆钢 产 地 上海

单位 吨 最高存量 最 低 存 量 存放仓库 2#

2024年		凭证		摘 要	收 入			发 出			结 存		
月	日	字	号		数量	单价	金额	数量	单价	金额	数量	单价	金额
9	3			承前页							40	5 600	224 000
	12	记	22	购进	100	5 600	560 000				140	5 600	784 000
	15	记	46	发出				120	5 600	672 000	20	5 600	112 000

数量金额式明细分类账的登记方法：

数量金额式明细分类账一般是由会计人员和业务人员（如仓库保管员），根据审核无误的会计凭证按照经济业务发生时间的先后顺序逐日逐笔进行登记的。

（1）明细分类账中的“年、月、日”“凭证字、号”“摘要”等栏，根据有关记账凭证登记。

（2）根据原始凭证填写实际入库、出库和结存的财产物资的数量。

（3）收入单价栏和金额栏按照所入库存货的单位成本登记；发出栏和结存栏中的单价栏和金额栏，登记时间及登记金额取决于企业所采用的期末存货计价方法。在采用月末一次加权平均法的情况下，发出和结存的单价栏和金额栏一个月只在月末登记一次。

3. 多栏式明细分类账的设置和登记

多栏式明细分类账是根据经济业务的特点和经营管理的需要，在一张账页的借方栏或贷方栏设置若干专栏，集中反映有关明细项目的核算资料的账簿。它主要适用于只记金额、不记数量，而且在管理上需要了解其构成内容的费用、成本、收入、利润账户，如“生产成本”“制造费用”“管理费用”“主营业务收入”等账户的明细分类账。“本年利润”“利润分配”“应交税费——应交增值税”等科目所属明细科目则需采用借、贷方均为多栏式的明细分类账；按明细分类账登记的经济业务不同，多栏式明细分类账又可以分为借方多栏式、贷方多栏式和借贷方多栏式三种格式。

（1）借方多栏式明细分类账

借方多栏式明细分类账的账页格式适用于借方需要设多个明细科目或明细项目的账户，如“生产成本”“制造费用”“管理费用”“财务费用”“营业外支出”等科目的明细分类核算。借方多栏式明细分类账的格式与内容见表6-11和表6-12。

表6-11 生产成本明细分类账

户名：电饭煲 第____页

2024年		凭 证		摘 要	借方（成本项目）			
月	日	字	号		原材料	直接人工	制造费用	合计
9	1			月初在产品成本	4 850.00	2 613.00	6 120.00	13 583.00
	6	记	11	领用材料	29 153.18			29 153.18
	11	记	34	支付职工薪酬		21 894.67		21 894.67
	30	记	68	分配制造费用			67 056.72	67 056.72
	30			本月合计	34 003.18	24 507.67	73 176.72	131 687.57
	30	记	75	结转完工产品成本	28 100.00	22 000.00	61 000.00	111 100.00
	30			月末在产品成本	5 903.18	2 507.67	12 176.72	20 587.57

表6-12　　管理费用明细分类账　　第____页

2024年		凭证		摘要	借方项目							
月	日	字	号		工资	社保费	差旅费	办公费	折旧费	修理费	…	合计
9	1	记	04	购办公用品				158.12				158.12
	2	记	11	支付差旅费			1 560.59					1 560.59
	8	记	34	支付工资	26 810.00							26 810.00
				⋮								⋮

借方多栏式明细分类账的登记方法：

借方多栏式明细分类账一般由会计人员根据审核无误的会计凭证，按照经济业务发生时间的先后顺序逐日逐笔进行登记。对于贷方的发生额，则用“红字”登记在借方栏及明细项目专栏内，以表示对该项目金额的冲销或转出。

（2）贷方多栏式明细分类账

贷方多栏式明细分类账的账页格式适用于贷方需要设多个明细科目或明细项目的账户，如“主营业务收入”和“营业外收入”等科目的明细分类核算。贷方多栏式明细分类账的格式与内容见表6-13。

表6-13　　主营业务收入明细分类账　　第____页

2024年		凭证		摘要	明细项目					余额
月	日	字	号		A产品	B产品	C产品	D产品	…	
9	1	记	06	销售	58 000.00					58 000.00
	1	记	15	销售			34 152.00			92 152.00
	3	记	30	销售		9 715.23				101 867.23
	3	记	34	销货退回	11 500.00					90 367.23
				⋮						⋮

贷方多栏式明细分类账的登记方法：

贷方多栏式明细分类账一般由会计人员根据审核无误的会计凭证，按照经济业务发生时间的先后顺序逐日逐笔进行登记。对于借方的发生额，则用“红字”登记在贷方栏及明细项目专栏内，以表示对该项目金额的冲销或转出。

【小思考6-4】“生产成本”“制造费用”“管理费用”等明细分类账，为什么在借方设多栏，而不在贷方设多栏？“主营业务收入”“营业外收入”为什么在贷方设多栏，而不在借方设多栏？

（3）借贷方多栏式明细分类账

借贷方多栏式明细分类账的账页格式适用于借方贷方均需要设多个明细科目或明细项目的账户，如“应交税费——应交增值税”科目的明细分类核算。借贷方多栏式明细分类账的格式与内容见表6-14。

表6-14　　应交税费——应交增值税明细分类账　　第____页

2024年		凭证		摘要	借方（项目）					贷方（项目）					借或贷	余额
月	日	字	号		进项税额	已交税金	减免税款	…	合计	销项税额	出口退税	进项税额转出	…	合计		
9	1	记	05	购进	1 600				1 600							
	1	记	08	销售						3 200				3 200		
	3	记	19	购进	8 000				8 000							
				⋮					⋮					⋮		

借贷方多栏式明细分类账的登记方法：

借贷方多栏式明细分类账一般由会计人员根据审核无误的会计凭证，按经济业务发生的顺序，对各明细项目分借方、贷方逐日逐笔进行登记。

4. 横线登记式明细分类账的设置和登记

横线登记式明细分类账，也称平行式明细分类账，是在账页的同一横行内将前后密切相关的经济业务进行平行登记，以检查每笔经济业务的完成及变动情况的账簿，如采购材料业务的付款和收料情况，备用金业务的借支和报销收回情况等的明细分类核算。因此，它一般用于需要逐笔结清每笔经济业务的明细分类账，如“材料采购”“其他应收款——备用金”“应收票据”等明细分类账。横线登记式明细分类账格式与内容见表6-15。

表6-15　　材料采购明细分类账　　第____页

行次	户名	借方						贷方						转销
		2024年		凭证		摘要	金额	2024年		凭证		摘要	金额	
		月	日	字	号			月	日	字	号			
1	东升机械厂	9	12	记	15	采购A材料	45 000.00	9	12	记	18	收到第一批货物	30 000.00	
								9	24	记	44	收到第二批货物	15 000.00	√
2	东海公司	9	19	记	31	采购B材料	38 000.00							

横线登记式明细分类账的登记方法：

横线登记式明细分类账的借方一般在购料付款或借出备用金时按会计凭证的编号顺序逐日逐笔登记，其贷方则不要求按会计凭证编号逐日逐笔登记，而是在材料验收入库或者备用金使用后报销和收回时，在与借方记录的同一行内进行登记。同一行内借方、贷方均有记录时，表示该项经济业务已处理完毕，若一行内只有借方记录而无贷方记录的，表示该项经济业务尚未结束。

以上各种明细分类账的登记方法，应根据本单位经济业务的繁简程度和管理上的需要，依据记账凭证、原始凭证或原始凭证汇总表逐日逐笔或定期汇总登记。固定资产、债权、债务等明细分类账应逐日逐笔登记；库存商品、原材料、周转材料等存货明细分类账以及收入、费用明细分类账可以逐笔登记，也可定期汇总登记。

三、备查账的设置与登记

备查账是为备忘备查而设置的，也是会计账户体系的组成部分。备查账主要用于登记资产负债表表内（或分类账账内）需要说明原因的重要交易或事项，或资产负债表表外（或分类账账外）的重要交易或事项。它可以补充说明总分类账和明细分类账所不能详细反映的资料。例如，分类账账内没有反映的担保事项，分类账账内虽已记录但性质重要的应收票据，所有权不属于本企业，但由企业暂时使用或代为保管的财产物资都需要在备查账上进行登记说明。备查账对完善企业会计核算、加强企业内部控制与管理、强化对重要经济业务事项的监督、明确会计交接责任、准确填列财务会计报告附注内容等都具有重要意义。

备查账没有固定的格式，各单位可根据实际需要灵活设置，内容应科学、完整，格式应简捷、明了，可采用订本式或活页式等形式。在登记管理上，应建立相应的责任制度，明确何时登记、谁登记、谁保管、谁配合、谁检查，做到责任分明，并将备查账簿纳入企业重要的会计档案进行管理。下面仅以应收票据备查登记簿为例加以说明。应收票据备查登记簿的基本格式见表6–16。

表6–16　应收票据备查登记簿　总第____页

票据种类：　分第____页

年		凭证		摘要	合同		票据基本情况				承兑人及单位名称	背书人及单位名称	贴现		承兑		转让			
月	日	字	号		字	号	号码	签发日期	到期日期	金额			日期	金额	日期	金额	日期	受理单位	票面金额	实收金额

【小思考6–5】假设你毕业后受聘于一家新设的小型超市，并担任会计主管，超市的准备工作已就绪，你需要设置哪些账簿？开设哪些账户？对账簿的账页格式有何要求？

四、会计账簿的平行登记

（一）平行登记的概念

总分类账是根据总分类科目开设的，用以提供总括指标的账簿；明细分类账是根据明细分类科目开设的，用以提供更加具体及详细的会计信息的账簿。总分类科目是所属的明细分类科目的综合，对所属明细分类科目起统驭作用。明细分类科目是有关总分类科目的补充，对有关总分类科目起着详细说明的作用。为了使总分类账与其所属的明细分类账之间能起到统驭与补充的作用，便于账户核对，并确保核算资料的正确、完整，必须采用平行登记的方法，在总分类账及其所属的明细分类账中进行记录。

平行登记，是指对发生的每项经济业务，都要以会计凭证为依据，一方面记入有关总分类账户，另一方面记入有关总分类账户所属明细分类账户的方法。

（二）平行登记的要点

1. 依据相同

总分类核算和明细分类核算都以同一会计凭证为依据。记入明细分类账户中的凭证依据一般为原始凭证或记账凭证；记入总分类账户中的凭证依据一般为以原始凭证为基础编制而成的记账凭证或有关的汇总凭证。

2. 期间相同

对于每一项经济业务，一方面要记入有关总分类账户，另一方面必须在同一会计期间记入各总分类账户所属的有关各明细分类账户，不设置明细分类账户的除外。

【小思考6-6】期间相同是指每项经济业务必须在同一天登记明细分类账和总分类账，对吗？为什么？

3. 方向相同

每项经济业务记入总分类账户和明细分类账户时借贷方向必须一致。如在总分类账户中记入借方，则在所属明细分类账户中也应记入借方；如在总分类账户中记入贷方，则在所属明细分类账户中也应记入贷方。

4. 金额相等

每项经济业务记入总分类账户的金额要与记入所属明细分类账户的金额相等；如同时涉及该总分类账户的若干明细分类账户，则该总分类账户登记的金额应与各个明细分类账户登记的金额之和相等。

（三）平行登记的作用

平行登记意味着把相同的原始会计数据，通过两个相互联系又相互制约的总分类核算和明细分类核算系统进行处理，最后使有关指标相符，起自动核对的作用。根据总分类账与其所属明细分类账的平行登记规则记账之后，总分类账与明细分类账之间产生了下列数量关系：

（1）总分类账户期初余额与其所属各个明细分类账户期初余额之和必然相等。

（2）总分类账户本期发生额与其所属各个明细分类账户本期发生额的合计数必然相等。

（3）总分类账户期末余额与其所属各个明细分类账户期末余额之和必然相等。

显而易见，这样能随时查明有关核算环节上的差错，保证会计信息的质量。平行登记在容易出错的手工会计中尤其重要，在会计信息化环境下，只要没有错误的操作，总分类账和明细分类账始终保持自动平衡，因此是否平行登记，无非是电子数据处理方法的选择问题。

（四）平行登记的应用

下面以“原材料”和“应付账款”账户为例，说明总分类账户与明细分类账户平行登记的方法。

【做中学6-1】顺达公司2024年9月1日“原材料”与“应付账款”总分类账户及所属明细分类账户的期初余额见表6-17。

表6-17 “原材料”与“应付账款”期初余额

账户名称	材料名称	数量	单价	金额	账户名称	供应单位	金额
原材料	A材料	5 000千克	10	50 000	应付账款	宏远公司	30 000
	B材料	600千克	50	30 000		天利公司	40 000
合计				80 000	合计		70 000

顺达公司9月份发生材料收发和结算业务如下（本题不考虑应交的增值税）：

（1）2日，向宏远公司购入A材料4 000千克，每千克10元；B材料500千克，每千克50元，材料均已验收入库，货款尚未支付。

（2）8日，生产车间领用B材料900千克，每千克50元，用于产品生产。

（3）15日，以银行存款偿还上月购入材料所欠宏远公司货款30 000元。

（4）18日，向天利公司购入B材料400千克，进价每千克50元，材料已验收，货款暂欠。

（5）22日，生产车间领用A材料7 000千克，每千克10元，用于产品生产。

（6）28日，以银行存款偿还上月购入材料及本月购入材料所欠天利公司货款，共计50 000元。

根据以上资料，用平行登记法登记“原材料”和“应付账款”总分类账及其明细分类账的方法如下：

首先，将月初余额分别记入“原材料”“应付账款”两个总分类账及其明细分类账。

其次，根据以上有关经济业务，编制记账凭证（即会计分录）。

账务处理如下：

第一步，编制会计分录：

（1）借：原材料——A材料　　40 000

　　　　　　　——B材料　　25 000

　　　贷：应付账款——宏远公司　　65 000

（2）借：生产成本　　45 000

　　　贷：原材料——B材料　　45 000

（3）借：应付账款——宏远公司　　30 000

　　　贷：银行存款　　30 000

（4）借：原材料——B材料　　20 000

　　　贷：应付账款——天利公司　　20 000

（5）借：生产成本　　70 000

　　　贷：原材料——A材料　　70 000

（6）借：应付账款——天利公司　　50 000

　　　贷：银行存款　　50 000

第二步，登记总分类账和明细分类账：

根据所编制的会计分录，登记“原材料”和“应付账款”总分类账及其明细分类账，并分别计算本期发生额及期末余额，具体见表6-18至表6-23。

表6-18　总分类账

会计科目名称或编号：原材料

2024年		凭证		摘　要	借　方	贷　方	借或贷	余　额
月	日	字	号					
9	1			期初余额			借	80 000
	2			购进A、B材料	65 000			
	8			生产领用B材料		45 000		
	18			购B材料	20 000			
	22			生产领用A材料		70 000	借	50 000

表6-19　总分类账

会计科目名称或编号：应付账款

2024年		凭证		摘　要	借　方	贷　方	借或贷	余　额
月	日	字	号					
9	1			期初余额			贷	70 000
	2			应付宏远公司货款		65 000		
	15			还宏远公司货款	30 000			
	18			应付天利公司货款		20 000		
	28			还天利公司货款	50 000		贷	75 000

表6-20　原材料明细分类账

规格及品名：A材料　　单位：千克　　第　页

2024年		凭证		摘　要	借　方			贷　方			余　额		
月	日	字	号		数量	单价	金额	数量	单价	金额	数量	单价	金额
9	1			期初结存							5 000	10	50 000
	2			购进	4 000	10	40 000				9 000	10	90 000
	22			生产领用				7 000	10	70 000	2 000	10	20 000
	30			本月合计	4 000		40 000	7 000		70 000	2 000	10	20 000

表6-21　原材料明细分类账

规格及品名：B材料　　单位：千克　　第　页

2024年		凭证		摘　要	借　方			贷　方			余　额		
月	日	字	号		数量	单价	金额	数量	单价	金额	数量	单价	金额
9	1			期初结存							600	50	30 000
	2			购进	500	50	25 000				1 100	50	55 000
	8			生产领用				900	50	45 000	200	50	10 000
	18			购进	400	50	20 000				600	50	30 000
	30			本月合计	900		45 000	900		45 000	600	50	30 000

表6-22　应付账款明细分类账

明细科目名称：宏远公司

2024年		凭证		摘　要	借　方	贷　方	借或贷	余　额
月	日	字	号					
9	1			期初余额			贷	30 000
	2			购A、B材料，货款未付		65 000	贷	95 000
	15			还宏远公司货款	30 000		贷	65 000

表6-23 应付账款明细分类账

明细科目名称：天利公司

2024年		凭证		摘　要	借　方	贷　方	借或贷	余　额
月	日	字	号					
9	1			期初余额			贷	40 000
	18			购B材料，货款未付		20 000	贷	60 000
	28			还天利公司货款	50 000		贷	10 000

【做中学6-2】承【做中学6-1】，顺达公司根据2024年9月份“原材料”和“应付账款”总分类账户及其明细分类账户资料编制核对表，见表6-24。

表6-24 总分类账户与明细分类账户核对表

2024年9月

单位：元

账户名称		期初余额		本期发生额		期末余额	
总分类账户	明细分类账户	借方	贷方	借方	贷方	借方	贷方
原材料	A材料	50 000		40 000	70 000	20 000	
	B材料	30 000		45 000	45 000	30 000	
	合　计	80 000		85 000	115 000	50 000	
应付账款	宏远公司		30 000	30 000	65 000		65 000
	天利公司		40 000	50 000	20 000		10 000
	合　计		70 000	80 000	85 000		75 000

表6-24核对的结果表明，“原材料”和“应付账款”两个总分类账户与其所属明细分类账户记录方向相同，金额相等，结果是正确的。

同步习题与实训

一、判断题

1. 总分类账和明细分类账平行登记要求做到方向相同、期间一致、金额相等。（　）

2. 明细账一般是逐笔登记的，也可以定期汇总登记。（　）

3. 明细分类账可以根据原始凭证直接登记，也可以根据汇总原始凭证登记，还可以根据记账凭证登记。（　）

4. 总分类账户与明细分类账户登记的核算对象不同。（　）

5. 平行登记，可以使总分类账户对其所属明细分类账户具有统驭作用，便于核对与检查，纠正错误与遗漏。（　）

6. 使用订本账时，要为每一账户预留若干空白账页。（　）

7. 普通日记账既适用于设置特种日记账的企业，也适用于未设置特种日记账的企业。（　）

8. 银行存款日记账应按企业在银行开立的账户和币种分别设置，每个银行存款账户都设置一本银行存款日记账。（　）

二、单项选择题

1. 下列关于库存现金日记账的表述中，正确的是（　　）。

A. 库存现金日记账应当每月结出发生额和余额

B. 库存现金日记账应当每隔三至五天结出余额

C. 库存现金日记账应当每十五天结出发生额

D. 库存现金日记账应当每日结出发生额和余额

2. 下列各项不能用来登记库存现金日记账的是（　　）。

A. 现金收款凭证　　B. 现金付款凭证

C. 银行存款收款凭证　　D. 银行存款付款凭证

3. 银行存款日记账是根据（　　）逐日逐笔登记的。

A. 审核无误的银行存款收款凭证　　B. 审核无误的银行存款付款凭证

C. 审核无误的现金收款凭证　　D. 银行对账单

4. 关于明细分类账的登记方法，下列各项表述错误的是（　　）。

A. 不同类型经济业务的明细分类账，可根据管理需要，依据记账凭证、原始凭证或汇总原始凭证逐日逐笔或定期汇总登记

B. 固定资产、债权、债务等明细账可以定期汇总登记

C. 库存商品、原材料、产成品收发明细账可以逐笔登记

D. 收入、费用明细账可以定期汇总登记

5. 关于总分类科目与明细科目的平行登记，下列说法不正确的是（　　）。

A. 可以实现补充说明

B. 可检查会计科目记录的正确性

C. 可根据明细科目汇总登记总分类科目

D. 可检查会计科目记录的完整性

6. 库存现金日记账的（　　）是指记账凭证的日期，应与现金实际收付日期一致。

A. 日期栏　　B. 凭证栏　　C. 摘要栏　　D. 对方科目栏

7. 银行存款日记账是根据（　　）逐日逐笔登记的。

A. 审核无误的银行存款收、付款凭证　　B. 审核无误的转账凭证

C. 审核无误的现金收款凭证　　D. 银行对账单

8. 下列日期中，应填写在库存现金日记账日期栏的是（　　）。

A. 当月1日　　B. 当月末日期

C. 登记账簿的日期　　D. 记账凭证的日期

三、多项选择题

1. 下列各项属于平行登记要点的有（　　）。

A. 同一期间　　B. 方向相同　　C. 同时登记　　D. 金额相等

2. 根据明细分类账的登记方法，下列明细账中应该逐日逐笔登记的有（　　）。

A. 收入明细账　　B. 原材料明细账

C. 固定资产明细账　　D. 债权、债务明细账

3. 下列各项可以用来登记银行存款日记账的有（　　）。

A. 现金收款凭证　　B. 现金付款凭证

C.银行存款收款凭证　　　　　　　　D.银行存款付款凭证

4.关于会计账簿的登记要求，表述正确的有（　　）。

A.账簿记录中的日期，应该填写记账凭证上的日期

B.在三栏式账簿的余额栏前，如未印明余额方向，在余额栏内登记负数余额可以使用红色墨水

C.如无意发生隔页、跳行现象，应在空页、空行处用红色墨水划对角线注销，或者注明“此页空白”或“此行空白”字样，并由记账人员签名或者签章

D.对于没有余额的账户，应在“借或贷”栏内写“平”字，“余额”栏用“θ”表示

5.下列登记银行存款日记账的方法中正确的有（　　）。

A.逐日逐笔登记并逐日结出余额

B.根据企业在银行开立的账户和币种分别设置日记账

C.使用订本账

D.业务量少的单位用银行对账单代替日记账

6.下列各项可以用来登记库存现金日记账的有（　　）。

A.现金收款凭证　　　　　　　　　B.现金付款凭证

C.银行存款收款凭证　　　　　　　D.银行存款付款凭证

四、实训题

【实训资料】

1.企业概况

企业名称：佳达公司

企业性质：国有企业（一般纳税人）

企业地址及电话：江城市雨山工业园441号84710013

企业所属行业：工业企业

开户银行及账号：工行开发区分理处12-55345

纳税人识别号：91340000000010001X

2.2024年7月业务资料

佳达公司2024年7月1日库存现金日记账余额为3 500元，银行存款日记账余额为46 000元。库存商品与应收账款总分类账及所属明细分类账的期初余额见表6-25。

表6-25　库存商品与应收账款总分类账及所属明细分类账的期初余额　金额单位：元

账户名称	材料名称	数　量	单价	金　额	账户名称	供应单位	金　额
库存商品	甲产品	1 000件	50	50 000	应收账款	先锋公司	18 000
	乙产品	800件	30	24 000		繁阳公司	26 000
						晨光公司	6 000
合　计				74 000	合　计		50 000

本月发生下列经济业务：

（1）1日，签发现金支票，从银行提取现金3 000元备用。

（2）3日，财务部王鹏预借差旅费2 000元，以库存现金付讫。

（3）5日，收到晨光公司前欠货款4 000元，并存入银行。

（4）8日，从银行取得短期借款50 000元，存入开户银行。

（5）9日，向繁阳公司销售乙产品400件，每件售价50元，成本30元，货款20 000元尚未收到。

（6）10日，行政管理部门报销业务招待费500元，以库存现金付讫。

（7）15日，签发转账支票一张324元，支付本月电话费。

（8）16日，签发现金支票22 000元，从银行提取现金，以备发放工资。

（9）17日，以库存现金22 000元发放本月职工工资。

（10）19日，向先锋公司销售甲产品100件，每件售价80元，成本50元，收回货款5 000元存入银行，其余暂欠。

（11）20日，王鹏出差归来，报销差旅费2 150元，差额以库存现金付讫。

（12）25日，签发转账支票42 000元，支付前欠华泰公司货款。

（13）31日，本月生产的产品完工并验收入库，其中，甲产品300件，单位成本50元；乙产品200件，单位成本30元。

【实训要求】

（1）根据佳达公司提供的7月份材料，编制有关会计分录并填制记账凭证。

（2）根据记账凭证登记库存现金日记账（见表6-26）和银行存款日记账（见表6-27）。

（3）登记库存商品和应收账款等明细账（见表6-28至表6-32）。

表6-26　库存现金日记账

年		凭证		摘要	对方科目	收入	支出	结余
月	日	种类	编号					

表6-27 银行存款日记账

年		凭 证		摘 要	对方科目	收 入	支 出	结 余
月	日	种类	编号					

表6-28 明细分类账

明细科目名称或编号：__________ 第 页

年		凭证		摘 要	借 方	贷 方	借或贷	余 额
月	日	字	号					

表6-29 明细分类账

明细科目名称或编号：__________ 第 页

年		凭证		摘 要	借 方	贷 方	借或贷	余 额
月	日	字	号					

表6-30 明细分类账

明细科目名称或编号：__________ 第 页

年		凭证		摘 要	借 方	贷 方	借或贷	余 额
月	日	字	号					

表6-31　　库存商品明细分类账

规格及品名：________　单位：________　　第　页

年		凭证		摘　要	借　方			贷　方			余　额		
月	日	字	号		数量	单价	金额	数量	单价	金额	数量	单价	金额

表6-32　　应收账款明细分类账

明细科目名称：________　　第　页

年		凭证		摘　要	借　方	贷　方	借或贷	余　额
月	日	字	号					

【实训条件】

于会计手工实训室进行，佳达公司经济业务资料；库存现金日记账、银行存款日记账；数量金额式明细账、三栏式明细账、总账等相关账页。

任务三　对账和结账

一、对账

对账就是核对账目。为了保证账簿记录的真实可靠、正确完整，对账簿和账户所记录的有关数据加以检查和核对，这种检查和核对工作，在会计上叫对账。对账的基本内容包括：

（一）账证核对

微课6-6

对账

账证核对，是指将会计账簿记录与会计凭证（包括记账凭证和原始凭证）有关内容进行核对。由于会计账簿是根据会计凭证登记的，两者之间存在钩稽关系，因此，通过账证核对，可以检查、验证会计账簿记录与会计凭证的内容是否正确，以保证账证相符。各单位应当定期或不定期地将会计账簿记录与其相应的会计凭证记录（包括时间、编号、内容、金额、记录方向等）逐项核对，检查是否一致。如有不符之处，应当及时查明原因，予以更正。保证账证相符，是会计核算的基本要求之一，也是账账相符、账实相符和账表相符的基础。

（二）账账核对

账账核对，是指将各种会计账簿之间相对应的记录进行核对。由于会计账簿之间相对应的记录存在着内在联系，因此，通过账账核对，可以检查、验证会计账簿记录的正确性，以便及时发现错账，予以更正，保证账账相符。账账核对的内容主要包括：

（1）总分类账各账户借方余额合计数与贷方余额合计数核对相符。

（2）总分类账各账户余额与其所属明细分类账各账户余额之和核对相符。

（3）库存现金日记账和银行存款日记账的余额与总分类账中“库存现金”和“银行存款”账户余额核对相符。

（4）会计部门有关财产物资的明细分类账余额与财产物资保管或使用部门登记的明细分类账核对相符。

（三）账实核对

账实核对，是在账账核对的基础上，将各种财产物资的账面余额与实存数额进行核对。由于实物的增减变化、款项的收付都要在有关账簿中如实反映，因此，通过将会计账簿记录与实物、款项的实有数进行核对，可以检查、验证款项和实物会计账簿记录的正确性，以便及时发现财产物资和货币资金管理中存在的问题，查明原因，分清责任，改善管理，保证账实相符。账实核对的主要内容包括：

（1）库存现金日记账账面余额与现金实际库存数核对相符。

（2）银行存款日记账账面余额与开户银行对账单核对相符。

（3）各种材料、物资明细分类账账面余额与实存数核对相符。

（4）各种债权、债务明细分类账账面余额与有关债权、债务单位或个人的账面记录核对相符。

【小思考 6–7】为什么账表核对不属于对账的范围？

二、结账

结账是一项将账簿记录定期结算清楚的账务工作。结账时间可以是月末、季末、年末，并为编制财务报表作准备。结账的内容通常包括两个方面：一是结算各资产、负债、所有者权益类账户，据以计算本期发生额和期末余额；二是结清各损益类账户，并据以计算本期利润。

（一）结账的程序

（1）将本期发生的经济业务事项全部登记入账，并保证其正确性。不得把将要发生的经济业务提前入账，也不得把已经在本期发生的经济业务延至下期（甚至以后各期）入账。在此基础上，才可保证结账的有用性，确保财务报表的正确性。

（2）根据权责发生制的要求，调整有关账项，合理确定本期应计的收入和应计的费用。

（3）将损益类科目转入“本年利润”科目，结平所有损益类科目。

（4）结算出资产、负债和所有者权益类科目的本期发生额和余额，并结转至下期。

完成上述几项工作后，就可以计算各账户的本期发生额及期末余额，并根据总分类账和明细分类账的本期发生额和期末余额记录，分别进行试算平衡。

（二）结账的方法

会计期间一般按日历时间划分为年、季、月，结账于各会计期末进行，所以分为月结、季结、年结。现行的结账方法是划线结账法。

1. 月结

月结时应考虑各账户的特点分别采用不同的方法，具体如下：

（1）对不需要按月结计本期发生额的账户，如各项应收款明细分类账和各项财产物资明细分类账等，每次记账以后，都要随时结出余额，每月最后一笔余额即为月末余额。也就是说，月末余额就是本月最后一笔经济业务记录的同一行内的余额。月末结账时，只需在最后一笔经济业务记录之下划一条通栏单红线（称为“结账线”），无须再结计一次余额。划线是为了突出有关数字，表示本期的会计记录已经截止或者结束，并将本期与下期的记录明显分开。

（2）库存现金、银行存款日记账和需要按月结计发生额的收入、费用等明细分类账户，每月结账时，要在最后一笔经济业务记录下面通栏划单红线，结出本月发生额和余额，在“摘要”栏内注明“本月合计”字样，在下面通栏划单红线。

（3）对需要按月结计本期发生额和期末余额的账户，采用“记账凭证核算形式”所登记的总分类账、成本费用类明细分类账、采用“账结法”下的损益类明细分类账等，每月结账时，要在最后一笔经济业务记录下面划一条通栏单红线，并在其行内结出本月发生额和余额，在“日期”栏内填写本月最后一天的号数，在“摘要”栏内注明“本月合计”字样，在下面再划一条通栏单红线。

（4）对需要结计本年累计发生额的某些明细分类账户，如主营业务收入、管理费用、生产成本明细分类账等，每月结账时，应在“本月合计”行下结计自年初起至本月末止的累计发生额，登记在月份发生额下面，在“摘要”栏内注明“本年累计”字样，并在下面再划一条通栏单红线。12月末的“本年累计”就是全年累计发生额，全年累计发生额下划双红线。

（5）总分类账（除“本年利润”“利润分配”账户和采用“记账凭证核算形式”所登记的总分类账）平时只需结出月末余额，不进行结账工作。年终结账时，为了总括地反映全年各项资金运动情况的全貌，核对账目，要将所有总分类账户结出全年发生额和年末余额，在“摘要”栏内注明“本年合计”字样，并在合计数下通栏划双红线。

（6）需要结计本月发生额的某些账户，如果本月只发生一笔经济业务，由于这笔记录的金额就是本月发生额，结账时，只要在此行记录下划一条单红线，表示与下月的发生额分开就可以了，不需另结出“本月合计”数。

2. 季结

季度结账一般是总分类账才需要的，由于总分类账在年终结账时要将所有总分类账结出全年发生额和年末余额，以便于总括反映全年各项资金运动情况的全貌并核对账目，而总分类账在各月只结余额而不结发生额，为减少年终结账的工作量而把工作做在平时，对于总分类账就要进行季结，即在每季度结束时，应在季末月份月结后，分别结算出本季度借方、贷方本期发生额合计数和期末余额，在“摘要”栏内注明“本季累计”字样，并在该行下面再划一条通栏单红线，以便与下季发生额划分清楚。

3. 年结

在第四季度季结“本季累计”行下一行的“摘要”栏内注明“本年合计”字样，加计1～4季度的“本季累计”，并算出年末余额，填入该行的各“金额”栏。然后在“本年合计”行下划通栏双红线（称为“封账线”），封账即可。如果明细分类账年末没有余额，对只需结计余额的，只需在12月最后一笔经济业务记录之下划通栏双红线，封账即可。

微课6-7

结账

【小思考6-8】结账就是划红线。这句话正确吗？

同步习题与实训

一、判断题

1.月结时，收入、费用类账户需要结出本月发生额和余额，记入最后一笔记录下的借方和贷方栏内，并在摘要栏内注明“本月合计”字样，同时在该行下划双红线，以完成月结工作。（ ）

2.库存现金日记账和银行存款日记账期末余额应分别同有关总分类账户的期末余额核对，这属于账账核对。（ ）

3.对账就是在会计期末（月末、季末、年末）将本期内所有发生的经济业务全部登记入账以后，计算出本期发生额和期末余额。（ ）

4.银行存款日记账的账面余额，应同开户银行寄送企业的银行对账单相核对，一般至少一年核对一次。（ ）

5.会计部门有关库存商品的明细账与保管部门库存商品明细账核对属于账实核对的内容。（ ）

6.库存现金日记账账面余额应每天与现金实存数相核对，不准以借条抵充现金与挪用现金，做到日清月结。（ ）

7.每月将银行存款日记账的账面余额与银行对账单进行核对，是账实核对的主要内容之一。（ ）

8.总分类账户平时不必每日结出余额，只需每月结出月末余额。（ ）

二、单项选择题

1.下列各项是指对账簿记录所进行的核对工作的是（ ）。

A.对账 B.结账 C.错账更正 D.试算平衡

2.银行存款日记账与银行对账单之间的核对属于（ ）。

A.账证核对 B.账账核对 C.账实核对 D.余额核对

3.下列关于银行存款账实核对的表述中，正确的是（ ）。

A.将银行存款日记账的余额与银行存款的收付款凭证核对

B.将银行存款日记账的余额与总账中的银行存款账核对

C.将银行存款日记账的余额与银行对账单核对

D.将银行存款日记账的余额与银行金库中存款的实有数核对

4.对账就是核对账目，其主要内容是（ ）。

A.账实核对、账表核对、账账核对 B.账账核对、账证核对、账表核对

C.账账核对、账证核对、表表核对 D.账证核对、账账核对、账实核对

5.下列关于对账的表述，不正确的是（ ）。

A.对账工作一般在月末进行，即在记账之后结账之前进行

B.对账的内容包括账证核对、账账核对、账实核对、证表核对

C.账证核对是指账簿记录与原始凭证、记账凭证的核对

D.账实核对是指各项财产物资、债权债务等账面余额与实有数额之间的核对

6. 下列各项不属于账证核对的是（ ）。
A. 日记账与收、付款凭证相核对
B. 总账全部账户的借方期末余额合计数与贷方期末余额合计数核对
C. 总账与记账凭证相核对
D. 明细账与记账凭证或原始凭证相核对
7. 下列关于对账的意义，说法不正确的是（ ）。
A. 能够保证账簿记录的准确无误和编制财务报表数字的真实可靠
B. 能够发现会计工作中的薄弱环节，有利于会计核算质量的不断提高
C. 能够加强单位内部控制，建立健全经济责任制
D. 能够提高会计人员的工作效率
8. 下列各项中，不属于账账核对内容的是（ ）。
A. 所有总账账户的借方发生额合计与所有总账账户的贷方发生额合计核对
B. 本单位的应收账款账面余额与对方单位的应付账款账面余额之间核对
C. 库存现金日记账和银行存款日记账的余额与其总账账户余额核对
D. 会计部门有关财产物资明细余额与保管、使用部门的财产物资明细账余额核对
9. 下列关于结账方法的表述中，不正确的是（ ）。
A. 总账账户平时只需结出本月发生额和本月余额
B. 库存现金、银行存款日记账每月结账时要结出本月发生额和余额
C. 收入、费用等明细账每月结账时要结出本月发生额和余额
D. 需要结计本年累计发生额的某些明细账户，每月结账时，应在“本月合计”行下结出自年初起至本月末止的累计发生额
10. 下列选项中，关于账账核对的内容表述不正确的是（ ）。
A. 总分类账簿之间的核对
B. 总分类账簿与备查账簿之间的核对
C. 总分类账簿与所属明细账簿之间的核对
D. 总分类账簿与序时账簿之间的核对

三、多项选择题

1. 下列结账方法中，正确的有（ ）。
A. 库存现金、银行存款日记账，每月要结出本月发生额和余额，在摘要栏内注明“本月合计”字样，并在下面划通栏单红线
B. 需要结计本年累计发生额的明细账，每月结账时，应在“本月合计”行下结出自年初起至本月末止的累计发生额
C. 总账账户平时只需结出月末余额。年终结账时，将所有总账账户结出全年发生额和年末余额，在摘要栏内注明“本年合计”字样，并在合计数下划通栏双红线
D. 年度终了时，对有余额的账户，要将其余额结转下年，并在摘要栏注明“结转下年”字样
2. 对账的主要内容包括（ ）。
A. 账证核对　B. 账账核对　C. 账实核对　D. 证表核对
3. 下列属于对账内容的有（ ）。

A.明细账与总账核对 B.库存商品账和实物核对

C.往来账与业务合同核对 D.记账凭证与原始凭证核对

4.账实核对是指核对账簿与财产物资实有数额是否相符，具体核对内容包括（ ）。

A.库存现金日记账余额与实际库存数

B.银行存款日记账余额与银行对账单余额

C.各种财物明细账余额与实存额

D.债权、债务明细账余额与对方单位或个人的记录（往来对账）

5.库存现金日记账对账的内容包括（ ）。

A.账证核对 B.账账核对 C.账表核对 D.账实核对

6.下列关于账户结计发生额的说法中，正确的有（ ）。

A.需要结计本月发生额的账户，结计“过次页”的本页合计数应当为自本月初起至本页末止的发生额合计数

B.需要结计本年累计发生额的账户，结计“过次页”的本页合计数应当为自年初起至本页末止的累计数

C.既不需要结计本月发生额，也不需要结计本年累计发生额的账户，可以只将每页末的余额结转次页

D.既不需要结计本月发生额，也不需要结计本年累计发生额的账户，结计“过次页”的本页合计数应当为自年初起至本页末止的发生额合计数

7.下列各项需要划双红线的有（ ）。

A.在“本月合计”的下面 B.在“本年累计”的下面

C.在12月末“本年累计”的下面 D.在“本年合计”的下面

8.结账的内容通常包括（ ）。

A.在会计期末将本期发生的所有经济业务事项全部登记入账

B.结清各种损益类账户，并据以计算确定本期利润

C.结清各资产、负债和所有者权益类账户，分别结出本期发生额合计和余额

D.期末有余额的账户，要将其余额结转下一期间

任务四 查找和更正错账

一、查找错账

登记会计账簿是一项很细致的工作。在记账过程中，由于种种原因会使账簿记录发生错误，如漏记、重记、数字颠倒、科目记错、数字记错、方向记反等，从而会影响会计信息的准确性。在发现错误时：一是要确认错误的金额；二是要确认错在借方还是贷方；三是根据产生差错的具体情况，分析产生差错的可能原因，采取相应的查找方法，及时找出差错，并予以更正。错账查找的方法主要有：

（一）差数法

差数法就是直接从账账之间的差额数字来查找错误的方法，它主要用于因漏记或重记

而导致的差错。其主要原因是会计人员在过账时重记或漏记了记账凭证的借方或贷方，从而形成试算平衡表中借方合计与贷方合计不等，明细分类账的增减发生额与总分类账的增减发生额不符。其表现形式可能有如下两种：

1. 总分类账一方漏记

在试算平衡时，借贷双方发生额不平衡，出现差错；在总分类账与明细分类账核对时，也发现某一总分类账所属明细分类账的借（或贷）方发生额大于总分类账的借（或贷）方发生额，且这两个差额正好相等。而且在总分类账和明细分类账中有与这个差额相等的发生额，则说明总分类账一方的借（或贷）方漏记，借（或贷）方哪一方的数额小，漏记就在哪一方。

2. 明细分类账一方漏记

如果总分类账已经试算平衡，但在进行总分类账与明细分类账核对时，发现某一总分类账借（或贷）方发生额大于其所属各明细分类账借（或贷）方发生额之和，说明明细分类账一方可能漏记，可对该明细分类账的有关凭证进行查对；反之，则为重记。

【小思考6-9】如果整张记账凭证漏记或重记，可以采用差数法查找吗？

（二）除2法

除2法是将账账之间差额数字除以2，按商数来查找错账的方法。它主要用于因方向记反而导致的错账。其错账的主要原因是在记账时将发生额方向记反，将借方发生额记入贷方，或者将贷方发生额记入借方。表现形式有两种情况：

1. 总分类账一方方向记反了

如果总分类账一方方向记反了，则在试算平衡时会发现借贷双方发生额不平衡，出现差额。这个差额能被2整除，所得的商数在账簿上有记录，如果借方大于贷方，则说明将贷方错记为借方；反之，则说明将借方错记为贷方。

2. 明细分类账一方方向记反了

如果明细分类账一方方向记反了，而总分类账记录正确，则总分类账发生额试算是正确的，可用总分类账与明细分类账核对的方法查找，将总分类账与明细分类账的差额除以2，得出的商即反向的金额。

（三）除9法

除9法是指用差数除以9来查找错账的方法。此法适用于查找数字错位和邻数颠倒所引起的差错。

1. 数字错位

数字错位是指在登账过程中可能会把数字的位数记错，即应记的位数不是前移就是后移，如把十位数记成百位数，或把百位数记成千位数或者把千位数记成百位数等。如果出现这种情况，在试算平衡或者总分类账与明细分类账核对时，就存在一个差额，其差额均可被9整除，商则为记错位的数字。如果是大数记成了小数，例如，将6 000误记成600，差数5 400除以9后，商为600，即为错数，600扩大10倍后即可得出正确的数字，即6 000，则可以在账簿中查找是否将6 000误记为600；如果是小数记成了大数，例如，420误记成4 200，差数为3 780，除以9后，商为420，即为正确数字，420扩大10倍后即可得出错误的数字为4 200，则可以在账簿中查找是否有420误记为4 200的情况。

2. 邻数颠倒

邻数颠倒是指在登记账簿时把相邻的两个数字互换了位置。这种情况下，差数都是9的倍数，被9除后，商数正好是这两个数字的差额。例如，将98误记为89，差数为9，除9后商为1，则颠倒的两个数字之差为1；又如：将13误记为31，差数18，除以9后商为2，则颠倒的两个数字之差为2……三位数或三位数以上的数字中的顺序颠倒，当差额除以9，商数是个位数时，就是末尾两个数字颠倒；当商数是两位数时，是百位和十位数字颠倒；当商数是三位数时，是百位和千位数字颠倒；当商数是四位数时，是千位和万位数字颠倒，依次类推，这样就可以逐个查找出颠倒错误。

（四）尾数法

尾数法是指根据所有账户的借方发生额合计数和贷方发生额合计数的差额，看其尾数，乃至小数点以后的角或分的数字来查找错账的方法。对于发生的角、分的差错，可以只查找小数部分，以提高查错的效率。例如，所有账户的借方发生额合计数和贷方发生额合计数，二者之间差额的尾数为0.25，回忆本月发生的经济业务里，的确有一笔金额为3 468.25，前面的数字忽略不考虑，只着重考虑0.25，因为一个相同的角、分出现在一个月中多笔经济业务里的概率比较小，如果确实有这么一笔经济业务，检查这笔经济业务是不是只记在了借方，没记在贷方，从而检查出错误。

会计人员在日常填制会计凭证和登记账簿的过程中，出现差错，切忌生搬硬套，要从具体的实际工作出发，灵活运用查找错账的方法，有时还要几种方法结合起来，通过反复核实，才能得出正确的结果。

二、更正错账

对于账簿记录错误，不准涂改、挖补、刮擦或者用药水消除字迹，不准重新抄写，而必须根据错误的具体情况和性质，采用规范的方法予以更正。错账更正方法通常有划线更正法、红字更正法和补充登记法三种。

（一）划线更正法

记账凭证填制正确，在记账或结账过程中发现账簿记录中文字或数字有错误，应采用划线更正法。更正时，先在错误的文字或数字正中划一条单红线，表示注销，划线时必须使原有字迹仍可辨认，以备审查；然后将正确的文字或数字用蓝字写在划线处的上方，并由记账人员在更正处盖章，以示负责。文字错误，可以只划线更正错误的部分；数字错误，应将错误数字全部划红线更正，不能只更正其中的个别错误数字。

【做中学6-3】顺达公司记账员李晓根据记账凭证过账时将“原材料”账户的“28 457”元误记为“28 547”元。应将错误数字“28 547”全部用红线注销后，再写上正确的数字“28 457”。

更正时：28 457

~~28 547~~ 李　晓

（二）红字更正法

红字更正法一般适用于以下两种情况错账的更正：

（1）记账后，如果发现记账凭证中的应借、应贷会计科目有错误或借贷方向有错误，那么应采用红字更正法予以更正。

更正时：先用红字金额填写一张与原错误记账凭证内容完全相同的记账凭证，且在“摘要”栏注明“冲销×月×日第×号凭证”，并据以用红字登记入账，冲销账簿中原有的错误记录，同时，再用蓝字重新填制一张正确的记账凭证，且在“摘要”栏注明“更正×月×日第×号凭证”，并据以用蓝字登记入账。

【做中学6-4】顺达公司生产车间一般消耗领用A材料一批，价值5 300元。该公司会计人员在填制记账凭证时，误作如下会计分录，并已登记入账。

借：生产成本　　5 300

　　贷：原材料　　5 300

错账更正方法如下：

首先，用红字金额填制一张与原错误记账凭证内容完全相同的记账凭证，并据以入账。

借：生产成本　　5 300

　　贷：原材料　　5 300

然后，用蓝字填制一张正确的记账凭证，并据以入账。

借：制造费用　　5 300

　　贷：原材料　　5 300

（2）记账后，如果发现记账凭证和账簿记录中应借、应贷的会计科目及借贷方向没有错误，只是所记金额大于应记金额，那么更正方法如下。

更正时：将多记的金额用红字填制一张与原错误记账凭证会计科目及借贷方向相同的记账凭证，并在“摘要”栏注明“冲销×月×日第×号凭证多记金额”字样，并据以用红字登记入账，以冲销多记的金额，求得正确的金额。

【做中学6-5】A公司以银行存款450元支付银行手续费。误作如下会计分录，并已登记入账。

借：财务费用　　540

　　贷：银行存款　　540

错账更正方法：发现这种错账以后，应采用原来正确分录中的会计科目，根据正确金额与错误金额的差额“90”用红字金额填制记账凭证，并记入原来已经登记过的账户（“财务费用”和“银行存款”）中去，原有的错误记录就被冲销掉了，错账也就被更正了。会计分录为：

借：财务费用　　90

　　贷：银行存款　　90

（三）补充登记法

记账之后，发现记账凭证中应借、应贷会计科目及借贷方向都正确，只是所记金额小于应记金额，可采用补充登记法进行更正。

更正时：将少记金额用蓝字填制一张与原错误记账凭证科目名称和方向一致的记账凭证，并用蓝字据以登记入账，以补足少记的金额，并在“摘要”栏内注明“补记×月×日第×号凭证少记金额”。

【做中学6-6】B公司收到某单位归还的欠款8 000元，存入银行。编制如下分录，并已登记入账。

借：银行存款　　800

　　贷：应收账款　　800

错账更正方法：发现这种错账以后，应采用原来正确分录中的会计科目，根据正确金额与错误金额的差额“7 200”用蓝字金额填制记账凭证，并记入原来已经登记过的账户（“银行存款”和“应收账款”）中去，原来少记的部分就被补充记入了有关账户，错账也就被更正了。会计分录为：

借：银行存款　　7 200

　　贷：应收账款　　7 200

【小思考6-10】如果在编制记账凭证后，当时就发现编制错误，而没有登记账簿，应如何更正？

上述错账只是企业众多经济业务中的几种情况，我们可以对错账更正方法进行总结，见表6-33。

表6-33　“错账更正方法”一览表

错误性质	发现时间	更正方法名称	更正步骤要点
仅账簿记录有误	记账后 结账前	划线更正法	（1）划红线注销 （2）作出正确记录 （3）在更正处盖章
记账凭证科目错误	记账后	红字更正法	（1）用红字冲销原记录 （2）用蓝字重填记账凭证，并入账
记账凭证科目正确，金额多记	记账后	红字更正法	用红字填制记账凭证冲销多记数，并入账
记账凭证科目正确，金额少记	记账后	补充登记法	用蓝字填制记账凭证补记少记数，并入账

【德技并修】史书记载，中国商代记录财政收支事项的载体是竹简或木简，这就是“简册”的由来。从西周开始以“籍”代“册”，“籍”字从竹，其字形犹如多册竹简卷束成捆叠置堆放之形象。秦统一中国后，秦朝官厅所设置的各类账簿统一以“籍”或“籍书”称之，例如记录钱币的账簿称为“钱籍”。“计籍”之称始于西汉，它是簿记性质的记录和统计性质记录的总称，“计”泛指簿记记录，“籍”则指统计性质的记录。

南北朝时把用于登记这类领用与返还财物事项的簿册称为“帐”或“簿帐”。

到了宋朝已有“帐簿”之称，这一簿记专用名称的确定，对此后以“帐簿”作为簿记的固定俗语有重要影响。到了清代，官厅与民间有了共同的认识，“帐簿”作为簿记的专业名称被统一确定下来。随着商品货币经济的发展，社会上有一些商人感到将“巾”字旁的“帐”字用于会计核算欠妥，故创造出一个“账”字取代它。

习近平总书记指出，中华优秀传统文化是中国特色哲学社会科学成长发展的深厚基础和独特优势。可以看出，从商代简“册”到南北朝“帐”字的引入应用，至唐宋“簿帐”与“帐簿”命名的确定，及至在明清时期“帐簿”成为社会公认的簿记俗语，这个过程具有中华民族深刻的簿记文化底蕴与丰富多彩的文化、艺术内涵，成为中华古代文明进步的象征。自“帐（账）”字应用于簿记以后，其含义从簿记领域回归到社会生活的更为广阔的方面，从而极大地丰富了中国的语言、文化与艺术，并进一步使簿记的社会化程度得到提高。

同步习题与实训

一、判断题

1. 除2法是指以差数除以2来查找错账的方法，适用于将数字写小、将数字写大、邻数颠倒的情形。（　　）

2. 差数法是指对于发生的差错只查找末位数，以提高差错效率的方法。（　　）

3. 采用划线更正法时，最后由审核人员在更正处签名盖章，以明确责任。（　　）

4. 漏记或重记适合用“除2法”查找。（　　）

5. 会计人员根据审核无误的记账凭证记账时，将贷记账户的金额36 000元写成63 000元，更正时应采用划线更正法。（　　）

6. 除2法是指以差错数除以2，用得出的商数来查找账簿中记错方向的数字，可用于现金长、短款的查找。（　　）

7. 采用补充登记法更正错账时，按正确金额与错误金额的差额，用蓝字编制一张账户对应关系与原错误凭证相同的记账凭证，并用蓝字登记入账，以补记少记的金额。（　　）

8. 采用划线更正法时，应仅仅划去错误的文字或数字并更正为正确的文字或数字。（　　）

二、单项选择题

1. 更正错账时，划线更正法的适用范围是（　　）。

A. 记账凭证上会计科目或记账方向错误，导致账簿记录错误

B. 记账凭证正确，在记账时发生错误，导致账簿记录错误

C. 记账凭证上会计科目或记账方向正确，所记金额大于应记金额，导致账簿记录错误

D. 记账凭证上会计科目或记账方向正确，所记金额小于应记金额，导致账簿记录错误

2. 某会计人员在审核记账凭证时，发现误将9 000元写成900元，尚未入账，可以采用的错账更正方法是（　　）。

A. 重新编制记账凭证　　B. 红字更正法

C. 补充登记法　　D. 划线更正法

3. 更正错账时，红字更正法的适用范围是（　　）。

A. 记账凭证上会计科目或记账方向错误，导致账簿记录错误

B. 记账凭证正确，在记账时发生错误，导致账簿记录错误

C. 记账凭证上会计科目或记账方向正确，所记金额大于应记金额，导致账簿记录错误

D. 记账凭证上会计科目或记账方向正确，所记金额小于应记金额，导致账簿记录错误

4. 年终结账将余额结转下年时，下列说法正确的是（　　）。

A. 不需要编制记账凭证，但应将上年账户的余额反向结平才能结转下年

B. 应编制记账凭证，并将上年账户的余额反向结平

C. 不需要编制记账凭证，也不需要将上年账户的余额结平，直接注明“结转下年”即可

D. 应编制记账凭证予以结转，但不需要将上年账户的余额反向结平

5. 主要用以查明是否有重记或漏记的错账查找方法是（　　）。

A. 差数法　　B. 尾数法　　C. 除2法　　D. 除9法

6. 下列各项更正方法适用于登记账簿后发现记账凭证会计科目运用错误的是（　　）。

A. 划线更正法　　B. 红字更正法　　C. 补充登记法　　D. 平行登记法

7. 收回货款1 500元存入银行，填制记账凭证时，会计科目无误，金额误填为15 000元，并已入账。正确的更正方法是（　　）。

A. 采用划线更正法

B. 用蓝字借记“银行存款”13 500元，贷记“应收账款”13 500元

C. 用蓝字借记“应收账款”13 500元，贷记“银行存款”13 500元

D. 用红字借记“银行存款”13 500元，贷记“应收账款”13 500元

8. 对于邻数颠倒的情况，适用的错账查找方法是（　　）。

A. 差数法　　B. 尾数法　　C. 除9法　　D. 除2法

9. 某企业通过银行收回应收账款8 000元，在填制记账凭证时，科目、方向无误，误将金额记为800元，并登记入账。当年发现错误，更正时应采用的更正方法是（　　）。

A. 重编正确的收款凭证　　B. 划线更正法

C. 红字更正法　　D. 补充登记法

10. 记账后，发现记账凭证上应借、应贷的会计科目并无错误，但所填金额有错，致使账簿记录错误，正确的更正方法是（　　）。

A. 若所填金额大于应填金额，则应采用红字更正法

B. 若所填金额小于应填金额，则应采用红字更正法

C. 若所填金额大于应填金额，则应采用补充登记法

D. 若所填金额小于应填金额，则应采用划线更正法

三、多项选择题

1. 记账后，发现记账凭证中的金额有错误，导致账簿记录错误，不能采用的错账更正方法有（　　）。

A. 划线更正法　　B. 红字更正法　　C. 补充登记法　　D. 重新抄写法

2. 红字更正法通常适用的情况有（　　）。

A. 记账后在当年内发现记账凭证所记的会计科目错误

B. 发现上一年度的记账凭证所记的会计科目错误

C. 记账后发现会计科目无误而所记金额大于应记金额

D. 记账后发现会计科目无误而所记金额小于应记金额

3. 下列结账方法表述正确的有（　　）。

A. 总账账户平时只需结出月末余额，在年终结账时，在“本年合计”栏下划通栏双红线

B.需要结计本年累计发生额的明细账户，12月末的“本年累计”就是全年累计发生额，全年累计发生额下划通栏双红线

C.对不需按月结计本期发生额的账户，每次记账后，随时结出余额，每月最后一笔余额即月末余额

D.库存现金、银行存款日记账，收入、费用明细账，结出本月发生额和余额，在摘要栏注明“本月合计”字样，并在下面划通栏双红线

4.下列各项属于错账产生原因的有（　　）。

A.重记　　B.漏记　　C.数字颠倒　　D.数字记错

5.账簿记录发生错误，不准涂改、挖补、刮擦或者用药水消除字迹，不准重新抄写，而应该采取的正确的更正方法有（　　）。

A.全冲全入法　　B.补充登记法　　C.红字更正法　　D.划线更正法

6.下列各种工作错误，应当用红字更正法予以更正的有（　　）。

A.在账簿中将2 500元误记为2 550元，记账凭证正确无误

B.在填制记账凭证时，误将“应收账款”科目填为“其他应收款”科目，并已登记入账

C.在填制记账凭证时，误将3 000元填作300元，尚未入账

D.记账凭证中的借贷方向用错，并已入账

四、实训题

【实训资料】佳达公司2024年4月末在进行账证核对时，发现下列经济业务：

（1）从银行取得两年期借款7 600元，已存入银行。填制记账凭证如下：

借：银行存款　　6 700

　　贷：短期借款　　6 700

（2）开出转账支票2 000元，偿还应付赔偿款。填制记账凭证如下：

借：库存现金　　2 000

　　贷：应付账款　　2 000

（3）管理部门购买办公用品560元，用库存现金支付。填制记账凭证如下：

借：管理费用　　650

　　贷：库存现金　　650

（4）开出转账支票4 820元，缴纳上月未交税费。填制记账凭证如下：

借：应交税费　　4 280

　　贷：银行存款　　4 280

（5）签发转账支票4 950元，支付前欠某单位货款。填制记账凭证如下：

借：应收账款　　4 950

　　贷：银行存款　　4 950

（6）采购员张林出差借支库存现金6 000元。填制记账凭证如下：

借：其他应收款　　600

　　贷：库存现金　　600

【实训要求】判断各项经济业务的账务处理有无错误，如有错误请指出，说明更正方法并予以更正。

项目七

清查财产物资

【知识点】 认知财产清查

【技能点】
1. 选择财产清查方法
2. 核算财产清查结果

【素养点】
1. 通过财产清查制度方法和程序的学习，把保护单位财产物资的安全完整作为一个工作目标
2. 通过对财产清查结果处理方法的学习，能够提出合理化建议，健全财产物资管理制度

引言

一家企业经营效益的好坏，在很大程度上取决于有没有一套针对财产物资的行之有效的管理制度。特别是财产物资流量较大、品种较多、各种往来经济业务比较频繁的企业，更应加强对财产物资的管理。如果在财产物资收发、领退过程中验收、记录、计量稍有不慎或制度不健全，就会给国家、投资者带来损失。企业应针对不同性质、不同类别的资产，制定不同的管理制度，分清主次，采取相应的对策进行有效的管理与控制。

任务一　认知财产清查

一、财产清查的概念

财产清查，是指通过对实物资产、库存现金的实地盘点和对银行存款、债权债务的查对，来确定实物资产、货币资金和债权债务的实存数，以查明账存数与实存数是否相符的一种专门的会计核算方法。

任何单位对日常发生的每一项经济业务，都必须根据原始凭证填制记账凭证，并经审核无误后登记入账，以保证账簿记录的真实性和正确性，为经营管理提供正确的会计信息。但在实际工作中，由于一些主观原因和客观原因，账簿记录的结存数与实际结存数之间有时候会不一致，产生差异，即账实不符。一般来说，造成账实不符的原因有以下几种：

（1）在结算过程中，由于未达账项等原因引起账账、账实不符。

（2）会计人员在登记账簿时，发生漏记、重记、错记或计算上的错误，导致账实不符。

（3）在财产物资收发时，由于计量、计算、检验不准确而发生品种、数量或质量上的差错。

（4）财产物资在保管过程中发生的自然损耗或自然升溢而导致的数量或质量上的变化，如油料的挥发、食盐的增重等。

（5）由于不可抗拒的风、水、火、地震等自然灾害或意外事故而造成的毁损。

（6）由于贪污盗窃、营私舞弊等而造成的财产物资损失。

（7）财产物资在增减变动时未及时办理手续或在计算、登记上发生了差错。

（8）由于管理不善而造成的财产物资损坏、变质、霉烂或短缺等。

因此，为了掌握各项财产物资的真实情况，保证账实相符，必须在账簿记录的基础上，对各项财产物资进行定期或不定期的盘点和核对，做到账实相符，保证会计信息的真实性和可靠性。

二、财产清查的意义

财产清查在会计核算和经济管理中具有重要意义，具体来说，有以下几个方面：

（一）保证会计核算资料的真实可靠

通过财产清查，可以查明各项财产物资的实存数，实存数同账存数的差异，以及发生差异的原因和责任，以便采取措施，寻找杜绝差错的有效方法，保证账实相符和会计核算资料的真实可靠。

（二）保护财产物资的安全和完整

通过财产清查，可以查明各项财产物资的保管情况是否良好，有无因管理不善，使财产物资遭受浪费、霉烂变质、损坏丢失，或者被非法挪用、贪污盗窃的情况，以便采取措施，改善管理，保护各项财产物资的安全和完整；可以查明各项债权债务、往来款项的结算情况是否正常，有无账款长期拖欠、在途物资逾期到达、发出商品遭到无故拒付等情况，查明原因，以便采取措施，及时处理。

（三）促进财产物资的有效使用

通过财产清查，可以查明各种财产物资的储备和使用情况，有无储备不足问题或者积压、呆滞以及不配套的财产物资，以便采取措施，对储备不足的设法补充，保证生产需要，对积压、呆滞和不配套的财产物资及时处理，充分挖掘财产物资的潜力。

（四）保证财经法纪的贯彻执行

通过财产清查，可以查明有关财产物资验收、保管、收发、调拨、报废以及现金出纳、账款结算等手续制度的贯彻执行情况，以便采取措施，建立和健全有关财产物资的管理与核算制度，以及经济上、财务上的责任制度。

三、财产清查的种类

微课7-1

财产清查的概念及分类

财产清查可以按不同的标准进行分类，主要有以下几种分类方式。

（一）按清查的对象和范围分为全面清查和局部清查

1.全面清查

全面清查就是对全部财产物资进行的盘点和核对。全面清查内容多、范围广、费用高、参与人员多。一般来说，对于以下几种情况，必须进行全面清查：

（1）年终决算之前，为确保年终决算会计资料真实、正确；

（2）单位撤销、合并或改变隶属关系；

（3）企业开展中外合资经营、国内联营；

（4）开展清产核资等活动；

（5）单位主要负责人调离企业。

【小思考7-1】企业财务负责人调离企业，必须进行全面清查吗？

2.局部清查

局部清查就是根据需要对一部分财产物资所进行的清查。局部清查范围小，内容少，涉及的人也少，但专业性较强。一般有：

（1）对于现金，应由出纳员在每日业务终了时清点，做到日清月结。

（2）对于银行存款和银行借款，应由出纳员每月同银行核对一次。

（3）对于原材料、在产品和库存商品，除年度清查外，应有计划地每月重点抽查；对于贵重的财产物资，应每月清查盘点一次。

（4）对于债权债务，应在年度内至少核对一至两次，有问题的应及时核对，及时解决。

（二）按清查的时间分为定期清查和不定期清查

1. 定期清查

定期清查就是按照管理制度的规定或预先计划安排的时间对财产物资所进行的清查。这种清查的对象和范围不定，可以是全面清查，也可以是局部清查。清查的目的在于保证会计核算资料的真实、正确，一般在年末、季末或月末结账时进行。

2. 不定期清查

不定期清查就是根据实际需要对财产物资所进行的临时清查。这种清查一般情况下是局部清查。例如，更换出纳员时对现金、银行存款所进行的清查；更换仓库保管员时对其所保管的财产物资所进行的清查；发生自然灾害和意外损失时，对受灾损失的财产物资所进行的清查。其目的在于查明情况，分清责任。

（三）按清查的执行单位分为内部清查和外部清查

1. 内部清查

内部清查是由企业的有关领导和内部有关人员组成清查小组，对企业的财产物资和往来款项所进行的清查。企业年终进行的全面清查和大部分不定期清查皆属于内部清查。内部清查可以是全面清查，也可以是局部清查。

2. 外部清查

外部清查是由企业外部的上级主管部门、审计机关、财税部门等有关部门或人员组成清查小组，根据国家的有关规定或企业的特殊需要对企业所进行的清查。例如，企业进行股份制改造、合并撤销等，请评估机构进行资产评估时所进行的财产清查等。外部清查可以是全面清查，也可以是局部清查。

【小思考 7-2】由于遭遇暴雨袭击，仓库被水浸泡。天气转好后，企业对仓库进行了清查，这是哪一类清查？

四、财产物资的盘存制度

财产物资的盘存制度有两种，即“永续盘存制”和“实地盘存制”。

（一）永续盘存制

永续盘存制又称账面盘存制，它是通过设置财产物资明细分类账，逐日逐笔地登记各项财产物资的收入、发出和结存情况的一种核算方法。采用这种方法，在财产物资明细分类账中，要根据有关会计凭证连续登记增加数和减少数，同时结出账面结存数。其计算公式如下：

$$账面结存数 = 原结存数 + 本次增加数 - 本次减少数$$

这种盘存制度要求财产物资的进出都有严密的手续，便于加强会计监督；在有关账簿中对财产物资的进出进行连续登记，且随时结出账面结存数，便于随时掌握财产物资占用情况及其动态，有利于加强财产物资管理；明细分类账的结存数量，可以通过盘点与实存数进行核对，如果发生溢余或短缺，可查明原因，及时纠正。其不足之处在于：财产物资明细分类核算工作量较大，需要耗费较多的人力和财力。

微课 7-2

财产物资的盘存制度

由于永续盘存制在控制和保护财产物资安全方面有明显的优势，所以在实际工作中，除少数特殊情况外，多数企业都采用永续盘存制。

（二）实地盘存制

实地盘存制又称“以存计耗制”“定期盘存制”，它是指在期末通过盘点来确定财产物资的结存数量，并据以计算结存成本，倒挤出本期销售（或耗用）成本的一种核算方法。采用这种方法，平时只根据会计凭证在财产物资明细分类账中登记财产物资的增加数，不登记减少数，到月末，对各项财产物资进行盘点，根据实地盘点确定的实存数，倒挤出本月各项财产物资的减少数。其计算公式如下：

本期减少数＝期初结存数＋本期增加数－期末结存数

根据以上计算公式倒挤出本期减少数，再登记有关账簿。所以，每月末对各项财产物资进行实地盘点的结果是计算本期财产物资减少数的依据。

实地盘存制简化了平时的记账工作，但不能在账面上及时反映财产物资的收、发、存情况，不能及时提供财产物资管理所需的各种信息。此外，有可能将财产物资的短缺、毁损数也包含在减少数中，不利于财产物资的管理，影响会计资料的真实性和正确性。由于实地盘存制存在如此多的缺点，它一般适用于单价低、品种杂、进出比较频繁的材料物资，以及损耗大、数量不稳定的鲜活商品。

【小思考7–3】实地盘存制和永续盘存制都需要进行盘点，它们的盘点目的是否相同？为什么？

知识链接

永续盘存制下存货账户的设置与组织

在永续盘存制下，存货账户的设置和组织一般有两种做法。

一种做法是，在会计部门设置存货总分类账和明细分类账两套账。其中总分类账只登记金额，进行金额控制；明细分类账则同时登记数量和金额，进行数量、金额双重控制。在仓库部门按不同品种存货分户设置保管账和商品卡（材料卡），保管账由记账员根据收、发货单（进、领料单）登记收发数量，进行数量控制；商品卡（材料卡）挂在每种商品（材料物资）的堆垛处，由保管员根据收、发货单（进、领料单）逐笔登记数量，以便控制商品（材料物资）的实存数。

另一种做法是，在会计部门只设一套总分类账，而将明细分类账下放到仓库部门，与仓库部门的保管账合并，以简化会计部门的明细分类账设置和记账工作。

同步习题与实训

一、判断题

1.永续盘存制的计算公式为：期初结存数＋本期收入数－期末实存数＝本期发出数。（　）

2. 财产清查按清查的执行单位分类，分为定期清查和不定期清查。（ ）

3. 财产清查既是会计核算的一种专门方法，又是财产物资管理的一项重要制度。（ ）

4. 通过财产清查，可以查明各项财产物资的保管情况。（ ）

5. 不定期清查，既可以是全面清查，也可以是局部清查。（ ）

6. 单位主要负责人或财务部门负责人调离工作时，需要进行全面清查。（ ）

7. 局部清查是只对部分财产物资进行的清查，一般适用于流动性较弱的财产物资，如固定资产、无形资产等。（ ）

8. 定期清查一般在结账以后进行。（ ）

二、单项选择题

1. 全面清查和局部清查的划分依据是（ ）。

A. 财产清查的方法　B. 财产清查的对象和范围

C. 财产清查的时间　D. 财产清查的性质

2. 下列各项中，企业不需对其财产物资进行全面清查的是（ ）。

A. 年终决算前　B. 企业进行股份制改制前

C. 更换仓库保管员　D. 企业破产

3. 按清查的时间划分，单位发生贪污盗窃、营私舞弊等事项时所进行的清查属于（ ）。

A. 全面清查　B. 局部清查　C. 定期清查　D. 不定期清查

4. 按清查的时间划分，单位发生撤销、合并、重组等事项时所进行的清查属于（ ）。

A. 定期清查　B. 不定期清查　C. 全面清查　D. 局部清查

5. 财产清查的一般程序不包括（ ）。

A. 建立财产清查小组

B. 制订清查计划

C. 编制复查报告

D. 根据盘存清单，填制实物资产、货币资金、往来款项清查结果报告表

6. 一般来说，单位撤销、合并、改变隶属关系时，要进行（ ）。

A. 全面清查　B. 局部清查　C. 实地盘点　D. 技术推算

7. 企业在编制年度财务会计报告前进行的财产清查，一般应是（ ）。

A. 重点清查　B. 全面清查　C. 局部清查　D. 抽样清查

8. 对财产清查结果进行正确账务处理的主要目的是保证（ ）。

A. 账表相符　B. 账账相符　C. 账实相符　D. 账证相符

9. 对属于本单位或存放在本单位的所有财产物资、货币资金和各项债权债务进行全面的盘点与核对，称为（ ）。

A. 定期清查　B. 不定期清查　C. 全面清查　D. 局部清查

10. 财产清查的意义不包括（ ）。

A. 提高资金的使用效益

B. 可以禁止各项财产物资被非法挪用

C.可以确定实有数量与账面数量之间的差异，查明原因和责任

D.提高会计资料的准确性

三、多项选择题

1.全面清查的具体对象包括（　　）。

A.货币资金　　B.存货　　C.固定资产　　D.往来款项

2.下列情况需要进行全面清查的有（　　）。

A.年终决算之前　　B.企业股份制改制前

C.更换财产物资、库存现金保管人员时　　D.单位财务科长调离时

3.关于局部清查，正确的做法有（　　）。

A.现金每月清点一次　　B.银行存款每月同银行核对一次

C.贵重物品每月至少盘点一次　　D.债权债务每年至少核对一至两次

4.年终决算之前，为确保年终决算会计信息的真实性和准确性，需要进行的财产清查是（　　）。

A.全面清查　　B.局部清查　　C.定期清查　　D.不定期清查

5.按清查的时间，财产清查可分为（　　）。

A.全面清查　　B.局部清查　　C.定期清查　　D.不定期清查

6.下列情况需要进行局部清查的有（　　）。

A.发生自然灾害　　B.会计机构负责人调离

C.财产物资保管人员发生变动　　D.单位撤销

7.财产清查的意义包括（　　）。

A.有利于提高会计核算资料的准确性

B.有利于挖掘财产物资的潜力，加速资金周转

C.有利于保护财产物资的安全和完整

D.有利于合理安排生产经营活动

8.下列各项属于财产物资盘存制度的有（　　）。

A.永续盘存制　　B.实地盘存制　　C.实地盘点法　　D.技术推算盘点法

9.下列关于永续盘存制的说法正确的有（　　）。

A.在资产明细分类账中，平时既登记财产增加数，又登记财产减少数

B.在资产明细分类账中，平时不能提供减少数和结存数

C.如果发生库存溢余或短缺，可查明原因，及时纠正

D.简化了平时的记账工作

任务二　选择财产清查方法

一、财产清查的一般程序

财产清查是一项涉及面广、工作量大，既复杂又细致的工作，为了保证财产清查的质量，达到财产清查的目的，应按科学合理的程序进行财产清查。财产清查一般应包括准备

阶段、清查阶段和总结阶段。

（一）准备阶段

财产清查涉及单位管理部门、财务会计部门、财产物资保管部门以及与本单位有业务和资金往来的外部有关单位和个人。因此，为了保证财产清查工作能够有条不紊地进行，财产清查前必须有组织、有领导、有步骤地做好财产清查的准备工作。

1. 组织准备

首先，要建立财产清查小组，清查小组应包括单位有关负责人、会计主管人员和职工代表，并由清查小组具体负责组织财产清查工作。其次，清查小组应根据财产清查的目的和要求，制订财产清查计划，包括财产清查的时间进度、对象和范围、清查人员的分工及解决清查中出现问题的原则、方法等。

2. 业务准备

财产清查前，各部门应把未做完的工作做完，为财产清查做好准备：

（1）有关财务会计人员应将有关账目结算清楚，做到账证、账账相符，为清查工作提供可靠的依据；

（2）财产物资保管部门和有关人员，应将截至清查日止全部业务填好凭证，登记入账，结出余额，并将各项财产物资整理有序，标出品种及规格，注明结存数，以便实地盘点顺利进行；

（3）清查人员应准备好各种计量器具，并准备好清查盘点用的单据、表格。

（二）清查阶段

财产清查的重要环节是盘点财产物资的实存数量。为明确责任，在财产清查过程中，实物保管人员必须在场，并参加盘点工作，盘点结果应由清查人员填写“盘存单”，详细写明各项财产物资的编号、名称、规格或型号、计量单位、单价、金额等，并由盘点人员和实物保管人员分别签字或盖章。

“盘存单”是实物盘点结果的书面证明，也是反映财产物资实存数额的原始凭证。其一般格式见表7-1。

表7-1　　盘　存　单

单位名称：　　盘存时间：　　编号：

财产类别：　　存放地点：

编　号	名　称	规格或型号	计量单位	实存数量	单　价	金　额	备　注

盘点人：　　监盘人：　　保管人员：

（三）总结阶段

盘点完毕，财务会计部门应根据“盘存单”上所列财产物资的实际结存数与账面结存数进行核对，发现某些财产物资账实不符时，填制“实存账存对比表”，确定财产物资盘盈或盘亏的数额。“实存账存对比表”是财产清查的重要报表，是调整账面记录的原始凭证，也是分析盈亏原因、明确经济责任的重要依据。其一般格式见表7-2。

表 7-2　　实存账存对比表

单位名称：　　　　　　　　　　年　月　日　　　　　　　　　　编号：

编号	名称	规格或型号	计量单位	单价	实际结存		账面结存		对比结果				备注
									盘盈		盘亏		
					数量	金额	数量	金额	数量	金额	数量	金额	

会计主管：　　　　　　　　复核：　　　　　　　　制表：

二、财产清查的方法

微课 7-3

实物资产的清查方法

对于实物资产，包括固定资产、原材料、在产品、库存商品、委托加工物资等，应从数量和价值两个方面进行清查。针对财产物资种类多、数量多、品种规格多、储备状态复杂、计量单位不统一、价值大小不均等特点，在清查中，一方面，要分清主次轻重，合理分配时间；另一方面，对不同的清查对象，应选择不同的清查方法。在实物资产清查过程中，存货和固定资产是企业最主要的实物资产，应采取不同的清查方法。

（一）存货的清查方法

1. 存货清查的要求

（1）保管人员必须在现场；

（2）要全面彻底清查，不得遗漏或重复，切实保证清查结果真实、准确、完整；

（3）要注意其质量是否完好，有无霉烂、变质、短缺等现象；

（4）要选用适当的技术方法；

（5）要弄清其状况及日常管理情况；

（6）要严格按照标准和程序进行；

（7）清查结束后，应填写盘存表，并办理必要的手续。

2. 存货清查的方法

不同品种的存货，由于其实物形态、体积重量、码放方式不同，采用的清查方法也不同，一般有实地盘点法、技术推算盘点法和抽样盘点法等。

（1）实地盘点法。实地盘点法是指在存货堆放现场逐一清点数量或用计量仪器确定实存数的一种方法。这种方法适用范围广，要求严格，数字准确可靠，清查质量高，但工作量大。如果事先按存货的实物形态进行科学的码放，如五五排列、三三制码放等，有助于提高清查的效率。

（2）技术推算盘点法。技术推算盘点法是利用技术方法，如量方计尺等对存货的实存数进行推算的一种方法。这种方法适用于大量成堆、难以逐一清点的存货。

（3）抽样盘点法。对某些价值较小，数量又多，不便于逐一进行清点的存货，可先测定总体或总量，然后从其总体或总量中抽取少量样本，确定样本的数量，从而推算出总体数量的一种方法。这种方法适用于价值较小，数量又多，不便于逐一进行清点，质量比较均匀的存货。

3. 存货清查的程序

（1）先数量后质量。首先，有关存货的保管人员会同清查人员，验明各项存货名称、类别、规格，确定其实有数量，然后，采用适当方法检查其质量。

（2）登记“盘存单”。存货经过数量盘点和质量鉴定后，应将清查结果如实登记在“盘存单”上，由参加盘点的人员和实物保管人员共同签章。“盘存单”是记录盘点的各项财产物资实存数量的书面证明，也是财产清查工作的原始凭证之一。

（3）确定账实是否相符。盘点完毕，将“盘存单”中所记录的存货实存数与账面结存数核对，发现账实不符时，填制“实存账存对比表”，确定存货盘盈或盘亏数。“实存账存对比表”是财产清查的重要报表，是调整账面记录的原始凭证，也是分析盈亏原因、明确经济责任的重要依据，应严肃认真地填报。

（二）固定资产的清查方法

1. 固定资产的清查要求和技术方法

固定资产的清查是指对单位房屋及建筑物、机器设备、运输设备、工具器具等所实施的清查。固定资产清查的要求与存货清查的要求基本相同。但是，由于固定资产的特点，在清查时一般采用实地盘点法，将固定资产明细分类账上记录的情况与固定资产实物逐项核对，以确定账实是否相符。

2. 固定资产清查的程序

（1）核对有关账簿记录。在进行固定资产清查前，应当将固定资产总分类账的期末余额同固定资产明细分类账相核对，以保证总分类账的余额与其相应固定资产明细分类账的余额相一致。

（2）进行实地盘点。盘点时，可按固定资产明细分类账上所列固定资产名称、类别、编号等内容与固定资产实物逐项进行核对，确定其账实是否相符。

（3）登记清查结果。固定资产盘点结束后，清查人员应当对盘点结果进行必要的登记。根据清查所发现的固定资产盘盈、盘亏等情况，在查明原因的基础上，编制“固定资产盘盈盘亏报告表”，见表7-3。

表7-3　　固定资产盘盈盘亏报告表

部门：　　　　　　　　　　年　月　日

<table>
<tr><th rowspan="2">固定资产编号</th><th rowspan="2">固定资产名称</th><th rowspan="2">固定资产规格或型号</th><th colspan="3">盘　盈</th><th colspan="3">盘　亏</th><th colspan="3">毁　损</th><th rowspan="2">原因</th></tr>
<tr><th>数量</th><th>重置价值</th><th>累计折旧</th><th>数量</th><th>原价</th><th>已提折旧</th><th>数量</th><th>原价</th><th>已提折旧</th></tr>
<tr><td></td><td></td><td></td><td></td><td></td><td></td><td></td><td></td><td></td><td></td><td></td><td></td><td></td></tr>
<tr><td></td><td></td><td></td><td></td><td></td><td></td><td></td><td></td><td></td><td></td><td></td><td></td><td></td></tr>
<tr><td></td><td></td><td></td><td></td><td></td><td></td><td></td><td></td><td></td><td></td><td></td><td></td><td></td></tr>
<tr><td rowspan="2">处理意见</td><td colspan="2">审批部门</td><td colspan="6">清查小组</td><td colspan="4">使用保管部门</td></tr>
<tr><td colspan="2"></td><td colspan="6"></td><td colspan="4"></td></tr>
</table>

盘点人：　　　　　　　　　监盘人：　　　　　　　　　保管人员：

另外，在对固定资产实施清查的过程中，不仅要查明固定资产是否账实相符，还应进一步查明固定资产在保管、使用、维护以及核算中存在的问题，以便于总结经验，健全有关固定资产的各项管理制度。

【小思考7-4】固定资产清查工作和存货清查工作有什么相同点和不同点？

（三）货币资金的清查方法

1. 库存现金的清查

微课7-4

货币资金的清查方法

库存现金的清查，是通过实地盘点的方法，确定库存现金的实存数，再与库存现金日记账的账面余额核对，以查明盈亏情况。在进行库存现金清查时，为了明确经济责任，出纳员必须在场。在清查过程中，不能用“白条”抵库，即不能用不具有法律效力的借条、收据等抵充库存现金。库存现金盘点后，应根据盘点的结果及时与库存现金日记账核对，并填制“现金盘点报告表”。现金盘点报告表也是重要的原始凭证，它既具有“盘存单”的作用，又具有“实存账存对比表”的作用，“现金盘点报告表”由盘点人员和出纳员共同签章后方能生效，见表7-4。

表7-4 现金盘点报告表

单位名称： 年 月 日 金额单位：元

实存金额	账存金额	对比结果		备　注
		盘盈	盘亏	
100元面值　张				
50元面值　张				
20元面值　张				
10元面值　张				
5元面值　张				
2元面值　张				
1元面值　张				
⋮				
合　计				

盘点人签章： 出纳员签章：

【小思考7-5】为什么在清查现金时，采用实击式清查方式？

2. 银行存款的清查

（1）银行存款清查的要求

银行存款清查前要检查有关银行存款的经济业务是否已全部登记入账；清查时既要注意核对金额，又要注意核对银行结算凭证种类，避免因金额相同而结算凭证不同发生对账中的错误；清查时注意对未达账项的调整；银行存款的清查应当编制银行存款余额调节表。

（2）未达账项的含义及类型

银行存款的清查，是采用与开户银行核对账目的方法进行的，即将本单位的银行存款日记账与开户银行转来的对账单逐笔进行核对。即使双方记账都没有错误，银行存款日记账的余额和银行对账单的余额也往往不一致，这种不一致主要是由于存在未达账项造成的。所谓未达账项，是指由于企业与银行取得凭证的时间不同，导致记账时间不一致而发生的一方已取得结算凭证，且已登记入账，另一方尚未取得结算凭证，从而尚未入账的款项。产生未达账项的情形有以下四种：

①企业存入银行的各种款项，企业已经登记入账，作为银行存款的增加，而银行尚未入账。

②企业开出支票和其他付款凭证，企业已经登记入账，作为银行存款的减少，而银行尚未支付或尚未办理转账手续，所以尚未入账。

③企业委托银行代收的货款和银行应付的存款利息，银行已于收到日和计息日登记入账，作为企业银行存款的增加，而企业尚未收到通知，所以尚未入账。

④企业委托银行代付的款项，银行已于付款后登记入账，作为企业银行存款的减少，而企业尚未收到通知，所以尚未入账。

在①、④两种情况下，企业账面的存款余额大于银行账面的存款余额；而在②、③两种情况下，企业账面的存款余额小于银行账面的存款余额。为了确定银行存款的正确余额，同时为了消除未达账项的影响，企业应当将银行对账单同企业的账簿记录逐笔进行核对。在核对过程中，如有疑问，应请银行提供证明，若发现银行的记录有错账、漏账，应及时通知银行查明并更正。对于未达账项，应于查明后编制“银行存款余额调节表”。

（3）银行存款余额调节表的编制方法

编制银行存款余额调节表的依据是银行对账单上银行存款余额与企业银行存款日记账账面余额及未达账项，在消除未达账项的影响后，双方的余额应当相等。银行存款余额调节表的编制通常可采用以下两种方法。

①补记式余额调节法。双方都在本身余额的基础上，补记对方已记账、己方未记账的账项，经调整后，双方余额相等，一般情况下说明双方记账相符，否则就要进一步检查不符的原因。其调节公式为：

$$\text{银行存款日记账余额} + \text{银行已收、企业未收款} - \text{银行已付、企业未付款} = \text{银行对账单余额} + \text{企业已收、银行未收款} - \text{企业已付、银行未付款}$$

【做中学7-1】2024年9月30日，某企业银行存款日记账的账面余额为31 000元，银行对账单的余额为36 000元，经逐笔核对，发现下列未达账项：

（1）29日，企业销售产品收到转账支票一张计2 000元，将支票存入银行，银行尚未办理入账手续。

（2）29日，企业采购原材料开出转账支票一张计1 000元，企业已作银行存款付出，银行尚未收到支票而未入账。

（3）30日，企业开出现金支票一张计250元，银行尚未入账。

（4）30日，银行代企业收回货款8 000元，收款通知尚未到达企业，企业尚未入账。

（5）30日，银行代付电费1 750元，付款通知尚未到达企业，企业尚未入账。

（6）30日，银行代付水费500元，付款通知尚未到达企业，企业尚未入账。

根据以上资料编制银行存款余额调节表，见表7-5。

表7-5 银行存款余额调节表

2024年9月30日

单位：元

项　目	金　额	项　目	金　额
企业银行存款日记账余额	31 000	银行对账单余额	36 000
加：银行已收、企业未收款		加：企业已收、银行未收款	
(4) 银行代收货款	8 000	(1) 企业已收支票款	2 000
减：银行已付、企业未付款		减：企业已付、银行未付款	
(5) 银行代付电费	1 750	(2) 企业开出转账支票	1 000
(6) 银行代付水费	500	(3) 企业开出现金支票	250
调节后余额	36 750	调节后余额	36 750

②剔除式余额调节法，即双方均将己方已记账、对方未记账的账项剔除，使双方均不含未达账项。其调节公式表示为：

银行存款日记账余额 − 企业已收、银行未收款 + 企业已付、银行未付款 = 银行对账单余额 − 银行已收、企业未收款 + 银行已付、企业未付款

【做中学7-2】承【做中学7-1】，改用剔除式余额调节法编制银行存款余额调节表，见表7-6。

表7-6 银行存款余额调节表

2024年9月30日

单位：元

项　目	金　额	项　目	金　额
企业银行存款日记账余额	31 000	银行对账单余额	36 000
减：企业已收、银行未收款		减：银行已收、企业未收款	
(1) 企业已收支票款	2 000	(4) 银行代收货款	8 000
加：企业已付、银行未付款		加：银行已付、企业未付款	
(2) 企业开出转账支票	1 000	(5) 银行代付电费	1 750
(3) 企业开出现金支票	250	(6) 银行代付水费	500
调节后余额	30 250	调节后余额	30 250

如果双方账目没有发生其他差错，调节后双方的余额必定相符，否则，就要进一步检查不符的原因。

需要指出的是，“银行存款余额调节表”只起对账的作用，不能作为调节账面余额的凭证。银行存款日记账的登记，必须待收到有关原始凭证后再进行。

上述银行存款清查方法，也适用于银行借款的清查。

【小思考7-6】将银行存款日记账与银行对账单核对完毕后，会计人员发现有几笔业务未在银行存款日记账上登记，他立即按银行对账单将这几笔业务登记到银行存款日记账上。这样处理正确吗？

（四）结算往来款项的清查方法

各种结算往来款项一般采取“询证核对法”进行清查，即通过函件同经济往来单位核对账目。清查单位按每一个经济往来单位编制“往来款项对账单”（一式两份，其中一份作为回执联）送往各经济往来单位。对方经过核对，如双方数字相符，在回执联盖公章退回，表示经核对相符；如果经核对数字不相符，对方应在回执联上注明情况，或另抄对账

单退回清查单位，清查单位应进一步查明原因，再行核对，直到相符为止。“往来款项对账单”的格式和内容如图7–1和图7–2所示。

往来款项对账单（对账联）

××单位：

你单位2024年6月16日到我厂购甲产品1 000件已付货款4 000元，尚有4 000元货款未付，请核对后将回执联寄回。

××清查单位（盖章）

2024年12月12日

图7–1　往来款项对账单（对账联）

往来款项对账单（回执联）

××清查单位：

你单位寄来的“往来款项对账单”已收到，经核对相符无误。

××单位（盖章）

2024年12月28日

图7–2　往来款项对账单（回执联）

经过检查、核对，确认债权、债务款项后，清查人员应当根据清查的情况及发现的问题，及时编制“债权、债务清查结果报告表”，其格式见表7–7。

表7–7　债权、债务清查结果报告表

单位名称：　　　　　　　　年　　月　　日　　　　　　　　单位：元

总分类账户		明细分类账户		发生日期	对方结存额	对比结果及差异额	差异原因及金额			备注
名称	金额	名称	金额				未达账项	有争议款项	无法收回款项	

清查人员：（签章）　　　　　　　　　　经管人员：（签章）

同步习题与实训

一、判断题

1. 往来款项的清查一般采用发函询证的方法。（　　）

2. 在进行财产物资盘点时，实物保管员必须在场。（　　）

3. 对委托外单位加工的材料、在途材料物资等，可以采用发函询证的方法与有关单位进行核对，来查明账实是否相符。（　　）

4. 现金应该每月清查一次。（　　）

5. 银行存款余额调节表的编制方法一般是在企业与银行双方账面余额的基础上，各自

加上对方已收而己方未收的款项，减去对方已付而己方未付的款项。经过调节后，双方的余额应一致。 （ ）

6.库存现金的清查包括出纳人员每日的清点核对及清查小组定期和不定期的清查。 （ ）

7.未达账项是指由于存款单位和银行取得凭证的时间不同，导致记账时间不一致而发生的一方已取得结算凭证且已登记入账，而另一方尚未取得结算凭证从而尚未入账的款项。 （ ）

8.技术推算盘点法运用度、量、衡等工具，通过点数，逐一确定被清查实物的实有数。 （ ）

9."实存账存对比表"是财产清查的重要报表，是调整账面记录的原始凭证。 （ ）

10.白条抵库，是指用不具有法律效力的借条、收据等抵充库存现金。 （ ）

二、单项选择题

1.有关银行存款清查的表述中，正确的是（ ）。

A.采取将银行存款日记账余额与银行对账单核对的方法

B.企业可以按银行存款余额调节表调整账面余额

C.企业期末可以动用的银行存款金额是银行对账单余额

D.企业银行存款日记账余额与银行对账单余额不一致，是记账差错造成的

2.对往来款项进行清查，应该采用的方法是（ ）。

A.技术推算盘点法　　B.账单核对法

C.实地盘点法　　D.发函询证法

3.下列资产中，不应采用实地盘点法或技术推算盘点法进行清查的是（ ）。

A.库存现金　　B.原材料　　C.银行存款　　D.固定资产

4.下列各项资产的清查，一般适用于技术推算盘点法的是（ ）。

A.货币资金　　B.往来款项　　C.机器设备　　D.露天堆放的沙石

5.库存现金盘点后应编制的原始凭证是（ ）。

A.实存账存对比表　　B.现金盘点报告表

C.银行存款余额调节表　　D.银行对账单

6.企业开出支票一张，银行尚未入账，该未达账项属于（ ）。

A.银行已收、企业未收款　　B.银行已付、企业未付款

C.企业已收、银行未收款　　D.企业已付、银行未付款

7.友谊公司在2024年3月31日进行的银行存款核对中发现，银行对账单余额为2 518.60元，银行存款日记账账面余额为2 500.00元，经逐笔核查，发现如下未达账项：（1）3月29日，外地某购货单位汇来一笔预付款3 400.00元，银行已收妥入账，而企业尚未入账；（2）3月30日，银行支付承兑货款2 000.00元，企业尚未记账；（3）3月30日，企业开出现金支票一张计1 000.00元，但持票人尚未到银行提现；（4）银行代扣电话费2 381.40元，但企业尚未收到有关凭证。按补记式余额调节法调节后银行存款的余额应是（ ）元。

A.3 900.00　　B.1 518.60　　C.3 381.40　　D.3 100.00

8.银行存款常用的清查方法是（　　）。

A.实地盘点法　B.账单核对法　C.技术推算盘点法　D.发函询证法

9.库存现金的清查方法是（　　）。

A.实地盘点法　B.账账核对法　C.技术分析法　D.征询法

10.对单位价值比较低、数量多，不便于一一清点的财产应该采用的清查方法是（　　）。

A.实地盘点法　B.测量计算法　C.账单核对法　D.技术推算盘点法

三、多项选择题

1.关于库存现金清查，下列说法不正确的有（　　）。

A.采用实地盘点法进行清查

B.出纳人员应对其进行不定期清查

C.现金盘点报告表是调整账簿记录的原始凭证

D.现金盘点报告表由出纳签章即可

2.在财产清查中，应采用实地盘点法进行清查的有（　　）。

A.库存现金　B.银行存款　C.应收账款　D.固定资产

3.下列各项资产可以采用发函询证的方法进行清查的有（　　）。

A.原材料　B.预收账款　C.固定资产　D.应收账款

4.下列各项凭证不可以作为调整账簿记录的原始凭证的有（　　）。

A.财产物资盘存单　B.实存账存对比表

C.银行存款余额调节表　D.现金盘点报告表

5.下列各项属于银行未达账项的有（　　）。

A.企业已收、银行未收款　B.企业已付、银行未付款

C.银行已收、企业未收款　D.银行已付、企业未付款

6.下列各项属于银行存款余额调节表调增项目的有（　　）。

A.银行已付、企业未付款　B.企业已付、银行未付款

C.企业已收、银行未收款　D.银行已收、企业未收款

7.下列各项属于未达账项的有（　　）。

A.企业已收款入账，而银行尚未收款入账的款项

B.企业已付款入账，而银行尚未付款入账的款项

C.银行已收款入账，而企业尚未收款入账的款项

D.银行已付款入账，而企业尚未付款入账的款项

8.现金清查的内容主要包括（　　）。

A.是否有未达账项　B.是否有白条顶库的情况

C.有无挪用公款的情况　D.往来款项是否相符

四、实训题

【实训资料】2024年6月30日，北京阿里山有限公司的银行存款日记账见表7-8，银行对账单见表7-9。

表7-8　银行存款日记账　单位：元

2024年		凭证		结算凭证	摘要	借方	贷方	余额
月	日	种类	号数					
6	1				承前页	3 015 890	2 910 881	805 000
6	1	银付	001		支付上月利息		8 000	797 000
6	3	银付	002		购入材料		58 500	738 500
6	4	银收	001		收回应收款项	140 000		878 500
6	21	银收	002		收到投资款项	500 000		1 378 500
6	30	银付	003		预付账款		73 500	1 305 000
6	30				本月合计	640 000	140 000	1 305 000
6	30				本年累计	3 655 890	3 050 881	1 305 000

表7-9　银行对账单

账号：4563509048708095429				单位名称：北京阿里山有限公司	币种：人民币	
			年份：2024			
日期	摘要	凭证种类	凭证号码	借方发生额	贷方发生额	余额
0601	承前页					805 000
0602	支付上月利息	委收	#701	8 000		797 000
0604	购入材料	转支	#603	58 500		738 500
0605	收回应收款项	委收	#734		140 000	878 500
0619	收回货款	委收	#1004		40 000	918 500
0621	收到投资款项	转支	#605		500 000	1 418 500
0630	支付物业管理费	特转	#406	10 000		1 408 500

【实训要求】根据相关资料编制银行存款余额调节表（见表7-10）。

表7-10　银行存款余额调节表

年　月　日　　单位：元

项目	金额	项目	金额
企业银行存款日记账余额		银行对账单余额	
加：银行已收、企业未收款		加：企业已收、银行未收款	
减：银行已付、企业未付款		减：企业已付、银行未付款	
调节后余额		调节后余额	

任务三　核算财产清查结果

一、财产清查结果处理的要求和步骤

（一）财产清查结果处理的要求

财产清查的结果，必须按国家有关财务制度的规定，严肃认真地予以处理。具体要求包括以下方面：

1. 分析产生差异的原因和性质，提出处理建议

微课 7-5

财产清查结果的会计处理

对于财产清查过程中发现的盘盈、盘亏、毁损和变质或超储、积压等问题，应认真核对数字，按规定的程序上报批准后再行处理；对于长期不清或有争执的债权、债务，也应核准数额上报，待批准后处理。

2. 积极处理多余和积压财产，清理往来款项

对于财产清查过程中发现的多余和积压财产，应在查明原因的基础上，报经领导批准后，及时进行处理；对于长期拖欠以及有争议的往来款项，应当认真查明原因，必要时可指定专人负责，及时进行清理，从而加速资金周转，提高经济效益。

3. 及时调整账簿记录，保证账实相符

对于财产清查过程中发现的财产盘盈、盘亏和毁损等情况，应当按照有关规定及时进行处理，调整相关的账簿记录，切实做到账实相符。

（二）财产清查结果处理的步骤

财产清查的结果大致有三种情况：第一种是实存数等于账存数，即账实相符；第二种是实存数大于账存数，即盘盈；第三种是实存数小于账存数，即盘亏。对于第一种情况，不需要进行会计处理；但对于第二、第三种情况，就要进行账务处理。一般分两个步骤进行：

1. 审批之前，调整账簿，做到账实相符

在核准数字、查明原因的基础上，根据“实存账存对比表”等原始凭证编制记账凭证，并据以登记账簿，使各项财产物资账实相符。在做好以上账簿调整工作后，即可将所编制的“实存账存对比表”和所撰写的文字说明，一并报送有关领导和部门批准。

2. 审批之后，结转相关账户

当有关领导、部门对所呈报的财产清查结果提出处理意见后，应严格按批复意见进行账务处理，编制记账凭证，登记有关账簿，并追回由于责任者个人原因造成的损失。

（三）财产清查的账户设置

为了反映和监督在财产清查过程中各项财产的盘盈、盘亏和毁损的情况，企业应当设置和运用“待处理财产损溢”账户。各项待处理财产物资的盘亏及毁损数，在批准前记入该账户的借方，贷方登记已批准处理财产物资的盘亏及毁损数，该账户的借方余额表示尚待批准处理的财产物资的盘亏及毁损数。各项待处理财产物资的盘盈数，在批准前记入该账户的贷方，已批准处理财产物资的盘盈数登记在该账户的借方，该账户的贷方余额表示尚待批准处理的财产物资的盘盈数。为分别反映和监督企业固定资产和流动资产的盈亏情况，应开设“待处理固定资产损溢”和“待处理流动资产损溢”两个二级明细分类账户进行核算。

二、核算财产清查结果

（一）盘盈的核算

1. 库存现金的盘盈

【做中学 7-3】某企业在现金清查中发现多余现金 50 元。经核查，原因不明，经批准转作营业外收入。

（1）在批准前，根据“现金盘点报告表”所确定的现金盘盈数字，编制如下会计分录：

借：库存现金 50

  贷：待处理财产损溢——待处理流动资产损溢 50

(2) 在批准后，根据批准意见转账，编制如下会计分录：

借：待处理财产损溢——待处理流动资产损溢 50

  贷：营业外收入 50

2.材料的盘盈

【做中学7-4】某企业在财产清查中，盘盈A材料100千克，价值1 400元。经核查，该项盘盈系计量仪器不准所致，经批准作冲减管理费用处理。

(1) 在批准前，根据“实存账存对比表”所确定的材料盘盈数字，编制如下会计分录：

借：原材料 1 400

  贷：待处理财产损溢——待处理流动资产损溢 1 400

(2) 在批准后，根据批准意见转账，编制如下会计分录：

借：待处理财产损溢——待处理流动资产损溢 1 400

  贷：管理费用 1 400

(二) 盘亏或毁损的核算

1.库存现金的盘亏

【做中学7-5】某企业在现金清查中发现现金短缺80元。经核查，应由出纳人员负责赔偿。

(1) 在批准前，根据“现金盘点报告表”所确定的现金盘亏数字，编制如下会计分录：

借：待处理财产损溢——待处理流动资产损溢 80

  贷：库存现金 80

(2) 在批准后，根据批准意见转账，编制如下会计分录：

借：其他应收款——某出纳员 80

  贷：待处理财产损溢——待处理流动资产损溢 80

2.材料的盘亏或毁损

材料的盘亏或毁损，在批准以前应先结转到“待处理财产损溢”科目，待批准以后，再根据造成盘亏或毁损的原因，分以下情况进行账务处理：

(1) 属于自然损耗产生的定额内损耗，经批准可列作管理费用。

(2) 属于管理不善和超定额损耗的存货短缺，能确定过失人的，应由过失人负责赔偿；属于保险责任范围内的，应向保险公司索赔。将扣除过失人、保险公司的赔款以及残值后的损失计入管理费用。

(3) 属于自然灾害或意外事故造成的存货毁损，将扣除各项赔款和残值后的净损失计入营业外支出。

【做中学7-6】某企业在财产清查中，盘亏材料1 500元（假定不考虑增值税）。经查明，有500元为定额内的自然损耗，另外1 000元属于过失人造成的损失，责令赔偿。

(1) 在批准前，根据“实存账存对比表”所确定的材料盘亏数字，编制如下会计分录：

借：待处理财产损溢——待处理流动资产损溢　　1 500

　　贷：原材料　　1 500

（2）在批准后，分不同情况处理，编制如下会计分录：

借：其他应收款——××责任人　　1 000

　　管理费用　　500

　　贷：待处理财产损溢——待处理流动资产损溢　　1 500

3. 固定资产的盘亏

固定资产的盘亏，在批准前应先结转到“待处理财产损溢”科目，待批准以后，再根据造成盘亏的各种原因，分以下情况进行账务处理：

（1）盘亏固定资产的净值计入营业外支出。

（2）属于过失人过失造成的，应由过失人负责赔偿；属于保险责任范围内的，应向保险公司索赔。在会计上作其他应收款处理。

盘亏的固定资产，应办理注销手续，并将“固定资产卡片”从原来的归类中抽出，另行保管；同时，应在“固定资产登记簿”上作相应的记录。

【做中学7–7】某企业在财产清查中，发现盘亏车床一台，账面原值40 000元，已提折旧28 000元。

（1）在批准前，根据“实存账存对比表”所确定的固定资产盘亏数，编制如下会计分录：

借：待处理财产损溢——待处理固定资产损溢　　12 000

　　累计折旧　　28 000

　　贷：固定资产　　40 000

（2）在批准后，转销固定资产净损失，编制如下会计分录：

借：营业外支出　　12 000

　　贷：待处理财产损溢——待处理固定资产损溢　　12 000

【小思考7–7】固定资产盘盈应如何进行账务处理？为什么？

【德技并修】会计制度规定，任何单位都要通过财产清查，查明各项财产的实存数，查清实存数与账存数存在差异的原因和责任，以便采取措施寻找杜绝差错的有效方法，保证账实相符和会计资料的准确可靠；改善管理，杜绝漏洞，保护各项财产的安全完整；充分挖掘财产物资的潜力，建立和健全财产物资的管理与核算制度，贯彻落实《中华人民共和国企业国有资产法》，坚持我国的基本经济制度，加强对国有资产的保护，促进国有经济的不断壮大和社会主义市场经济的发展，完善中国特色社会主义法律体系。

党的二十大报告指出：全面依法治国是国家治理的一场深刻革命，关系党执政兴国，关系人民幸福安康，关系党和国家长治久安。必须更好发挥法治固根本、稳预期、利长远的保障作用，在法治轨道上全面建设社会主义现代化国家。

同步习题与实训

一、判断题

1. 存货发生盘盈，经批准后，借记“待处理财产损溢”科目，贷记“管理费用”

科目。（ ）

2.存货盘盈一般是由于收发计量或核算上的差错造成的，冲减管理费用。（ ）

3.“待处理财产损溢”科目期末处理结转后应无余额。（ ）

4.固定资产盘盈可计入营业外收入。（ ）

5.在处理建议得到批准之前，财务部门不得进行任何账务处理。（ ）

6.在财产清查中发现的长期未结算的往来款项，应及时清查。对于经查明确实无法支付的应付款项，可按规定的程序报经批准后，转作其他业务收入。（ ）

7.经批准转销固定资产盘亏净损失时，应借记“营业外支出”科目，贷记“固定资产清理”科目。（ ）

8.材料的盘盈一般冲减管理费用，固定资产的盘盈作为前期差错处理。（ ）

二、单项选择题

1.关于“待处理财产损溢”科目，下列说法中不正确的是（ ）。

A.该科目贷方登记财产物资盘盈的金额及盘亏的转销额

B.处理前的借方余额反映企业尚未处理的财产物资盘盈净收益

C.该科目年末应无余额

D.该科目借方登记财产物资盘亏、毁损的金额以及盘盈的转销额

2.下列有关财产物资盘盈、盘亏处理正确的是（ ）。

A.对盘盈、盘亏提出的处理建议，由财务主管根据管理权限批准后执行

B.在处理建议得到批准之前，财务部门不得进行任何账务处理

C.调整盘盈或盘亏存货的账面价值时，对方科目是“待处理财产损溢”

D.固定资产盘盈通过“营业外收入”科目核算

3.无法查明原因的现金盘盈应该记入的会计科目是（ ）。

A.“财务费用” B.“主营业务收入” C.“销售费用” D.“营业外收入”

4.无法查明原因的现金短缺，经批准应列入的会计科目是（ ）。

A.“管理费用” B.“财务费用” C.“营业外支出” D.“销售费用”

5.某企业仓库本期期末发现原材料盘亏，原因已经查明，属于自然损耗，经批准后，会计人员应编制的会计分录为（ ）。

A.借：待处理财产损溢
　　贷：原材料

B.借：待处理财产损溢
　　贷：管理费用

C.借：管理费用
　　贷：待处理财产损溢

D.借：营业外支出
　　贷：待处理财产损溢

6.企业的存货由于收发、计量错误导致的盘亏，由企业承担的部分应记入的会计科目是（ ）。

A.“营业外支出” B.“其他业务成本” C.“坏账准备” D.“管理费用”

7.盘亏的固定资产的核算科目是（ ）。

A.“固定资产清理”　　B.“待处理财产损溢”

C.“以前年度损益调整”　　D.“材料成本差异”

8.盘亏的材料，原因已经查明属于一般经营损失，经批准后进行会计处理，应记入的会计科目是（　　）。

A.“管理费用”　B.“销售费用”　C.“财务费用”　D.“投资收益”

9.某企业在财产清查中，盘亏现金1 000元，其中400元应由出纳员赔偿，另外600元是由于管理不善导致的。经批准后，转销现金盘亏的会计分录为（　　）。

A.借：待处理财产损溢　1 000
　　贷：库存现金　1 000

B.借：管理费用　600
　　营业外支出　400
　　贷：库存现金　1 000

C.借：管理费用　600
　　其他应收款　400
　　贷：库存现金　1 000

D.借：管理费用　600
　　其他应收款　400
　　贷：待处理财产损溢　1 000

10.在财产清查中，通过“实存账存对比表”发现，甲材料账存100 000元，实存110 000元，原因待查，在未批准处理前，下列账务处理中正确的是（　　）。

A.借：原材料——甲材料　10 000
　　贷：待处理财产损溢——待处理流动资产损溢　10 000

B.借：原材料——甲材料　10 000
　　贷：营业外收入　10 000

C.借：固定资产——甲材料　10 000
　　贷：待处理财产损溢——待处理非流动资产损溢　10 000

D.借：待处理财产损溢——待处理流动资产损溢　10 000
　　贷：原材料——甲材料　10 000

三、多项选择题

1.下列说法正确的有（　　）。

A.自然灾害造成的存货盘亏损失经批准后应该计入营业外支出

B.存货资产的盘盈计入营业外收入

C.由于人为原因造成的财产毁损，应由责任人赔偿

D.发生的坏账损失应计入营业外支出

2.下列存货盘亏损失，报经批准后，可转作管理费用的有（　　）。

A.计量不准确所造成的短缺净损失　　B.自然灾害所造成的损毁净损失

C.保管中产生的定额内自然损耗　　D.管理不善所造成的毁损净损失

3.财产清查中查明的各种流动资产盘亏或毁损数，报经批准后可能列入的会计科目有（　　）。

A.“管理费用” B.“营业外支出” C.“其他应收款” D.“营业外收入”

4.下列说法正确的有（ ）。

A.盘亏的库存现金应列入管理费用

B.盘盈库存现金，无法查明原因的列入营业外收入

C.自然损耗的原材料应计入管理费用

D.由责任人或保险公司赔偿的部分列入其他应收款

5.企业的库存现金发生盘盈时，报经批准后进行账务处理时可能记入的贷方科目有（ ）。

A.“管理费用” B.“营业外收入”

C.“待处理财产损溢” D.“营业外支出”

6.库存现金盘亏的账务处理中可能涉及的科目有（ ）。

A.“库存现金” B.“管理费用” C.“其他应收款” D.“营业外支出”

7.对于盘亏、毁损的存货，经批准后进行账务处理时，可能涉及的借方科目有（ ）。

A.“其他应收款” B.“营业外支出” C.“营业外收入” D.“原材料”

8.下列各项应在“待处理财产损溢”科目贷方登记的有（ ）。

A.财产物资盘亏、毁损的金额 B.财产物资盘盈的金额

C.财产物资盘盈的转销额 D.财产物资盘亏的转销额

四、实训题

【实训资料】长江机械厂2024年5月盘点原材料，盘亏及处理情况如下：

1.盘点后原材料盘亏结果见表7-11。

表7-11 原材料盘亏结果

编号：022

单位名称：长江机械厂 2024年5月28日 金额单位：元

编号	规格	名称	计量单位	单价	实际结存		账面结存		对比结果				备注
									盘盈		盘亏		
					数量	金额	数量	金额	数量	金额	数量	金额	
		A材料	千克	8	1 242	9 936	1 257	10 056			15	120	
		B材料	千克	7	405	2 835	379	2 653	26	182			
		C材料	个	12	543	6 516	643	7 716			100	1 200	
		D材料	件	8.5	550	4 675	580	4 930			30	255	

会计主管：朱 维 复核：张 丽 制表：刘 华

2.查明原因，并经领导批准处理如下：

（1）A材料盘亏，系自然损耗，经批准作费用处理。

（2）B材料盘盈，系发料计算错误，经批准冲减本月费用。

（3）C材料盘亏，系进料时对方少发，对方已经同意退还少发材料价款，但尚未收到（不考虑相关税费）。

（4）D材料盘亏，系进料时对方少发，经联系，对方已经补来材料，今天收到入库。

【实训要求】练习原材料盘盈、盘亏的核算，编制经批准处理前后的记账凭证。

项目八
编制财务报告

【知识点】

1. 财务报告的基本知识
2. 资产负债表的基本知识
3. 利润表的基本知识
4. 现金流量表的基本知识
5. 所有者权益变动表的基本知识
6. 附注的基本知识

【技能点】

1. 编制资产负债表
2. 编制利润表
3. 编制现金流量表
4. 编制所有者权益变动表

【素养点】

1. 通过认知财务报告，做到提高技能、强化服务，向报表使用者提供可靠相关的财务信息
2. 通过编制财务报告的学习，应该坚持准则、客观公正、诚实守信，不提供虚假的会计报告，为相关利益者提供决策依据

引言

世界上最古老的商业记录可追溯到5 000多年前的迦勒底–巴比伦时代。如果将古代最原始的计数方式视作簿记雏形，则簿记可追溯到6 000多年前。早期业主本人就是簿记员，他不需要对任何人报告。以后，庄园主为确证管家是否真正履行管家责任，便委托有专业知识的人士对管家所提交的“受责与免责报告”进行审查。从此以后，财务报表便以某种形式或方式满足会计主体记录交易、连续反映财务状况和业绩的需要。

任务一 认知财务报告

一、财务报告的概念和分类

（一）财务报告的概念和构成

财务报告是指企业对外提供的反映企业某一特定日期的财务状况和某一会计期间的经营成果、现金流量等会计信息的文件，它包括财务报表（也称会计报表）和其他应当在财务报告中披露的相关信息和资料。

一套完整的财务报告至少应当包括资产负债表、利润表、现金流量表、所有者权益（或股东权益，下同）变动表以及附注。

资产负债表、利润表和现金流量表分别从不同角度反映企业的财务状况、经营成果和现金流量。资产负债表反映企业在某一特定日期所拥有的资产、需偿还的债务以及股东（投资者）拥有的净资产。利润表反映企业在一定会计期间的经营成果（即利润或亏损），表明企业运用所拥有的资产的获利能力。现金流量表反映企业在一定会计期间现金和现金等价物流入和流出的情况。所有者权益变动表反映所有者权益的各组成部分当期的增减变动情况。企业的净利润及其分配情况是所有者权益变动的组成部分，因而，企业不需要再单独编制利润分配表。

附注是财务报告不可或缺的组成部分，是对在资产负债表、利润表、现金流量表和所有者权益变动表等报表中列示项目的文字描述或明细资料，以及对未能在这些报表中列示项目的说明等。

微课8-1

认知财务会计报告

财务报表是财务报告的核心内容，除了财务报表之外，财务报告还应当包括其他相关信息，具体可以根据有关法律、行政法规、部门规章等的规定和外部使用者的信息需求而定。

（二）财务报表的分类

1. 按财务报表编报期间的不同分类

财务报表按编报期间的不同，可以分为中期财务报表和年度财务报表。

中期财务报表是以短于一个完整会计年度的报告期间为基础编制的财务报表，包括月报、季报和半年报等。中期财务报表至少应当包括资产负债表、利润表、现金流量表和附注。其中，中期资产负债表、利润表和现金流量表应当是完整的报表，其格式和内容应当与年度财务报表相一致。与年度财务报表相比，中期财务报表中的附注披露可适当简略。

2.按财务报表编报主体的不同分类

财务报表按编报主体的不同，可以分为个别财务报表和合并财务报表。

个别财务报表是由企业在自身会计核算基础上根据账簿记录而编制的财务报表，它主要用以反映企业自身的财务状况、经营成果和现金流量情况。合并财务报表是以母公司和子公司组成的企业集团为会计主体，根据母公司和所属子公司的财务报表，由母公司编制的综合反映企业集团财务状况、经营成果及现金流量的财务报表。

二、财务报告编制的基本要求

（一）以持续经营为基础

企业应当以持续经营为基础，根据实际发生的交易和事项，按照企业会计准则的规定进行确认和计量，在此基础上编制财务报表。企业不应以附注披露代替确认和计量。在编制财务报表的过程中，企业管理层应当利用所有可获得的信息来评价企业自报告期末起至少12个月的持续经营能力。评价时需要考虑宏观政策风险、市场经营风险、企业目前或长期的盈利能力、偿债能力、财务弹性以及企业管理层改变经营政策的意向等因素。评价结果表明对持续经营能力产生重大怀疑的，企业应当在附注中披露导致对持续经营能力产生重大怀疑的因素以及企业拟采取的改善措施。

（二）可比性

财务报表项目的列报应当在各个会计期间保持一致，不得随意变更。当期财务报表的列报，至少应当提供所有列报项目上一个可比会计期间的比较数据，以及与理解当期财务报表相关的说明，但其他会计准则另有规定的除外。

财务报表项目的列报发生变更的，应当对上期比较数据按照当期的列报要求进行调整，并在附注中披露调整的原因和性质以及调整的各项目金额。对上期比较数据进行调整不切实可行的，应当在附注中披露不能调整的原因。不切实可行，是指企业在作出所有合理努力后仍然无法采用某项规定。

（三）重要性的判断

在编制财务报告的过程中，企业应当考虑报表项目的重要性。判断报表项目的重要性一般从项目的性质和项目的金额大小两个方面进行。判断项目性质的重要性，应当考虑该项目在性质上是否属于企业日常活动等因素；判断项目金额的重要性，应当通过单项金额占资产总额、负债总额、所有者权益总额、营业收入总额、营业成本总额、净利润等直接相关项目金额的比重加以确定。比如，对于性质或功能不同的项目，如长期股权投资、固定资产、无形资产等，应当在财务报告中单独列报；对于性质或功能类似的项目，如库存商品、原材料等，应予以合并，作为存货项目列报。

（四）项目的抵销

财务报表中的资产项目和负债项目的金额、收入项目和费用项目的金额，不得相互抵销，但满足抵销条件的除外。比如，营业外收入不得直接抵销营业外支出；但销货退回一般可以直接抵销本期的收入和成本。下列两种情况不属于抵销，可以按净额列示：（1）资产项目按扣除减值准备后的净额列示，不属于抵销。例如，企业对应收账款计提坏账准备，表明资产价值已经发生减损，按扣除减值准备后的净额列示，才能够反映资产给企业带来的真实经济利益，不属于抵销。（2）非日常活动产生的损益以收入扣减费用后的净额列示，不属于抵销。非日常活动的发生具有偶然性，不是企业的经常性活动以及与经常性活动相关的其他活动。非日常活动产生的损益以收入扣减费用后的净额列示，更有利于财务报告使用者作出正确的经济决策，不属于抵销。

（五）披露的项目

企业应当在财务报表的显著位置，至少披露下列各项：

（1）编报企业的名称；

（2）资产负债表日或财务报表涵盖的会计期间；

（3）人民币金额单位；

（4）财务报表是合并财务报表的应当予以标明。

（六）报告期间

企业至少应当按年编制财务报表。年度财务报表涵盖的期间短于一年的，应当披露年度财务报表的涵盖期间，以及短于一年的原因。

同步习题与实训

一、判断题

1. 企业应当以持续经营为基础，根据实际发生的交易和事项，按照企业会计准则的规定进行确认和计量，在此基础上编制财务报表。（　）

2. 单位编制财务会计报告的主要目的是为政府进行决策提供会计信息。（　）

3. 向不同的会计资料使用者提供财务会计报告，其编制依据应当根据实际情况进行选择，所以其编制依据都是不一样的。（　）

4. 财务会计报告是企业会计核算的最终成果。（　）

5. 财务报表附注是财务报表的重要组成部分，与财务报表具有同等重要程度。（　）

6. 财务报表是财务报告的核心内容。（　）

7. 中期资产负债表、利润表和现金流量表应当是完整的报表，其格式和内容应当与年度财务报表相一致。（　）

8. 财务报表项目的列报应当在各个会计期间保持一致，不得随意变更。（　）

9. 判断报表项目的重要性一般从项目的性质和项目的金额大小两个方面进行。（　）

10. 企业至少应当按月编制财务报表。（　）

二、单项选择题

1. 下列有关财务报表的表述中，不正确的是（　）。

A. 财务报表是指企业对外提供的反映企业某一特定日期财务状况和某一会计期间经营成果、现金流量等会计信息的文件

B. 财务报表按编报期间的不同分为年度财务报表和中期财务报表

C. 附注是财务报告的重要组成部分

D.中期资产负债表、利润表和现金流量表的格式和内容可以与年度财务报表不一致

2.财务报表编制的依据是（ ）。

A.原始凭证 B.记账凭证 C.科目汇总表 D.账簿记录

3.按照编报主体的不同，财务报表可分为（ ）。

A.内部报表和外部报表 B.静态报表和动态报表

C.个别财务报表和合并财务报表 D.月报、季报和年报

4.中期财务报表至少应当包括（ ）。

A.资产负债表和现金流量表

B.资产负债表、利润表、现金流量表和附注

C.利润表和现金流量表

D.资产负债表和附注

5.下列不属于中期财务报表的是（ ）。

A.月报 B.季报 C.半年报 D.年报

6.下列有关附注的表述中，不正确的是（ ）。

A.附注不是财务报告的组成部分

B.附注是对在财务报表中列示项目的文字描述或明细资料

C.附注是对未能在财务报表中列示项目的说明

D.附注是财务报告的组成部分

7.财务报告划分为“四表一注”的标准是（ ）。

A.报送的对象 B.编制的单位 C.反映的内容 D.会计要素

8.合并财务报表的编制主体是（ ）。

A.母公司 B.子公司 C.集团公司 D.母公司或子公司

三、多项选择题

1.下列属于企业财务报表的有（ ）。

A.试算平衡表 B.利润表 C.现金流量表 D.附注

2.企业财务报表可以提供的信息有（ ）。

A.财务状况 B.经营成果 C.人力资源状况 D.现金流量

3.符合财务报表编制的基本要求的有（ ）。

A.至少应当提供所有列报项目上一个可比会计期间的比较数据

B.除现金流量表按照收付实现制原则编制外，企业应当按照权责发生制原则编制财务报表

C.至少按月编制财务报表

D.各项目之间的金额不得相互抵销

4.企业中期财务报表至少应当包括（ ）。

A.资产负债表 B.利润表 C.现金流量表 D.附注

5.动态报表是反映企业资产运动处于显著变动状态的财务报表，包括（ ）。

A.资产负债表 B.现金流量表 C.利润表 D.附注

6.下列项目中，属于企业中期财务报表的有（ ）。

A.月报 B.季报 C.半年报 D.年报

7. 企业应当在财务报表的显著位置，至少披露（　　）。

A. 编报企业的名称

B. 资产负债表日或财务报表涵盖的会计期间

C. 人民币金额单位

D. 财务报表是合并财务报表的应当予以标明

8. 判断报表项目的重要性一般考虑（　　）。

A. 项目的性质　　B. 项目的金额　　C. 项目的名称　　D. 项目的位置

任务二　编制资产负债表

一、资产负债表的概念

资产负债表是指反映企业在某一特定日期的财务状况的报表。通过资产负债表，可以反映企业在某一特定日期所拥有或控制的经济资源、所承担的现时义务和所有者对净资产的要求权，帮助财务报表使用者全面了解企业的财务状况，分析企业的偿债能力等情况，从而为其作出经济决策提供依据。

二、资产负债表的内容

资产负债表主要反映资产、负债和所有者权益三方面的内容，并满足“资产 = 负债 + 所有者权益”平衡式。

（一）资产

资产负债表中的资产，反映企业过去的交易或事项形成的，并由企业在某一特定日期所拥有或控制的、预期会给企业带来经济利益的资源。资产应当按照流动资产和非流动资产两大类别在资产负债表中列示，在流动资产和非流动资产类别下再进一步按性质分项列示。

流动资产是指预计在一个正常营业周期中变现、出售或耗用，或者主要为交易目的而持有，或者预计在资产负债表日起一年内（含一年）变现的资产，或者自资产负债表日起一年内（含一年）交换其他资产或清偿负债的能力不受限制的现金或现金等价物。

资产负债表中列示的流动资产项目通常包括货币资金、交易性金融资产、应收票据、应收账款、预付款项、其他应收款、存货和一年内到期的非流动资产等。

非流动资产是指流动资产以外的资产。资产负债表中列示的非流动资产项目，通常包括债权投资、长期股权投资、固定资产、在建工程、无形资产、开发支出、长期待摊费用以及其他非流动资产等。

（二）负债

资产负债表中的负债，反映企业在某一特定日期所承担的、预期会导致经济利益流出企业的现时义务。负债应当按照流动负债和非流动负债两大类别在资产负债表中列示，在流动负债和非流动负债类别下再进一步按性质分项列示。

流动负债是指预计在一个正常营业周期中清偿或者主要为交易目的而持有，或者自资产负债表日起一年内（含一年）到期应予以清偿，或者企业无权自主地将清偿义务推迟至资产负债表日后一年以上的负债。资产负债表中列示的流动负债项目，通常包括短期借款、应付票据、应付账款、预收款项、应付职工薪酬、应交税费、其他应付款、一年内到期的非流动负债等。

非流动负债是指流动负债以外的负债。非流动负债项目，通常包括长期借款、应付债券和其他非流动负债等。

（三）所有者权益

资产负债表中的所有者权益是企业资产扣除负债后的剩余权益，反映在某一特定日期企业所有者拥有的净资产额。它一般按照实收资本（或股本）、其他权益工具、资本公积、其他综合收益、盈余公积和未分配利润分项列示。

三、资产负债表的格式

我国企业的资产负债表采用账户式结构。账户式资产负债表分左、右两方，左方为资产项目，一般按资产的流动性大小排列，流动性大的资产（如货币资金、交易性金融资产等）排在前面，流动性小的资产（如长期股权投资、固定资产等）排在后面；右方为负债及所有者权益项目，一般按要求清偿时间的先后顺序排列。短期借款、应付票据及应付账款等需要在一年以内或者长于一年的一个正常营业周期内偿还的流动负债排在前面，长期借款、应付债券等在一年以后才需要偿还的非流动负债排在中间，在企业清算之前不需要偿还的所有者权益项目排在后面。

账户式资产负债表中的资产各项目的合计数等于负债和所有者权益各项目的合计数，即资产负债表左方和右方平衡。因此，通过账户式资产负债表，可以反映资产、负债、所有者权益之间的内在关系，即“资产 = 负债 + 所有者权益”。

我国企业资产负债表的格式见表8-3。

【小思考8-1】为什么我国会计制度把资产负债表作为企业对外报告的第1号报表？

四、资产负债表项目的填列方法

资产负债表的各项目均需填列“上年年末余额”和“期末余额”两栏。

（一）“上年年末余额”的填列方法

资产负债表“上年年末余额”栏内各项数字，应根据上年年末资产负债表的“期末余额”栏内所列数字填列。如果上年度资产负债表规定的各个项目的名称和内容与本年度不一致，应对上年年末资产负债表各项目的名称和数字按照本年度的规定进行调整，填入本表“年初余额”栏内。

（二）“期末余额”的填列方法

资产负债表“期末余额”栏内各项数字的填列方法如下：

1. 根据总账科目的余额填列。资产负债表中的有些项目可直接根据有关总账科目的余额填列，如“交易性金融资产”“短期借款”“应付职工薪酬”等项目。有些项目则需要根据几个总账科目的余额计算填列。如“货币资金”项目需根据“库存现金”“银行存款”“其他货币资金”三个总账科目余额合计填列。

2. 根据有关明细科目的余额计算填列。资产负债表中的有些项目需要根据明细科目余额填列，如“预收款项”项目需要根据“应收账款”和“预收账款”两个科目所属明细科目的期末贷方余额计算填列。

3. 根据总账科目和明细科目的余额分析计算填列。资产负债表的有些项目需要依据总账科目和明细科目两者的余额分析填列，如“长期借款”项目应根据“长期借款”总账科目余额扣除“长期借款”科目所属的明细科目中将在资产负债表日起一年内到期、且企业不能自主地将清偿义务展期的长期借款后的金额填列。

4. 根据有关科目余额减去其备抵科目余额后的净额填列。如资产负债表中的“长期股权投资”项目应根据“长期股权投资”科目的期末余额减去“长期股权投资减值准备”科目余额后的净额填列。“固定资产”项目应根据“固定资产”科目期末余额减去“累计折旧”“固定资产减值准备”科目余额后的净额以及“固定资产清理”科目的期末余额填列。“无形资产”项目应根据“无形资产”科目期末余额减去“累计摊销”“无形资产减值准备”科目余额后的净额填列。

5. 综合运用上述填列方法分析填列。如资产负债表中的“存货”项目需根据“原材料”“库存商品”“委托加工物资”“周转材料”“材料采购”“在途物资”“发出商品”“材料成本差异”“生产成本”等总账科目期末余额的分析汇总数，再减去“存货跌价准备”“材料成本差异”等备抵科目余额后的金额填列。

五、资产负债表项目的填列说明

资产负债表中资产、负债和所有者权益主要项目的填列说明如下：

（一）资产项目的填列说明

微课8-2

编制资产负债表

1. “货币资金”项目，反映企业库存现金、银行结算户存款、外埠存款、银行汇票存款、银行本票存款、信用卡存款、信用证保证金存款等的合计数。本项目应根据“库存现金”“银行存款”“其他货币资金”科目期末余额的合计数填列。

2. “交易性金融资产”项目，反映资产负债表日企业分类为以公允价值计量且其变动计入当期损益的金融资产，以及企业持有的直接指定为以公允价值计量且其变动计入当期损益的金融资产的期末账面价值。本项目应当根据“交易性金融资产”科目的期末余额填列。自资产负债表日起超过一年到期且预期持有超过一年的以公允价值计量且其变动计入当期损益的非流动金融资产的期末价值，在“其他非流动金融资产”项目中反映。

3. “应收票据”项目，反映资产负债表日以摊余成本计量的、企业因销售商品、提供服务等收到的商业汇票，包括银行承兑汇票和商业承兑汇票。该项目应根据“应收票据”科目的期末余额，减去“坏账准备”科目中相关坏账准备期末余额后的金额分析填列。

4. “应收账款”项目，反映资产负债表日以摊余成本计量的、企业因销售商品、提供服务等经营活动应收取的款项。该项目应根据“应收账款”科目的期末余额，减去“坏账准备”科目中相关坏账准备期末余额后的金额分析填列。

5. “应收款项融资”项目，反映资产负债表日以公允价值计量且其变动计入其他综合收益的应收票据和应收账款等。

【做中学8-1】某企业2024年12月31日结账后有关科目余额见表8-1。

表8-1　　有关科目余额表　　单位：万元

总账科目	明细科目	借方余额		贷方余额	
		总账余额	明细科目余额	总账余额	明细科目余额
应收票据		300			
应收账款		800			
	——A公司		1 000		
	——B公司				200
预收账款				5 000	
	——C公司				7 000
	——D公司		2 000		
坏账准备	应收账款			100	

资产负债表中的“应收账款”项目金额 = 1 000 + 2 000 − 100 = 2 900（万元）

【小思考8-2】在编制资产负债表时，“应收票据”项目、“应收账款”项目与“预收款项”项目为什么采用明细科目余额分析的方法进行填列？

6.“预付款项”项目，反映企业按照购货合同的规定预付给供应单位的款项等。本项目应根据“预付账款”和“应付账款”科目所属各明细科目的期末借方余额合计数减去“坏账准备”科目中有关预付款项计提的坏账准备期末余额后的金额填列。如“预付账款”科目所属各明细科目期末有贷方余额，应在资产负债表“应付账款”项目内填列。

【做中学8-2】某企业2024年12月31日结账后有关科目余额见表8-2。

表8-2　　有关科目余额表　　单位：万元

总账科目	明细科目	借方余额		贷方余额	
		总账余额	明细科目余额	总账余额	明细科目余额
应付账款				6 000	
	——A公司				8 000
	——B公司		2 000		
预付账款		3 000			
	——C公司		4 000		
	——D公司				1 000
坏账准备	预付账款			100	

资产负债表中的“预付款项”项目金额 = 2 000 + 4 000 − 100 = 5 900（万元）

7.“其他应收款”项目，应根据“应收利息”“应收股利”“其他应收款”科目的期末余额合计数，减去“坏账准备”科目中相关坏账准备期末余额后的金额填列。其中的“应收利息”仅反映相关金融工具已到期可收取但于资产负债表日尚未收到的利息。基于实际利率法计提的金融工具的利息应包含在相应金融工具的账面余额中。

8.“存货”项目，反映企业期末在库、在途和加工中的各种存货的可变现净值。本项目应根据“材料采购”“原材料”“库存商品”“周转材料”“委托加工物资”“委托代销商品”“受托代销商品”“生产成本”等科目的期末余额合计数减去“受托代销商品款”“存货跌价准备”科目期末余额后的金额填列。材料采用计划成本核算以及库存商品采用计划成本核算或售价金额核算的企业还应按加或减“材料成本差异”或“商品进销差价”后的金额填列。

9.“合同资产”项目，反映企业应按照《企业会计准则第 14 号——收入》（2017 年修订）的相关规定，根据本企业履行履约义务与客户付款之间的关系在资产负债表中列示合同资产。“合同资产”项目应根据“合同资产”科目的相关明细科目期末余额分析填列。

同一合同下的合同资产和合同负债应当以净额列示，其中净额为借方余额的，应当根据其流动性在“合同资产”或“其他非流动资产”项目中填列，已计提减值准备的，还应按减去“合同资产减值准备”科目中相关的期末余额后的金额填列；其中净额为贷方余额的，应当根据其流动性在“合同负债”或“其他非流动负债”项目中填列。

10.“持有待售资产”项目，反映资产负债表日划分为持有待售类别的非流动资产及划分为持有待售类别的处置组中的流动资产和非流动资产的期末账面价值。该项目应根据“持有待售资产”科目的期末余额，减去“持有待售资产减值准备”科目的期末余额后的金额填列。

11.“一年内到期的非流动资产”项目，通常反映预计自资产负债表日起一年内变现的非流动资产。对于按照相关会计准则采用折旧（或摊销、折耗）方法进行后续计量的固定资产、使用权资产、无形资产和长期待摊费用等非流动资产，折旧（或摊销、折耗）年限（或期限）只剩一年或不足一年的，或预计在一年内（含一年）进行折旧（或摊销、折耗）的部分，不得归类为流动资产，仍在各该非流动资产项目中填列，不转入“一年内到期的非流动资产”项目。

12.“债权投资”项目，反映资产负债表日企业以摊余成本计量的长期债权投资的期末账面价值。该项目应根据“债权投资”科目的相关明细科目期末余额，减去“债权投资减值准备”科目中相关减值准备的期末余额后的金额分析填列。自资产负债表日起一年内到期的长期债权投资的期末账面价值，在“一年内到期的非流动资产”项目中反映。企业购入的以摊余成本计量的一年内到期的债权投资的期末账面价值，在“其他流动资产”项目中反映。

13.“其他债权投资”项目，反映资产负债表日企业分类为以公允价值计量且其变动计入其他综合收益的长期债权投资的期末账面价值。该项目应根据“其他债权投资”科目的相关明细科目期末余额分析填列。自资产负债表日起一年内到期的长期债权投资的期末账面价值，在“一年内到期的非流动资产”项目中反映。企业购入的以公允价值计量且其变动计入其他综合收益的一年内到期的债权投资的期末账面价值，在“其他流动资产”项目中反映。

14.“长期应收款”项目，反映企业融资租赁产生的应收款项和采用递延方式分期收款、实质上具有融资性质的销售商品和提供劳务等经营活动产生的应收款项。本项目应根据“长期应收款”科目的期末余额，减去相应的“未实现融资收益”科目和“坏账准备”科目所属相关明细科目期末余额后的净额填列。

15.“长期股权投资”项目，反映企业持有的对子公司、联营企业和合营企业的长期股权投资。本项目应根据“长期股权投资”科目的期末余额减去“长期股权投资减值准备”科目的期末余额后的金额填列。

16.“其他权益工具投资”项目，反映资产负债表日企业指定为以公允价值计量且其变动计入其他综合收益的非交易性权益工具投资的期末账面价值。该项目应根据“其他权益工具投资”科目的期末余额填列。

17.“固定资产”项目，反映资产负债表日企业固定资产的期末账面价值和企业尚未清理完毕的固定资产清理净损益。该项目应根据“固定资产”科目的期末余额，减去“累计折旧”和“固定资产减值准备”科目的期末余额后的金额，以及“固定资产清理”科目的期末余额填列。

18.“在建工程”项目，反映资产负债表日企业尚未达到预定可使用状态的在建工程的期末账面价值和企业为在建工程准备的各种物资的期末账面价值。该项目应根据“在建工程”科目的期末余额，减去“在建工程减值准备”科目的期末余额后的金额，以及“工程物资”科目的期末余额，减去“工程物资减值准备”科目的期末余额后的金额填列。

19.“使用权资产”项目，反映资产负债表日承租人企业持有的使用权资产的期末账面价值。该项目应根据“使用权资产”科目的期末余额，减去“使用权资产累计折旧”和“使用权资产减值准备”科目的期末余额后的金额填列。

20.“无形资产”项目，反映企业持有的无形资产，包括专利权、非专利技术、商标权、著作权、土地使用权等。本项目应根据“无形资产”的期末余额减去“累计摊销”和“无形资产减值准备”科目期末余额后的金额填列。

21.“开发支出”项目，反映企业开发无形资产过程中能够资本化形成无形资产成本的支出部分。本项目应当根据“研发支出”科目中所属的资本化支出明细科目期末余额填列。

22.“长期待摊费用”项目，反映企业已经发生但应由本期和以后各期负担的、分摊期限在一年以上的各项费用。长期待摊费用中在一年内（含一年）摊销的部分在资产负债表一年内到期的非流动资产项目中填列。本项目应根据“长期待摊费用”科目的期末余额减去将于一年内（含一年）摊销的数额后的金额填列。

23.“递延所得税资产”项目，反映企业根据所得税准则确认的可抵扣暂时性差异产生的所得税资产。本项目应根据“递延所得税资产”科目的期末余额填列。

24.“其他非流动资产”项目，反映企业除长期股权投资、固定资产、在建工程、无形资产等以外的其他非流动资产。本项目应根据有关科目的期末余额填列。

（二）负债项目的填列说明

1.“短期借款”项目，反映企业向银行或其他金融机构等借入的，期限在一年以内（含一年）的各种借款。本项目应根据“短期借款”科目的期末余额填列。

2.“交易性金融负债”项目，反映企业资产负债表日承担的交易性金融负债，以及企业持有的直接指定为以公允价值计量且其变动计入当期损益的金融负债的期末账面价值。本项目应根据“交易性金融负债”科目的相关明细科目期末余额填列。

3.“应付票据”项目，反映资产负债表日以摊余成本计量的、企业因购买材料、商品和接受服务等开出、承兑的商业汇票，包括银行承兑汇票和商业承兑汇票。该项目应根据“应付票据”科目的期末余额填列。

4.“应付账款”项目，反映资产负债表日以摊余成本计量的、企业因购买材料、商品和接受服务等经营活动应支付的款项。该项目应根据“应付账款”和“预付账款”科目所属的相关明细科目的期末贷方余额合计数填列。

5.“预收款项”项目，反映企业按照购货合同的规定预收购货单位的款项。本项目应根据“预收账款”和“应收账款”科目所属各明细科目的期末贷方余额合计数填列。如“预收账款”科目所属各明细科目期末有借方余额，应在资产负债表“应收账款”项目内填列。

【小思考8-3】请根据表8-1的资料，计算确定资产负债表中的“预收款项”项目金额。

6.“合同负债”项目，反映企业应按照《企业会计准则第14号——收入》(2017年修订)的相关规定，根据本企业履行履约义务与客户付款之间的关系在资产负债表中列示合同负债。“合同负债”项目应根据“合同负债”科目的相关明细科目的期末余额分析填列。

7.“应付职工薪酬”项目，反映企业为获得职工提供的服务或解除劳动关系而给予的各种形式的报酬或补偿。企业提供给职工配偶、子女、受赡养人、已故员工遗属及其他受益人等的福利，也属于职工薪酬。职工薪酬主要包括短期薪酬、离职后福利、辞退福利和其他长期职工福利。本项目应根据“应付职工薪酬”科目所属各明细科目的期末贷方余额分析填列。外商投资企业按规定从净利润中提取的职工奖励及福利基金，也在本项目中列示。

8.“应交税费”项目，反映企业按照税法的规定计算应缴纳的各种税费，包括增值税、消费税、所得税、资源税、土地增值税、城市维护建设税、房产税、城镇土地使用税、车船税、教育费附加等。企业代扣代缴的个人所得税，也通过本项目列示。企业所缴纳的税金不需要预计应交数的（如印花税、耕地占用税等）不在本项目中列示。本项目应根据“应交税费”科目的期末贷方余额填列。如“应交税费”科目期末为借方余额，应以“-”号填列。

9.“其他应付款”项目，本项目应根据“应付利息”、“应付股利”和“其他应付款”科目的期末余额合计数填列。其中的“应付利息”仅反映相关金融工具已到期应支付但于资产负债表日尚未支付的利息。基于实际利率法计提的金融工具的利息应包含在相应金融工具的账面余额中。

10.“持有待售负债”项目，反映资产负债表日处置组中与划分为持有待售类别的资产直接相关的负债的期末账面价值。该项目应根据“持有待售负债”科目的期末余额填列。

11.“租赁负债”项目，反映资产负债表日承租人企业尚未支付的租赁付款额的期末账面价值。该项目应根据“租赁负债”科目的期末余额填列。自资产负债表日起一年内到期应予以清偿的租赁负债的期末账面价值，在“一年内到期的非流动负债”项目反映。

12.“一年内到期的非流动负债”项目，反映企业非流动负债中将于资产负债表日后一年内到期部分的金额（如将于一年内偿还的长期借款）。本项目应根据有关科目的期末余额填列。

13.“长期借款”项目，反映企业向银行或其他金融机构借入的期限在一年以上（不含一年）的各项借款。本项目应根据“长期借款”科目的期末余额，扣除“长期借款”科目所属的明细科目中将在资产负债表日起一年内到期且企业不能自主地将清偿义务展期的长期借款后的金额计算填列。

14.“应付债券”项目，反映企业为筹集长期资金而发行的债券本金和利息。本项目应根据“应付债券”科目的期末余额填列。

15.“长期应付款”项目，反映资产负债表日企业除长期借款和应付债券以外的其他各种长期应付款项的期末账面价值。该项目应根据“长期应付款”科目的期末余额，减去相关的“未确认融资费用”科目的期末余额后的金额，以及“专项应付款”科目的期末余额，减去所属相关明细科目中将于一年内到期的部分后的金额填列。

16.“预计负债”项目，反映企业根据或有事项等相关准则确认的各项预计负债，包括对外提供担保、未决诉讼、产品质量保证、重组义务以及固定资产和矿区权益弃置义务等产生的预计负债。本项目应根据“预计负债”科目的期末余额填列。

17.“递延收益”项目，反映企业尚待确认的收入或收益。本项目核算包括企业根据政府补助准则确认的应在以后期间计入当期损益的政府补助金额、售后租回形成融资租赁的售价与资产账面价值差额等其他递延性收入。本项目应根据“递延收益”科目的期末余额填列。

18.“递延所得税负债”项目，反映企业根据所得税准则确认的应纳税暂时性差异产生的所得税负债。本项目应根据“递延所得税负债”科目的期末余额填列。

19.“其他非流动负债”项目，反映企业除以上非流动负债以外的其他非流动负债。本项目应根据有关科目的期末余额，减去将于一年内（含一年）到期的非流动负债偿还数后的余额填列。非流动负债各项目中将于一年内（含一年）到期的，应在“一年内到期的非流动负债”项目内单独反映。

（三）所有者权益项目的填列说明

1.“实收资本（或股本）”项目，反映企业各投资者实际投入的资本（或股本总额）。本项目应根据“实收资本（或股本）”科目的期末余额填列。

2.“其他权益工具”项目，反映企业发行的除普通股以外分类为权益工具的金融工具的账面价值，并设“优先股”和“永续债”两个项目，分别反映企业发行的分类为权益工具的优先股和永续债的账面价值。

3.“资本公积”项目，反映企业资本公积的期末余额。本项目应根据“资本公积”科目的期末余额填列。

4.“其他综合收益”项目，反映企业其他综合收益的期末余额。本项目应根据“其他综合收益”科目的期末余额填列。

5.“专项储备”项目，反映高危行业企业按国家规定提取的安全生产费的期末账面价值。该项目应根据“专项储备”科目的期末余额填列。

6.“盈余公积”项目，反映企业盈余公积的期末余额。本项目应根据“盈余公积”科目的期末余额填列。

7.“未分配利润”项目，反映企业尚未分配的利润。本项目应根据“本年利润”科目和“利润分配”科目的余额计算填列。未弥补的亏损在本项目内以“-”号填列。

六、资产负债表的编制实例

【做中学8-3】A公司为增值税一般纳税人，适用的增值税税率为13%，所得税税率为25%，存货采用实际成本法进行核算。2023年12月31日的资产负债表（简表）见表8-3。

其中“应收账款”科目的期末余额为300 000元，“坏账准备”科目的期末余额为900元，坏账准备按照年末应收账款余额的3‰提取。存货、交易性金融资产都没有计提减值准备。按公司法的规定，企业按净利润的10%计提法定盈余公积，2024年不进行投资分红。

会计人员根据2024年所登记的会计账簿记录及其他记录，整理出2024年总账及有关明细账余额见表8-4。

根据《企业会计准则第30号——财务报表列报》的有关规定，企业会计人员编制的资产负债表见表8-5。

表8-3 资产负债表（简表） 会企01表

编制单位：A公司 2023年12月31日 单位：元

资　产	金　额	负债及所有者权益（或股东权益）	金　额
流动资产：		流动负债：	
货币资金	700 000	短期借款	680 000
交易性金融资产	25 000	应付票据	
应收票据		应付账款	192 000
应收账款	299 100	应付职工薪酬	9 700
其他应收款	4 000	应交税费	
存货	580 000	其他应付款	11 400
流动资产合计	1 608 100	一年内到期的非流动负债	200 000
非流动资产：		流动负债合计	1 093 100
债权投资		非流动负债：	
其他债权投资		长期借款	300 000
长期股权投资	250 000	非流动负债合计	300 000
固定资产	1 080 000	负债合计	1 393 100
在建工程		所有者权益（或股东权益）：	
无形资产	48 000	实收资本（或股本）	1 500 000
开发支出		资本公积	62 000
长期待摊费用	12 000	盈余公积	13 000
非流动资产合计	1 390 000	未分配利润	30 000
		所有者权益（或股东权益）合计	1 605 000
资产总计	2 998 100	负债及所有者权益（或股东权益）总计	2 998 100

表8-4 科目余额表

借方科目	余　额	贷方科目	余　额
库存现金	3 560	坏账准备	1 596
银行存款	837 110	累计折旧	412 000
其他货币资金	221 140	短期借款	780 000
交易性金融资产	50 000	应付票据	50 000
应收账款	532 026	应付账款	192 000
其他应收款	4 000	其他应付款	11 400
在途物资	38 000	应付职工薪酬	20 900
原材料	75 400	应交税费	24 800
库存商品	471 500	长期借款	310 000
生产成本	28 500	实收资本	2 000 000
长期股权投资	250 000	资本公积	92 831
固定资产	1 550 000	盈余公积	13 000
无形资产	42 000	未分配利润	204 709
长期待摊费用	10 000		
合　计	4 113 236	合　计	4 113 236

表8-5 资产负债表 会企01表

编制单位：A公司 2024年12月31日 单位：元

资　产	期末余额	上年年末余额	负债和所有者权益（或股东权益）	期末余额	上年年末余额
流动资产：			流动负债：		
货币资金	1 061 810	700 000	短期借款	780 000	680 000
交易性金融资产	50 000	25 000	交易性金融负债		
应收票据			应付票据	50 000	0
应收账款	530 430	299 100	应付账款	192 000	192 000
预付款项			预收款项		
其他应收款	4 000	4 000	合同负债		
存货	613 400	580 000	应付职工薪酬	20 900	9 700
合同资产			应交税费	24 800	
持有待售资产			其他应付款	11 400	11 400
一年内到期的非流动资产			持有待售负债		
其他流动资产			一年内到期的非流动负债		200 000
流动资产合计	2 259 640	1 608 100	流动负债合计	1 079 100	1 093 100
非流动资产：			非流动负债：		
债权投资			长期借款	310 000	300 000
其他债权投资			长期应付款		
长期应收款			应付债券		
长期股权投资	250 000	250 000	其中：优先股		
其他权益工具投资			永续债		
其他非流动金融资产			租赁负债		
固定资产	1 138 000	1 080 000	非流动负债合计	310 000	300 000
在建工程			负债合计	1 389 100	1 393 100
生产性生物资产			所有者权益（或股东权益）：		
油气资产			实收资本（或股本）	2 000 000	1 500 000
使用权资产			资本公积	92 831	62 000
无形资产	42 000	48 000	其他综合收益		
开发支出			盈余公积	13 000	13 000
长期待摊费用	10 000	12 000	未分配利润	204 709	30 000
递延所得税资产			所有者权益（或股东权益）合计	2 310 540	1 605 000
其他非流动资产					
非流动资产合计	1 440 000	1 390 000			
资产总计	3 699 640	2 998 100	负债和所有者权益（或股东权益）总计	3 699 640	2 998 100

单位负责人：周大生　　财务负责人：刘　丽　　制表人：张华明

同步习题与实训

一、判断题

1.资产负债表左侧是按照各项目的流动性大小即变现能力的强弱来排列的，反映企业资产可变现的数额和变现的速度（流动性），提供有关企业支付能力的信息。（ ）

2.资产负债表反映企业一定期间的财务状况。（ ）

3.账户式资产负债表分左、右两方，右方为负债及所有者权益项目。（ ）

4.编制资产负债表的依据是“利润 = 收入 - 费用”。（ ）

5.账户式结构指的是资产负债表按上下顺序依次排列资产、负债及所有者权益项目。（ ）

6.资产负债表的格式主要有账户式和报告式两种，我国采用的是报告式资产负债表。（ ）

7.资产负债表中“生产性生物资产”属于存货类项目，属于流动资产类。（ ）

8.在编制资产负债表时，“实收资本”项目和“盈余公积”项目都是根据其明细科目的期末余额计算填列的。（ ）

9.在编制资产负债表时，“资本公积”项目和“盈余公积”项目都是根据其总账科目的期末余额填列的。（ ）

10.“应收账款”科目所属明细科目期末有贷方余额的，应在资产负债表“预付款项”项目填列。（ ）

11.非流动负债各项目将于一年内到期且企业不能自主地将清偿义务展期的，应在“一年内到期的非流动负债”项目单独反映。（ ）

12.资产负债表中的资产各项目的合计数等于负债和所有者权益各项目的合计数之和。（ ）

13.资产负债表中“固定资产”项目应根据“固定资产”科目的期末余额直接填列。（ ）

14.资产负债表中“应收账款”项目，应根据“应收账款”科目所属各明细科目的期末借方余额合计填列。如“预付账款”科目所属有关明细科目有借方余额，也应包括在本项目内。（ ）

15.企业的“库存商品”“原材料”“周转材料”科目期末如果有余额应该在资产负债表“存货”项目中反映。（ ）

二、单项选择题

1.资产负债表分为左、右两方。下列各项目，属于左方项目的是（ ）。

A.所有者权益　　B.利润　　C.资产　　D.负债

2.下列资产项目中，属于非流动资产项目的是（ ）。

A.应收票据　　B.交易性金融资产　　C.长期待摊费用　　D.存货

3.我国的资产负债表采用的是（ ）结构。

A.多步式　　B.报告式　　C.账户式　　D.单步式

4.以“资产 = 负债 + 所有者权益”这一会计等式作为编制依据的财务报表是（ ）。

A.利润表　　B.所有者权益变动表

C.资产负债表　　D.现金流量表

5.下列不属于资产负债表中流动资产项目的是（　　）。

A.存货　　B.交易性金融资产　　C.无形资产　　D.预付款项

6.可以提供企业某一日期的负债总额及其结构，表明企业未来需要用多少资产或劳务清偿债务以及清偿时间的报表是（　　）。

A.资产负债表　　B.利润表　　C.现金流量表　　D.利润分配表

7.下列各项中，不应列示在资产负债表中流动资产部分的是（　　）。

A.货币资金　　B.应收账款　　C.预付款项　　D.在建工程

8.在资产负债表中，资产是按照（　　）排列的。

A.清偿时间的先后顺序　　B.会计人员的填写习惯

C.金额大小　　D.流动性大小

9.资产负债表中，根据总账科目的期末余额直接填列的项目是（　　）。

A.短期借款　　B.应收票据　　C.货币资金　　D.存货

10.企业“应收账款”总账科目的期末余额方6 500元，所属A、B、C三个明细科目期末余额分别为：A科目借方1 000元，B科目贷方500元，C科目借方6 000元。按照报表编制方法，资产负债表中，“应收账款”项目的期末余额为（　　）元。

A.500　　B.6 500　　C.7 500　　D.7 000

11.“预收账款”科目所属明细科目期末有借方余额的，应在资产负债表（　　）项目填列。

A.预付款项　　B.应付票据　　C.应收票据　　D.预收款项

12.某企业期末“应付账款”科目为贷方余额26万元，其所属明细科目的贷方余额合计为33万元，所属明细科目的借方余额合计为7万元；“预付账款”科目为借方余额15万元，其所属明细科目的借方余额合计为20万元，所属明细科目的贷方余额合计为5万元。则该企业资产负债表中“应付账款”和“预付款项”两个项目的期末余额分别应为（　　）万元。

A.38和27　　B.33和20　　C.53和12　　D.26和15

13.某公司“应收账款”总分类科目下设“A公司”和“B公司”两个明细科目。12月末，“A公司”明细科目为借方余额560 000元，“B公司”明细科目为贷方余额100 000元，则资产负债表中“应收账款”项目为（　　）元。

A.借方余额400 000　　B.借方余额500 000

C.借方余额460 000　　D.借方余额560 000

14.资产负债表中“应付职工薪酬”项目，是根据（　　）。

A.总账科目的余额直接填列的

B.总账科目的余额减去其备抵科目余额后的净额填列的

C.明细科目的余额计算填列的

D.总账科目余额和明细科目余额计算填列的

15.编制资产负债表时，根据明细科目的余额分析计算填列的项目是（　　）。

A.货币资金　　B.其他应收款　　C.存货　　D.应付票据

16.“预付账款”科目所属明细科目如有贷方余额，应在资产负债表（　　）项目反映。

A.预付款项　　B.预收款项　　C.应收账款　　D.应付账款

17.资产负债表中的各报表项目（　　）。

A.都按有关科目期末余额直接填列

B.必须对科目发生额和余额进行分析计算才能填列

C.都应根据有关科目的发生额填列

D.有的可以直接根据科目的期末余额填列，有的需要根据有关科目的期末余额分析计算填列

18.企业持有的一年内到期的债权投资应在资产负债表的（　　）项目列示。

A.其他非流动资产　　B.债权投资

C.一年内到期的非流动资产　　D.交易性金融资产

三、多项选择题

1.资产负债表的作用主要有（　　）。

A.可以提供某一日期的资产总额及其结构，表明企业拥有或控制的资源及其分布情况

B.可以提供某一日期的负债总额及其结构，表明企业未来需要用多少资产或劳务清偿债务以及清偿时间

C.可以反映所有者所拥有的权益，据以判断资本保值、增值的情况以及对负债的保障程度

D.可以据以分析企业在一定时期内的盈利情况

2.属于资产负债表中流动资产项目的有（　　）。

A.一年内到期的非流动资产　　B.应收票据

C.预付款项　　D.预收款项

3.下列属于企业非流动资产的有（　　）。

A.交易性金融资产　　B.债权投资

C.长期股权投资　　D.无形资产

4.可能在资产负债表中负债项目填列的有（　　）。

A.应收票据　　B.预付款项　　C.应付票据　　D.预收款项

5.下列属于非流动负债的有（　　）。

A.应付债券　　B.其他应付款　　C.长期应付款　　D.应付职工薪酬

6.下列关于资产负债表的表述中不正确的是（　　）。

A.资产负债表反映企业一定时期的财务状况

B.资产负债表资产项目按资产的流动性大小排列

C."长期借款"项目应根据"长期借款"科目的余额直接填列

D.我国资产负债表采用报告式结构

7.资产负债表中可以根据有关科目的期末余额计算填列的项目是（　　）。

A.应交税费　　B.实收资本　　C.应付票据　　D.存货

8.编制资产负债表时，可以根据一个或几个总账科目的余额进行填列的项目有（　　）。

A.短期借款　　B.预计负债　　C.长期借款　　D.递延所得税负债

9.下列项目中，属于非流动资产的有（　　）。

A.开发支出　　B.在建工程　　C.存货　　D.累计摊销

10.在编制资产负债表时，应根据总账科目的期末贷方余额填列的项目有（　　）。

A.应交税费　　B.固定资产　　C.实收资本　　D.应付职工薪酬

11.下列科目中，可能影响资产负债表中“预付款项”项目金额的有（　　）。

A.预收账款　　B.应收账款　　C.应付账款　　D.预付账款

12.资产负债表中的“存货”项目反映的内容包括（　　）。

A.发出商品　　B.材料成本差异　　C.委托加工物资　　D.生产成本

四、实训题

【实训资料】甲企业2024年12月31日的有关资料如下：

1.科目余额表（见表8-6）。

表8-6　　科目余额表　　单位：万元

科目名称	借方余额	贷方余额
库存现金	10 000	
银行存款	144 300	
应收票据	60 000	
应收账款	80 000	
预付账款		30 000
坏账准备——应收账款		5 000
原材料	70 000	
周转材料	10 000	
发出商品	90 000	
材料成本差异		5 500
库存商品	100 000	
存货跌价准备		10 000
交易性金融资产	2 000	
债权投资	11 200	
固定资产	800 000	
累计折旧		300 000
固定资产减值准备		100 000
在建工程	40 000	
无形资产	150 000	
累计摊销		20 000
无形资产减值准备		10 000
短期借款		10 000
应付账款		70 000
预收账款		10 000
应付职工薪酬		4 000
应交税费		13 000
长期借款		80 000
实收资本		500 000
盈余公积		200 000
未分配利润		200 000

2. 债权债务明细科目余额（见表8-7）。

表8-7 债权债务明细科目余额 单位：万元

科目名称		借方余额	贷方余额
应收账款	应收账款——A公司	100 000	
	应收账款——B公司		20 000
预付账款	预付账款——C公司	20 000	
	预付账款——D公司		50 000
应付账款	应付账款——E公司		100 000
	应付账款——F公司	30 000	
预收账款	预收账款——G公司		40 000
	预收账款——H公司	30 000	

3. "债权投资"为2023年1月1日购买的3年期、每年计息到期还本的国库券，面值10 000元，票面利率6%，市场利率6%。

4. 长期借款共两笔，均为到期一次还本付息借款。金额及期限如下：

（1）从中国工商银行借入30 000元，期限从2018年6月1日至2024年5月31日；

（2）从中国建设银行借入50 000元，期限从2024年4月1日至2026年3月31日。

【实训要求】根据资料编制资产负债表（见表8-8）。

表8-8 资产负债表（简表） 会企01表

编制单位： 年 月 日 单位：元

资产	期末余额	上年年末余额	负债和所有者权益（或股东权益）	期末余额	上年年末余额
流动资产：			流动负债：		
货币资金			短期借款		
交易性金融资产			交易性金融负债		
衍生金融资产			应付票据		
应收票据			应付账款		
应收账款			预收款项		
预付款项			合同负债		
其他应收款			应付职工薪酬		
存货			应交税费		
合同资产			其他应付款		
持有待售资产			持有待售负债		
流动资产合计			一年内到期的非流动负债		
非流动资产：			流动负债合计		
债权投资			非流动负债：		
长期应收款			长期借款		
其他债权投资			长期应付款		
长期股权投资			非流动负债合计		
固定资产			负债合计		
在建工程			所有者权益（或股东权益）：		
无形资产			实收资本（或股本）		
开发支出			资本公积		
长期待摊费用			其他综合收益		
非流动资产合计			盈余公积		
			未分配利润		
			所有者权益（或股东权益）合计		
资产总计			负债和所有者权益（或股东权益）总计		

单位负责人： 财务负责人： 制表人：

任务三　编制利润表

一、利润表的概念

利润表是反映企业在一定会计期间经营成果的报表。通过利润表，可以从总体上了解企业收入、成本和费用及净利润（或亏损）的实现及构成情况；同时，通过利润表提供的不同时期的比较数字，可以分析企业的获利能力及利润的未来发展趋势，了解投资者投入资本的保值增值情况。由于利润表既是企业经营业绩的综合体现，又是企业进行利润分配的主要依据，因此，利润表也是财务报表中的一张主要报表。

【小思考8-4】企业是一个营利性的组织，其经营目标一般是获取最大的利润。但为什么会计制度中把利润表作为第2号报表？

二、利润表的格式及内容

利润表是通过一定的表格来反映企业经营成果的报表。利润表的格式主要有多步式和单步式两种，我国企业利润表采用多步式格式。多步式利润表格式见表8-7。

根据多步式利润表，我们可以清楚地看到企业的利润主要由营业利润、利润总额和净利润等部分组成，其关系如下：

（一）营业利润

以营业收入为基础减去营业成本、税金及附加、销售费用、管理费用、财务费用、资产减值损失、信用减值损失，加上其他收益，加上投资收益减去投资损失，加上公允价值变动收益减去公允价值变动损失，加上资产处置收益计算出营业利润。其计算公式为：

$$\text{营业利润}=\text{营业收入}-\text{营业成本}-\text{税金及附加}-\text{销售费用}-\text{管理费用}-\text{财务费用}-\text{资产减值损失}-\text{信用减值损失}+\text{其他收益}+\text{投资收益（或}-\text{投资损失）}+\text{公允价值变动收益（或}-\text{公允价值变动损失）}+\text{资产处置收益（或}-\text{资产处置损失）}$$

【小思考8-5】为什么投资收益列入营业利润范围？

（二）利润总额

以营业利润为基础加上营业外收入减去营业外支出计算出利润总额。其计算公式为：

利润总额 = 营业利润 + 营业外收入 – 营业外支出

（三）净利润

以利润总额为基础，减去所得税费用，计算出净利润（或净亏损）。其计算公式为：

净利润 = 利润总额 – 所得税费用

（四）其他综合收益的税后净额

根据按照企业会计准则的规定未在损益中确认的各项利得和损失扣除所得税影响，计算出其他综合收益的税后净额。

（五）综合收益总额

以净利润（或净亏损）和其他综合收益为基础，计算综合收益总额。

（六）每股收益

以净利润（或净亏损）为基础，计算每股收益。

三、编制利润表

利润表各项目均需填列“本期金额”和“上期金额”两栏。利润表“本期金额”和“上期金额”栏内各项数字除“每股收益”项目外，应当按照相关科目的发生额分析填列。

（一）“上期金额”的填列方法

“上期金额”栏内各项目数字，应根据上年度利润表的“本期金额”栏内所列数字填列。如果上年度利润表中的项目名称与本年度不一致，应对上年度利润表各项目的名称和数字按照本年度的规定进行调整，填入本年度利润表的“上期金额”栏。

（二）“本期金额”的填列方法

微课8-3

编制利润表

在编制中期利润表时，“本期金额”栏应分为“本期金额”和“年初至本期末累计发生额”两栏，分别填列各项目本中期（月、季或半年）发生额以及自年初起至本中期（月、季或半年）末止的累计发生额。“上期金额”栏应分为“上年可比本中期金额”和“上年初至可比本中期末累计发生额”两栏，根据上年可比中期利润表“本期金额”下对应的两栏数字分别填列。

年终结账时，由于全年的收入和费用支出已全部转入“本年利润”科目，并且通过收支对比结出本年净利润的数额，因此，应将年度利润表中的“净利润”数字与“本年利润”科目结转到“利润分配——未分配利润”科目的数字相核对，检查账簿记录和报表编制的正确性。

（三）利润表项目的填列说明

1.“营业收入”项目，反映企业经营主要业务和其他业务所确认的收入总额。本项目应根据“主营业务收入”和“其他业务收入”科目的发生额分析填列。

2.“营业成本”项目，反映企业经营主要业务和其他业务所发生的成本总额。本项目应根据“主营业务成本”和“其他业务成本”科目的发生额分析填列。

3.“税金及附加”项目，反映企业经营业务应负担的消费税、城市维护建设税、资源税、土地增值税、教育费附加、房产税、印花税、车船税、城镇土地使用税等。本项目应根据“税金及附加”科目的发生额分析填列。

4.“销售费用”项目，反映企业在销售商品过程中发生的包装费、广告费等费用和为销售本企业商品而专设的销售机构的职工薪酬、业务费等经营费用。本项目应根据“销售费用”科目的发生额分析填列。

5.“管理费用”项目，反映企业为组织和管理生产经营发生的管理费用。本项目应根据“管理费用”的发生额分析填列。

6.“研发费用”项目，反映企业进行研究与开发过程中发生的费用化支出以及计入管理费用的自行开发无形资产的摊销。本项目应根据“管理费用”科目下的“研发费用”明细科目的发生额，以及“管理费用”科目下的“无形资产摊销”明细科目的发生额分析填列。

7.“财务费用”项目，“财务费用”项目下的“利息费用”项目，反映企业为筹集生产经营所需资金等而发生的应予费用化的利息支出。该项目应根据“财务费用”科目的相关明细科目的发生额分析填列。该项目作为“财务费用”项目的其中项，以正数填列。“财务费用”项目下的“利息收入”项目，反映企业按照相关会计准则确认的应冲减财务费用的利息收入。该项目应根据“财务费用”科目的相关明细科目的发生额分析填列。该项目作为“财务费用”项目的其中项，以正数填列。

8.“其他收益”项目，反映企业计入其他收益的政府补助等。本项目应根据“其他收益”科目的发生额分析填列。

9.“投资收益”项目，反映企业以各种方式对外投资所取得的收益。本项目应根据“投资收益”科目的发生额分析填列。如为投资损失，本项目以“-”号填列。

10.“以摊余成本计量的金融资产终止确认收益”项目，反映企业因转让等情形导致终止确认以摊余成本计量的金融资产而产生的利得或损失。该项目应根据“投资收益”科目的相关明细科目的发生额分析填列；如为损失，以“-”号填列。

11.“净敞口套期收益”项目，反映净敞口套期下被套期项目累计公允价值变动转入当期损益的金额或现金流量套期储备转入当期损益的金额。该项目应根据“净敞口套期损益”科目的发生额分析填列；如为套期损失，以“-”号填列。

12.“公允价值变动收益”项目，反映企业应当计入当期损益的资产或负债公允价值变动收益。本项目应根据“公允价值变动损益”科目的发生额分析填列。如为净损失，本项目以“-”号填列。

13.“信用减值损失”项目，反映企业计提的各项金融工具减值准备所形成的预期信用损失。本项目应根据“信用减值损失”科目的发生额分析填列。

14.“资产减值损失”项目，反映企业各项资产发生的减值损失。本项目应根据“资产减值损失”科目的发生额分析填列。

15.“资产处置收益”项目，反映企业出售划分为持有待售的非流动资产（金融工具、长期股权投资和投资性房地产除外）或处置组（子公司和业务除外）时确认的处置利得或损失，以及处置未划分为持有待售的固定资产、在建工程、生产性生物资产及无形资产而产生的处置利得或损失。债务重组中因处置非流动资产产生的利得或损失、非货币性资产交换中换出非流动资产产生的利得或损失也包括在本项目中。本项目应根据“资产处置损益”科目的发生额分析填列。如为处置损失，本项目以“-”号填列。

16.“营业利润”项目，反映企业实现的营业利润。如为亏损，本项目以“-”号填列。

17.“营业外收入”项目，反映企业发生的除营业利润以外的收益，主要包括与企业日常活动无关的政府补助、盘盈利得、捐赠利得（企业接受股东或股东的子公司直接或间接的捐赠，经济实质属于股东对企业的资本性投入的除外）等。该项目应根据“营业外收入”科目的发生额分析填列。

18.“营业外支出”项目，反映企业发生的除营业利润以外的支出，主要包括公益性捐赠支出、非常损失、盘亏损失、非流动资产毁损报废损失等。该项目应根据“营业外支出”科目的发生额分析填列。“非流动资产毁损报废损失”通常包括因自然灾害发生毁损、已丧失使用功能等原因而报废清理产生的损失。企业在不同交易中形成的非流动资产毁损报废利得和损失不得相互抵销，应分别在“营业外收入”项目和“营业外支出”项目进行填列。

19.“利润总额”项目，反映企业实现的利润。如为亏损，本项目以“-”号填列。

20.“所得税费用”项目，反映企业应从当期利润总额中扣除的所得税费用。本项目应根据“所得税费用”科目的发生额分析填列。

21.“净利润”项目，反映企业实现的净利润。如为亏损，本项目以“-”号填列。其中：“（一）持续经营净利润”和“（二）终止经营净利润”项目，分别反映净利润中与持续经营相关的净利润和与终止经营相关的净利润；如为净亏损，以“-”号填列。该两个项目应按照《企业会计准则第42号——持有待售的非流动资产、处置组和终止经营》的相关规定分别列报。

22.“其他综合收益的税后净额”项目，反映企业根据其他会计准则的规定未在损益中确认的各项利得和损失扣除所得税影响后的净额。

23.“其他权益工具投资公允价值变动”项目，反映企业指定为以公允价值计量且其变动计入其他综合收益的非交易性权益工具投资发生的公允价值变动。该项目应根据“其他综合收益”科目的相关明细科目的发生额分析填列。

24.“企业自身信用风险公允价值变动”项目，反映企业指定为以公允价值计量且其变动计入当期损益的金融负债，由企业自身信用风险变动引起的公允价值变动而计入其他综合收益的金额。该项目应根据“其他综合收益”科目的相关明细科目的发生额分析填列。

25.“其他债权投资公允价值变动”项目，反映企业分类为以公允价值计量且其变动计入其他综合收益的债权投资发生的公允价值变动。企业将一项以公允价值计量且其变动计入其他综合收益的金融资产重分类为以摊余成本计量的金融资产，或重分类为以公允价值计量且其变动计入当期损益的金融资产时，之前计入其他综合收益的累计利得或损失从其他综合收益中转出的金额作为该项目的减项。该项目应根据“其他综合收益”科目下的相关明细科目的发生额分析填列。

26.“金融资产重分类计入其他综合收益的金额”项目，反映企业将一项以摊余成本计量的金融资产重分类为以公允价值计量且其变动计入其他综合收益的金融资产时，计入其他综合收益的原账面价值与公允价值之间的差额。该项目应根据“其他综合收益”科目下的相关明细科目的发生额分析填列。

27.“其他债权投资信用减值准备”项目，反映企业按照《企业会计准则第22号——金融工具确认和计量》（财会〔2017〕7号）第十八条分类为以公允价值计量且其变动计入其他综合收益的金融资产的损失准备。该项目应根据“其他综合收益”科目下的“信用减值准备”明细科目的发生额分析填列。

28.“现金流量套期储备”项目，反映企业套期工具产生的利得或损失中属于套期有效的部分。该项目应根据“其他综合收益”科目下的“套期储备”明细科目的发生额分析填列。

29.“综合收益总额”项目，反映企业净利润与其他综合收益税后净额的合计金额。

30.“每股收益”项目，包括基本每股收益和稀释每股收益两项指标，反映普通股或潜在普通股已公开交易的企业，以及正处在公开发行普通股或潜在普通股过程中的企业的每股收益信息。

【德技并修】党的二十大报告中指出：“我们加快推进科技自立自强，全社会研发经费支出从一万亿元增加到二万八千亿元，居世界第二位，研发人员总量居世界首位。基础研究和原始创新不断加强，一些关键核心技术实现突破，战略性新兴产业发展壮大，载人航天、探月探火、深海深地探测、超级计算机、卫星导航、量子信息、核电技术、新能源技术、大飞机制造、生物医药等取得重大成果，进入创新型国家行列。”为了体现我国企业在各行各业的研究开发经费投入情况，新修订的利润表中单独增设“研发费用”项目，就是反映企业研究开发经费投入水平，摸清家底，为国家战略发展提供参考信息。

四、利润表的编制实例

【做中学8-4】B公司2024年12月31日各损益类科目本年累计数见表8-9。

表8-9 损益类科目本年累计数 单位：元

科目名称	借方发生额	贷方发生额
主营业务收入		6 000 000
主营业务成本	4 200 000	
其他业务收入		300 000
其他业务成本	200 000	
税金及附加	180 000	
销售费用	220 000	
管理费用	723 000	
财务费用	160 000	
资产减值损失	8 000	
投资收益		320 000
营业外收入		12 000
营业外支出	17 000	
所得税费用	231 000	

根据以上资料，编制的B公司2024年度利润表见表8-10。

表8-10 利润表 会企02表

编制单位：B公司 2024年度 单位：元

项　目	本期金额	上期金额
一、营业收入	6 300 000	6 000 000
减：营业成本	4 400 000	4 100 000
税金及附加	180 000	150 000
销售费用	220 000	210 000
管理费用	723 000	725 000
研发费用		
财务费用	160 000	140 000
其中：利息费用		
利息收入		
加：其他收益		
投资收益（损失以“-”号填列）	320 000	135 000
其中：对联营企业和合营企业的投资收益		

续表

项　目	本期金额	上期金额
以摊余成本计量的金融资产终止确认收益（损失以“–”号填列）		
净敞口套期收益（损失以“–”号填列）		
公允价值变动收益（损失以“–”号填列）		
信用减值损失（损失以“–”号填列）		
资产减值损失（损失以“–”号填列）	–8 000	–10 000
资产处置收益（损失以“–”号填列）		
二、营业利润（亏损以“–”号填列）	929 000	800 000
加：营业外收入	12 000	5 000
减：营业外支出	17 000	11 000
三、利润总额（亏损总额以“–”号填列）	924 000	794 000
减：所得税费用	231 000	262 020
四、净利润（净亏损以“–”号填列）	693 000	531 980
（一）持续经营净利润（净亏损以“–”号填列）		
（二）终止经营净利润（净亏损以“–”号填列）		
五、其他综合收益的税后净额		
（一）不能重分类进损益的其他综合收益		
1.重新计量设定受益计划变动额		
2.权益法下不能转损益的其他综合收益		
3.其他权益工具投资公允价值变动		
4.企业自身信用风险公允价值变动		
⋮		
（二）将重分类进损益的其他综合收益		
1.权益法下可转损益的其他综合收益		
2.其他债权投资公允价值变动		
3.金融资产重分类计入其他综合收益的金额		
4.其他债权投资信用减值准备		
5.现金流量套期储备		
6.外币财务报表折算差额		
⋮		
六、综合收益总额		

单位负责人：李　想　　　　财务负责人：李　杨　　　　制表人：查　琪

同步习题与实训

一、判断题

1.利润表中收入类项目大多是根据收入类科目期末结转前借方发生额减去贷方发生额后的差额填列的；若差额为负数，以“–”号填列。（　　）

2.利润表中的各项目应根据有关损益类科目的本期发生额或余额分析计算填列。

（　　）

3.利润表中的“营业成本”项目，反映企业销售产品和提供劳务等主要经营业务发生的各项销售费用和实际成本。（　　）

4.企业利润表中的利润总额由营业利润和营业外收支净额组成。（　　）

5.利润表中的“税金及附加”项目，反映企业经营业务应负担的消费税、增值税、城市维护建设税、资源税、土地增值税和教育费附加等。（　　）

6.利润表是反映企业一定日期经营成果的财务报表。（　　）

7.按照我国企业会计准则的规定，我国企业的利润表采用单步式结构。（　　）

8.利润表中的大部分项目都可以根据资产、负债类科目的发生额填列。（　　）

9.财务费用、资产减值损失、投资收益和营业外收入都会影响企业的营业利润。（　　）

10.利润表中的“营业收入”项目根据主营业务收入和其他业务收入的合计数填列。（　　）

11.净利润是指营业利润减去所得税费用后的金额。（　　）

二、单项选择题

1.利润表中各项目的主要数据来源是（　　）。

A.各损益类科目的本期发生额　　B.各所有者权益类科目的期末余额
C.各资产、负债类科目的本期发生额　　D.各损益类科目的期末余额

2.下列各项中，反映企业在一定会计期间经营成果的报表是（　　）。

A.资产负债表　　B.利润表　　C.现金流量表　　D.财务状况变动表

3.为了具体反映利润的形成情况，我国现行的利润表的结构一般采用（　　）。

A.单步式　　B.多步式　　C.账户式　　D.报告式

4.下列项目中，对企业利润总额没有影响的是（　　）。

A.投资收益　　B.营业外支出　　C.资产减值损失　　D.所得税费用

5.下列各项中，利润表无法直接反映的是（　　）。

A.主营业务利润　　B.营业利润　　C.利润总额　　D.净利润

6.下列项目中，对企业营业利润没有影响的是（　　）。

A.财务费用　　B.管理费用　　C.资产减值损失　　D.营业外收入

7.企业本月利润表中的营业收入为450 000元，营业成本为216 000元，税金及附加为9 000元，管理费用为10 000元，财务费用为5 000元，销售费用为8 000元，则其营业利润为（　　）元。

A.217 000　　B.225 000　　C.234 000　　D.202 000

8.某公司本会计期间的主营业务收入为1 700万元，主营业务成本为1 190万元，税金及附加为170万元，销售费用为110万元，管理费用为100万元，财务费用为19万元，营业外收入为16万元，营业外支出为25万元，其他业务收入为200万元，其他业务成本为100万元，应交所得税按利润总额的25%计算，其营业利润、利润总额、企业净利润分别为（　　）。

A.111万元、232万元、174万元　　B.211万元、202万元、151.5万元
C.356万元、232万元、74万元　　D.111万元、202万元、151.5万元

9.某企业本月主营业务收入为1 000 000元，其他业务收入为80 000元，营业外收入为90 000元，主营业务成本为760 000元，其他业务成本为50 000元，税金及附加为30 000元，营业外支出为75 000元，管理费用为40 000元，销售费用为30 000元，财务费用为15 000元，所得税费用为75 000元。则该企业本月营业利润为（　　）元。

A.170 000　　B.155 000　　C.25 000　　D.80 000

10.全部损益类科目的本月发生额如下：主营业务收入800万元，主营业务成本500万元，税金及附加86万元，销售费用50万元，管理费用40万元，财务费用10万元，营业外收入5万元，所得税费用44万元。则利润表中“净利润”项目的本月数为（　　）万元。

A.75　　B.79　　C.114　　D.119

11.全部损益类科目的本月发生额如下：主营业务收入800万元，主营业务成本500万元，税金及附加86万元，销售费用50万元，管理费用40万元，财务费用10万元，营业外收入5万元，所得税费用44万元。则利润表中的“营业利润”项目的本月数为（　　）万元。

A.300　　B.114　　C.204　　D.160

12.在多步式利润表中，营业外收支会影响的项目是（　　）。

A.利润总额　　B.营业利润　　C.主营业务利润　　D.其他业务利润

13.以下项目中，应根据利润表中相关项目计算填列的是（　　）。

A.营业成本　　B.销售费用　　C.净利润　　D.营业收入

14.全部损益类科目的本月发生额如下：主营业务收入720万元，主营业务成本450万元，税金及附加77万元，销售费用50万元，管理费用40万元，财务费用15万元，营业外支出8万元，所得税费用20万元。则利润表中“净利润”项目的本月数为（　　）万元。

A.60　　B.70　　C.75　　D.100

三、多项选择题

1.利润表的作用主要有（　　）。

A.反映一定会计期间收入的实现情况

B.反映一定会计期间费用的发生情况

C.反映企业经济活动成果的实现情况，据以判断资本保值增值等情况

D.反映一定会计期间的财务状况

2.以下属于利润表中应当单独列示的项目的有（　　）。

A.营业收入　　B.投资收益　　C.主营业务成本　　D.税金及附加

3.下列各项中，应在期末将其发生额转入“本年利润”科目的有（　　）。

A.主营业务收入　　B.制造费用　　C.管理费用　　D.营业外收入

4.按照我国企业会计准则的规定，我国企业的利润表可以反映企业的（　　）等项目。

A.营业收入　　B.管理费用　　C.财务费用　　D.所得税费用

5.下列科目中，影响营业利润的有（　　）。

A.“主营业务收入”　　B.“其他业务成本”

C.“营业外支出”　　D.“税金及附加”

6.下列属于利润表基本要素项目的有（　　）。

A. 资产　　B. 收入　　C. 费用　　D. 留存收益

7. 利润表的金额栏分为（　　）。

A. 本期金额　　B. 上期金额　　C. 期初金额　　D. 期末余额

8. 下列项目中，能够影响企业当期利润表中营业利润的有（　　）。

A. 出售原材料取得的收入　　B. 无法支付的应付账款

C. 计算应缴纳的增值税　　D. 支付办公费

9. 下列各项中，影响利润总额的有（　　）。

A. 营业收入　　B. 销售费用　　C. 营业外收入　　D. 所得税费用

10. 利润表可以提供不同时期收入、费用和利润的比较数字，这些比较数字应填入的栏次有（　　）。

A. 本期计划数　　B. 本期金额　　C. 本年累计数　　D. 上期金额

11. 利润表中的"营业成本"项目填列的依据有（　　）。

A. "营业外支出"科目发生额　　B. "主营业务成本"科目发生额

C. "其他业务成本"科目发生额　　D. "税金及附加"科目发生额

12. 下列科目的本期发生额，应在利润表"营业成本"项目的"本期金额"中填列的有（　　）。

A. 生产成本　　B. 劳务成本　　C. 主营业务成本　　D. 其他业务成本

13. 下列科目的本期发生额，应在利润表"营业收入"项目的"本期金额"中填列的有（　　）。

A. 主营业务收入　　B. 其他业务收入　　C. 投资收益　　D. 营业外收入

14. 应通过"营业外收入"科目核算的有（　　）。

A. 非流动资产处置利得　　B. 资产盘盈利得

C. 罚款所得　　D. 接受捐赠利得

四、实训题

【实训资料】甲企业损益类科目2024年累计发生额见表8-11。

表8-11　损益类科目2024年累计发生额　　单位：万元

会计科目	借方发生额	贷方发生额
主营业务收入		220
其他业务收入		55
投资收益		20
营业外收入		8
主营业务成本	116	
其他业务成本	20	
税金及附加	10	
销售费用	36	
管理费用	25	
财务费用	12	
营业外支出	4	

当年所得税税率为25%，法定盈余公积计提比例为10%，按可供分配利润的50%向投

资者分配利润。已知年初未分配利润为20万元。假设计算所得税费用时不考虑会计与税法之间的差异。

【实训要求】

（1）结转损益类科目发生额至“本年利润”科目；

（2）根据表8-11中数据计算该企业2024年的营业利润和利润总额；

（3）计算并结转所得税费用；

（4）计算并结转净利润；

（5）编制提取法定盈余公积和向投资者分配利润的会计分录；

（6）结转已分配的利润，并计算年末未分配利润；

（7）根据以上资料编制利润表（见表8-12）。

表8-12 利润表（简表）

会企02表

编制单位： 年度 单位：元

项 目	本期金额	上期金额
一、营业收入		
减：营业成本		
税金及附加		
销售费用		
管理费用		
研发费用		
财务费用		
加：其他收益		
投资收益（损失以“-”号填列）		
其中：对联营企业和合营企业的投资收益		
公允价值变动收益（损失以“-”号填列）		
信用减值损失（损失以“-”号填列）		
资产减值损失（损失以“-”号填列）		
资产处置收益（损失以“-”号填列）		
二、营业利润（亏损以“-”号填列）		
加：营业外收入		
减：营业外支出		
三、利润总额（亏损总额以“-”号填列）		
减：所得税费用		
四、净利润（净亏损以“-”号填列）		

单位负责人： 财务负责人： 制表人：

任务四　编制现金流量表

一、现金及现金流量

（一）现金

现金流量表是反映企业在一定会计期间现金和现金等价物流入和流出情况的报表。现金流量表是以现金为基础编制的，这里的现金是广义的概念，它包括现金及现金等价物。其中，现金是指企业库存现金以及可以随时用于支付的存款。不能随时用于支付的存款不属于现金。现金等价物，是指企业持有的期限短、流动性强、易于转换为已知金额现金、价值变动风险很小的投资。期限短，一般是指从购买日起三个月内到期。现金等价物通常包括三个月内到期的债券投资等。权益性投资变现的金额通常不确定，因而不属于现金等价物。企业应当根据具体情况确定现金等价物的范围，一经确定不得随意变更。

（二）现金流量

现金流量是指现金及现金等价物的流入和流出数量，可划分为经营活动产生的现金流量、投资活动产生的现金流量和筹资活动产生的现金流量三类。

1.经营活动产生的现金流量

经营活动，是指企业投资活动和筹资活动以外的所有交易和事项。经营活动的现金流入主要是指销售商品或提供劳务等所收到的现金；经营活动的现金流出主要是指购买商品、接受劳务，广告宣传，支付职工薪酬，缴纳税款等所支出的现金。通过经营活动产生的现金流量，可以反映经营活动产生的现金流量对企业现金流量净额的影响程度，可用来判断企业在不对外筹集资金的情况下，其资金是否足以维持生产经营、偿还债务等。

2.投资活动产生的现金流量

投资活动，是指企业固定资产、无形资产和其他长期资产的购建和处置，以及不包括在现金等价物范围内的投资及其处置活动。投资活动的现金流入主要包括收回投资收到的现金、分得利润或取得债券利息收入收到的现金，以及处置固定资产、无形资产和其他长期资产收回的现金净额等；投资活动的现金流出则主要包括购建固定资产、无形资产和其他长期资产所支付的现金，以及进行权益性投资或债权性投资等所支付的现金。通过投资活动产生的现金流量，可以分析企业经由投资获取现金的能力，以及投资活动产生的现金流量对企业现金流量净额的影响程度。

3.筹资活动产生的现金流量

筹资活动，是指导致企业资本和债务规模及其构成发生变化的活动。筹资活动的现金流入主要包括吸收权益性投资和取得借款收到的现金等；筹资活动的现金流出主要包括偿还债务支付的现金，分配股利、利润或偿付利息支付的现金等。通过筹资活动产生的现金流量，可以分析企业筹资的能力，以及筹资活动产生的现金流量对企业现金流量净额的影响程度。

企业编制现金流量表进行现金流量分类时，对于未特别指明的现金流量，应当按照现金流量的分类方法和重要性原则，判断某项交易或事项所产生的现金流量应当归属的类别或项目，对于重要的现金流入或流出项目，应当单独反映。对于自然灾害损失、保险索赔等特殊项目，应当根据其性质，分别归到经营活动、投资活动和筹资活动现金流量类别中单独列报。

二、现金流量表的内容及结构

我国企业的现金流量表包括正表和补充资料两部分。

正表是现金流量表的主体，企业一定会计期间现金流量的信息主要由正表提供。正表采用报告式结构，按照现金流量的性质，依次分类反映经营活动产生的现金流量、投资活动产生的现金流量和筹资活动产生的现金流量，最后汇总反映企业现金及现金等价物净增加额。

现金流量表补充资料包括三部分内容：

(1) 将净利润调节为经营活动现金流量；

(2) 不涉及现金收支的重大投资和筹资活动；

(3) 现金及现金等价物净变动情况。

现金流量表的基本格式见表8-13和表8-14。

表8-13　　　　现金流量表　　　　会企03表

编制单位：　　　　年度　　　　单位：元

项　目	本期金额	上期金额
一、经营活动产生的现金流量：		
销售商品、提供劳务收到的现金		
收到的税费返还		
收到其他与经营活动有关的现金		
经营活动现金流入小计		
购买商品、接受劳务支付的现金		
支付给职工以及为职工支付的现金		
支付的各项税费		
支付其他与经营活动有关的现金		
经营活动现金流出小计		
经营活动产生的现金流量净额		
二、投资活动产生的现金流量：		
收回投资收到的现金		

续表

项目	本期金额	上期金额
取得投资收益收到的现金		
处置固定资产、无形资产和其他长期资产收回的现金净额		
处置子公司及其他营业单位收到的现金净额		
收到其他与投资活动有关的现金		
投资活动现金流入小计		
购建固定资产、无形资产和其他长期资产支付的现金		
投资支付的现金		
取得子公司及其他营业单位支付的现金净额		
支付其他与投资活动有关的现金		
投资活动现金流出小计		
投资活动产生的现金流量净额		
三、筹资活动产生的现金流量：		
吸收投资收到的现金		
取得借款收到的现金		
收到其他与筹资活动有关的现金		
筹资活动现金流入小计		
偿还债务支付的现金		
分配股利、利润或偿付利息支付的现金		
支付其他与筹资活动有关的现金		
筹资活动现金流出小计		
筹资活动产生的现金流量净额		
四、汇率变动对现金及现金等价物的影响		
五、现金及现金等价物净增加额		
加：期初现金及现金等价物余额		
六、期末现金及现金等价物余额		

表8-14 现金流量表补充资料

项　目	本期金额	上期金额
1.将净利润调节为经营活动现金流量：		
净利润		
加：资产减值准备		
信用损失准备		
固定资产折旧、油气资产折耗、生产性生物资产折旧		
无形资产摊销		
长期待摊费用摊销		
处置固定资产、无形资产和其他长期资产的损失（收益以“-”号填列）		
固定资产报废损失（收益以“-”号填列）		
公允价值变动损失（收益以“-”号填列）		
财务费用（收益以“-”号填列）		
投资损失（收益以“-”号填列）		
递延所得税资产减少（增加以“-”号填列）		
递延所得税负债增加（减少以“-”号填列）		
存货的减少（增加以“-”号填列）		
经营性应收项目的减少（增加以“-”号填列）		
经营性应付项目的增加（减少以“-”号填列）		
其他		
经营活动产生的现金流量净额		
2.不涉及现金收支的重大投资和筹资活动：		
债务转为资本		
一年内到期的可转换公司债券		
融资租入固定资产		
3.现金及现金等价物净变动情况：		
现金的期末余额		
减：现金的期初余额		
加：现金等价物的期末余额		
减：现金等价物的期初余额		
现金及现金等价物净增加额		

三、现金流量表的编制方法

（一）直接法和间接法

编制现金流量表时，经营活动现金流量的编制方法通常有直接法与间接法两种。

1.直接法

直接法是以利润表中的营业收入为起点，直接按类别列示各项现金流入与流出，据以计算出经营活动产生的现金流量。在我国，现金流量表正表中经营活动产生的现金流量应当采用直接法填列。

2. 间接法

间接法是指以本期净利润为起点，通过调整不涉及现金的收入、费用、营业外收支等有关项目，剔除投资活动、筹资活动对现金流量的影响，据以计算并列报经营活动产生的现金流量的方法。现金流量表的补充资料应采用间接法反映经营活动产生的现金流量，以对现金流量表中采用直接法反映的经营活动现金流量进行补充说明。

【小思考8-6】为什么对经营活动产生的现金流量需要采用间接法再进行补充资料的编制？

（二）工作底稿法、T形账户法和分析填列法

企业会计准则规定，企业应当采用直接法列示经营活动产生的现金流量。采用直接法编制现金流量表时，可以采用工作底稿法、T形账户法，也可以根据相关科目记录分析填列。

1. 工作底稿法

工作底稿法就是以工作底稿为手段，以利润表和资产负债表数据为基础，结合有关科目的记录，对现金流量表的每一项目进行分析并编制调整分录，从而编制出现金流量表的一种方法。

采用工作底稿法编制现金流量表的程序是：

第一步，将资产负债表的上年年末余额和期末余额过入工作底稿的上年年末余额和期末余额栏。

第二步，对当期业务进行分析并编制调整分录。在调整分录中，有关现金和现金等价物的事项，并不直接借记或贷记现金，而是分别记入“经营活动产生的现金流量”“投资活动产生的现金流量”“筹资活动产生的现金流量”等有关项目，借记表示现金流入，贷记表示现金流出。

第三步，将调整分录过入工作底稿中的相应部分。

第四步，核对调整分录，借方合计和贷方合计应相等，资产负债表项目上年年末余额加或减调整分录中的借方或贷方金额以后，应当等于期末余额。

第五步，根据工作底稿中的现金流量表项目部分编制正式的现金流量表。

2.T形账户法

T形账户法就是以T形账户为手段，以利润表和资产负债表数据为基础，对现金流量表的每一项目进行分析并编制调整分录，从而编制出现金流量表的一种方法。

采用T形账户法编制现金流量表的程序如下：

第一步，为所有的非现金项目（包括资产负债表项目和利润表项目）分别开设T形账户，并将各自的上年年末、期末变动数（资产负债表项目）或本期发生额（利润表项目）过入各该账户。

第二步，开设一个大的“现金及现金等价物”T形账户，每边分为经营活动、投资活动和筹资活动三个部分，左边记现金流入，右边记现金流出。与其他账户一样，过入上年年末、期末变动数。

第三步，以利润表项目为基础，结合资产负债表分析每一个非现金项目的增减变动，并据此编制调整分录。

第四步，将调整分录过入各T形账户，并进行核对。各账户借贷相抵后的余额与原先

过入的年初、期末变动数应当一致。

第五步，根据大的“现金及现金等价物”T形账户编制正式的现金流量表。

3.分析填列法

分析填列法是直接根据资产负债表、利润表和有关会计科目明细分类账的记录，分析计算现金流量表各项目的金额，并据以编制现金流量表的一种方法。

四、现金流量表的填列方法

（一）经营活动产生的现金流量

在我国，现金流量表正表中经营活动产生的现金流量应当采用直接法填列。

1.“销售商品、提供劳务收到的现金”项目

该项目反映企业销售商品、提供劳务实际收到的现金（包括应向购买者收取的增值税销项税额），包括本期销售商品、提供劳务收到的现金，以及本期收到的前期销售商品的价款和提供劳务的收入款、本期预收的款项等，发生销货退回而支付的现金应从销售商品、提供劳务收到的现金中扣除。企业销售材料和代购代销业务收到的现金，也在本项目中反映。本项目应根据“库存现金”“银行存款”“应收账款”“应收票据”“预收账款”“主营业务收入”“其他业务收入”等科目的记录分析填列。

2.“收到的税费返还”项目

该项目反映企业收到返还的各种税费，包括收到返还的增值税、消费税、关税、所得税、教育费附加等。本项目应根据“库存现金”“银行存款”“税金及附加”“营业外收入”“其他应收款”等科目的记录分析填列。

3.“收到其他与经营活动有关的现金”项目

该项目反映企业所收到的除了上述各项目以外其他与经营活动有关的现金，如经营租赁租金收入、罚款收入、流动资产损失中由个人赔偿的现金等。本项目应根据“库存现金”“银行存款”“营业外收入”等科目的记录分析填列。企业实际收到的政府补助，无论是与资产相关还是与收益相关，均在“收到其他与经营活动有关的现金”项目填列。

4.“购买商品、接受劳务支付的现金”项目

该项目反映企业购买材料、商品或接受劳务实际支付的现金。购买商品、接受劳务支付的现金，包括当期购买材料、商品支付的现金（包括增值税进项税额），当期支付的前期购买材料、商品或接受劳务的未付款以及为购买材料、商品或接受劳务而预付的款项等，扣除本期发生的购货退回而收到的现金。本项目应根据“库存现金”“银行存款”“应付账款”“应付票据”“预付账款”“主营业务成本”“其他业务成本”等科目的记录分析填列。

5.“支付给职工以及为职工支付的现金”项目

该项目反映企业实际支付给职工以及为职工支付的现金，包括本期实际支付给职工的工资、奖金、各种津贴和补贴等，以及为职工支付的其他费用。本项目不包括支付给离退休人员的各项费用及支付给在建工程人员的工资及其他费用。本项目应根据“应付职工薪酬”“库存现金”“银行存款”等科目的记录分析填列。

6.“支付的各项税费”项目

该项目反映企业按规定支付的各种税费，包括本期发生并支付的税费，以及本期支付

以前各期发生的税费和预缴的税金，但不包括实际支付的计入固定资产价值的耕地占用税，也不包括本期退回的增值税、所得税。本项目应根据“应交税费”“库存现金”“银行存款”等科目的记录分析填列。

7.“支付其他与经营活动有关的现金”项目

该项目反映企业所支付的除上述各项目以外其他与经营活动有关的现金，如罚款支出、支付的差旅费、业务招待费、保险费等。本项目应根据“库存现金”“银行存款”“销售费用”“管理费用”“营业外支出”等科目的记录分析填列。

（二）投资活动产生的现金流量

1.“收回投资收到的现金”项目

该项目反映企业出售、转让或到期收回除现金等价物以外的权益性投资和债权性投资收到的现金。本项目不包括债权性投资收到的利息和非现金资产、处置子公司及其他营业单位收到的现金净额。本项目应根据“交易性金融资产”“债权投资”“其他权益工具投资”“长期股权投资”“库存现金”“银行存款”等科目的记录分析填列。

2.“取得投资收益收到的现金”项目

该项目反映企业因权益性投资而分得的现金股利和利润，以及因债权性投资收到的利息，不包括股票股利。本项目应根据“库存现金”“银行存款”“投资收益”等科目的记录分析填列。

3.“处置固定资产、无形资产和其他长期资产收回的现金净额”项目

该项目反映企业出售、报废固定资产、无形资产和其他长期资产所收到的现金，减去为处置这些资产而支付的有关费用后的净额。如所收回的现金净额为负数，则应在“支付其他与投资活动有关的现金”项目反映。本项目应根据“固定资产”“固定资产清理”“库存现金”“银行存款”等科目的记录分析填列。

4.“处置子公司及其他营业单位收到的现金净额”项目

该项目反映企业处置子公司及其他营业单位收到的现金，减去相关处置费用以及子公司及其他营业单位持有的现金和现金等价物后的净额。本项目应根据“长期股权投资”“库存现金”“银行存款”等科目的记录分析填列。

5.“收到其他与投资活动有关的现金”项目

该项目反映企业所收到的除了上述各项目以外其他与投资活动有关的现金。比如，企业收回购买股票和债券时支付的已宣告但尚未领取的现金股利或已到付息期但尚未领取的债券利息。本项目应根据“应收股利”“应收利息”“库存现金”“银行存款”等科目的记录分析填列。

6.“购建固定资产、无形资产和其他长期资产支付的现金”项目

该项目反映企业本期购买、建造固定资产、无形资产和其他长期资产所实际支付的现金，以及用现金支付的应由在建工程和无形资产负担的职工薪酬，不包括为购建固定资产、无形资产和其他长期资产而发生的借款利息资本化部分，以及融资租入固定资产所支付的租赁费。本项目应根据“固定资产”“在建工程”“无形资产”“库存现金”“银行存款”等科目的记录分析填列。

7.“投资支付的现金”项目

该项目反映企业进行权益性投资和债权性投资所支付的现金，以及支付的佣金、手续

费等交易费用。本项目应根据“债权投资”“其他权益工具投资”“长期股权投资”“库存现金”“银行存款”等科目的记录分析填列。

8.“取得子公司及其他营业单位支付的现金净额”项目

该项目反映企业购买子公司及其他营业单位所支付的现金减去子公司及其他营业单位持有的现金及现金等价物后的净额。本项目应根据“长期股权投资”“库存现金”“银行存款”等科目的记录分析填列。

9.“支付其他与投资活动有关的现金”项目

该项目反映企业所支付的除了上述各项目以外其他与投资活动有关的现金。如企业购买股票时实际支付的价款中包含的已宣告但尚未领取的现金股利、购买债券时实际支付的价款中包含的已到付息期但尚未领取的债券利息等。本项目应根据“应收股利”“应收利息”“库存现金”“银行存款” 等科目的记录分析填列。

（三）筹资活动产生的现金流量

1.“吸收投资收到的现金”项目

该项目反映企业以发行股票、债券等方式筹集资金实际收到的款项减去支付的佣金、手续费等发行费用后的净额。本项目应根据“实收资本（或股本）”“库存现金”“银行存款”等科目的记录分析填列。

2.“取得借款收到的现金”项目

该项目反映企业举借各种短期、长期借款等所收到的现金。本项目应根据“短期借款”“长期借款”“库存现金”“银行存款”等科目的记录分析填列。

3.“收到其他与筹资活动有关的现金”项目

该项目反映企业除上述各项目外所收到的其他与筹资活动有关的现金，如接受现金捐赠等。本项目应根据 “库存现金”“银行存款”“营业外收入”等科目的记录分析填列。

4.“偿还债务支付的现金”项目

该项目反映企业偿还债务本金所支付的现金，包括偿还金融企业的借款本金、偿还债券本金等。本项目应根据“短期借款”“长期借款”“应付债券”“库存现金”“银行存款”等科目的记录分析填列。

5.“分配股利、利润或偿付利息支付的现金”项目

该项目反映企业实际支付的现金股利、支付给其他投资单位的利润以及支付的借款利息、债券利息等。本项目应根据“应付股利”“应付利息”“财务费用”“长期借款”“库存现金”“银行存款”等科目的记录分析填列。

6.“支付其他与筹资活动有关的现金”项目

该项目反映企业除上述各项目外所支付的其他与筹资活动有关的现金，如现金捐赠支出、融资租入固定资产支付的租赁费等。本项目应根据“库存现金”“银行存款”“长期应付款”“营业外支出”等科目的记录分析填列。

（四）汇率变动对现金及现金等价物的影响

该项目反映企业在将外币现金流量以及境外子公司的现金流量折算为人民币时采用现金流量发生日的即期汇率或按照系统、合理的方法确定的与现金流量发生日即期汇率近似的汇率折算的人民币金额与现金流量表“现金及现金等价物净增加额”中的外币现金净增加额按资产负债表日即期汇率折算的人民币金额之间的差额。

（五）现金流量表补充资料

除现金流量表反映的信息外，企业还应在附注中披露将净利润调节为经营活动现金流量、不涉及现金收支的重大投资和筹资活动、现金及现金等价物净变动情况等信息。

1.将净利润调节为经营活动现金流量

采用间接法将净利润调节为经营活动现金流量时，主要需要调整四大类项目：①实际没有支付现金的费用；②实际没有收到现金的收益；③不属于经营活动的损益；④经营性应收应付项目的增减变动。这些项目的具体内容如下：

（1）资产减值准备。该项目反映企业当期实际计提的各项资产减值准备，包括存货跌价准备、长期股权投资减值准备、债权投资减值准备、投资性房地产减值准备、固定资产减值准备、在建工程减值准备、无形资产减值准备、商誉减值准备等。本项目应根据“资产减值损失”科目的记录分析填列。

（2）信用损失准备，它与资产减值损失反映的情况一致，只是对应的事项不同。应收账款一类的对应使用信用减值损失，固定资产、无形资产一类的对应使用资产减值损失等。

（3）固定资产折旧、油气资产折耗、生产性生物资产折旧。该项目反映企业本期累计计提的固定资产折旧、油气资产折耗、生产性生物资产折旧。本项目应根据“累计折旧”“累计折耗”等科目的贷方发生额分析填列。

（4）无形资产摊销。该项目反映企业本期累计摊入成本费用的无形资产价值。本项目应根据“累计摊销”科目的贷方发生额分析填列。

（5）长期待摊费用摊销。该项目反映企业本期累计摊入成本费用的长期待摊费用。本项目应根据“长期待摊费用”科目的贷方发生额分析填列。

（6）处置固定资产、无形资产和其他长期资产的损失（减：收益）。该项目反映企业本期处置固定资产、无形资产和其他长期资产的净损失（或净收益）。本项目应根据“营业外支出”“营业外收入”等科目所属的有关明细科目的记录分析填列；如为净收益，以“-”号填列。

（7）固定资产报废损失（减：收益）。该项目反映企业本期发生的固定资产报废净损失（或净收益）。本项目应根据“营业外支出”和“营业外收入”等科目所属的有关明细科目的记录分析填列；如为净收益，以“-”号填列。

（8）公允价值变动损失（减：收益）。该项目反映企业持有的交易性金融资产、交易性金融负债、采用公允价值模式计量的投资性房地产等公允价值变动形成的损失（或收益）。本项目应根据“公允价值变动损益”科目所属的有关明细科目的记录分析填列；如为收益，以“-”号填列。

（9）财务费用（减：收益）。该项目反映企业本期实际发生的归属于投资活动或筹资活动的财务费用（或收益）。属于投资活动、筹资活动的部分，在计算净利润时已扣除，但这部分发生的现金流出不属于经营活动现金流量的范围，所以，在将净利润调整为经营活动现金流量时，需要予以加回。本项目应根据“财务费用”科目的本期借方发生额分析填列；如为收益，以“-”号填列。

（10）投资损失（减：收益）。该项目反映企业对外投资实际发生的投资损失减去收益后的净损失（或净收益）。本项目应根据利润表“投资收益”项目的数字填列；如为投资收益，以“-”号填列。

（11）递延所得税资产减少（减：增加）。该项目反映企业资产负债表“递延所得税资产”项目期初余额与期末余额的差额。本项目应根据“递延所得税资产”科目发生额分析填列；期末数大于期初数的差额，以“-”号填列。

（12）递延所得税负债增加（减：减少）。该项目反映企业资产负债表“递延所得税负债”项目期初余额与期末余额的差额。本项目应根据“递延所得税负债”科目发生额分析填列；期末数小于期初数的差额，以“-”号填列。

（13）存货的减少（减：增加）。该项目反映企业本期存货的减少（或增加）。本项目应根据资产负债表“存货”项目的期初余额与期末余额的差额填列；期末数大于期初数的差额，以“-”号填列。

（14）经营性应收项目的减少（减：增加）。该项目反映企业经营性应收项目的减少（或增加）。经营性应收项目主要是指应收票据、应收账款、预付款项和其他应收款中与经营活动有关的部分及应收的增值税销项税额等。本项目应根据资产负债表“应收票据”“应收账款”“预付款项”“其他应收款”等项目的期初、期末余额的差额分析填列；期末数大于期初数的差额，以“-”号填列。

（15）经营性应付项目的增加（减：减少）。该项目反映企业经营性应付项目的增加（或减少）。经营性应付项目主要是指应付票据、应付账款、预收款项、应付职工薪酬、应交税费、其他应付款等项目中与经营活动有关的部分以及应付的增值税进项税额等。本项目应根据资产负债表“应付票据”“应付账款”“应付职工薪酬”“应交税费”“其他应付款”等项目的期初、期末余额的差额分析填列；期末数小于期初数的差额，以“-”号填列。

2. 不涉及现金收支的重大投资和筹资活动

该项目反映企业一定会计期间内影响资产和负债但不形成该期现金流入流出的所有重大投资和筹资活动的信息。这些投资和筹资活动是企业的重大理财活动，对以后各期的现金流量会产生重大影响，因此，应单列项目在补充资料中反映。该项目的内容包括：

（1）债务转为资本。本项目反映企业本期转为资本的债务金额。

（2）一年内到期的可转换公司债券。本项目反映企业一年内到期的可转换公司债券的本息。

（3）融资租入固定资产。本项目反映企业本期融资租入固定资产的最低租赁付款额扣除应分期计入利息费用的未确认融资费用后的净额。

3. 现金及现金等价物净变动情况

该项目反映企业一定会计期间现金及现金等价物的期末余额减去期初余额的净额，是对现金流量表中“现金及现金等价物净增加额”项目的补充说明。该项目的金额应与现金流量表中“现金及现金等价物净增加额”项目的金额核对相符。

同步习题与实训

一、判断题

1. 企业取得的拟在近期内出售的股票投资视为现金等价物。（ ）

2.企业购置的固定资产是其从事生产经营活动的物质基础，因此购置固定资产支付的资金应在现金流量表“经营活动产生的现金流量”项目中列示。（　　）

3.企业应当根据具体情况确定现金等价物的范围，一经确定不得随意变更。（　　）

4.作为现金流量表编制基础的现金是指现金及现金等价物。（　　）

5.企业一定期间的现金流量可分为经营活动产生的现金流量、投资活动产生的现金流量和筹资活动产生的现金流量。（　　）

6.企业销售商品预收的账款不在“销售商品、提供劳务收到的现金”项目中反映。（　　）

7.企业前期销售本期退回的商品支付的现金应在“支付其他与经营活动有关的现金”项目中反映。（　　）

8.企业分得的股票股利可在“取得投资收益收到的现金”项目中反映。（　　）

9.融资租入固定资产支付的租赁费，在经营活动产生的现金流量中反映。（　　）

10.企业预缴的消费税应在“支付其他与经营活动有关的现金”项目中反映。（　　）

二、单项选择题

1.下列各项中，会引起现金流量表“经营活动产生的现金流量净额”项目发生增减变动的是（　　）。

A.偿还长期借款的现金流出　　B.收取现金股利的现金流入

C.购置固定资产的现金流出　　D.购买日常办公用品的现金流出

2.下列各项中，属于工业企业现金流量表“经营活动产生的现金流量”的是（　　）。

A.收到的现金股利　　B.支付的银行借款利息

C.收到的设备处置价款　　D.支付的经营租赁租金

3.下列各项中，不属于现金流量表“筹资活动产生的现金流量”的是（　　）。

A.取得借款收到的现金　　B.吸收投资收到的现金

C.处置固定资产收回的现金净额　　D.分配股利、利润或偿付利息支付的现金

4.下列各项中，引起现金流量净额变动的项目是（　　）。

A.将现金存入银行　　B.用银行存款购买1个月到期的债券

C.用固定资产抵偿债务　　D.用银行存款清偿20万元的债务

5.下列各项中，企业可以作为现金等价物核算的是（　　）。

A.银行承兑汇票　　B.权益性投资

C.债权性投资　　D.2个月到期的国债投资

6.下列各项中，属于现金流量表中“投资活动产生的现金流量”的是（　　）。

A.支付购买固定资产缴纳的契税　　B.支付给股东的现金股利

C.购买2个月内到期的国债投资　　D.接受新的投资者投资收到的现金

7.在下列事项中，不影响企业现金流量的是（　　）。

A.取得短期借款　　B.支付现金股利

C.偿还长期借款　　D.以固定资产对外投资

8.下列项目中，会减少企业现金流量的是（　　）。

A.购买固定资产　　B.长期待摊费用摊销

C.计提固定资产折旧　　D.固定资产盘亏

9.编制现金流量表时，企业的罚款收入应在（ ）项目中反映。

A.“销售商品、提供劳务收到的现金”

B.“收到其他与经营活动有关的现金”

C.“支付其他与经营活动有关的现金”

D.“购买商品、接受劳务支付的现金”

10.在“支付给职工以及为职工支付的现金”项目中反映的是（ ）。

A.支付给企业销售人员的工资

B.支付给在建工程人员的工资

C.企业支付的统筹退休金

D.企业支付给未参加统筹的退休人员的费用

11.应收票据贴现属于（ ）。

A.经营活动产生的现金流量　　B.投资活动产生的现金流量

C.筹资活动产生的现金流量　　D.不涉及现金收支的筹资活动

12.企业偿还的长期借款利息，在编制现金流量表时，应作为（ ）项目填列。

A.“偿还债务支付的现金”

B.“分配股利、利润或偿付利息支付的现金”

C.补充资料

D.“偿还借款支付的现金”

13.编制现金流量表时，本期退回的增值税应在（ ）项目中反映。

A.“支付的各项税费”

B.“收到的税费返还”

C.“支付其他与经营活动有关的现金”

D.“收到其他与经营活动有关的现金”

14.企业购买股票时，实际支付的价款中包含的已宣告但尚未领取的现金股利，应在（ ）项目中反映。

A.“投资支付的现金”

B.“收到其他与投资活动有关的现金”

C.“支付其他与投资活动有关的现金”

D.“吸收投资收到的现金”

15.企业收到购买股票时实际支付的价款中包含的已宣告发放但尚未领取的现金股利，应在（ ）项目中反映。

A.“投资支付的现金”

B.“收到其他与投资活动有关的现金”

C.“支付其他与投资活动有关的现金”

D.“收回投资收到的现金”

16.企业发行股票筹集资金所发生的审计费用，应在现金流量表中（ ）项目反映。

A.“吸收投资收到的现金”

B.“支付其他与筹资活动有关的现金”

C.“偿还债务支付的现金”

D.“分配股利、利润或偿付利息支付的现金”

17.企业去年销售的商品在本年退回所支付的现金应在现金流量表中（　　）项目反映。

A.“销售商品、提供劳务收到的现金”

B.“收到其他与经营活动有关的现金”

C.“支付其他与经营活动有关的现金”

D.“购买商品、接受劳务支付的现金”

18.企业计提的折旧（　　）。

A.在投资活动产生的现金流量中反映

B.在筹资活动产生的现金流量中反映

C.在经营活动产生的现金流量中反映

D.因不影响现金流量净额，所以不在上述三种活动的现金流量中反映

三、多项选择题

1.下列各项中，影响企业现金流量表中“现金及现金等价物净增加额”项目金额的有（　　）。

A.以货币资金购买3个月内到期的国库券

B.以银行存款支付职工工资、奖金、津贴

C.将库存现金存入银行

D.收到出租资产的租金

2.下列各项中，属于现金流量表“现金及现金等价物”的有（　　）。

A.库存现金　　B.银行本票

C.银行承兑汇票　　D.持有的2个月内到期的国债

3.下列各项中，属于现金流量表“现金及现金等价物”的有（　　）。

A.银行汇票存款　　B.银行本票存款

C.信用卡存款　　D.持有的1个月内到期的国债

4.下列各项中，属于投资活动产生的现金流量的有（　　）。

A.支付的现金股利

B.支付的业务招待费

C.转让无形资产所有权收到的现金

D.支付给在建工程人员的职工薪酬

5.下列各项中，属于现金流量表中“经营活动产生的现金流量”的有（　　）。

A.支付的借款利息　　B.销售商品收到的现金

C.代扣代缴的职工个人所得税　　D.支付的行政人员差旅费

6.下列各项中，属于工业企业现金流量表“筹资活动产生的现金流量”的有（　　）。

A.吸收投资收到的现金　　B.分配利润支付的现金

C.取得借款收到的现金　　D.投资收到的现金股利

7.下列交易或事项中，会引起现金流量表“投资活动产生的现金流量”发生变化的有（　　）。

A.购买股票支付的现金　　B.向投资者派发的现金股利

C.购建固定资产支付的现金　　　　　　　D.收到被投资单位分配的现金股利

8.下列各项中，属于现金流量表“经营活动产生的现金流量”的有（　　）。

A.收到的税费返还　　　　　　　　　　　B.偿还债务支付的现金

C.销售商品、提供劳务收到的现金　　　　D.支付给职工以及为职工支付的现金

9.“吸收投资收到的现金”项目反映（　　）。

A.企业出售长期股权投资收到的现金

B.企业收回债权投资本金收到的现金

C.企业收回债权投资利息收到的现金

D.企业收回用于长期股权投资的固定资产

10.下列各项中，影响经营活动产生的现金流量的项目有（　　）。

A.发行长期债券收到的现金　　　　　　　B.偿还应付购货款

C.支付生产工人工资　　　　　　　　　　D.支付所得税

11.“投资支付的现金”项目反映（　　）。

A.企业取得长期股权投资所支付的现金

B.企业取得长期股权投资所支付的佣金

C.企业取得长期股权投资所支付的手续费

D.企业取得债权投资所支付的现金

12.企业“偿还债务支付的现金”项目反映（　　）。

A.偿还的借款本金　　　　　　　　　　　B.偿还的债券本金

C.偿还的借款利息　　　　　　　　　　　D.偿还的债券利息

13.“不涉及现金收支的重大投资和筹资活动”需列示（　　）项目。

A.“债务转为资本”　　　　　　　　　　B.“一年内到期的可转换公司债券”

C.“融资租入固定资产”　　　　　　　　D.“从银行提取现金”

任务五　编制所有者权益变动表

一、所有者权益变动表的概念和作用

所有者权益变动表是指反映所有者权益的各组成部分当期的增减变动情况的报表。

所有者权益变动表，既可以为报表使用者提供所有者权益总量增减变动的信息，也能为其提供所有者权益增减变动的结构性信息，特别是能够让报表使用者理解所有者权益增减变动的根源。

二、所有者权益变动表的结构

在所有者权益变动表中，企业至少应当单独列示反映下列信息的项目：

（1）综合收益总额；

（2）会计政策变更和差错更正的累积影响金额；

（3）所有者投入资本和向所有者分配利润等；

（4）提取的盈余公积；

（5）实收资本或股本、其他权益工具、资本公积、其他综合收益、盈余公积、未分配利润的期初和期末余额及其调节情况。

为了清楚地表明所有者权益的各组成部分当期的增减变动情况，所有者权益变动表应当以矩阵的形式列示：一方面，列示导致所有者权益变动的交易或事项，改变了以往仅仅按照所有者权益的各组成部分反映所有者权益变动情况的做法，而是从所有者权益变动的来源对一定时期所有者权益变动情况进行反映；另一方面，按照所有者权益的各组成部分（包括实收资本（或股本）、其他权益工具、资本公积、其他综合收益、盈余公积、未分配利润和库存股）及其总额列示交易或事项对所有者权益的影响。此外，企业还需要提供比较所有者权益变动表，所有者权益变动表应就各项目分为“本年金额”和“上年金额”两栏分别填列。

一般企业所有者权益变动表的格式见表8-15。

（一）所有者权益变动表项目的填列方法

所有者权益变动表各项目均需填列“本年金额”和“上年金额”两栏。

1.“上年金额”项目

“上年金额”栏各项数字，应根据上年度所有者权益变动表“本年金额”栏内所列数字填列。上年度所有者权益变动表规定的各项目的名称和内容同本年度不一致的，应对上年度所有者权益变动表各项目的名称和数字按照本年度的规定进行调整，填入本年度所有者权益变动表的“上年金额”栏内。

2.“本年金额”项目

“本年金额”栏内各项数字一般应根据“实收资本（或股本）”“其他权益工具”“资本公积”“库存股”“其他综合收益”“盈余公积”“利润分配”“以前年度损益调整”科目的发生额分析填列。

（二）所有者权益变动表主要项目说明

1.“上年年末余额”项目

该项目反映企业上年年末资产负债表中实收资本（或股本）、其他权益工具、资本公积、库存股、其他综合收益、盈余公积、未分配利润的年末余额。

2.“会计政策变更”“前期差错更正”项目

这两个项目分别反映企业采用追溯调整法处理的会计政策变更的累积影响金额和采用追溯重述法处理的会计差错更正的累积影响金额。

3.“本年增减变动金额”项目

（1）“综合收益总额”项目，反映净利润和其他综合收益扣除所得税影响后的净额相加后的合计金额。

（2）“所有者投入和减少资本”项目，反映企业当年所有者投入的资本和减少的资本。

（3）“利润分配”项目，反映企业当年的利润分配金额。

（4）“所有者权益内部结转”项目，反映不影响企业当年所有者权益总额的所有者权益各组成部分之间的增减变动情况。

表8-15

所有者权益变动表

会企04表

编制单位：　　　　　　____年度　　　　　　单位：元

项　目	本年金额										上年金额									
	实收资本（或股本）	其他权益工具			资本公积	减：库存股	其他综合收益	盈余公积	未分配利润	所有者权益合计	实收资本（或股本）	其他权益工具			资本公积	减：库存股	其他综合收益	盈余公积	未分配利润	所有者权益合计
		优先股	永续债	其他								优先股	永续债	其他						
一、上年年末余额																				
加：会计政策变更																				
前期差错更正																				
其他																				
二、本年年初余额																				
三、本年增减变动金额（减少以“-”号填列）																				
（一）综合收益总额																				
（二）所有者投入和减少资本																				
1.所有者投入的普通股																				
2.其他权益工具持有者投入资本																				
3.股份支付计入所有者权益的金额																				
4.其他																				
（三）利润分配																				
1.提取盈余公积																				
2.对所有者（或股东）的分配																				
3.其他																				
（四）所有者权益内部结转																				
1.资本公积转增资本（或股本）																				
2.盈余公积转增资本（或股本）																				
3.盈余公积弥补亏损																				
4.设定受益计划变动额结转留存收益																				
5.其他综合收益结转留存收益																				
6.其他																				
四、本年年末余额																				

同步习题与实训

一、判断题

1. 所有者权益变动表是反映构成所有者权益的各组成部分当期增减变动情况的报表。（　　）
2. 所有者权益变动表应当以矩阵的形式列示。（　　）
3. 所有者权益变动表属于动态报表。（　　）
4. 在所有者权益变动表中，应单独列示“利润总额”项目。（　　）
5. 所有者权益变动表各项目应再分为“本年金额”和“上年金额”两栏分别填列。（　　）

二、单项选择题

1. 下列各项中，不属于所有者权益变动表中应单独列示的项目是（　　）。
   A. 提取盈余公积　B. 利润总额　C. 综合收益总额　D. 盈余公积弥补亏损
2. 所有者权益变动表“上年金额”栏各项数字，应根据（　　）栏内所列数字填列。
   A. 上年度“本年金额”　B. 上年度“上年金额”
   C. 本年度“本年金额”　D. 本年度“实际金额”

三、多项选择题

1. 下列各项中，属于企业所有者权益变动表中应单独列示的项目的有（　　）。
   A. 提取盈余公积　B. 综合收益总额
   C. 当年实现的净利润　D. 资本公积转增资本（或股本）
2. 下列各项中，属于企业所有者权益变动表中应单独列示的项目的有（　　）。
   A. 资本公积转增资本　B. 盈余公积弥补亏损
   C. 实收资本（或股本）　D. 会计政策变更

任务六　编写附注

一、附注的含义及作用

附注是为便于会计报表使用者理解会计报表的内容而对会计报表的编制基础、编制依据、编制原则和方法及重要项目所作的解释和补充说明。附注是财务会计报告的一个重要组成部分，编写和披露会计报表附注，是改善会计报表的一种重要手段，是充分披露原则的体现。

知识链接

附注的定义

我国《企业会计准则——基本准则》中对附注的定义为：附注是指对在会计报表中列示项目所作的进一步说明，以及对未能在这些报表中列示项目的说明等。

《企业会计准则第30号——财务报表列报》中对附注的定义为：附注是对在资产负债表、利润表、现金流量表和所有者权益变动表等报表中列示项目的文字描述或明细资料，以及对未能在这些报表中列示项目的说明等。

二、我国会计报表附注的内容

会计报表附注提供的信息十分广泛，各国也不尽相同。我国于2006年颁布的企业会计准则及相关法律、行政法规规定，企业应当按照规定披露附注信息，主要包括下列内容：

（一）企业的基本情况

（1）企业注册地、组织形式和总部地址。

（2）企业的业务性质和主要经营活动。

（3）母公司以及集团最终母公司的名称。

（4）财务报告的批准报出者和财务报告的批准报出日。

（二）财务报表的编制基础

财务报表的编制基础是指财务报表是在持续经营基础上还是在非持续经营基础上编制的。企业一般是在持续经营基础上编制财务报表的，清算、破产属于非持续经营基础。

（三）遵循企业会计准则的声明

企业应当声明编制的财务报表符合企业会计准则的要求，真实、完整地反映了企业的财务状况、经营成果和现金流量等有关信息。

（四）重要会计政策和会计估计

重要会计政策的说明，包括财务报表项目的计量基础和在运用会计政策过程中所作的重要判断等。重要会计估计的说明，包括可能导致下一个会计期间内资产、负债账面价值重大调整的会计估计的确定依据等。

企业应当披露采用的重要会计政策和会计估计，并结合企业的具体实际披露其重要会计政策的确定依据和财务报表项目的计量基础，及其会计估计所采用的关键假设和不确定性因素。

（五）会计政策和会计估计变更以及差错更正的说明

企业应当按照《企业会计准则第28号——会计政策、会计估计变更和差错更正》的规定，披露会计政策和会计估计变更以及差错更正的情况。

（六）报表重要项目的说明

企业应当按照资产负债表、利润表、现金流量表、所有者权益变动表及其项目列示的顺序，对报表重要项目的说明采用文字和数字描述相结合的方式进行披露。报表重要项目的明细金额合计，应当与报表项目金额相衔接。

企业应当在附注中披露费用按照性质分类的利润表补充资料，可将费用分为耗用的原材料、职工薪酬费用、折旧费用、摊销费用等。

（七）或有和承诺事项、资产负债表日后非调整事项、关联方关系及其交易等需要说明的事项

（八）有助于报表使用者评价企业管理资本的目标、政策及程序的信息

【德技并修】2020年以来，证监会坚决贯彻党中央、国务院关于依法从严打击证券违法活动的总体部署，按照“建制度、不干预、零容忍”的工作方针，依法从重从快从严打击上市公司造假、欺诈等重大违法违规行为，已累计向公安机关移送涉嫌财务造假等相关违法犯罪案件26起，其中上市公司“宜华生活”被认定财务造假。

如实编制财务会计报告、及时披露财务会计信息是单位会计人员的职责所在。单位会计人员应当采取耐心细致的工作态度、具备扎实过硬的会计能力和精益求精的工匠精神去

完成财务报告的编制。但是，有些企业管理者为了自身利益，不惜违法犯罪，提供虚假会计报告，损害股东或者其他人利益。《会计法》第四十三条规定：伪造、变造会计凭证、会计账簿，编制虚假财务会计报告，构成犯罪的，依法追究刑事责任。宜华生活是一家上市公司，在单位经营业绩不佳的情况下，虚增利润，伪造银行单据、虚增银行存款，未按规定披露与关联方资金往来等事项，提供虚假证券市场信息，给投资者带来巨大损失。上市公司真实、准确、完整、及时地披露信息是证券市场健康有序运行的重要基础。财务造假严重挑战信息披露制度的严肃性，严重毁坏市场诚信基础，严重破坏市场信心，严重损害投资者利益，是证券市场的“毒瘤”，必须坚决从严从重打击，进一步塑造市场良好生态环境，切实保护投资者的合法权益。

党的二十大报告指出：法治社会是构筑法治国家的基础。弘扬社会主义法治精神，传承中华优秀传统法律文化，引导全体人民做社会主义法治的忠实崇尚者、自觉遵守者、坚定捍卫者。

同步习题与实训

一、判断题

1.企业股东会审议批准的利润分配方案中应分配的现金股利，在支付前不作账务处理，但应在报表附注中披露。（　　）

2.附注是会计报表不可或缺的组成部分，是对会计报表未能说明事项的具体描述。（　　）

二、单项选择题

1.下列关于财务报表附注的表述中，不正确的是（　　）。

A.附注中包括对财务报表重要项目的说明

B.对未能在财务报表中列示的项目在附注中进行说明

C.如果没有需要披露的重大事项，企业不必编制附注

D.附注中包括会计政策和会计估计变更以及差错更正的说明

2.资产负债表日后非调整事项，应在（　　）中披露。

A.资产负债表　　B.现金流量表　　C.会计报表附注　　D.财务情况说明书

3.会计政策变更的内容和理由应在（　　）中披露。

A.资产负债表　　B.现金流量表　　C.会计报表附注　　D.财务情况说明书

4.下列关于企业财务报表附注的表述中，不正确的是（　　）。

A.附注是对财务报表的文字描述和说明

B.附注的主要作用是对报表中未能列示项目进行说明

C.企业未能在财务报表中说明的内容必须在附注中加以披露

D.附注是企业财务报表的组成部分

三、多项选择题

1.企业报表附注应包括（　　）。

A.不符合基本会计假设的说明　　B.主要的会计政策

C.财务报表项目注释　　D.分部情况

2.下列属于企业财务报表附注应披露的内容的有（　　）。

A.企业的基本情况　　B.财务报表的编制基础

C.会计估计变更的说明　　D.遵循企业会计准则的声明

项目九

选择和应用账务处理程序

【知识点】

1. 账务处理程序
2. 记账凭证账务处理程序
3. 科目汇总表账务处理程序
4. 汇总记账凭证账务处理程序

【技能点】

1. 应用记账凭证账务处理程序
2. 应用科目汇总表账务处理程序

【素养点】

1. 通过选择账务处理程序，做到实事求是、客观公正，为单位量体裁衣，选择恰当的账务处理程序
2. 通过三种账务处理程序的学习， 能够简化账务处理程序，及时准确提供会计信息，服务单位战略目标，实现可持续发展

引言

账务处理程序是账簿组织、记账程序和记账方法相互结合的方式。由于各单位的经济业务性质和特点不尽相同，经济业务规模大小也不一样，因此设置的账簿、凭证的种类、格式和各种账簿之间的相互关系以及与之相适应的记账程序和方法也不一样。不同的凭证组织、账簿组织、记账程序和方法相互结合，就形成了各种不同的账务处理程序。每个单位都应结合自己的实际状况和具体条件，采用或设计适合自身经济业务性质和特点的账务处理程序。

任务一 选择账务处理程序

一、账务处理程序的概念和意义

（一）账务处理程序的概念

为了科学地组织会计工作，必须综合地运用会计核算的各种专门方法，确定一个合理的账务处理程序。账务处理程序也称会计核算形式、会计核算组织程序，是指从经济业务发生、取得或填制原始凭证开始到根据有关账簿记录编制财务会计报告为止的一个会计循环过程中，会计凭证、会计账簿、会计报表相互结合的方式。不同的账务处理程序，填制会计凭证、登记会计账簿、编制会计报表的步骤和方法也不同。但是总的来说，账务处理程序主要涉及凭证组织、账簿组织和记账程序三个方面。凭证和账簿组织是指所运用的会计凭证和账簿的种类、格式以及各种账簿之间的相互制约关系。凭证组织和账簿组织与记账方法、会计科目的设置有紧密的联系。记账程序是指从取得或填制凭证到登记账簿，最终编制财务会计报告的顺序。它主要反映凭证和账簿、账簿和财务会计报告之间的相互关系。因此，账务处理程序的基本模式可以概括为：原始凭证—记账凭证—会计账簿—会计报表。前面所讲的会计科目和账户、会计凭证、会计账簿和财务会计报告等会计核算方法都是通过一定的账务处理程序体现出来的。

【小思考9-1】什么是会计循环？它包括哪些内容？

（二）账务处理程序的意义

不同的会计凭证、会计账簿和会计报表的结合方式，会形成不同的账务处理程序，不同的账务处理程序又有不同的特点和使用范围，各单位应该根据所处行业的性质、生产经营的特点、经营规模的大小、经营业务的繁简程度，科学、合理地选择适用于本单位的账务处理程序，这对于有效地组织会计核算具有重要意义。

1.有利于会计工作程序规范化

通过选择科学、合理的账务处理程序，确定会计凭证、会计账簿与会计报表之间的联系方式、处理程序，有利于保证会计信息记录、加工过程的完整性和严密性，提高会计信息质量。

2.有利于会计工作分工协作，强化会计人员岗位责任制

通过账务处理程序明确会计工作、会计人员的分工协作，可以提高账务处理程序的效率，强化会计人员岗位责任制。

3. 有利于提高会计信息的真实性和可靠性

通过账务处理程序所确定的会计凭证、会计账簿和会计报表之间的钩稽关系和牵制作用，可以增强会计信息的真实性和可靠性。

4. 有利于减少不必要的会计核算环节

通过井然有序的账务处理程序，可以减少不必要的会计核算环节和手续，避免烦琐的重复劳动，节约人力、物力，提高会计核算工作的效率。

5. 有利于发挥会计监督职能

通过账务处理程序所确定的会计分工与协作，可以发现错误、明确责任，充分发挥会计的监督职能。

二、账务处理的一般程序

各单位账务处理程序不尽相同，但一般程序是相同的。其一般程序如下：

微课 9-1

认知账务处理程序

（1）接受并审核原始凭证，编制记账凭证；

（2）按规定和要求登记日记账、总分类账和明细分类账，即过账；

（3）核对账目；

（4）调整账项，计算成本和损益；

（5）结账；

（6）编制会计报表。

从上述一般程序出发，根据单位的实际情况，可选择适当的过账程序及会计报表的编制步骤和方法。

账务处理程序的确定，一般应符合三项要求：

（1）要与本单位的性质、规模和业务的繁简程度等相适应，以保证会计核算的顺利进行。

（2）要使提供的会计核算资料既及时、准确，又系统、全面，有利于及时掌握资金运动现状，有效地参与经营决策。

（3）在保证会计核算资料及时、准确的基础上，要力求提高会计核算的效率，节省核算费用。

三、账务处理程序的种类

在长期的会计工作实践中形成了多种不同的账务处理程序，目前我国企事业单位采用的主要有记账凭证账务处理程序、科目汇总表账务处理程序和汇总记账凭证账务处理程序。这三种账务处理程序有许多共同点，但也有一些不同之处，其主要区别在于登记总分类账簿的依据和方法不同。

同步习题与实训

一、判断题

1. 设计账务处理程序，有利于建立会计工作岗位责任制。 （ ）

2. 账务处理程序是指记账程序与会计凭证有机结合的方法和步骤。（ ）

3. 记账凭证账务处理程序、汇总记账凭证账务处理程序和科目汇总表账务处理程序不存在任何相同之处。（ ）

4. 会计循环是指依次完成填制会计凭证、登记会计账簿、编制会计报表的过程。（ ）

5. 账务处理程序的基本模式可以概括为：原始凭证–记账凭证–会计账簿–会计报表。（ ）

二、单项选择题

1. 下列项目中，不可以作为总分类账登记依据的是（ ）。
   A. 科目汇总表　B. 汇总记账凭证　C. 原始凭证　D. 记账凭证

2. 下列项目中，不属于常用的账务处理程序的是（ ）。
   A. 原始凭证账务处理程序　B. 记账凭证账务处理程序
   C. 汇总记账凭证账务处理程序　D. 科目汇总表账务处理程序

3. 下列各项中，属于各种账务处理程序之间主要区别的是（ ）。
   A. 填制记账凭证的直接依据不同　B. 登记总分类账的依据和方法不同
   C. 编制财务报表的直接依据不同　D. 登记明细分类账的依据和方法不同

4. 直接根据记账凭证逐笔登记总分类账的账务处理程序是（ ）。
   A. 记账凭证账务处理程序　B. 汇总记账凭证账务处理程序
   C. 科目汇总表账务处理程序　D. 日记总账账务处理程序

5. 各种账务处理程序的起点都是（ ）。
   A. 接受并审核原始凭证　B. 编制记账凭证
   C. 编制汇总记账凭证　D. 编制科目汇总表

三、多项选择题

1. 账务处理程序是指（ ）结合的方式。
   A. 会计报表　B. 会计账簿　C. 会计凭证　D. 会计岗位

2. 账务处理程序的主要内容包括（ ）。
   A. 会计凭证、会计账簿种类及格式　B. 会计凭证与账簿之间的联系方法
   C. 会计机构及会计岗位的设置　D. 会计工作人员的职责

3. 科学、合理地选择适用于本单位的账务处理程序的意义包括（ ）。
   A. 有利于规范会计工作　B. 有利于增强会计信息的可靠性
   C. 有利于提高会计信息的质量　D. 有利于保证会计信息的及时性

4. 各种账务处理程序的相同之处是（ ）。
   A. 根据原始凭证编制汇总原始凭证
   B. 根据原始凭证、汇总原始凭证和记账凭证登记明细分类账
   C. 根据收款凭证和付款凭证登记库存现金、银行存款日记账
   D. 根据总分类账和明细分类账编制会计报表

5. 影响各单位科学、合理地选择适用于本单位的账务处理程序的因素主要有（ ）。
   A. 所处行业的性质　B. 生产经营的特点
   C. 经营规模的大小　D. 经营业务的繁简程度

任务二　应用记账凭证账务处理程序

一、记账凭证账务处理程序的基本内容

记账凭证账务处理程序是一种直接根据各种记账凭证逐笔登记总分类账的账务处理程序。它是最基本的一种账务处理程序，其他账务处理程序都是在此基础上发展、演变而来的。

记账凭证账务处理程序，一般要求设置库存现金日记账、银行存款日记账、总分类账和明细分类账。库存现金、银行存款日记账和总分类账都可采用三栏式；明细分类账可根据需要采用三栏式、数量金额式或多栏式。记账凭证的格式可采用通用格式，也可采用收款凭证、付款凭证和转账凭证三种格式。

二、记账凭证账务处理程序的基本步骤

记账凭证账务处理程序如图9-1所示。

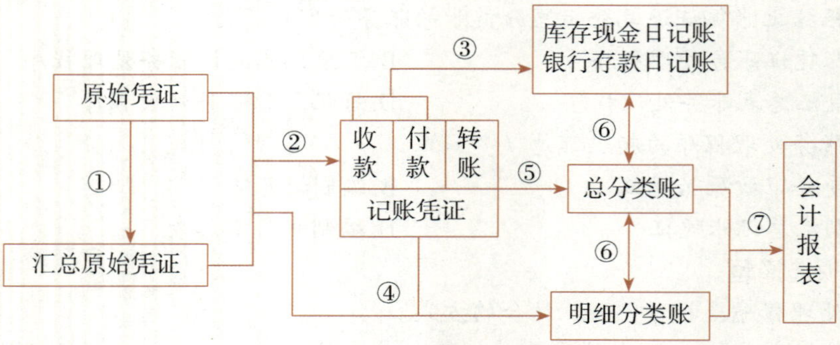

图9-1　记账凭证账务处理程序

从图9-1可见，记账凭证账务处理程序的基本步骤一般为：

（1）根据原始凭证编制汇总原始凭证；

（2）根据原始凭证或汇总原始凭证填制记账凭证（收款凭证、付款凭证和转账凭证或通用记账凭证）；

（3）根据收款凭证、付款凭证或通用记账凭证，登记库存现金日记账和银行存款日记账；

（4）根据原始凭证、汇总原始凭证和记账凭证登记明细分类账；

（5）根据记账凭证登记总分类账；

（6）期末，将库存现金日记账、银行存款日记账和明细分类账的余额分别同有关总分类账的余额核对相符；

（7）期末，根据总分类账和明细分类账的记录编制会计报表。

三、记账凭证账务处理程序的优缺点和适用范围

记账凭证账务处理程序的主要优点是账务处理简单明了，易于理解，总分类账能详细反映经济业务的来龙去脉，便于查账和分析；其缺点是根据记账凭证逐笔登记总分类账，如果企业的经济业务较多，则登记总分类账的工作量就会很大。因此，这种账务处理程序一般适用于规模较小、经济业务较少和会计凭证不多的企事业等单位。

微课9-2

记账凭证
账务处理程序

为简化登记总分类账的工作量，采用记账凭证账务处理程序时，可以先将同类经济业务的原始凭证编制成原始凭证汇总表，然后根据原始凭证汇总表编制记账凭证，以减少登记总分类账的工作量。

四、应用记账凭证账务处理程序

【做中学9-1】根据金典公司2024年7月发生的各项经济业务，完成记账凭证账务处理程序。

（一）有关资料

1.金典公司2024年7月初各总分类账期初余额见表9-1。

表9-1　2024年7月初各总分类账期初余额　单位：元

账户名称	金额	账户名称	金额
库存现金	2 000	累计折旧	12 000
银行存款	55 000	短期借款	56 000
应收账款	8 500	应付账款	34 000
其他应收款	4 700	应交税费	8 000
原材料	32 000	应付职工薪酬	4 200
库存商品	76 000	实收资本	100 000
固定资产	58 000	本年利润	22 000
合　计	236 200	合　计	236 200

2.7月初有关明细分类账余额如下（存货采用实际成本计价）：

甲材料　8 000千克　每千克3元　金额24 000元

乙材料　4 000千克　每千克2元　金额8 000元

库存商品——A产品　2 000件　每件38元　金额76 000元

应收账款——天业公司　4 000元

应收账款——广源工厂　4 500元

3.该公司7月份发生以下经济业务：

（1）2日，购入甲材料1 000千克，每千克3元，计3 000元；购入乙材料3 000千克，每千克2元，计6 000元。增值税进项税额为1 170元，款项以银行存款支付，材料尚未入库。

（2）4日，上述材料运到企业，验收入库。

（3）7日，收到天业公司前欠货款4 000元，收到广源工厂前欠货款2 500元，存入银行。

(4) 8日，生产A产品，领用甲材料4 000千克，每千克3元；领用乙材料2 000千克，每千克2元。

(5) 13日，以银行存款支付产品广告费4 000元。

(6) 17日，以银行存款支付生产车间办公费3 160元。

(7) 24日，对外销售A产品2 000件，每件售价80元，货款共计160 000元，增值税销项税额为20 800元，收到期限为3个月、面额为180 800元的商业汇票一张。

(8) 26日，业务员赵江报销差旅费4 200元，退回现金500元（上月预借差旅费4 700元）。

(9) 30日，从银行提取现金30 000元，准备发放本月职工薪酬。

(10) 31日，分配本月应付职工薪酬30 000元，其中A产品生产工人工资为20 000元，车间管理人员工资为6 000元，厂部管理人员工资为4 000元。

(11) 31日，按职工工资总额的14%计提职工社保费。

(12) 31日，以现金发放职工薪酬30 000元。

(13) 31日，提取本月固定资产折旧8 000元，其中生产车间固定资产折旧6 000元，行政管理部门固定资产折旧2 000元。

(14) 31日，结转本月制造费用。

(15) 31日，本月生产A产品1 370件，已全部完工，结转完工产品成本。

(16) 31日，结转本月已售A产品成本（已售2 000件，单位成本为38元）。

(17) 31日，结转损益类账户余额。

（二）金典公司应用记账凭证账务处理程序

1.根据以上经济业务的原始凭证或汇总原始凭证，按时间顺序编制记账凭证，见表9-2。

表9-2 会计分录表 单位：元

2024年		凭证		摘　要	会计科目	借方金额	贷方金额
月	日	字	号				
7	2	银付	01	购材料	在途物资 应交税费——应交增值税（进项税额） 　银行存款	9 000 1 170	 10 170
	4	转	01	材料入库	原材料 　在途物资	9 000	 9 000
	7	银收	01	收回前欠货款	银行存款 　应收账款	6 500	 6 500
	8	转	02	生产领用材料	生产成本 　原材料	16 000	 16 000
	13	银付	02	支付广告费	销售费用 　银行存款	4 000	 4 000
	17	银付	03	支付办公费	制造费用 　银行存款	3 160	 3 160

续表

2024年		凭证		摘 要	会计科目	借方金额	贷方金额
月	日	字	号				
7	24	转	03	销售产品	应收票据 主营业务收入 应交税费——应交增值税（销项税额）	180 800	 160 000 20 800
	26	现收	01	报销差旅费	库存现金 其他应收款	500	 500
	26	转	04	报销差旅费	管理费用 其他应收款	4 200	 4 200
	30	银付	04	提现发工资	库存现金 银行存款	30 000	 30 000
	31	转	05	分配工资费用	生产成本 制造费用 管理费用 应付职工薪酬	20 000 6 000 4 000	 30 000
	31	转	06	计提社保费	生产成本 制造费用 管理费用 应付职工薪酬	2 800 840 560	 4 200
	31	现付	01	以现金发工资	应付职工薪酬 库存现金	30 000	 30 000
	31	转	07	计提折旧费	制造费用 管理费用 累计折旧	6 000 2 000	 8 000
	31	转	08	结转制造费用	生产成本 制造费用	16 000	 16 000
	31	转	09	结转完工产品成本	库存商品 生产成本	54 800	 54 800
	31	转	10	结转销售成本	主营业务成本 库存商品	76 000	 76 000
	31	转	11	结转收入类账户	主营业务收入 本年利润	160 000	 160 000
	31	转	12	结转费用类账户	本年利润 管理费用 销售费用 主营业务成本	90 760	 10 760 4 000 76 000

2.根据收款凭证、付款凭证登记库存现金日记账和银行存款日记账，见表9-3和表9-4。

表9-3 库存现金日记账 单位：元

2024年		凭证		摘 要	对方科目	收 入	支 出	结 余
月	日	字	号					
7	1			期初余额				2 000
	26	现收	01	报销差旅费	其他应收款	500		2 500
	30	银付	04	提现发工资	银行存款	30 000		32 500
	31	现付	01	以现金发工资	应付职工薪酬		30 000	2 500
	31			本月发生额及余额		30 500	30 000	2 500

表9-4 银行存款日记账 单位：元

2024年		凭证		摘 要	对方科目	收 入	支 出	结 余
月	日	字	号					
7	1			期初余额				55 000
	2	银付	01	购材料	在途物资		9 000	46 000
	2	银付	01	购材料	应交税费		1 170	44 830
	7	银收	01	收回前欠货款	应收账款	6 500		51 330
	13	银付	02	支付广告费	销售费用		4 000	47 330
	17	银付	03	支付办公费	制造费用		3 160	44 170
	30	银付	04	提现发工资	库存现金		30 000	14 170
	31			本月发生额及余额		6 500	47 330	14 170

3.根据原始凭证、汇总原始凭证和记账凭证登记有关明细分类账。以原材料明细分类账、制造费用明细分类账和生产成本明细分类账为例，其余从略，见表9-5、表9-6、表9-7和表9-8。

表9-5 原材料明细分类账

材料名称：甲材料 金额单位：元

2024年		凭证		摘 要	收 入			发 出			结 存		
月	日	字	号		数量	单价	金额	数量	单价	金额	数量	单价	金额
7	1			期初结存							8 000	3.00	24 000
	4	转	01	材料入库	1 000	3.00	3 000				9 000	3.00	27 000
	8	转	02	生产用料				4 000	3.00	12 000	5 000	3.00	15 000
	31			本月合计	1 000		3 000	4 000		12 000	5 000		15 000

表9-6 原材料明细分类账

材料名称：乙材料 金额单位：元

2024年		凭证		摘 要	收 入			发 出			结 存		
月	日	字	号		数量	单价	金额	数量	单价	金额	数量	单价	金额
7	1			期初结存							4 000	2.00	8 000
	4	转	01	材料入库	3 000	2.00	6 000				7 000	2.00	14 000
	8	转	02	生产用料				2 000	2.00	4 000	5 000	2.00	10 000
	31			本月合计	3 000		6 000	2 000		4 000	5 000		10 000

表9-7　**制造费用明细分类账**　单位：元

2024年		凭证		摘　要	借　方				贷　方	余　额
月	日	字	号		职工薪酬	折旧费	修理费	合计		
7	17	银付	03	支付办公费			3 160	3 160		
	31	转	05	分配工资费用	6 000			6 000		
	31	转	06	计提社保费	840			840		
	31	转	07	计提折旧费		6 000		6 000		16 000
	31	转	08	结转制造费用					16 000	0
	31			本月合计	6 840	6 000	3 160	16 000	16 000	0

表9-8　**生产成本明细分类账**

产品名称：A产品　单位：元

2024年		凭证		摘　要	直接材料	直接人工	制造费用	合　计	贷　方	余　额
月	日	字	号							
7	8	转	02	生产领用材料	16 000			16 000		
	31	转	05	分配工资费用		20 000		20 000		
	31	转	06	计提社保费		2 800		2 800		
	31	转	08	结转制造费用			16 000	16 000		54 800
	31	转	09	结转完工产品成本					54 800	0
	31			本月合计	16 000	22 800	16 000	54 800	54 800	0

4.根据收付款凭证、转账凭证逐笔登记总分类账，见表9-9至表9-30。

表9-9　**库存现金总分类账**　单位：元

2024年		凭证		摘　要	借　方	贷　方	借或贷	余　额
月	日	字	号					
7	1			期初余额			借	2 000
	26	现收	01	报销差旅费	500		借	2 500
	30	银付	04	提取现金	30 000		借	32 500
	31	现付	01	发放工资		30 000	借	2 500

表9-10　**银行存款总分类账**　单位：元

2024年		凭证		摘　要	借　方	贷　方	借或贷	余　额
月	日	字	号					
7	1			期初余额			借	55 000
	2	银付	01	购材料		10 170	借	44 830
	7	银收	01	收回前欠货款	6 500		借	51 330
	13	银付	02	支付广告费		4 000	借	47 330
	17	银付	03	支付办公费		3 160	借	44 170
	30	银付	04	提取现金		30 000	借	14 170

表9-11 原材料总分类账 单位：元

2024年		凭证		摘要	借方	贷方	借或贷	余额
月	日	字	号					
7	1			期初余额			借	32 000
	4	转	01	材料入库	9 000		借	41 000
	8	转	02	生产领用		16 000	借	25 000

表9-12 生产成本总分类账 单位：元

2024年		凭证		摘要	借方	贷方	借或贷	余额
月	日	字	号					
7	8	转	02	生产领用材料	16 000		借	16 000
	31	转	05	分配工资费用	20 000		借	36 000
	31	转	06	计提社保费	2 800		借	38 800
	31	转	08	结转制造费用	16 000		借	54 800
	31	转	09	结转完工产品成本		54 800	平	0

表9-13 制造费用总分类账 单位：元

2024年		凭证		摘要	借方	贷方	借或贷	余额
月	日	字	号					
7	17	银付	03	支付办公费	3 160		借	3 160
	31	转	05	分配工资费用	6 000		借	9 160
	31	转	06	计提社保费	840		借	10 000
	31	转	07	计提折旧费	6 000		借	16 000
	31	转	08	结转制造费用		16 000	平	0

表9-14 应收账款总分类账 单位：元

2024年		凭证		摘要	借方	贷方	借或贷	余额
月	日	字	号					
7	1			期初余额			借	8 500
	7	银收	01	收回前欠货款		6 500	借	2 000

表9-15 其他应收款总分类账 单位：元

2024年		凭证		摘要	借方	贷方	借或贷	余额
月	日	字	号					
7	1			期初余额			借	4 700
	26	现收	01	报销差旅费		500	借	4 200
	26	转	04	报销差旅费		4 200	平	0

表9-16 库存商品总分类账 单位：元

2024年		凭证		摘要	借方	贷方	借或贷	余额
月	日	字	号					
7	1			期初余额			借	76 000
	31	转	09	结转完工产品成本	54 800		借	130 800
	31	转	10	结转销售成本		76 000	借	54 800

表9-17　固定资产总分类账　单位：元

2024年		凭证		摘　要	借　方	贷　方	借或贷	余　额
月	日	字	号					
7	1			期初余额			借	58 000

表9-18　累计折旧总分类账　单位：元

2024年		凭证		摘　要	借　方	贷　方	借或贷	余　额
月	日	字	号					
7	1			期初余额			贷	12 000
	31	转	07	计提折旧费		8 000	贷	20 000

表9-19　在途物资总分类账　单位：元

2024年		凭证		摘　要	借　方	贷　方	借或贷	余　额
月	日	字	号					
7	2	银付	01	购材料	9 000		借	9 000
	4	转	01	材料入库		9 000	平	0

表9-20　应收票据总分类账　单位：元

2024年		凭证		摘　要	借　方	贷　方	借或贷	余　额
月	日	字	号					
7	24	转	03	销售产品	180 800		借	180 800

表9-21　短期借款总分类账　单位：元

2024年		凭证		摘　要	借　方	贷　方	借或贷	余　额
月	日	字	号					
7	1			期初余额			贷	56 000

表9-22　应付账款总分类账　单位：元

2024年		凭证		摘　要	借　方	贷　方	借或贷	余　额
月	日	字	号					
7	1			期初余额			贷	34 000

表9-23　应交税费总分类账　单位：元

2024年		凭证		摘　要	借　方	贷　方	借或贷	余　额
月	日	字	号					
7	1			期初余额			贷	8 000
	2	银付	01	购材料	1 170		贷	6 830
	24	转	03	销售产品		20 800	贷	27 630

表9-24　应付职工薪酬总分类账　单位：元

2024年		凭证		摘要	借方	贷方	借或贷	余额
月	日	字	号					
7	1			期初余额			贷	4 200
	31	转	05	分配工资费用		30 000	贷	34 200
	31	现付	01	以现金发工资	30 000		贷	4 200
	31	转	06	计提社保费		4 200	贷	8 400

表9-25　实收资本总分类账　单位：元

2024年		凭证		摘要	借方	贷方	借或贷	余额
月	日	字	号					
7	1			期初余额			贷	100 000

表9-26　本年利润总分类账　单位：元

2024年		凭证		摘要	借方	贷方	借或贷	余额
月	日	字	号					
7	1			期初余额			贷	22 000
	31	转	11	结转收入		160 000	贷	182 000
	31	转	12	结转费用	90 760		贷	91 240

表9-27　主营业务收入总分类账　单位：元

2024年		凭证		摘要	借方	贷方	借或贷	余额
月	日	字	号					
7	24	转	03	销售产品		160 000	贷	160 000
	31	转	11	结转收入	160 000		平	0
	31			本月发生额及余额	160 000	160 000	平	0

表9-28　主营业务成本总分类账　单位：元

2024年		凭证		摘要	借方	贷方	借或贷	余额
月	日	字	号					
7	31	转	10	结转销售成本	76 000		借	76 000
	31	转	12	结转费用		76 000	平	0
	31			本月发生额及余额	76 000	76 000	平	0

表9-29　销售费用总分类账　单位：元

2024年		凭证		摘要	借方	贷方	借或贷	余额
月	日	字	号					
7	13	银付	02	支付广告费	4 000		借	4 000
	31	转	12	结转费用		4 000	平	0
	31			本月发生额及余额	4 000	4 000	平	0

表9-30　管理费用总分类账　单位：元

2024年		凭证		摘要	借方	贷方	借或贷	余额
月	日	字	号					
7	26	转	04	报销差旅费	4 200		借	4 200
	31	转	05	分配工资费用	4 000		借	8 200
	31	转	06	计提社保费	560		借	8 760
	31	转	07	计提折旧费	2 000		借	10 760
	31	转	12	结转费用		10 760	平	0
	31			本月发生额及余额	10 760	10 760	平	0

【小思考9-2】你能总结总分类账和明细分类账的结账区别吗？

5. 月终将总分类账余额与日记账余额、所属明细分类账余额核对相符。

如果有关数字不等，表明账簿登记有错，必须查明原因，加以更正。如表9-11原材料总分类账期末余额为25 000元，等于所属明细分类账（见表9-5、表9-6）甲材料期末余额15 000元与乙材料期末余额10 000元之和；原材料总分类账期初余额及本期借方、贷方发生额均为所属明细分类账之和，说明原材料账簿登记完整、正确。依次逐笔核对其他总分类账与明细分类账。

6. 编制试算平衡表，验证账簿登记的正确性。

在编制会计报表之前，应先编制总分类账户余额试算平衡表，以验证总分类账登记的正确性。试算平衡表的编制见表9-31。

表9-31　总分类账户发生额及余额试算平衡表

2024年7月31日　单位：元

会计科目	期初余额		本期发生额		期末余额	
	借方	贷方	借方	贷方	借方	贷方
库存现金	2 000		30 500	30 000	2 500	
银行存款	55 000		6 500	47 330	14 170	
应收账款	8 500			6 500	2 000	
应收票据			180 800		180 800	
其他应收款	4 700			4 700		
原材料	32 000		9 000	16 000	25 000	
在途物资			9 000	9 000		
库存商品	76 000		54 800	76 000	54 800	
固定资产	58 000				58 000	
累计折旧		12 000		8 000		20 000
短期借款		56 000				56 000
应付账款		34 000				34 000
应交税费		8 000	1 170	20 800		27 630
应付职工薪酬		4 200	30 000	34 200		8 400
实收资本		100 000				100 000
本年利润		22 000	90 760	160 000		91 240
生产成本			54 800	54 800		
制造费用			16 000	16 000		
销售费用			4 000	4 000		
主营业务成本			76 000	76 000		
管理费用			10 760	10 760		
主营业务收入			160 000	160 000		
合　计	236 200	236 200	734 090	734 090	337 270	337 270

7.根据审核无误的总分类账和明细分类账的记录编制有关会计报表（见表9-32和表9-33）。

表9-32　　资产负债表　　会企01表

编制单位：金典公司　　2024年7月31日　　单位：元

资　产	期末余额	上年年末余额	负债及所有者权益（或股东权益）	期末余额	上年年末余额
流动资产：		略	流动负债：		略
货币资金	16 670		短期借款	56 000	
交易性金融资产			交易性金融负债		
衍生金融资产			衍生金融负债		
应收票据	180 800		应付票据		
应收账款	2 000		应付账款	34 000	
预付款项			预收款项		
其他应收款			合同负债		
存货	79 800		应付职工薪酬	8 400	
合同资产			应交税费	27 630	
持有待售资产			其他应付款		
一年内到期的非流动资产			持有待售负债		
其他流动资产			一年内到期的非流动负债		
流动资产合计	279 270		其他流动负债		
非流动资产：			流动负债合计	126 030	
债权投资			非流动负债：		
其他债权投资			长期借款		
长期应收款			应付债券		
长期股权投资			长期应付款		
其他权益工具投资			预计负债		
其他非流动金融资产			递延收益		
投资性房地产			递延所得税负债		
固定资产	38 000		其他非流动负债		
在建工程			非流动负债合计		
生产性生物资产			负债合计	126 030	
油气资产			所有者权益（或股东权益）：		
无形资产			实收资本（或股本）	100 000	
开发支出			其他权益工具		
商誉			其中：优先股		
长期待摊费用			永续债		
递延所得税资产			资本公积		
其他非流动资产			减：库存股		
非流动资产合计	38 000		其他综合收益		
			盈余公积		
			未分配利润	91 240	
			所有者权益（或股东权益）合计	191 240	
资产总计	317 270		负债及所有者权益（或股东权益）总计	317 270	

表 9-33　　利润表　　会企02表

编制单位：金典公司　　2024年7月　　单位：元

项　目	行次	本月数	本年累计数
一、营业收入	略	160 000	略
减：营业成本		76 000	
税金及附加			
销售费用		4 000	
管理费用		10 760	
研发费用			
财务费用			
其中：利息费用			
利息收入			
加：其他收益			
投资收益（损失以“-”号填列）			
其中：对联营企业和合营企业的投资收益			
公允价值变动收益（损失以“-”号填列）			
信用减值损失（损失以“-”号填列）			
资产减值损失（损失以“-”号填列）			
资产处置收益（损失以“-”号填列）			
二、营业利润（亏损以“-”号填列）		69 240	
加：营业外收入			
减：营业外支出			
三、利润总额（亏损总额以“-”号填列）		69 240	
减：所得税费用			
四、净利润（净亏损以“-”号填列）			
（一）持续经营净利润（净亏损以“-”号填列）			
（二）终止经营净利润（净亏损以“-”号填列）			
五、其他综合收益的税后净额			
六、综合收益总额			
七、每股收益：			
（一）基本每股收益			
（二）稀释每股收益			

同步习题与实训

一、判断题

1. 记账凭证账务处理程序是最基本的账务处理程序。（　）
2. 记账凭证账务处理程序的特点是直接根据记账凭证逐笔登记总分类账。（　）
3. 记账凭证账务处理程序的缺点之一是登记总分类账的工作量较大。（　）
4. 记账凭证账务处理程序、汇总记账凭证账务处理程序和科目汇总表账务处理程序的

一般步骤中都包括根据记账凭证登记总分类账。（　）

5.记账凭证账务处理程序适用于规模较小、经济业务较少的单位。（　）

二、单项选择题

1.在记账凭证账务处理程序下，不能作为登记明细分类账依据的是（　）。

A.原始凭证　B.汇总原始凭证　C.记账凭证　D.记账凭证汇总表

2.记账凭证账务处理程序是指对发生的经济业务事项，先根据原始凭证或汇总原始凭证填制记账凭证，再直接根据（　）逐笔登记总分类账的一种账务处理程序。

A.原始凭证　B.原始凭证汇总表

C.记账凭证　D.会计凭证

3.规模较小、经济业务较少的单位适合采用（　）。

A.记账凭证账务处理程序　B.汇总记账凭证账务处理程序

C.多栏式日记账账务处理程序　D.科目汇总表账务处理程序

4.记账凭证账务处理程序的主要缺点是（　）。

A.登记总分类账的工作量较大

B.不利于会计分工

C.不能反映各科目之间的对应关系

D.总分类账不能详细地反映经济业务的发生情况

5.下列关于记账凭证账务处理程序的表述中，不正确的是（　）。

A.适用于规模较大、经济业务较多的单位

B.登记总分类账的工作量较大

C.根据记账凭证逐笔登记总分类账，是最基本的账务处理程序

D.简单明了，易于理解，总分类账可以较详细地反映经济业务的发生情况

6.下列各项中，属于记账凭证账务处理程序的是（　）。

A.根据记账凭证编制资产负债表　B.根据原始凭证编制汇总原始凭证

C.根据记账凭证编制科目汇总表　D.根据记账凭证编制汇总记账凭证

三、多项选择题

1.下列各项中，属于企业填制记账凭证依据的有（　）。

A.汇总记账凭证　B.科目汇总表

C.原始凭证　D.汇总原始凭证

2.以下属于记账凭证账务处理程序优点的有（　）。

A.简单明了，易于理解

B.总分类账可较详细地反映经济业务的发生情况

C.便于进行会计科目的试算平衡

D.减少了登记总分类账的工作量

3.总分类账登记的依据可以是（　）。

A.记账凭证　B.记账凭证汇总表

C.汇总记账凭证　D.原始凭证

4.下列各项中，应在记账凭证账务处理程序下设置的有（　）。

A.收款凭证、付款凭证和转账凭证　B.科目汇总表或汇总记账凭证

C.库存现金日记账和银行存款日记账　　D.总分类账和若干明细分类账

5.登记明细分类账的依据可能有（　　）。

A.原始凭证　　B.汇总原始凭证　　C.记账凭证　　D.汇总记账凭证

任务三　应用科目汇总表账务处理程序

一、科目汇总表账务处理程序的基本内容

科目汇总表账务处理程序是定期根据记账凭证编制科目汇总表，然后根据科目汇总表登记总分类账的一种账务处理形式。

科目汇总表账务处理程序，对凭证和账簿的要求及记账程序与记账凭证账务处理程序基本相同。

科目汇总表的编制方法是：定期将所编制的全部记账凭证按相同科目归类，汇总每一会计科目的本期借方发生额和贷方发生额，填写在科目汇总表的相关栏内，然后计算出全部科目的借方发生额合计数与贷方发生额合计数，进行试算平衡。

【小思考9-3】科目汇总表是如何编号的？

应该注意的是：编制科目汇总表间隔的时间不宜过长，以便及时了解资金运动状况；科目汇总表中的科目应按总分类账中科目的顺序排列，以便正确地登记账簿。

二、科目汇总表账务处理程序的基本步骤

科目汇总表账务处理程序如图9-2所示。

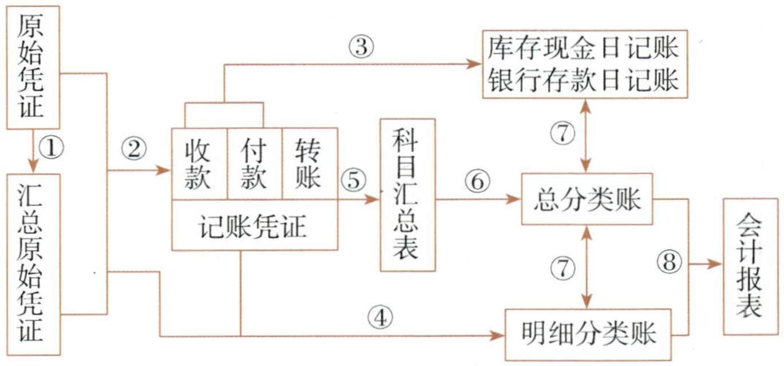

图9-2　科目汇总表账务处理程序

微课9-3

科目汇总表账务处理程序

从图9-2可见，科目汇总表账务处理程序的基本步骤如下：

（1）根据原始凭证编制汇总原始凭证；

（2）根据原始凭证或汇总原始凭证填制记账凭证（收款凭证、付款凭证和转账凭证或通用记账凭证）；

（3）根据收款凭证、付款凭证或通用记账凭证，登记库存现金日记账和银行存款日记账；

（4）根据原始凭证、汇总原始凭证和记账凭证登记明细分类账；

（5）根据记账凭证定期编制科目汇总表；

（6）根据科目汇总表登记总分类账；

（7）期末，将库存现金日记账、银行存款日记账和明细分类账的余额分别同有关总分类账的余额核对相符；

（8）期末，根据总分类账和明细分类账的记录编制会计报表。

三、科目汇总表账务处理程序的优缺点和适用范围

科目汇总表账务处理程序的优点是：可以简化登记总分类账的工作，而且，通过编制科目汇总表，定期对经济业务进行分类汇总整理，能够起到试算平衡的作用，有利于提高记账工作的准确性，从而保证会计核算工作的质量。其缺点是：科目汇总表反映不出科目之间的对应关系，不便于了解经济业务的内容，也不便于分析和查对账目。

科目汇总表账务处理程序主要适用于规模较大、经济业务较多的企事业单位。

四、应用科目汇总表账务处理程序

【做中学9-2】A公司属于增值税一般纳税人，适用的增值税税率为13%，所得税税率为25%。原材料采用实际成本核算。2024年12月1日，有关账户期初余额见表9-34。

12月初原材料明细分类账如下：

原材料——甲材料8 300千克，成本129 480元；

原材料——乙材料18 500千克，成本192 400元。

1.A公司本月发生的经济业务如下：

（1）2日，用银行存款购入甲材料2 000千克，单价14元；乙材料5 000千克，单价9元。增值税税率为13%。

（2）3日，按合同约定，用银行存款6 000元预付周转材料货款。

（3）4日，公出人员出差归来报销差旅费1 420元，余款退回（原借款1 500元）。

（4）5日，购入一台需要安装的设备，价款116 000元、增值税15 080元，包装费、运杂费等4 000元，款项通过银行支付，设备投入安装。

（5）7日，用银行存款7 000元支付本月购入的甲、乙材料的外地运杂费，按材料的重量比例分配。材料已验收入库。

（6）8日，开出现金支票从银行提取现金85 000元，直接发放工资。

（7）12日，用现金380元购买行政管理部门办公用品。

（8）16日，职工报销市内交通费313元，付给现金。

（9）19日，赊销产品，发票注明的价款为280 000元，增值税销项税额为36 400元，款项未收到。另外用银行存款2 400元为购买单位垫付运杂费。

（10）20日，本月购入的设备在安装过程中发生的安装费如下：消耗甲材料270千克，实际成本4 200元，应付本企业安装工人工资5 800元。设备安装完工交付使用，结转成本。

（11）21日，仓库汇总发出材料，用途如下：生产产品耗用甲材料实际成本12 000元，乙材料实际成本18 000元；车间一般耗用甲材料实际成本2 000元，乙材料实际成本6 000元；行政管理部门耗用乙材料实际成本4 000元。

表9-34　　**总分类账户期初余额**　　单位：元

账户名称	借　方	贷　方
库存现金	1 200	
银行存款	487 000	
原材料	321 880	
其他应收款	2 000	
库存商品	356 120	
生产成本	124 500	
固定资产	726 800	
固定资产减值准备		6 000
待处理财产损溢		4 000
应收账款	136 450	
坏账准备		800
预付账款	19 000	
累计折旧		74 450
短期借款		300 000
应付账款		146 000
其他应付款		4 000
应付利息		3 200
应交税费		18 500
预收账款		20 000
盈余公积		48 000
实收资本		1 000 000
资本公积		80 000
利润分配		50 000
本年利润		420 000
合　计	2 174 950	2 174 950

（12）24日，提取本月固定资产折旧，其中车间设备折旧额为4 500元，行政管理部门设备折旧额为2 000元。

（13）25日，分配本月职工工资，其中生产工人的工资50 000元，车间管理人员的工资18 000元，行政管理人员的工资11 200元。

（14）26日，按工资额的14%提取职工社保费（工程人员的工资除外）。

（15）28日，假如企业以前取得的借款的年利率为6%，计提应由本月负担的银行短期借款的利息。

（16）29日，假如本企业销售的产品为应税消费品，其消费税税率为5%，城市维护建设税税率为7%，教育费附加征收率为3%（假如以前月份的增值税已全部抵扣完毕）。

（17）30日，银行通知本月的水电费5 836元，其中车间的水电费3 000元，行政管理部门的水电费2 836元。

（18）30日，将本月发生的制造费用转入产品生产成本。

（19）30日，本月生产的产品完工110 000元，已验收入库，结转其实际成本（假如产品按实际成本核算）。

（20）30日，计提固定资产减值准备20 000元。

（21）30日，结转本月已销产品成本100 000元。

（22）30日，盘盈材料4 000元，经批准冲减管理费用。

（23）30日，应付某单位的货款30 000元，已确证无法偿还，予以处理。

（24）30日，提取本月的坏账准备200元。

（25）31日，将本月发生的各项收入和支出转入“本年利润”账户。

（26）31日，按照25%的税率计算所得税费用并予以结转。

（27）31日，按照全年净利润的10%提取盈余公积。

（28）31日，董事会决定分配股东利润280 000元。

（29）31日，年末结转本年利润。

2.A公司科目汇总表账务处理程序。

（1）根据本月发生的经济业务编制的会计分录（代替记账凭证），见表9-35。

表9-35 会计分录表 单位：元

2024年		凭证号数	摘要	会计科目	借方金额	贷方金额
月	日					
12	2	01	购入材料	在途物资	73 000	
				应交税费——应交增值税（进项税额）	9 490	
				银行存款		82 490
	3	02	预付周转材料款	预付账款	6 000	
				银行存款		6 000
	4	03	报销差旅费	管理费用	1 420	
				库存现金	80	
				其他应收款		1 500
	5	04	购入需安装设备	在建工程	120 000	
				应交税费——应交增值税（进项税额）	15 080	
				银行存款		135 080
	7	$05\frac{1}{2}$	支付运杂费	在途物资	7 000	
				银行存款		7 000
	7	$05\frac{2}{2}$	结转入库材料成本	原材料——甲材料	30 000	
				——乙材料	50 000	
				在途物资		80 000
	8	$06\frac{1}{2}$	提取现金	库存现金	85 000	
				银行存款		85 000
	8	$06\frac{2}{2}$	发放工资	应付职工薪酬	85 000	
				库存现金		85 000
	12	07	以现金购买办公用品	管理费用	380	
				库存现金		380
	16	08	报销交通费	管理费用	313	
				库存现金		313

续表

2024年		凭证号数	摘　要	会计科目	借方金额	贷方金额
月	日					
12	19	$09\frac{1}{2}$	赊销产品	应收账款 主营业务收入 应交税费——应交增值税（销项税额）	316 400	 280 000 36 400
	19	$09\frac{2}{2}$	代垫运杂费	应收账款 银行存款	2 400	 2 400
	20	$10\frac{1}{2}$	发生安装费	在建工程 原材料——甲材料 应付职工薪酬	10 000	 4 200 5 800
	20	$10\frac{2}{2}$	结转安装设备成本	固定资产 在建工程	130 000	 130 000
	21	11	汇总本月领料	生产成本 制造费用 管理费用 原材料——甲材料 ——乙材料	30 000 8 000 4 000	 14 000 28 000
	24	12	提取折旧费	制造费用 管理费用 累计折旧	4 500 2 000	 6 500
	25	13	分配工资费用	生产成本 制造费用 管理费用 应付职工薪酬	50 000 18 000 11 200	 79 200
	26	14	提取社保费	生产成本 制造费用 管理费用 应付职工薪酬	7 000 2 520 1 568	 11 088
	28	15	预提利息	财务费用 应付利息	1 500	 1 500
	29	16	计算销售税金	税金及附加 应交税费	16 583	 16 583
	30	17	支付水电费	制造费用 管理费用 银行存款	3 000 2 836	 5 836
	30	18	结转制造费用	生产成本 制造费用	36 020	 36 020
	30	19	结转完工产品成本	库存商品 生产成本	110 000	 110 000
	30	20	计提固定资产减值准备	资产减值损失 固定资产减值准备	20 000	 20 000

续表

2024年		凭证号数	摘要	会计科目	借方金额	贷方金额
月	日					
12	30	21	结转已销产品成本	主营业务成本	100 000	
				库存商品		100 000
	30	22	处理盘盈材料	待处理财产损溢	4 000	
				管理费用	–4 000	
	30	23	结转无法偿还的货款	应付账款	30 000	
				营业外收入		30 000
	30	24	提取坏账准备	信用减值损失	200	
				坏账准备		200
	31	$25\frac{1}{2}$	结转收入	主营业务收入	280 000	
				营业外收入	30 000	
				本年利润		310 000
	31	$25\frac{2}{2}$	结转费用	本年利润	158 000	
				主营业务成本		100 000
				税金及附加		16 583
				管理费用		19 717
				财务费用		1 500
				信用减值损失		200
				资产减值损失		20 000
	31	$26\frac{1}{2}$	计算所得税费用	所得税费用	143 000	
				应交税费——应交所得税		143 000
	31	$26\frac{2}{2}$	结转所得税费用	本年利润	143 000	
				所得税费用		143 000
	31	27	提取盈余公积	利润分配	42 900	
				盈余公积		42 900
	31	28	分配利润	利润分配	280 000	
				应付股利		280 000
	31	29	结转净利润	本年利润	429 000	
				利润分配		429 000

（2）根据有关库存现金、银行存款的收付业务凭证登记库存现金日记账、银行存款日记账，见表9-36、表9-37。

表9-36 库存现金日记账

单位：元

2024年		凭证		摘要	对方科目	收入	支出	结余
月	日	字	号					
12	1			期初余额				1 200
	4	记	03	报销差旅费	其他应收款	80		1 280
	8	记	06	提取现金	银行存款	85 000		86 280
	8	记	06	发放工资	应付职工薪酬		85 000	1 280
	12	记	07	购办公用品	管理费用		380	900
	16	记	08	报销交通费	管理费用		313	587
	31			本期发生额及余额		85 080	85 693	587

表9-37　**银行存款日记账**　单位：元

2024年		凭　证		摘要	对方科目	收　入	支　出	结　余
月	日	字	号					
12	1			期初余额				487 000
	2	记	01	购入材料	在途物资等		82 490	404 510
	3	记	02	预付周转材料款	预付账款		6 000	398 510
	5	记	04	购入设备	在建工程等		135 080	263 430
	7	记	05	支付材料运杂费	在途物资		7 000	256 430
	8	记	06	提取现金	库存现金		85 000	171 430
	19	记	09	代垫运杂费	应收账款		2 400	169 030
	30	记	17	支付水电费	制造费用等		5 836	163 194
	31			本月发生额及余额			323 806	163 194

（3）根据有关凭证登记明细分类账。以原材料明细分类账为例，其余从略，见表9-38和表9-39。

表9-38　**原材料明细分类账**

材料名称：甲材料　单位：元

2024年		凭证号数	摘　要	收　入		发　出		结　存	
月	日			数量	金额	数量	金额	数量	金额
12	1		期初结存					8 300	129 480
	7	05	材料入库	2 000	30 000			10 300	159 480
	20	10	工程用料			270	4 200	10 030	155 280
	21	11	生产用料			898	14 000	9 132	141 280

表9-39　**原材料明细分类账**

材料名称：乙材料　单位：元

2024年		凭证号数	摘　要	收　入		发　出		结　存	
月	日			数量	金额	数量	金额	数量	金额
12	1		期初结存					18 500	192 400
	7	05	材料入库	5 000	50 000			23 500	242 400
	21	11	生产用料			2 715	28 000	20 785	214 400

（4）根据有关记账凭证（本例以会计分录表代替）编制科目汇总表，见表9-40（为简化会计处理，本例仅编制一张科目汇总表）。

表9-40　　科目汇总表　科汇字12号

会计科目	本期发生额	
	借方	贷方
库存现金	85 080	85 693
银行存款		323 806
在途物资	80 000	80 000
原材料	80 000	46 200
其他应收款		1 500
库存商品	110 000	100 000
生产成本	123 020	110 000
固定资产	130 000	
固定资产减值准备		20 000
应收账款	318 800	
坏账准备		200
累计折旧		6 500
应付账款	30 000	
应付利息		1 500
应交税费	24 570	195 983
盈余公积		42 900
利润分配	322 900	429 000
本年利润	730 000	310 000
预付账款	6 000	
应付职工薪酬	85 000	96 088
在建工程	130 000	130 000
制造费用	36 020	36 020
主营业务收入	280 000	280 000
主营业务成本	100 000	100 000
财务费用	1 500	1 500
税金及附加	16 583	16 583
待处理财产损溢	4 000	
营业外收入	30 000	30 000
所得税费用	143 000	143 000
应付股利		280 000
管理费用	19 717	19 717
信用减值损失	200	200
资产减值损失	20 000	20 000
合　计	2 906 390	2 906 390

（5）根据科目汇总表登记总分类账，见表9-41至表9-77。

表9-41　　库存现金总分类账　　单位：元

2024年		凭证		摘要	借方	贷方	借或贷	余额
月	日	字	号					
12	1			期初余额			借	1 200
	31	科汇	12	本期发生额	85 080	85 693	借	587

表9-42　　银行存款总分类账　　单位：元

2024年		凭证		摘要	借方	贷方	借或贷	余额
月	日	字	号					
12	1			期初余额			借	487 000
	31	科汇	12	本期发生额		323 806	借	163 194

表9-43　　原材料总分类账　　单位：元

2024年		凭证		摘要	借方	贷方	借或贷	余额
月	日	字	号					
12	1			期初余额			借	321 880
	31	科汇	12	本期发生额	80 000	46 200	借	355 680

表9-44　　其他应收款总分类账　　单位：元

2024年		凭证		摘要	借方	贷方	借或贷	余额
月	日	字	号					
12	1			期初余额			借	2 000
	31	科汇	12	本期发生额		1 500	借	500

表9-45　　库存商品总分类账　　单位：元

2024年		凭证		摘要	借方	贷方	借或贷	余额
月	日	字	号					
12	1			期初余额			借	356 120
	31	科汇	12	本期发生额	110 000	100 000	借	366 120

表9-46　　生产成本总分类账　　单位：元

2024年		凭证		摘要	借方	贷方	借或贷	余额
月	日	字	号					
12	1			期初余额			借	124 500
	31	科汇	12	本期发生额	123 020	110 000	借	137 520

表9-47　　固定资产总分类账　　单位：元

2024年		凭证		摘要	借方	贷方	借或贷	余额
月	日	字	号					
12	1			期初余额			借	726 800
	31	科汇	12	本期发生额	130 000		借	856 800

表9-48 固定资产减值准备总分类账 单位：元

2024年		凭证		摘要	借方	贷方	借或贷	余额
月	日	字	号					
12	1			期初余额			贷	6 000
	31	科汇	12	本期发生额		20 000	贷	26 000

表9-49 应收账款总分类账 单位：元

2024年		凭证		摘要	借方	贷方	借或贷	余额
月	日	字	号					
12	1			期初余额			借	136 450
	31	科汇	12	本期发生额	318 800		借	455 250

表9-50 坏账准备总分类账 单位：元

2024年		凭证		摘要	借方	贷方	借或贷	余额
月	日	字	号					
12	1			期初余额			贷	800
	31	科汇	12	本期发生额		200	贷	1 000

表9-51 预付账款总分类账 单位：元

2024年		凭证		摘要	借方	贷方	借或贷	余额
月	日	字	号					
12	1			期初余额			借	19 000
	31	科汇	12	本期发生额	6 000		借	25 000

表9-52 累计折旧总分类账 单位：元

2024年		凭证		摘要	借方	贷方	借或贷	余额
月	日	字	号					
12	1			期初余额			贷	74 450
	31	科汇	12	本期发生额		6 500	贷	80 950

表9-53 短期借款总分类账 单位：元

2024年		凭证		摘要	借方	贷方	借或贷	余额
月	日	字	号					
12	1			期初余额			贷	300 000

表9-54 应付账款总分类账 单位：元

2024年		凭证		摘要	借方	贷方	借或贷	余额
月	日	字	号					
12	1			期初余额			贷	146 000
	31	科汇	12	本期发生额	30 000		贷	116 000

表9-55　**应付利息总分类账**　单位：元

2024年		凭证		摘要	借方	贷方	借或贷	余额
月	日	字	号					
12	1			期初余额			贷	3 200
	31	科汇	12	本期发生额		1 500	贷	4 700

表9-56　**应交税费总分类账**　单位：元

2024年		凭证		摘要	借方	贷方	借或贷	余额
月	日	字	号					
12	1			期初余额			贷	18 500
	31	科汇	12	本期发生额	24 570	195 983	贷	189 913

表9-57　**预收账款总分类账**　单位：元

2024年		凭证		摘要	借方	贷方	借或贷	余额
月	日	字	号					
12	1			期初余额			贷	20 000

表9-58　**盈余公积总分类账**　单位：元

2024年		凭证		摘要	借方	贷方	借或贷	余额
月	日	字	号					
12	1			期初余额			贷	48 000
	31	科汇	12	本期发生额		42 900	贷	90 900

表9-59　**资本公积总分类账**　单位：元

2024年		凭证		摘要	借方	贷方	借或贷	余额
月	日	字	号					
12	1			期初余额			贷	80 000

表9-60　**利润分配总分类账**　单位：元

2024年		凭证		摘要	借方	贷方	借或贷	余额
月	日	字	号					
12	1			期初余额			贷	50 000
	31	科汇	12	本期发生额	322 900	429 000	贷	156 100

表9-61　**本年利润总分类账**　单位：元

2024年		凭证		摘要	借方	贷方	借或贷	余额
月	日	字	号					
12	1			期初余额			贷	420 000
	31	科汇	12	本期发生额	730 000	310 000	平	0

表9-62 在途物资总分类账 单位：元

2024年		凭证		摘要	借方	贷方	借或贷	余额
月	日	字	号					
12	31	科汇	12	本期发生额	80 000	80 000	平	0

表9-63 资产减值损失总分类账 单位：元

2024年		凭证		摘要	借方	贷方	借或贷	余额
月	日	字	号					
12	31	科汇	12	本期发生额	20 000	20 000	平	0

表9-64 应付职工薪酬总分类账 单位：元

2024年		凭证		摘要	借方	贷方	借或贷	余额
月	日	字	号					
12	31	科汇	12	本期发生额	85 000	96 088	贷	11 088

表9-65 在建工程总分类账 单位：元

2024年		凭证		摘要	借方	贷方	借或贷	余额
月	日	字	号					
12	31	科汇	12	本期发生额	130 000	130 000	平	0

表9-66 制造费用总分类账 单位：元

2024年		凭证		摘要	借方	贷方	借或贷	余额
月	日	字	号					
12	31	科汇	12	本期发生额	36 020	36 020	平	0

表9-67 主营业务收入总分类账 单位：元

2024年		凭证		摘要	借方	贷方	借或贷	余额
月	日	字	号					
12	31	科汇	12	本期发生额	280 000	280 000	平	0

表9-68 主营业务成本总分类账 单位：元

2024年		凭证		摘要	借方	贷方	借或贷	余额
月	日	字	号					
12	31	科汇	12	本期发生额	100 000	100 000	平	0

表9-69 财务费用总分类账 单位：元

2024年		凭证		摘要	借方	贷方	借或贷	余额
月	日	字	号					
12	31	科汇	12	本期发生额	1 500	1 500	平	0

表9-70 税金及附加总分类账 单位：元

2024年		凭证		摘要	借方	贷方	借或贷	余额
月	日	字	号					
12	31	科汇	12	本期发生额	16 583	16 583	平	0

表9-71 营业外收入总分类账 单位：元

2024年		凭证		摘要	借方	贷方	借或贷	余额
月	日	字	号					
12	31	科汇	12	本期发生额	30 000	30 000	平	0

表9-72 待处理财产损溢总分类账 单位：元

2024年		凭证		摘要	借方	贷方	借或贷	余额
月	日	字	号					
12	1			期初余额			贷	4 000
	31	科汇	12	本期发生额	4 000		平	0

表9-73 其他应付款总分类账 单位：元

2024年		凭证		摘要	借方	贷方	借或贷	余额
月	日	字	号					
12	1			期初余额			贷	4 000

表9-74 所得税费用总分类账 单位：元

2024年		凭证		摘要	借方	贷方	借或贷	余额
月	日	字	号					
12	31	科汇	12	本期发生额	143 000	143 000	平	0

表9-75 应付股利总分类账 单位：元

2024年		凭证		摘要	借方	贷方	借或贷	余额
月	日	字	号					
12	31	科汇	12	本期发生额		280 000	贷	280 000

表9-76 实收资本总分类账 单位：元

2024年		凭证		摘要	借方	贷方	借或贷	余额
月	日	字	号					
12	1			期初余额			贷	1 000 000

表9-77 管理费用总分类账 单位：元

2024年		凭证		摘要	借方	贷方	借或贷	余额
月	日	字	号					
12	31	科汇	12	本期发生额	19 717	19 717	平	0

（6）根据总分类账的记录，编制总分类账户发生额及余额试算平衡表，见表9-78。

表9-78 总分类账户发生额及余额试算平衡表 单位：元

会计科目	期初余额		本期发生额		期末余额	
	借方	贷方	借方	贷方	借方	贷方
库存现金	1 200		85 080	85 693	587	
银行存款	487 000			323 806	163 194	
在途物资			80 000	80 000		
原材料	321 880		80 000	46 200	355 680	
其他应收款	2 000			1 500	500	
库存商品	356 120		110 000	100 000	366 120	
生产成本	124 500		123 020	110 000	137 520	
固定资产	726 800		130 000		856 800	
固定资产减值准备		6 000		20 000		26 000
应收账款	136 450		318 800		455 250	
坏账准备		800		200		1 000
预付账款	19 000		6 000		25 000	
累计折旧		74 450		6 500		80 950
短期借款		300 000				300 000
应付账款		146 000	30 000			116 000
应交税费		18 500	24 570	195 983		189 913
预收账款		20 000				20 000

续表

会计科目	期初余额		本期发生额		期末余额	
	借方	贷方	借方	贷方	借方	贷方
盈余公积		48 000		42 900		90 900
资本公积		80 000				80 000
利润分配		50 000	322 900	429 000		156 100
本年利润		420 000	730 000	310 000		
应付职工薪酬			85 000	96 088		11 088
在建工程			130 000	130 000		
制造费用			36 020	36 020		
主营业务收入			280 000	280 000		
主营业务成本			100 000	100 000		
财务费用			1 500	1 500		
税金及附加			16 583	16 583		
信用减值损失			200	200		
资产减值损失			20 000	20 000		
其他应付款		4 000				4 000
待处理财产损溢		4 000	4 000			
营业外收入			30 000	30 000		
所得税费用			143 000	143 000		
应付股利				280 000		280 000
应付利息		3 200		1 500		4 700
实收资本		1 000 000				1 000 000
管理费用			19 717	19 717		
合　计	2 174 950	2 174 950	2 906 390	2 906 390	2 360 651	2 360651

【小思考9-4】为什么要编制总分类账户发生额及余额试算平衡表？

（7）将各种日记账的余额和明细分类账的余额，分别同有关总分类账的余额核对相符。

（8）根据总分类账及有关明细分类账资料编制2024年12月的资产负债表和利润表，见表9-79和表9-80。

表 9-79 资产负债表 会企 01 表

编制单位：A 公司 2024 年 12 月 31 日 单位：元

资 产	期末余额	上年年末余额	负债及所有者权益（或股东权益）	期末余额	上年年末余额
流动资产：		略	流动负债：		略
货币资金	163 781		短期借款	300 000	
交易性金融资产			交易性金融负债		
衍生金融资产			衍生金融负债		
应收账款	454 250		应付账款	116 000	
预付款项	25 000		预收款项	20 000	
其他应收款	500		应付职工薪酬	11 088	
存货	859 320		应交税费	189 913	
持有待售资产			其他应付款	288 700	
一年内到期的非流动资产			持有待售负债		
其他流动资产			一年内到期的非流动负债		
流动资产合计	1 502 851		其他流动负债		
非流动资产：			流动负债合计	925 701	
债权投资			非流动负债：		
其他债权投资			长期借款		
长期应收款			应付债券		
长期股权投资			其中：优先股		
投资性房地产			永续债		
固定资产	749 850		长期应付款		
在建工程			预计负债		
生产性生物资产			递延收益		
油气资产			递延所得税负债		
无形资产			其他非流动负债		
开发支出			非流动负债合计		
商誉			负债合计	925 701	
长期待摊费用			所有者权益（或股东权益）：		
递延所得税资产			实收资本（或股本）	1 000 000	
其他流动资产			其他权益工具		
非流动资产合计	749 850		其中：优先股		
			永续债		
			资本公积	80 000	
			减：库存股		
			其他综合收益		
			盈余公积	90 900	
			未分配利润	156 100	
			所有者权益（或股东权益）合计	1 327 000	
资产总计	2 252 701		负债及所有者权益（或股东权益）总计	2 252 701	

表 9-80　利润表　会企 02 表

编制单位：A 公司　2024 年 12 月　单位：元

项　目	本月数	本年累计数
一、营业收入	280 000	略
减：营业成本	100 000	
税金及附加	16 583	
销售费用		
管理费用	19 717	
研发费用		
财务费用	1 500	
其中：利息费用	1 500	
利息收入		
加：其他收益		
投资收益（损失以“-”号填列）		
其中：对联营企业和合营企业的投资收益		
公允价值变动收益（损失以“-”号填列）		
信用减值损失（损失以“-”号填列）		
资产减值损失（损失以“-”号填列）	-200	
资产处置收益（损失以“-”号填列）	-20 000	
二、营业利润（亏损以“-”号填列）	122 000	
加：营业外收入	30 000	
减：营业外支出		
三、利润总额（亏损总额以“-”号填列）	152 000	
减：所得税费用	143 000	
四、净利润（净亏损以“-”号填列）	9 000	
（一）持续经营净利润（净亏损以“-”号填列）		
（二）终止经营净利润（净亏损以“-”号填列）		
五、其他综合收益的税后净额		
六、综合收益总额		
七、每股收益：		
（一）基本每股收益		
（二）稀释每股收益		

同步习题与实训

一、判断题

1.科目汇总表账务处理程序是会计核算中最基本的账务处理程序，其他账务处理程序都是在这种账务处理程序的基础上发展、演变形成的。（ ）

2.科目汇总表账务处理程序的优点之一是编制汇总记账凭证的程序比较简单。（ ）

3.科目汇总表账务处理程序的缺点之一是，科目汇总表不能反映各科目之间的对应关系。（ ）

4.科目汇总表只反映各个会计科目的本期借方发生额和本期贷方发生额，不反映各个会计科目的对应关系。（ ）

5.科目汇总表不仅可以减少登记总分类账的工作量，还可以起到试算平衡的作用，从而保证总分类账登记的正确性。（ ）

二、单项选择题

1.不能反映各科目之间的对应关系，不便于分析和检查经济业务的来龙去脉，不便于查对账目的账务处理程序是（ ）。

A.记账凭证账务处理程序　　B.汇总记账凭证账务处理程序

C.日记总账账务处理程序　　D.科目汇总表账务处理程序

2.科目汇总表的汇总范围是（ ）。

A.全部科目的借、贷方发生额和余额

B.全部科目的借、贷方余额

C.全部科目的借、贷方发生额

D.汇总收款凭证、汇总付款凭证、汇总转账凭证的合计数

3.以下项目中，属于科目汇总表账务处理程序缺点的是（ ）。

A.不便于理解经济业务的内容　　B.增加了登记总分类账的工作量

C.不便于核对账目　　D.不便于进行试算平衡

4.下列各项中，属于科目汇总表账务处理程序和汇总记账凭证账务处理程序主要相同点的是（ ）。

A.记账凭证汇总的方法相同　　B.登记总账的依据相同

C.都可以做到试算平衡　　D.可以大大减少登记总分类账的工作量

5.在科目汇总表账务处理程序下，一般应采用（ ）记账凭证。

A.一借多贷　　B.多借多贷

C.一借一贷　　D.一贷多借

6.以下关于科目汇总表账务处理程序的描述中，错误的是（ ）。

A.根据科目汇总表登记总分类账

B.不能反映科目之间的对应关系

C.能反映各科目一定时期内的借方发生额和贷方发生额，进行试算平衡

D. 由于科目汇总表的编制程序复杂，所以只适用于规模小、业务少的企业

7. 在科目汇总表账务处理程序下，记账凭证不可以用来（　　）。

A. 登记库存现金日记账　　B. 登记总分类账

C. 登记明细分类账　　D. 编制科目汇总表

8. 科目汇总表的缺点是不能反映（　　）。

A. 借方发生额　　B. 贷方发生额

C. 借方和贷方发生额　　D. 科目之间的对应关系

三、多项选择题

1. 下列关于科目汇总表账务处理程序与汇总记账凭证账务处理程序共同之处的表述中，正确的有（　　）。

A. 都适用于规模较大、经济业务较多的企业

B. 可以减少总分类账登记工作量

C. 可以反映会计科目之间的对应关系

D. 可以进行发生额试算平衡

2. 以下关于科目汇总表账务处理程序的优、缺点与适用范围的表述正确的有（　　）。

A. 将记账凭证通过科目汇总表汇总后登记总分类账，大大减少了登记总账的工作量

B. 通过编制科目汇总表，可以对发生额进行试算平衡，从而及时发现错误，保证记账工作的质量

C. 科目汇总表能反映科目之间的对应关系，有利于根据账簿记录检查和分析交易或事项的来龙去脉，便于查对账目

D. 适用于经济业务多的大、中型企业

3. 在科目汇总表账务处理程序下，月末应将（　　）与总分类账进行核对。

A. 库存现金日记账　　B. 明细分类账

C. 银行存款日记账　　D. 备查账

4. 下列有关科目汇总表账务处理程序的表述中，正确的有（　　）。

A. 减少了登记总分类账的工作量

B. 可以做到试算平衡

C. 不能反映科目之间的对应关系，不便于核对账目

D. 是最简单的账务处理程序

5. 科目汇总表账务处理程序下不需要编制（　　）。

A. 科目汇总表　　B. 汇总收款凭证

C. 汇总付款凭证　　D. 记账凭证

四、实训题

【实训资料】繁阳实业公司2024年12月1日的相关资料如下：

1. 总分类账户期初余额见表9-81。

表9-81 **总分类账户期初余额** 单位：元

会计科目	期初余额	
	借方	贷方
库存现金	9 140	
银行存款	196 200	
应收账款	819 000	
其他应收款	5 000	
原材料	970 000	
生产成本	11 200	
库存商品	900 000	
固定资产	2 650 400	
应付账款		491 400
应付职工薪酬		132 000
应付利息		55 000
应交税费		24 960
其他应付款		
应付票据		
应付股利		
长期借款		1 000 000
实收资本		2 000 000
盈余公积		459 560
本年利润		469 540
利润分配		232 480
累计折旧		696 000
合　计	5 560 940	5 560 940

2.有关明细分类科目期初余额见表9-82。

表9-82　有关明细分类科目期初余额　单位：元

一级科目	明细科目	期初余额	
		借方	贷方
应收账款	三安电子有限责任公司	585 000	
	三联有限责任公司	234 000	
其他应收款	刘伟	5 000	
原材料	甲材料（8 500千克，单价100元）	850 000	
	乙材料（2 400千克，单价50元）	120 000	
生产成本	A产品生产成本——直接材料	5 000	
	A产品生产成本——直接人工	3 000	
	A产品生产成本——制造费用	3 200	
库存商品	A产品（4 500件，单价200元）	900 000	
应付职工薪酬	工资		108 000
	社会保险费		24 000
应付账款	晨光公司		491 400
应付利息	长期借款利息		55 000
应交税费	未交增值税		18 960
	应交消费税		6 000
利润分配	未分配利润		232 480

长期借款为年初借入，3年期，年利率为6%，按年支付利息，到期还本，该利息不符合资本化条件。

3. 有关损益类科目本年累计发生额见表9-83。

表9-83　损益类科目本年累计发生额　单位：元

科目名称	借方发生额	贷方发生额
主营业务收入——A产品		3 400 000
其他业务收入		47 000
营业外收入		
主营业务成本——A产品	1 924 800	
税金及附加	175 200	
其他业务成本	31 000	
管理费用 ——工资 ——社会保险费 ——折旧费 ——房屋租赁费 ——办公费 ——水电费 ——物料消耗 ——保险费	 193 000 27 000 70 000 150 000 5 000 58 000 10 000 56 800	
销售费用 ——工资 ——社会保险费 ——广告费 ——运杂费	 55 000 8 000 79 500 4 800	
财务费用——利息	77 500	

4.2024年12月发生了如下经济业务：

（1）1日，银行转来收款通知，芜湖三联有限责任公司归还前欠货款234 000元收存银行。

（2）3日，行政管理人员王云预借差旅费5 000元，以现金支付。

（3）5日，向上海晨光公司买入甲材料4 000千克，单价100元，价款为400 000元，增值税进项税额为52 000元；乙材料2 000千克，单价50元，价款为100 000元，增值税进项税额为13 000元。购料款以商业汇票支付，材料已验收入库。

（4）6日，销售A产品300件给国立实业公司，货款120 000元，价税合计135 600元，已收到款项存入银行。

（5）7日，以银行存款缴纳增值税18 960元和消费税6 000元。

（6）8日，生产车间领用甲材料2 700千克，其中：用于A产品生产1 200千克，用于B产品生产1 500千克。

（7）9日，管理部门购买办公用品850元，以现金支付。

（8）10日，向芜湖延平商贸有限公司购买甲材料1 000千克，单价100元，价款100 000元，增值税进项税额13 000元，款项尚未支付，材料已验收入库。

（9）12日，销售A产品1 200件给芜湖三安电子有限责任公司，货款480 000元及增值税销项税额62 400元尚未收到。

（10）14日，生产车间领用甲材料1 800千克、乙材料1 000千克，用于生产A产品。

（11）17日，销售部门领用甲材料100千克。

（12）18日，以银行存款发放工资108 000元。

（13）19日，销售A产品100件给三勇建材有限公司，货款40 000元及增值税销项税额5 200元未收到。

（14）20日，接到银行付款通知，支付电费18 100元，其中：生产车间应负担16 540元，行政管理部门应负担1 400元，销售部门应负担160元。

（15）20日，王云报销差旅费5 500元，补付现金500元。

（16）21日，生产车间领用甲材料500千克、乙材料200千克，用于B产品生产，行政管理部门领用甲材料20千克。

（17）22日，以银行存款支付本月产品广告费用5 000元，增值税300元。

（18）23日，销售甲材料100千克，价款12 000元及增值税1 560元已收到，存入银行。

（19）25日，以银行存款支付违章罚款2 000元。

（20）29日，以银行存款支付本年度长期借款利息60 000元。

（21）29日，以银行存款支付电话费1 600元，其中：生产车间电话费1 000元，管理部门电话费600元。

（22）本月应计提固定资产折旧14 000元，其中：生产车间固定资产折旧8 000元，行政管理部门固定资产折旧5 000元，销售机构固定资产折旧1 000元。

（23）汇总本月发生的制造费用，按生产工人的生产工时比例分配。

（24）假定B产品1 100件全部完工，产品已经验收入库；A产品尚未完工。

（25）结转销售成本。

（26）结转各损益类科目发生额到“本年利润”科目。

（27）按25%的税率计算应缴纳的企业所得税。

（28）将所得税费用结转到“本年利润”科目。

（29）将本年实现的利润结转到“利润分配——未分配利润”科目。

（30）按实现的净利润计提10%的法定盈余公积。

（31）将本年已经分配的利润结转到“利润分配——未分配利润”科目。

5.期末其他相关资料如下：

（1）本企业适用的企业所得税税率为25%。

（2）制造费用按A、B产品的生产工时比例进行分配，本月A产品耗用6 000工时，B产品耗用4 000工时。本月生产的A产品尚未完工，B产品全部完工入库。

【实训要求】

（1）根据实训资料开设总分类账、明细分类账，登记期初余额。

（2）根据繁阳实业公司提供的12月份经济业务，编制有关会计分录并填制记账凭证。

（3）根据记账凭证登记明细分类账，编制科目汇总表。

（4）根据科目汇总表登记总分类账。

【实训条件】实训在会计手工实训室进行；记账凭证、库存现金日记账、银行存款日记账、总分类账、三栏式明细账、数量金额式明细账、多栏式明细账。

任务四 应用汇总记账凭证账务处理程序

一、汇总记账凭证账务处理程序的基本内容

汇总记账凭证账务处理程序是根据记账凭证定期编制汇总记账凭证，然后根据汇总记账凭证登记总分类账的一种账务处理程序。

汇总记账凭证账务处理程序，一般要求设置库存现金日记账、银行存款日记账、总分类账和明细分类账。库存现金日记账和银行存款日记账采用三栏式，总分类账可以是三栏式，也可以是多栏式，明细分类账可根据实际情况采用三栏式、数量金额式或多栏式。汇总记账凭证分为汇总收款凭证、汇总付款凭证和汇总转账凭证三种，并分别根据收款、付款、转账三种记账凭证汇总编制。汇总记账凭证要定期编制，间隔时间视单位实际情况而定，一般每隔3～5天或10天汇总编制一张，月末结出合计数，据以登记总分类账。

汇总收款凭证和汇总付款凭证，均应以库存现金、银行存款科目为核心设置。一般来讲，汇总收款凭证，应根据库存现金和银行存款的收款凭证，分别按这两个科目的借方设置，并按这两个科目对应的贷方科目归类汇总。汇总付款凭证则方向相反。

汇总转账凭证，一般按有关科目的贷方分别设置，并按对应的借方科目归类汇总，因此，汇总转账凭证只能是一贷一借或一贷多借。为了简化会计核算，如果在某一会计期间内，某一贷方科目的转账凭证不多，也可以不编制汇总转账凭证，直接根据转账凭证登记总分类账。

二、汇总记账凭证账务处理程序的基本步骤

汇总记账凭证账务处理程序如图9-3所示。

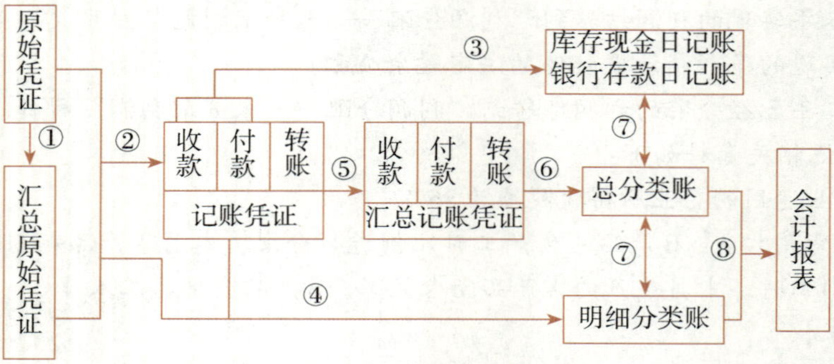

图9-3 汇总记账凭证账务处理程序

由图9-3可见，汇总记账凭证账务处理程序的基本步骤如下：

（1）根据原始凭证编制汇总原始凭证；

（2）根据原始凭证或汇总原始凭证编制收款凭证、付款凭证和转账凭证；

（3）根据收款凭证、付款凭证逐笔登记库存现金日记账和银行存款日记账；

（4）根据原始凭证、汇总原始凭证和记账凭证，登记明细分类账；

（5）根据各种记账凭证编制有关汇总记账凭证；

（6）根据各种汇总记账凭证登记总分类账；

（7）期末，将库存现金日记账、银行存款日记账和明细分类账的余额分别同有关总分类账的余额核对相符；

（8）期末，根据总分类账和明细分类账的记录编制会计报表。

三、汇总记账凭证账务处理程序的优缺点和适用范围

汇总记账凭证账务处理程序减少了登记总分类账的工作量，便于了解科目之间的对应关系。其缺点是：按每一贷方科目编制汇总转账凭证，不利于会计核算的日常分工；而且，当转账凭证较多时，编制汇总转账凭证的工作量较大。

汇总记账凭证账务处理程序适用于规模较大、经济业务较多的单位。

【德技并修】在账务处理程序的不同阶段形成相应的会计资料，提供相应的会计信息，且这些会计信息存在着内在的必然联系。显然，建立科学、严谨的账务处理程序，揭示会计信息之间的内在联系，改善会计核算工作的同时，加强会计内部监督，对于提升会计信息质量具有重要意义。企业选择科学、合理的会计账务处理程序应结合本单位所属行业的特点，考虑自身企业单位组织规模的大小，经济业务性质和繁简程度，同时还要有利于会计工作的分工协作和内部控制。要能够正确、及时和完整地提供本单位的各方面会计信息，在保证会计信息质量的前提下，满足本单位各部门、人员和社会各相关行业的信息需要。在保证会计核算工作质量的前提下，力求简化核算手续，节约人力和物力，降低会计信息成本，提高会计核算的工作效率。

同步习题与实训

一、判断题

1.汇总记账凭证账务处理程序是直接根据记账凭证逐笔登记总分类账的一种账务处理程序。（　　）

2.汇总记账凭证账务处理程序的缺点之一是按每一贷方科目编制汇总转账凭证，不利于会计核算的日常分工。（　　）

3.在汇总记账凭证账务处理程序中，登记总分类账时，应根据汇总付款凭证的合计数，记入“库存现金”或者“银行存款”总分类账户的借方，根据汇总付款凭证各贷方科目的合计数分别记入有关总分类账户的贷方。（　　）

4.在不同的账务处理程序下，财务报表的编制依据不同。（　　）

5.汇总收款凭证是按贷方科目设置，按借方科目归类，定期汇总编制的。（　　）

二、单项选择题

1.汇总记账凭证账务处理程序和科目汇总表账务处理程序的主要不同点是（　　）。

A.登记日记账的依据不同　　B.编制记账凭证的依据不同

C.登记总分类账的依据不同　　D.编制汇总记账凭证的依据不同

2.下列各项中，不属于汇总记账凭证账务处理程序步骤的是（　　）。

A.根据原始凭证编制汇总原始凭证

B.根据各种记账凭证编制有关汇总记账凭证

C.根据各种汇总记账凭证登记总分类账

D.根据各种记账凭证编制科目汇总表

3.汇总收款凭证是按科目的（　　）进行设置的。

A.借方　　B.贷方　　C.借方或贷方　　D.借方和贷方

4.在汇总记账凭证账务处理程序下，登记总分类账的直接依据是（　　）。

A.付款凭证　　B.汇总记账凭证　　C.记账凭证　　D.收款凭证

5.在汇总记账凭证账务处理程序下，汇总转账凭证应当按科目进行设置，设置方向为（　　）。

A.借方　　B.贷方　　C.增加　　D.减少

6.下列各项中，属于汇总记账凭证账务处理程序缺点的是（　　）。

A.当转账凭证较多时，编制汇总转账凭证的工作量较小

B.编制汇总记账凭证的程序比较烦琐

C.总分类账无法清晰地反映科目之间的对应关系

D.登记总分类账的工作量较大

7.下列各项中，属于既能汇总登记总分类账，减少总分类账登记工作量，又能明确反映科目之间的对应关系，便于查账、对账的账务处理程序是（　　）。

A.科目汇总表账务处理程序　　B.汇总记账凭证账务处理程序

C.多栏式日记账账务处理程序　　D.日记总账账务处理程序

8. 汇总记账凭证账务处理程序的特点是根据汇总记账凭证逐笔登记（　　）。

A. 日记账和明细分类账　　B. 总分类账和明细分类账

C. 总分类账　　D. 明细分类账

三、多项选择题

1. 下列关于汇总记账凭证账务处理程序的说法中，正确的有（　　）。

A. 汇总记账凭证分为汇总收款凭证、汇总付款凭证和汇总转账凭证

B. 汇总记账凭证是按每个科目设置，并按设置科目一方的对应科目进行汇总的

C. 汇总记账凭证账务处理程序根据汇总记账凭证登记总分类账

D. 汇总记账凭证账务处理程序适用于规模较大、经济业务较多的单位

2. 以记账凭证为依据，按有关科目的贷方设置，按借方科目归类汇总的有（　　）。

A. 汇总收款凭证　　B. 汇总转账凭证　　C. 汇总付款凭证　　D. 科目汇总表

3. 汇总记账凭证一般分为（　　）。

A. 汇总收款凭证　　B. 汇总付款凭证　　C. 原始凭证汇总表　　D. 汇总转账凭证

4. 下列各项中，不属于汇总记账凭证账务处理程序缺点的有（　　）。

A. 总分类账无法清晰地反映科目之间的对应关系

B. 登记总分类账的工作量较大

C. 编制汇总记账凭证的程序比较烦琐

D. 当转账凭证较多时，编制汇总转账凭证的工作量较大

5. 对于汇总记账凭证账务处理程序，下列说法错误的有（　　）。

A. 登记总分类账的工作量较大

B. 不能体现科目之间的对应关系

C. 明细分类账与总分类账无法核对

D. 当转账凭证较多时，编制汇总转账凭证的工作量较大

参考文献

［1］财政部会计资格评价中心．初级会计实务［M］．北京：中国财政经济出版社，2024.

［2］李占国．基础会计学［M］．北京：高等教育出版社，2024.

［3］常洁．会计基础［M］．北京：中国财政经济出版社，2018.

［4］丁增稳．基础会计学［M］．北京：北京出版社，2023.

［5］朱重生，刘儒．基础会计［M］．重庆：重庆大学出版社，2012.

［6］刘雪清．基础会计［M］．大连：大连出版社，2014.

［7］张珺，丁增稳．企业财务会计［M］．2版．大连：东北财经大学出版社，2023.

附录

基础会计自测试题A

一、单项选择题（每小题1分，共15分）

1.会计的基本职能是（　　）。

A.记录与计量　　B.预测与决策　　C.核算与监督　　D.分析与考核

2.下列账簿中，从外表形式划分属于订本式账簿的是（　　）。

A.库存现金日记账　　B.固定资产明细账

C.应收账款明细账　　D.短期借款明细账

3.反映企业某一特定时期经营成果的会计报表，称为（　　）。

A.资产负债表　　B.利润表　　C.现金流量表　　D.所有者权益变动表

4.企业计提销售人员社会保险费应记入的会计科目为（　　）。

A.“销售费用”　　B.“制造费用”　　C.“财务费用”　　D.“管理费用”

5.清查出纳员保存的库存现金应采用的清查方法是（　　）。

A.实地盘点法　　B.技术推算盘点法　　C.永续盘存制度　　D.实地盘存制

6.“限额领料单”属于（　　）。

A.汇总原始凭证　　B.累计凭证　　C.一次凭证　　D.外来原始凭证

7.在记账凭证因填写发生错误而需要更正时，应采用的更正方法是（　　）。

A.红字更正法　　B.划线更正法　　C.补充登记法　　D.重新填写法

8.一般来说，单位撤销、合并或改变隶属关系时，要进行（　　）。

A.全面清查　　B.局部清查　　C.定期清查　　D.实地盘点

9.在借贷记账法下，账户哪一方记增加，哪一方记减少，取决于（　　）。

A.账户的格式　　B.账户的结构

C.账户的用途　　D.账户记录的经济内容

10.对账工作不包括（　　）。

A.账证核对　　B.账账核对　　C.账实核对　　D.账表核对

11.下列各项业务中，会使企业资产总额增加的业务是（　　）。

A.从银行提取现金1 000元　　B.收回应收账款2 000元存入银行

C.接受甲公司投入固定资产40 000元　　D.用银行存款购买材料3 000元

12.下列会计科目中，属于负债类科目的是（　　）。

A.“预收账款” B.“应收账款” C.“实收资本” D.“预付账款”

13. 下列会计科目中，属于损益类科目的是（ ）。

A.“制造费用” B.“长期待摊费用” C.“生产成本” D.“管理费用”

14. 在借贷记账法下，属于简单会计分录的是（ ）。

A. 一借一贷分录 B. 一贷多借分录 C. 一借多贷分录 D. 多借多贷分录

15. 企业计提的生产车间的折旧费用应记入的会计科目是（ ）。

A.“生产成本” B.“制造费用” C.“管理费用” D.“库存商品”

二、判断题（每小题1分，共10分）

1. 各种账务处理程序的区别在于登记总分类账的依据不同。（ ）

2. 增值税一般纳税人购买材料的实际成本包括材料的买价、采购费用和支付的增值税进项税额。（ ）

3. 在结账前发现账簿记录错误是由于记账凭证中会计科目运用错误导致的，应采用划线更正法。（ ）

4. 单式记账凭证采用单式记账法编制，复式记账凭证采用复式记账法编制。（ ）

5. 账簿记录经过试算平衡，则表明账簿记录正确无误。（ ）

6. 登记账簿的目的在于为企业提供各种总括的核算资料。（ ）

7. 会计的对象是社会再生产过程中的价值方面，也即用货币表现的经营资金的运动。（ ）

8. 会计等式是企业设置账户、复式记账、编制会计报表的理论依据，也是现代企业会计的基础。（ ）

9. 为了满足企业管理的需要，一般认为账户的设置越细越好。（ ）

10. 只要是真实的原始凭证，就可作为收付财物和登记账簿的依据。（ ）

三、会计实训题（本类题共47分）

1. 将下列大、小写金额和日期互换（每小题2分，共16分）

（1）人民币伍万柒仟零肆拾元叁角捌分 ________

（2）人民币伍拾万零肆佰元整 ________

（3）人民币伍仟捌佰元伍角整 ________

（4）¥100 000.00 ________

（5）¥910 304.60 ________

（6）¥31 005.82 ________

（7）将现金支票的开票日期2024年10月26日改写为大写日期：

____

（8）将商业票据的出票日期2024年4月20日改写为大写日期：

____

2. 填制原始凭证（11分）

2024年6月17日，企业向新源公司购买材料10 000元，增值税税额1 300元；运杂费1 200元，增值税税额108元。企业签发转账支票支付全部货款。

要求：请根据以上资料，填制下列转账支票（如图附-1所示）。

中国工商银行
转账支票存根
Ⅶ Ⅳ05241207
附加信息

出票日期 年 月 日

收款人：
金 额：
用 途：

单位主管 会计

中国工商银行转账支票 Ⅶ Ⅳ05241207

出票日期（大写） 年 月 日 付款行名称：×××
收款人： 出票人账号：×××××××

本支票付款期限十天

人民币（大写）	千	百	十	万	千	百	十	元	角	分

用途
上列款项请从
我账户支付
出票人签章 复核 记账

图附-1 转账支票

3.根据下列资料，首先编制会计分录，然后根据编制的会计分录登记库存现金日记账（见表附-1，单位：元列至角分）（会计分录每小题2分，日记账每条3分，共20分）

资料：新新公司2024年11月初库存现金余额为2 800元，1日发生业务如下：

（1）职工王华出差借支差旅费1 800元，以现金支付。（记08号）

（2）开出现金支票，从银行提取现金2 000元。（记14号）

（3）出售商品收入现金500元（不考虑税金）。（记18号）

（4）以现金购买办公用品680元，办公用品已经交付使用。（记22号）

表附-1 库存现金日记账

年		凭证字号	摘 要	对方科目	收入（借方）	支出（贷方）	余 额
月	日						

四、会计分析题（本类题共28分，第1题10分，第2题18分）

1.财产清查分析题（每小题5分，共10分）

（1）财产清查是指通过对库存现金、银行存款、实物资产和往来款项的盘点或核对，确定其实存数，查明账存数与实存数是否相符的一种专门方法。在财产清查中，应针对不同的财产采用不同的清查方法。请根据已学的基础会计知识，指出表附-2中资产应采用的清查方法。

表附-2 财产清查

序号	财产名称	清查方法
1	电 脑	
2	银行存款	
3	库存商品（打印纸）	
4	库存商品（煤炭）	
5	应付账款	

(2) 如果你作为会计人员在财产清查中发现库存现金短少100元，应该采用什么程序进行会计业务处理?

2.会计差错更正题(每小题3分，共18分)

甲公司属于工业企业，为增值税一般纳税人。该公司会计人员在结账前进行对账时发现如下错账:

(1) 生产车间领用原材料，成本为24 000元，编制的会计分录为:

借：制造费用 2 400

　　贷：原材料 2 400

(2) 预提本月短期借款利息2 400元，编制的会计分录为:

借：应付利息 2 400

　　贷：财务费用 2 400

(3) 收回新华公司货款28 000元存入银行，编制的会计分录为:

借：银行存款 28 000

　　贷：应收账款 28 000

甲公司登记账簿时，在“银行存款”和“应收账款”账户登记的金额为2 800元。

要求:

(1) 指出对上述错账应采用何种方法更正。

(2) 分别编制错账更正的会计分录。

基础会计自测试题B

一、单项选择题(每小题1分，共15分)

1.会计科目按经济用途分类，盈余公积属于(　　)科目。

A.资产类　B.负债类　C.成本类　D.所有者权益类

2.关于会计科目与账户的关系，正确的表述是(　　)。

A.账户是会计科目的名称　B.会计科目就是账户

C.账户有结构，而会计科目没有　D.设置账户可以不以会计科目为基础

3.针对“将现金存入银行”这笔经济业务，下列说法正确的是(　　)。

A.只编银收凭证，不编现付凭证　B.只编现付凭证，不编银收凭证

C.只编转账凭证，不编收付款凭证　D.既编银收凭证，又编现付凭证

4.工业企业筹集生产经营资金发生的利息支出，应记入(　　)。

A.“财务费用”账户　B.“生产成本”账户

C.“销售费用”账户　D.“在建工程”账户

5.将企业银行存款日记账与开户银行对账单进行核对，属于(　　)。

A.账表核对　B.账证核对　C.账账核对　D.账实核对

6.会计人员根据记账凭证入账后，才发现该凭证所列应借、应贷会计科目有误，正确的更正方法是(　　)。

A.补充登记法　B.蓝字更正法　C.红字更正法　D.划线更正法

7.下列属于备抵调整账户的是（　　）。

A.“材料成本差异”账户　　B.“应收账款”账户

C.“累计折旧”账户　　D.“固定资产”账户

8.下列各项不属于期间费用的是（　　）。

A.管理费用　　B.财务费用　　C.制造费用　　D.销售费用

9.资产类和费用类账户的增加额应记入（　　）。

A.借方　　B.贷方　　C.借方和贷方　　D.不能确定

10.期末结账后，一般没有期末余额的账户是（　　）。

A.资产类账户　　B.负债类账户　　C.成本类账户　　D.收入类账户

11.下列不应计入工业企业材料采购成本的是（　　）。

A.材料价款　　B.运杂费

C.运输途中的合理损耗　　D.应支付的增值税

12.我国企业会计年度，应该是（　　）。

A.公历7月1日起至次年6月30日止　　B.由企业总经理决定

C.根据生产特点或管理要求决定　　D.公历1月1日起至12月31日止

13.企业出售生产用材料，所得收入应记入的账户是（　　）。

A.“主营业务收入”　　B.“其他业务收入”

C.“营业外收入”　　D.“生产成本”

14.企业在年末编制会计报表时，需要对财产物资进行（　　）。

A.随时清查　　B.全面清查　　C.局部清查　　D.不定期清查

15.会计的基本职能是（　　）。

A.反映和监督　　B.审查与考核　　C.分析和控制　　D.计划和监督

二、多项选择题（每小题2分，共20分）

1.采用借贷记账法时，一般登记在账户借方的有（　　）。

A.资产的增加　　B.收入的减少　　C.费用的增加　　D.负债的增加

2.“限额领料单”属于（　　）。

A.累计凭证　　B.记账凭证　　C.汇总记账凭证　　D.自制凭证

3.下列情形，企业应对其财产物资进行全面清查的有（　　）。

A.年终决算前　　B.企业改变隶属关系时

C.更换仓库保管员　　D.进行清产核资时

4.下列各项不属于负债的有（　　）。

A.预收账款　　B.预付账款　　C.资本公积　　D.待处理财产损溢

5.下列各项属于对账范围的有（　　）。

A.账簿记录与有关会计凭证的核对

B.库存商品明细账与库存商品总分类账的核对

C.日记账余额与有关总分类账余额的核对

D.应收、应付账款明细账与债务、债权人账项核对

6.下列各项属于总分类账与明细分类账平行登记要点的有（　　）。

A.所依据的会计凭证相同

B. 借贷方向相同

C. 所属会计期间相同

D. 记入总分类账的金额与记入所属明细分类账的金额合计相等

7. 下列各项适用数量金额式明细账的有（　　）。

A. 原材料明细账　　B. 生产成本明细账

C. 库存商品明细账　　D. 销售费用明细账

8. 下列各项可以采用红色墨水记账的有（　　）。

A. 在不设借、贷等栏的多栏式账页中，登记减少数

B. 根据红字冲账的记账凭证，冲销错误记录

C. 在三栏式账户的余额栏前未印明余额方向的，在余额栏内登记负数余额

D. 根据国家统一会计制度的规定可以用红字登记的其他会计记录

9. 下列属于记账凭证的有（　　）。

A. 支票存根　　B. 收款凭证　　C. 付款凭证　　D. 转账凭证

10. 资产负债表的“应付账款”项目应根据下列各项明细科目的期末贷方余额填列的有（　　）。

A. 应付票据　　B. 预付账款　　C. 应付账款　　D. 应收票据

三、判断题（每小题1分，共10分）

1. 会计主体与法人并非对等的概念，会计主体一定是法人，但法人不一定是会计主体。（　　）

2. 如果发生额及余额试算平衡表试算平衡则说明会计记录肯定没有差错。（　　）

3. 记账以后，发现记账凭证中会计科目及科目对应关系正确，而所记金额大于应记金额，可以用红字更正法更正。（　　）

4. 年终结账后，“利润分配——未分配利润”科目的期末余额在借方表示尚未弥补的亏损。（　　）

5. 会计科目是根据账户设置的具有一定格式和结构，用于分类反映会计要素增减变动情况及其结果的载体。（　　）

6. 定期清查可以是局部清查也可以是全面清查。（　　）

7. 企业为了及时编制财务会计报告，可以提前结账。（　　）

8. 企业应根据银行存款余额调节表调节后的存款余额去更改账簿记录。（　　）

9. 无论采用永续盘存制还是实地盘存制，都需要对财产物资进行清查。（　　）

10. 如果企业在一定期间内发生了亏损，必将导致该企业的所有者权益减少。（　　）

四、计算分析题（本类题共55分）

1. 某企业2024年8月发生下列经济业务：

（1）收到投资者投入资本300 000元，存入银行。

（2）向B公司销售一批甲产品，价款50 000元，增值税销项税额6 500元，产品已发出，发票账单交予对方，款项未收到。

（3）行政管理人员张某出差归来报销差旅费1 800元，出差前预借2 000元，多余款以现金交回。

（4）购进乙材料30 000元，增值税进项税额3 900元，款项以银行存款支付，材料未收到。

（5）以银行存款支付前欠C公司货款20 000元。

要求：

（1）根据上述业务逐笔编制会计分录。（15分）

（2）根据会计分录编制科目汇总表（见表附-3）。（5分）

表附-3 科目汇总表

2024年8月31日 单位：元

会计科目	借方发生额	贷方发生额
库存现金		
银行存款		
应收账款		
其他应收款		
在途物资		
应付账款		
应交税费		
实收资本		
管理费用		
主营业务收入		
合 计		

2.某企业2024年12月31日损益类科目余额见表附-4。

表附-4 损益类科目余额

单位：元

会计科目	借方发生额	贷方发生额
主营业务收入		8 000 000
其他业务收入		150 000
投资收益		200 000
主营业务成本	6 000 000	
税金及附加	15 000	
其他业务成本	120 000	
销售费用	180 000	
管理费用	400 000	
财务费用	58 000	
营业外支出	80 000	

要求：

（1）结转本月损益类科目发生额。（6分）

（2）按25%的税率计提并结转所得税（假设无纳税调整项目）。（6分）

（3）按本年净利润的10%提取法定盈余公积。（3分）

（4）经股东会批准，本年度向投资者分配利润580 000元。（4分）

3.东方公司2024年5月发生下列经济业务：

（1）6日，以现金购买厂部办公用品500元。

（2）10日，仓库发出材料一批，用途及金额见表附-5。

表附-5 材料用途及金额 单位：元

项　目	甲材料	乙材料	合　计
生产A产品耗用	35 000		35 000
生产B产品耗用	20 000		20 000
车间一般耗用		2 000	2 000
管理部门耗用		1 000	1 000
合　计	55 000	3 000	58 000

（3）31日，结转本月职工薪酬，见表附-6。

表附-6 本月职工薪酬 单位：元

项　目	金　额
生产A产品工人工资	200 000
生产B产品工人工资	150 000
车间管理人员工资	50 000
厂部管理人员工资	30 000
合　计	430 000

（4）31日，按职工薪酬总额的12%计提职工社会保险费。

（5）31日，计提本月固定资产折旧34 500元，其中：车间固定资产折旧为29 500元，厂部固定资产折旧为5 000元。

（6）31日，盘点发现库存现金短缺15元。

（7）31日，经查上述短缺系出纳人员过失造成，由其赔偿，赔偿款尚未收到。

（8）31日，将本月发生的制造费用按生产工人工资比例记入“生产成本”科目。

要求：根据上述业务逐笔编制会计分录。（16分）

微课索引

为了满足学生自主学习的需要，我们针对本书的重点和难点内容制作了45个微课，用微信扫一扫对应的二维码即可直接观看。括号内标注的是微课的具体页码。